Die Reihe „Wettbewerb und Regulierung von Märkten und Unternehmen" wird herausgegeben von

Prof. Dr. Justus Haucap, Heinrich-Heine-Universität Düsseldorf
Prof. Dr. Gregor Krämer, Alanus Hochschule für Kunst und Gesellschaft, Alfter
Prof. Dr. Jürgen Kühling, Universität Regensburg
Prof. Dr. Gerd Waschbusch, Universität des Saarlandes, Saarbrücken

Band 36

Hannes Schuster | Jessica Hastenteufel

Die Bankenbranche im Wandel

Status Quo und aktuelle Herausforderungen

2., aktualisierte Auflage

Nomos

Die Deutsche Nationalbibliothek verzeichnet diese Publikation in der Deutschen Nationalbibliografie; detaillierte bibliografische Daten sind im Internet über http://dnb.d-nb.de abrufbar.

ISBN 978-3-8487-5002-3 (Print)
ISBN 978-3-8452-9104-8 (ePDF)

2. Auflage 2019

Geleitwort

„Nichts ist so beständig wie der Wandel" wusste schon vor mehr als zweieinhalbtausend Jahren der griechische Philosoph Heraklit. Und obgleich die Vorläufer der heutigen modernen Banken erst ca. drei Jahrhunderte später entstanden sind, könnte kein Zitat besser die Geschichte des Bankwesens umschreiben. Die Geschichte der Banken ist seit Jahrhunderten geprägt von Neuerungen, Innovationen, Wohlstand und Wachstum, aber auch von existenziellen Verwerfungen und Krisen. Die Anpassung an – im Idealfall gar das Antizipieren von – sich verändernden Begebenheiten ist hierbei seit jeher ein Grundstein von langfristig erfolgreichen und wettbewerbsfähigen Kreditinstituten.

Der Wandel an sich ist somit nicht neu, was sich jedoch verändert hat, ist die Geschwindigkeit, mit der sich die Veränderungen vollziehen. Insbesondere aufgrund der fortgeschrittenen Informations- und Kommunikationstechnologien und der wachsenden Vernetzung der Welt vollzieht sich der Wandel schneller als früher und wird zunehmend auch von immer mehr verschiedenen Tendenzen überlagert und beeinflusst, sodass der Wandel des Bankgewerbes tendenziell komplexer ist und zügigerer Anpassungen bedarf als dies in früheren Zeiten der Fall war.

Frau PD Dr. Jessica Hastenteufel und Herr Hannes Schuster, M. Sc. nehmen sich in dem vorliegenden Buch den vielfältigen Herausforderungen des Wandels für die Bankenbranche an. Auf Basis der Untersuchung der aktuellen wirtschaftlichen Situation und unter besonderer Berücksichtigung historischer Begebenheiten werden sowohl allgemeine Trends – insbesondere die Digitalisierung, der demografische Wandel, die gesellschaftliche Entwicklung hin zur Nachhaltigkeit sowie die Globalisierung – als auch branchenspezifische Entwicklungen – wie beispielsweise die sich verschärfende Regulatorik, die Niedrigzinsphase und der anhaltende Vertrauensverlust in die Bankenbranche – dargestellt, erläutert und hinsichtlich möglicher Handlungsfelder und -alternativen analysiert. Innerhalb dieses schlüssigen Gesamtkonzepts gelingt es den Autoren, komplexe Sachverhalte jederzeit nachvollziehbar darzustellen und realitätsbezogene Lösungsansätze zu vermitteln.

Nur diejenigen Banken, die imstande sind, die richtigen Antworten auf die vielfältigen Herausforderungen des Wandels zu geben, werden langfristig erfolgreich sein. Das vorliegende Buch kann eine kompetente Hilfestellung auf diesem Weg leisten.

Saarbrücken, im November 2018

Univ.-Prof. Dr. Gerd Waschbusch

Inhaltsverzeichnis

Symbol- und Abkürzungsverzeichnis

–	bis/minus
€	Euro
=	gleich
≥	größer gleich
<	kleiner
≤	kleiner gleich
§	Paragraf
§§	Paragrafen
+	plus/und
%	Prozent
&	und
3P	People, Planet, Profit
Abs.	Absatz
AG	Aktiengesellschaft
Anacredit	Analytical Credit Datasets
Art.	Artikel
ASF	Available Stable Funding
A-SRI	anderweitig systemrelevante Institute
Aufl.	Auflage
automat.	automatische/n
BaFin	Bundesanstalt für Finanzdienstleistungsaufsicht
Bd.	Band
BRSG	Betriebsrentenstärkungsgesetz
bspw.	beispielsweise
bzgl.	bezüglich
bzw.	beziehungsweise
ca.	circa
CIR	Cost-Income-Ratio
CO_2	Kohlenstoffdioxid
COREP	Common solvency ratio reporting
CRD	Capital Requirements Directive

CRR	Capital Requirements Regulation
DDR	Deutsche Demokratische Republik
d. h.	das heißt
Diss.	Dissertation
EBA	European Banking Authority
EC	Electronic Cash
EMIR	European Market Infrastructure Regulation
etc.	et cetera
EU	Europäische Union
EUR	Euro
evtl.	eventuell
EZB	Europäische Zentralbank
f.	folgende
ff.	fortfolgende
FINREP	Financial Reporting
G-SRI	global systemrelevante Institute
HGB	Handelsgesetzbuch
hrsg.	herausgegeben
ICAAP	Internal Capital Adequacy Assessment Process
IfM Bonn	Institut für Mittelstandsforschung Bonn
IFRS	International Financial Reporting Standards
ImmoKWPLV	Immobiliar-Kreditwürdigkeitsprüfungsleitlinien-Verordnung
inkl.	inklusive
IT	Informationstechnologie
KI	Kreditinstitut/e
KMU	kleine und mittlere Unternehmen
KWG	Kreditwesengesetz
LCR	Liquidity Coverage Ratio
LR	Leverage Ratio

MaRisk	Mindestanforderungen an das Risikomanagement
MiFID	Markets in Financial Instruments Directive
MiFIR	Markets in Financial Instruments Regulation
Mio.	Million/en
Mrd.	Milliarde/n
Nr.	Nummer
NSFR	Net Stable Funding Ratio
o. J.	ohne Jahr
o. V.	ohne Verfasser
PEGASUS	personalisiert, einfach, Generierung von Know-how, allseits verfügbar, Sicherheit, Unterstützung, Service
PRIIPs	Packaged Retail and Insurance-based Investment Products
PSD	Payment Service Directive
Repo	Repurchase agreement
RSF	Required Stable Funding
S.	Seite/n
SEPA	Single Euro Payments Area
Solvency	Solvency II Directive
SREP	Supervisory Review and Evaluation Process
TARGET	Trans-European Automated Real-time Gross Settlement Express Transfer System
u.	und
u. a.	und andere
UK	United Kingdom
UN	United Nations
UNEP	United Nations Environment Programme
US	United States
USA	United States of America
vgl.	vergleiche
VO	Verordnung

WpHG	Wertpapierhandelsgesetz
z. B.	zum Beispiel

Abbildungsverzeichnis

Verzeichnis der Anlagen im Anhang

1. Einleitung

1.1. Problemstellung und Zielsetzung

Blickt man sowohl in die wirtschaftswissenschaftliche Fachliteratur als auch in die Presse, so zeichnet sich ein bedrohliches Bild der aktuellen Situation der Banken[1] ab. Während einigen Banken das „Wasser bis zum Hals"[2] zu stehen scheint, droht die „Regulierungsflut"[3] und die „Digitalisierungswelle"[4] bricht mit voller Kraft über das angeschlagene Bankgewerbe herein. Ein Graus für jeden „Seemann". Die Kunden sowie die

---

1 Trotz zahlreicher unterschiedlicher Definitionsansätze des Begriffs „Kreditinstitut" existiert bis heute keine einheitliche definitorische Bestimmung dieses Terminus. Vgl. Waschbusch, Gerd (Bankenaufsicht 2000), S. 139; Eilenberger, Guido (Bankbetriebswirtschaftslehre 2012), S. 14. Vgl. zu unterschiedlichen Definitionsansätzen beispielsweise Stützel, Wolfgang (Bankpolitik 1964), S. 26–31; Franke, Hartmut (Bankensystem 1974), S. 18–26; Eilenberger, Guido (Bankbetriebswirtschaftslehre 2012), S. 11–21. § 1 Abs. 1 Satz 1 KWG definiert Kreditinstitute als „Unternehmen, die Bankgeschäfte gewerbsmäßig oder in einem Umfang betreiben, der einen in kaufmännischer Weise eingerichteten Geschäftsbetrieb erfordert." Dabei werden die hier genannten Bankgeschäfte in § 1 Abs. 1 Satz 2 KWG enumerativ aufgelistet. Von Kreditinstituten sind Finanzdienstleistungsinstitute im Sinne des § 1 Abs. 1a KWG und Finanzunternehmen im Sinne des § 1 Abs. 3 KWG abzugrenzen. Darüber hinaus finden sich in der VO (EU) Nr. 575/2013 wiederum hiervon abweichende Inhalte für die Begriffe „Kreditinstitut", „Wertpapierfirma", „Finanzinstitut" und „Finanzunternehmen". Vgl. Art. 4 Abs. 1 Nr. 1, Nr. 2, Nr. 26 und Nr. 111 der VO (EU) Nr. 575/2013. Der Übersichtlichkeit geschuldet werden nachfolgend die Termini „Kreditinstitut", „Bank" und „Institut" – dem allgemeinen Sprachgebrauch und der in der Wissenschaft etablierten Praxis folgend – unabhängig von definitorischen Unterschieden des Art. 4 der VO (EU) Nr. 575/2013 und des § 1 KWG synonym verwendet und beinhalten jeweils auch Sparkassen. Vgl. Waschbusch, Gerd; Schuster, Hannes; Berg, Susen Claire (Vertrauen 2018), S. 19; Berg, Susen Claire (Berücksichtigung 2019), S. 1. Vgl. zu diesem Vorgehen beispielsweise auch Bieg, Hartmut (Betriebswirtschaftslehre 1992), S. 29; Waschbusch, Gerd (Bankenaufsicht 2000), S. 7; Hartmann-Wendels, Thomas; Hellwig, Martin; Jäger-Ambrozewciz, Manfred (Bankenaufsicht 2010), S. 5; Rapp, David (Kreditinstituten 2014), S. 2–3.

2 Ziesemer, Bernd (Frage 2016), S. 46.

3 Lindenstädt, Simone (Veränderungsbereit 2016), S. 21.

4 Hugel, Joachim; Jäger, Lars (Video-Banking 2016), S. 28.

Presse halten hingegen die Banken teils im negativen Sinne für „mit allen Wassern gewaschen“[5]. Aber auch abseits nautischer Begriffe und Redewendungen droht Gefahr: Das „Regulierungsmonster“[6] schwingt die „Regulierungskeule“[7] nach den Banken und die „LCR-Niedrigzinsfalle“[8] lauert auf die Kreditinstitute.

Angesichts dieser teils martialischen Phrasen scheint etwas Sachlichkeit in der Diskussion ebenso dringend notwendig wie auch angebracht. Einen Beitrag hierzu sollen die nachfolgenden Ausführungen leisten.

Tatsächlich verändert sich die Finanzbranche aktuell mit rasanter Geschwindigkeit.[9] Viele dieser Veränderungen haben einen strukturellen Charakter und werden das Bankgewerbe auf lange Sicht prägen.[10] Demnach kommt diesen Aspekten eine grundlegende Bedeutung für die zukünftige strategische Ausrichtung der Kreditinstitute zu.[11]

Hierbei wirken einerseits allgemeine gesellschaftliche Entwicklungen wie beispielsweise die Digitalisierung, der demografische Wandel, der Trend hin zur Nachhaltigkeit und die Globalisierung auf die Wirtschaftsteilnehmer und damit auch das Bankgewerbe ein.[12] Insbesondere die Aufsehen erregenden technischen Neuerungen im Rahmen der Digitalisierung haben das Kundenverhalten in den letzten Jahren tiefgreifend verändert und neue Wettbewerber für die Banken hervorgebracht.[13] Andererseits steht das Kreditgewerbe auch vor explizit branchenspezifischen Herausforderungen.[14] Besonders die regulatorischen Vorgaben seitens der Aufsichtsinstanzen haben stark zugenommen und die Kreditinstitute werden weiterhin mit einem sich rasch verändernden regulatorischen Umfeld kon-

5 o. V. (Rat 2012), S. 30.
6 Mattner, Andreas (Investitionsgut 2014), S. 424.
7 Fleischer, Klaus (Vorwort 2014), S. 10.
8 Naumer, Hans-Jörg (Negativrenditen 2015), S. 11.
9 Vgl. King, Brett (Banks 2014), S. 12; Meyer, Jens-Uwe (Innovationen 2016), S. 16.
10 Vgl. Praeg, Claus-Peter; Schmidt, Carsten (Trendstudie 2015), S. 26.
11 Vgl. zu den letzten beiden Sätzen Börner, Christoph J. (Zukunftssicherung 2015), S. 21.
12 Vgl. Preithner, Monika (Megatrends 2015), S. 829; Weissmann, Arnold; Wegerer, Stephan (Business 2015), S. 191. Vgl. hierzu und zu folgendem Satz Rogge-Strang, Carsten (Wandel 2016), S. 14.
13 Vgl. Wolberg, Hans-Bernd (Wandel 2014), S. 999.
14 Vgl. Börner, Christoph J. (Zukunftssicherung 2015), S. 21.

frontiert werden.[15] Darüber hinaus schränkt die aktuelle Zinssituation die Ertragsmöglichkeiten der Banken erheblich ein und das Kundengeschäft leidet nicht nur durch die äußerst intensive Wettbewerbssituation, sondern auch unter dem anhaltenden Vertrauensverlust seitens der Kunden.[16]

Die Banken werden auf eine Vielzahl solcher drängenden Herausforderungen die richtigen Antworten finden müssen, um langfristig erfolgreich und überlebensfähig sein zu können.[17] Insbesondere im Hinblick auf die aktuellen und wohl auch in nächster Zukunft schwierigen wirtschaftlichen Verhältnisse[18] stellt sich angesichts der immensen Anforderungen die grundlegende Frage nach der Zukunftsfähigkeit vieler Geschäftsmodelle von Banken[19]. Das enorme Ausmaß der notwendigen Anpassungen wird besonders deutlich, wenn man bedenkt, dass die Banken einzeln betrachtet entweder die Aufwandsseite um ca. 30 % reduzieren oder die Ertragsseite um ebendiesen Betrag erhöhen müssten, um eine dem langfristigen Durchschnitt entsprechende Eigenkapitalrentabilität zu erzielen.[20] Die Bankenbranche steht somit vor neuen und zum Teil noch nie dagewesenen Herausforderungen.[21]

Das Ziel der nachfolgenden Ausführungen ist es, ausgehend von einer Bestandsaufnahme und Analyse der aktuellen Situation der Kreditinstitute, diese zentralen Herausforderungen und Entwicklungen darzulegen, sie hinsichtlich ihrer Konsequenzen zu bewerten und den zentralen Handlungsbedarf aufzuzeigen.

---

15 Vgl. Krüger, Markus (Umbruch 2015), S. 14–15; Fohrer, Heinz (Herausforderungen 2016), S. 63.

16 Vgl. zu den letzten beiden Sätzen Wolberg, Hans-Bernd (Wandel 2014), S. 999.

17 Vgl. Waschbusch, Gerd (Zukunft 2013), S. 89.

18 Vgl. zur herausfordernden wirtschaftlichen Lage des Bankgewerbes Dombret, Andreas; Röseler, Raimund (Niedrigzinsumfeld 2015); Lister, Michael (Kreditinstitute 2015), S. 6; Sinn, Walter; Schmundt, Wilhelm (Banken 2015), S. 10; Koch, Philipp u. a. (Road 2016), S. 35; Praeg, Claus-Peter; Schmidt, Carsten (Trendstudie 2016), S. 20.

19 Vgl. zum letzten Halbsatz Krall, Markus (Aufsicht 2015), S. 22.

20 Vgl. Koch, Philipp u. a. (Road 2016), S. 47.

21 Vgl. Wolberg, Hans-Bernd (Wandel 2014), S. 999.

1.2. Gang der Untersuchung

Nach der in diesem Kapitel vorgenommenen Darlegung der Problemstellung und Zielsetzung sowie des Aufbaus der Ausführungen erfolgt in Kapital 2 eine Analyse der aktuellen Situation der Kreditinstitute. Hierzu wird zunächst die historische Entwicklung mit dem Ziel betrachtet, die aktuellen Herausforderungen sowie die derzeitige Situation der Kreditinstitute vor dem Hintergrund der historischen Entwicklung besser einordnen und verstehen zu können sowie die zentralen Entwicklungslinien nachzuvollziehen, die die Grundlage für die derzeitige Lage der Banken bilden (Kapitel 2.1.). Darauf aufbauend wird in Kapitel 2.2. sodann die aktuelle wirtschaftliche Situation der Kreditinstitute anhand der Zinsspanne (Kapitel 2.2.2.), der Cost-Income-Ratio (Kapitel 2.2.3.) sowie der Eigenkapitalrentabilität (Kapitel 2.2.4.) dargestellt. Daran anschließend werden im dritten Kapitel die allgemeinen und die branchenspezifischen Herausforderungen für die Kreditinstitute herausgearbeitet. Im Rahmen der allgemeinen Trends (Kapitel 3.2.) werden nach einem einführenden Überblick (Kapitel 3.2.1.) die besonders wesentlichen Herausforderungen – die Digitalisierung (Kapitel 3.2.2.), der demografische Wandel (Kapitel 3.2.3.), die Nachhaltigkeit (Kapitel 3.2.4.) und die Globalisierung (Kapitel 3.2.5.) – ausführlich beschrieben und hinsichtlich des Handlungsbedarfs analysiert. Analog hierzu wird im Rahmen der branchenspezifischen Herausforderungen in Kapitel 3.3. vorgegangen, sodass nach dem einführenden Überblick (Kapitel 3.3.1.) die Herausforderungen aus den verschärften regulatorischen Anforderungen (Kapitel 3.3.2.) sowie aus dem Vertrauensverlust der Kunden in die Bankenbranche (Kapitel 3.3.3.) betrachtet werden. Kapitel 4 fasst die zentralen Erkenntnisse abschließend zusammen.

Nachfolgende Abbildung 1 vermittelt einen grafischen Überblick über den inhaltlichen Aufbau der Ausführungen.

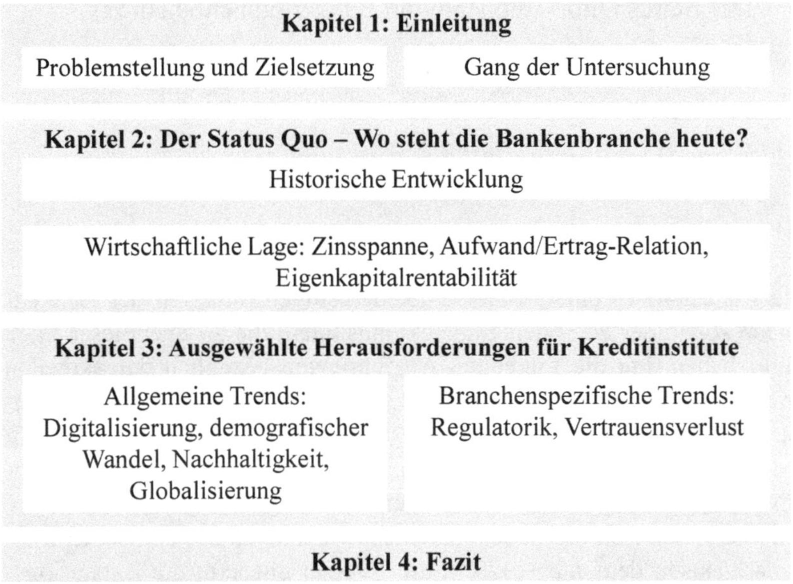

Abbildung 1: Inhaltlicher Aufbau

2. Der Status Quo – Wo steht die Bankenbranche heute?

2.1. *Die historische Entwicklung im Überblick*

2.1.1. Vorbemerkungen

Zunächst bedarf es einer Analyse der derzeitigen Situation der Bankenbranche sowie der zentralen Entwicklungslinien, die zu ebendieser Lage geführt haben, um die folgenden Ausführungen bezüglich der aktuellen Herausforderungen der Kreditinstitute einordnen und beurteilen zu können. Durch eine vorerst retrospektive Betrachtung soll es so ermöglicht werden, die Situation der Gegenwart und die zukünftigen Herausforderungen vor dem Hintergrund der Vergangenheit transparent darzustellen.[22]

Hierzu lassen sich die wesentlichen Entwicklungen des deutschen Bankenmarktes seit dem Jahr 1970 in drei Phasen gliedern: die Expansionsphase (1970–1990), die Phase der Globalisierung und Kapitalmarktorientierung (1991–2006) und die Phase der Neuordnung (ab 2007).[23] Diese werden im Folgenden näher betrachtet.

2.1.2. Die Expansionsphase (1970 bis 1990)

Den Kern der Expansionsphase bildet – getrieben von der Aufhebungen der Zinsverordnung[24] und des Wettbewerbsabkommens[25] Ende der 1960er

---

22 Vgl. zu dieser Vorgehensweise Brock, Harald (Zukunft 2015), S. 31.

23 Vgl. Bankhaus Lampe (Geschäftsbericht 2014), S. 4; Sinn, Walter; Schmundt, Wilhelm (Banken 2014), S. 10; Sinn, Walter; Schmundt, Wilhelm (Banken 2017), S. 8.

24 Bis zum Jahr 1967 wurden die Soll- und Habenzinssätze mittels einer staatlichen Zinsverordnung reglementiert, sodass praktisch kein Konditionenwettbewerb zwischen den einzelnen Kreditinstituten stattfand. Vgl. Deutscher Sparkassen und Giroverband (Geschichte 2010), S. 18; Brock, Harald (Zukunft 2015), S. 40; Hartmann-Wendels, Thomas; Pfingsten, Andreas; Weber, Martin (Bankbetriebslehre 2015), S. 663. Vgl. ausführlich zur Zinsverordnung und den Auswirkungen der Aufhebung ebendieser Paul, Stephan (Zinsverordnung 2013), S. 375–385.

Jahre –[26] ein massiver Wachstumsschub in der Bankenbranche.[27] Aufgrund des zunehmenden internationalen Handels, der wachsenden globalen Integration der Kapitalmärkte und des Eintritts vieler amerikanischer Banken in den europäischen Markt,[28] sahen sich viele Kreditinstitute hierzulande zum Auf- und Ausbau des eigenen Aus- und Inlandsgeschäfts gezwungen.[29] Demzufolge wurde durch die Liberalisierung der Märkte eine systematische Expansion von vielen Kreditinstituten forciert. Durch Zusammenschlüsse und Akquisitionen in den strategisch relevanten Märkten erlangten einige Banken in dieser Phase an Größe und Bedeutung.[30] Manche Kreditinstitute wurden dabei so groß, vernetzt und einflussreich, dass sie bei einer drohenden Insolvenz aus Steuermitteln gerettet werden müssten, um eine Destabilisierung des gesamten Finanzsystems zu verhindern („too big to fail“[31]).[32]

Neben dem systematischen Wachstum der Kreditinstitute prägten auch die konjunkturstimulierenden Auswirkungen des Wirtschaftswunders[33] die

---

25 Das Wettbewerbsabkommen statuierte bis zu seiner Aufhebung im Jahr 1966 strenge Voraussetzungen und Richtlinien insbesondere hinsichtlich der Werbung für Bankprodukte und hemmte somit den Wettbewerb zwischen den Kreditinstituten. Vgl. Knothe, Robert (Bankkunde 1967), S. 70–71; Massari, Philipp (Wettbewerbsrecht 2006), S. 41.

26 Vgl. Brock, Harald (Zukunft 2015), S. 40.

27 Vgl. hierzu und zu folgenden beiden Sätzen Sinn, Walter; Schmundt, Wilhelm (Banken 2014), S. 10. Vgl. zu einer ausführlichen Darstellung der Gründe der Expansion Klein, Sebastian (Strategien 1993), S. 76.

28 Vgl. Sattler, Friederike (Banken 2010); Wriede, Thomas (Banken 2010), S. 6.

29 So eröffnete beispielsweise die Commerzbank im Jahr 1971 die erste Filiale eines deutschen Kreditinstituts in New York (USA). In den Jahren 1973/74 folgten Filialen in London (UK) und Chicago (USA). Vgl. o. V. (Geschichte o. J.).

30 Vgl. Wriede, Thomas (Banken 2010), S. 6. Eine bedeutsame Kooperation in diesem Zusammenhang war beispielsweise die zwischen der Commerzbank, der französischen Crédit Lyonnais und der italienischen Banco di Roma zur Europartners-Gruppe im Jahr 1971. Vgl. o. V. (Geschichte o. J.); Wriede, Thomas (Banken 2010), S. 6; Sinn, Walter; Schmundt, Wilhelm (Banken 2014), S. 10.

31 Vgl. hierzu Krämer, Gregor (Fail 2012), S. 1362.

32 Vgl. Schulmeister, Stephan (Finanzkapitalismus 2013), S. 143; o. V. (Deregulierung 2014), S. 4. Vgl. ausführlich zu der Problematik systemrelevanter Kreditinstitute Kleinow, Jacob (Finanzinstitute 2016), S. 17–36.

33 Der Begriff des „Wirtschaftswunders“ umschreibt den rasanten wirtschaftlichen Aufstieg in Westdeutschland nach dem Zweiten Weltkrieg. Das Wirtschaftswunder war insbesondere durch einen starken Anstieg der wirtschaftlichen Gesamtleistung, einen zunehmenden materiellen Wohlstand sowie ein

Expansionsphase.[34] Der Aufschwung führte dazu, dass eine Vielzahl von Bürgern größere Sparguthaben bildeten und aus ihren laufenden Einkünften Kredite tilgen konnten.[35] Die neuen technischen Möglichkeiten des bargeldlosen Zahlungsverkehrs und damit verbunden die zunehmende Bedeutung privater Gehaltskonten,[36] Jahre starker Tariflohnsteigerungen und der liberalisierungsbedingte wachsende Wettbewerb zwischen den Kreditinstituten führten auf der Seite der Kunden darüber hinaus zu einem stärker individualisierten,[37] einem anspruchsvolleren und renditeorientierteren Anlageverhalten.[38] Den hieraus resultierenden Anforderungen wurde seitens der Banken durch eine kostenintensive Professionalisierung und Extensivierung im Personal- und Angebotsbereich sowie dem Ausbau des Filialbetriebs Rechnung getragen.[39] Während die Mitarbeiter ursprünglich insbesondere Verwaltungs- und Kassentätigkeiten ausübten,[40] rückte nun die Kundenberatung stärker in den Fokus der Kreditinstitute und die Routinetätigkeiten wurden vermehrt von den neu aufkommenden Selbstbedienungsautomaten[41] ausgeführt.[42] Das Verhältnis zwischen dem Bankmitarbeiter und seinem Kunden war von einem hohen Maß an Vertrauen geprägt, da der Bankberater in der Regel den Kunden und seine Lebensumstände kannte und seine Werte und Ansichten in Bezug auf Geld verstand und diese oft sogar teilte.[43]

Sinken der Arbeitslosenquote geprägt. Vgl. Pollert, Achim; Kirchner, Bernd; Pollert, Constantin (Wirtschaftswunder 2016), S. 162.

34 Vgl. hierzu und zu folgendem Satz Brock, Harald (Zukunft 2015), S. 40–41.

35 Vgl. Alberts, Volker (Standortverhaltens 1987), S. 19; Weermann, Wolfgang (Finanzdienstleistungsfiliale 2001), S. 14; Brock, Harald; Dümmler, Michael; Steinhoff, Volker (Prozessgestaltung 2016), S. 38.

36 Vgl. Jacob, Adolf-Friedrich (Bankgeschäft 1984), S. 6; Klein, Sebastian (Strategien 1993), S. 76; Thomes, Paul (Hause 2008), S. 332.

37 Vgl. Weermann, Wolfgang (Finanzdienstleistungsfiliale 2001), S. 20.

38 Vgl. hierzu und zu folgendem Satz Brock, Harald; Dümmler, Michael; Steinhoff, Volker (Prozessgestaltung 2016), S. 38.

39 Vgl. Klein, Sebastian (Strategien 1993), S. 75–76; Mura, Jürgen (Entwicklungslinien 1995), S. 234.

40 Vgl. Weermann, Wolfgang (Finanzdienstleistungsfiliale 2001), S. 14–15.

41 Im Jahr 1975 wurde der erste Kontoauszugsdrucker, 1978 der erste Geldautomat und 1981 der erste EC-Geldautomat installiert. Vgl. Strohmayr, Werner (Zahlungsverkehr 1995), S. 65; Thomes, Paul (Hause 2008), S. 376; Brock, Harald; Dümmler, Michael; Steinhoff, Volker (Prozessgestaltung 2016), S. 38.

42 Vgl. Mura, Jürgen (Entwicklungslinien 1995), S. 234; Brock, Harald (Zukunft 2015), S. 41.

43 Vgl. Weermann, Wolfgang (Finanzdienstleistungsfiliale 2001), S. 15.

Zusammenfassend lässt sich für diese Phase eine schwerpunktmäßige Orientierung auf das Mengengeschäft[44] und, insbesondere Anfang der 1970er Jahre, ein Wunsch nach qualitativem und quantitativem Wachstum feststellen.[45] Hierzu wurde in großem Maße in das Bankstellennetz investiert,[46] da dies den entscheidenden Wettbewerbsfaktor im Bemühen um die Akquisition der auf örtliche Nähe und Bequemlichkeit fixierten Privatkunden sowie kleinen und mittleren Unternehmen im Mengengeschäft darstellte.[47] Obgleich bereits im Jahr 1975 mit 1.400 Einwohnern je Bankstelle eine Sättigung des Marktes hinsichtlich der Bankstellendichte[48] erreicht war,[49] wurden die Filialnetze in der Expansionsphase weiter ausgebaut. Die in dieser Phase des „Wachstum[s, Anmerkung der Verfasser] um

44 Das Mengengeschäft ist der Teilbereich des Bankgeschäfts, der mit dem breiten Publikum durchgeführt wird. Entsprechend handelt es sich insbesondere um die Geschäftsabschlüsse mit Privatkunden sowie kleinen und mittleren Unternehmen, die keinen Zugang zum Finanz- und Kapitalmarkt haben und vorrangig standardisierte Produkte nachfragen. Vgl. Wegner, Frank (Retailbanken 2009), S. 5; Bartmann, Dieter; Nirschl, Marco; Peters, Anja (Banking 2011), S. 17–18. In der Literatur werden synonym auch die Begriffe „Massengeschäft“, „Retail-Banking“ oder „Retailgeschäft“ verwendet. Vgl. zu einer ausführlichen Darstellung der verschiedenen definitorischen Ansätze Wegner, Frank (Retailbanken 2009), S. 4–7. Vgl. auch Kußmaul, Heinz (Retail Banking 2012), S. 1173.

45 Vgl. hierzu und zu den folgenden beiden Sätzen Klein, Sebastian (Strategien 1993), S. 74–75.

46 Vgl. Alberts, Volker (Standortverhaltens 1987), S. 30.

47 Vgl. Weiss, Ulrich (Strategien 1989), S. 75; Thomes, Paul (Hause 2008), S. 333; Brock, Harald (Zukunft 2015), S. 49; Brock, Harald; Dümmler, Michael; Steinhoff, Volker (Prozessgestaltung 2016), S. 38.

48 Es gilt: Bankstellendichte = $\frac{\text{Einwohnerzahl}}{\text{Anzahl Bankfilialen}}$. Die Bankstellendichte gibt somit das Verhältnis zwischen der Einwohnerzahl und der Anzahl der vorhandenen Bankstellen (Kopfstellen einschließlich deren Zweigstellen) an und war dementsprechend ein Indikator für den Versorgungsgrad der Bevölkerung mit Bankdienstleistungen. Vgl. Riekeberg, Marcus (Erfolgsfaktoren 2001), S. 232; Tröger, Nils H. (Bankensektor 2003), S. 44. Zum 31.12.2017 betrug die Bankstellendichte in Deutschland – ausgehend von ca. 82,8 Mio. Einwohnern und ca. 31.950 Bankstellen – ungefähr 2.600 Einwohner je Bankstelle. Vgl. Deutsche Bundesbank (Bankstellenbericht 2017), S. 10; Deutsche Bundesbank (Bankstellenentwicklung 2018), S. 1, S. 8. Wegen den kompensatorischen Wirkungen von Geldausgabeautomaten, Serviceterminals und des Onlinebanking ist die Bankstellendichte heutzutage jedoch nur noch eingeschränkt als Kennzahl zur Bestimmung des Versorgungsgrads geeignet. Vgl. Engerer, Hella; Schrooten, Mechthild (Bankensektor 2004).

49 Vgl. Alberts, Volker (Standortverhaltens 1987), S. 30.

jeden Preis“[50] entstandenen Überkapazitäten schadeten der Rentabilität des Bankensektors nachhaltig und tun dies auch heute noch.[51]

2.1.3. Die Phase der Globalisierung und der Kapitalmarktorientierung (1991 bis 2006)

Der Übergang in die Phase der Globalisierung und Kapitalmarktorientierung[52] von 1991 bis 2006 wird durch die Gründung der Deutschen Terminbörse im Jahr 1988 und der Deutschen Börse AG im Jahr 1992 markiert.[53] Durch diese Börsen wurde es den deutschen Kreditinstituten er-

---

50 Pieper, Cornelius (Banken 2005), S. 130.

51 Vgl. Betsch, Oskar; Schloten, Peter (Kreditwirtschaft 2005), S. 67–68; Bernhardt, Kristin; Schwartz, Michael (Banken 2014), S. 1, S. 3; Sinn, Walter; Schmundt, Wilhelm (Banken 2014), S. 8, S. 29; Dowideit, Martin (Filialsterben 2015).

52 Die vielfältigen Gründe für den Übergang in die Phase der Globalisierung und Kapitalmarktorientierung lassen sich unter dem Stichwort „Globalisierung“ zusammenfassen. Die Banken mussten nicht nur auf die Internationalsierung der Produktions- und Absatztätigkeiten ihrer Kunden und dem damit verbundenen internationalen Anlage- und Mittelbedarf mit der Internationalisierung ihrer Geschäftstätigkeit reagieren, vielmehr mussten sie sich insbesondere selbst der Globalisierung der Finanzmärkte stellen. Die Globalisierung der Finanzmärkte ist eine Folge der Deregulierung und Öffnung nationaler Kapitalmärkte, der Weiterentwicklung der Informations- und Kommunikationstechnologien sowie der Etablierung eines einheitlichen Europäischen Wirtschafts- und Währungsraumes und äußerte sich vor allem in einem ständig anwachsenden Wettbewerbsdruck. In dieser Phase versuchten die Kreditinstitute verstärkt, sich durch anhaltendes Wachstum eine verbesserte Wettbewerbsposition zu verschaffen. Internes Wachstum versprach unter anderem die Ausdehnung der Geschäftstätigkeit auf internationalen Märkten. Externes Wachstum hingegen wurde insbesondere durch internationale Fusionen und Akquisitionen erreicht. Für beide Wachstumsarten wurde zusätzliches Eigen- und Fremdkapital benötigt, für das aufgrund der Enge der heimischen Märkte auch ausländische Kapitalmärkte genutzt wurden. Die hieraus resultierende ausländische Börsennotierung von Aktien deutscher Kreditinstitute war nicht nur dazu geeignet, den Bekanntheitsgrad der Institute international zu erhöhen, sondern erleichterte auch den vielseitigeren Einsatz der eigenen Aktien bei Fusionen und Akquisitionen. Vgl. Bieg, Hartmut u. a. (Rechnungslegung 2006), S. 1–2; Bieg, Hartmut; Waschbusch, Gerd (Bankbilanzierung 2017), S. 38–39; Bieg, Hartmut; Waschbusch, Gerd (Bilanzierung 2018), S. 159–160.

53 Vgl. Sinn, Walter; Schmundt, Wilhelm (Banken 2014), S. 10; Brock, Harald (Zukunft 2015), S. 44–45. Vgl. ausführlich zur Entstehungsgeschichte der Bör-

leichtert, am weltweiten Wachstum der Kassa- und Termingeschäfte[54] zu partizipieren und der Finanzplatz Deutschland gewann an Bedeutung.[55] Geprägt wurde diese Phase vor allem durch eine Deregulierung des Finanzsektors,[56] eine verstärkte Kapitalmarktorientierung nach dem – häufig fehlinterpretierten – Shareholder-Value-Gedanken[57],[58] die Gründung der

---

se und den Auswirkungen auf den deutschen Finanzplatz Schmidt, Hartmut (Börse 2013), S. 414–430.

54 Bei Termingeschäften handelt es sich um Transaktionen an einer Börse, bei denen der Verpflichtungs- und Erfüllungszeitpunkt zeitlich auseinander fallen; d. h. die Lieferung der Ware, der Devisen oder des Wertpapiers erfolgt erst zu einem späteren Zeitpunkt, jedoch zu am Abschlusstag festgelegten Konditionen. Vgl. Heldt, Cordula (Termingeschäfte o. J.). Vgl. ausführlich Rudolph, Bernd (Termingeschäft 2012), S. 1352–1353. Im Gegensatz hierzu handelt es sich bei Kassageschäften um Geschäftsabschlüsse an einer Börse, die sofort, d. h. innerhalb der üblichen Abwicklungsfrist, erfüllt werden müssen. Vgl. Heldt, Cordula (Kassageschäfte o. J.); Rauscher, Marion (Kassageschäft 2012), S. 831.

55 Vgl. Schmidt, Hartmut (Börse 2013), S. 414, S. 430.

56 Vgl. Schulmeister, Stephan (Finanzkapitalismus 2013), S. 115; o. V. (Deregulierung 2014), S. 4; Deutsche Bundesbank (Monatsbericht 2015a), S. 33; Handler, Heinz (Rezession 2015), S. 343. Zu einer Übersicht über die Deregulierungsmaßnahmen vgl. Deutsche Bundesbank (Monatsbericht 2015a), S. 38–39.

57 Der Shareholder-Value-Gedanke beschreibt die Ausrichtung der Unternehmensführung an den Anforderungen der Kapitalmärkte. Unternehmerische Entscheidungen werden dabei strikt daran gemessen, ob durch sie der Wert („Value") des Unternehmens für seine Anteilseigner („Shareholder") steigt. Vgl. Prangenberg, Arno; Müller, Matthias; Aldenhoff, Manuela (Shareholder 2005), S. 7. Die grundsätzlich wünschenswerte und auch wirtschaftlich notwendige Shareholder-Value-Orientierung wurde jedoch bereits damals und wird heute immernoch häufig von vielen Führungskräften und Investoren im Sinne einer kurzfristigen Gewinn- und Aktienkursmaximierung – und damit letztlich auch einer Steigerung des eigenen Einkommens – bewusst fehlinterpretiert. Demnach lässt sich insbesondere auch bei Kreditbanken beobachten, dass eine nachhaltig erfolgreiche Langfristperspektive häufig einer äußerst kurzfristigen Fokussierung auf schnelle Maximierung der Performance geopfert wird („Short-Termism"). Vgl. Rickens, Christian (Atem 2008), S. 128. Entsprechend eindringlich fasst Hofstetter die Kritik an der zunehmenden Kurzfristorientierung zusammen: „Publikumsgesellschaften neigen dazu, ihren langfristigen Erfolg – und manchmal sogar ihr langfristiges Überleben – zu Gunsten kurzfristig höherer Gewinne zu opfern. Die weltweite Finanzkrise von 2008 unterstreicht dies: Das Erreichen von Quartalsergebnissen und das Hochtreiben des Aktienkurses sind wichtiger als der schwer greifbare langfristige Erfolg des Unternehmens." Hofstetter, Karl (Kurzfristigkeit 2012), S. 27.

58 Vgl. Handler, Heinz (Rezession 2015), S. 343.

europäischen Union im Jahr 1993 und die Einführung des Euros im Jahr 2002 sowie durch große Fortschritte und rasante Entwicklungen in der Informations- und Kommunikationstechnologie.[59] Aufgrund anhaltend sinkender Zinsspannen[60] seit Mitte der 1990er Jahre[61] und der boomenden Aktienmärkte rückte in dieser Phase das Kapitalmarktgeschäft im Sinne des Investmentbanking[62] stärker in den Fokus der Kreditinstitute und hochrentable, aber äußerst spekulative Geschäftsfelder – wie beispielsweise der Handel mit Verbriefungen und Derivaten – gewannen an erheblicher Bedeutung für die Gesamterträge einiger Kreditinstitute.[63]

In sozioökonomischer Hinsicht war diese Phase durch einen weiterhin zunehmenden gesellschaftlichen Wohlstand und infolgedessen wachsende Kundenansprüche gegenüber den Kreditinstituten geprägt, die sich insbesondere in einer hohen Zinssensitivität und Renditeorientierung äußerten.[64] Da jedoch der qualitative und quantitative Ausbau der Filial- und Beratungsstrukturen bereits erfolgt war, ergaben sich die Herausforderun-

---

59 Vgl. Deutsche Bundesbank (Monatsbericht 1998), S. 33, S. 36–37, S. 43, S. 47; Wings, Heinz (Banken 1999), S. 38; Bieg, Hartmut u. a. (Rechnungslegung 2006), S. 1–2; Brock, Harald (Zukunft 2015), S. 44, S. 51; Bieg, Hartmut; Waschbusch, Gerd (Bilanzierung 2018), S. 159–160. Vgl. hierzu und zu dem folgenden Satz Sinn, Walter; Schmundt, Wilhelm (Banken 2014), S. 10.

60 Vgl. zur Entwicklung der Zinsspanne in dieser Periode Sinn, Walter; Schmundt, Wilhelm (Banken 2014), S. 13. Vgl. auch Kapitel 2.2.2.

61 Vgl. zu der Entwicklung des Zinsniveaus seit Mitte der 1990er Jahre Thomes, Paul (Hause 2008), S. 332; Deutsche Bundesbank (Monatsbericht 2015c), S. 47; Lister, Michael; Menninghaus, Wilhelm; Pohl, Michael (Kreditinstitute 2016), S. 26.

62 Unter Investmentbanking sind Kapitalmarkttransaktionen auf dem Wertpapiermarkt sowie die Beratung und die Durchführung von Corporate-Finance-Transaktionen durch ein Kreditinstitut zu verstehen. Hierunter sind insbesondere der Eigenhandel mit Eigen- und Fremdkapitaltiteln, die Unterstützung von Unternehmen bei der Emission von Wertpapieren, Vermittlungsleistungen bei Unternehmensfusionen und -übernahmen sowie die Verwaltung fremden Vermögens zu subsumieren. Vgl. Heldt, Cordula (Banking o. J.). Vgl. ausführlich Kußmaul, Heinz (Investment Banking 2012), S. 780. Ein deutsches Institut, das sich gerade in dieser Zeit stark diesem Geschäftsfeld zugewandt hat, ist die Deutsche Bank. Diese starke Fokussierung auf Investmentbanking hat der Bank über Jahre hinweg hohrende Gewinne beschert, ist jedoch auch die Ursache für ihre aktuellen Probleme und den enormen Umstrukturierungsbedarf.

63 Vgl. Deutsche Bundesbank (Monatsbericht 1998), S. 37–38, S. 43–44; Schulmeister, Stephan (Finanzkapitalismus 2013), S. 143; Deutsche Bundesbank (Monatsbericht 2015a), S. 33, S. 36, S. 40.

64 Vgl. Deutsche Bundesbank (Monatsbericht 1998), S. 33, S. 44.

gen nun zunehmend aus der demografischen Entwicklung und der Urbanisierung.[65] So erreichte in den Jahren 1990 bis 1993 die Anzahl der Zweigstellen einerseits ihren geschichtlich höchsten Stand, andererseits führten die Überalterung der Gesellschaft aufgrund niedriger Geburtenraten und steigender Lebenserwartung sowie die teilweise Abwanderung der Bevölkerung in die Städte zu einer geringeren Auslastung vieler Filialen und damit zu einer Verschlechterung der wirtschaftlichen Situation – insbesondere bei den traditionell stark regional geprägten Sparkassen und Kreditgenossenschaften. Zum Ende dieser Phase hin wurde diese Entwicklung durch die steigende Verfügbarkeit medialer Vertriebs- und Kommunikationskanäle, und der damit verbundenen partiellen Loslösung der Kunden von der Filiale,[66] noch verstärkt. Die sich etablierenden Direktbanken,[67] die ihre Leistungen ohne ein eigenes Filialnetz und folglich meist günstiger anbieten können,[68] erlangten zunehmend Marktanteile und verschärften so die Wettbewerbssituation in der Bankenbranche.[69] Die vorhandenen Kreditinstitute reagierten auf die veränderten Marktbedingungen mit einer bis dato andauernden Zusammenlegung und Schließung von Filialen und dem Ausbau der eigenen medialen Vertriebskanäle in den Formen des Telefon- und insbesondere des Onlinebanking.[70] Auch der Auf- und Ausbau von eigenen Callcentern sowie eine Umstrukturierung bestehender Filialstrukturen (Trennung von Beratungs- und Servicefilialen) haben ihren Ursprung in dieser Phase.

2.1.4. Die Phase der Neuordnung (seit 2007)

Mit dem Jahr 2007 begann für die deutschen Kreditinstitute die bis heute anhaltende Phase der Neuordnung.[71] Die im Jahr 2007 plötzlich eingetre-

65 Vgl. hierzu und zu den folgenden beiden Sätzen Brock, Harald (Zukunft 2015), S. 44–45.

66 Vgl. Peters, Anja; Niemeyer, Vanessa (Banking 2007), S. 15.

67 Vgl. Brock, Harald; Dümmler, Michael; Steinhoff, Volker (Prozessgestaltung 2016), S. 39.

68 Vgl. Schöning, Stephan (Direktbank o. J.); Müller, Dominik (Banken 2011), S. 10.

69 Vgl. Thomes, Paul (Hause 2008), S. 393.

70 Vgl. Sinn, Walter; Schmundt, Wilhelm (Banken 2014), S. 10; Brock, Harald (Zukunft 2015), S. 45–46.

71 Vgl. Rudolph, Bernd (Finanzkrise 2013), S. 498.

tene Krise am amerikanischen Hypothekenmarkt,[72] die sich im Jahr 2008 zu einer internationalen Bankenkrise, 2009 dann zu einer Krise der Volkswirtschaften und seit 2010 zu einer Staatsschuldenkrise und in Europa gar zu einer Krise der europäischen politischen Institutionen entwickelte, prägt seither die deutsche und europäische Bankenlandschaft in erheblichem Maße.[73] Angesichts der Krise hatten viele Kreditinstitute enorme Verluste zu verkraften und das stetige Wachstum der vorherigen Phasen fand ein abruptes Ende.[74] Bedeutende Banken schieden aus dem Markt aus oder konnten nur durch staatliche Hilfen und weitreichende Umstrukturierungen sowie gegebenenfalls Fusionen mit anderen Banken hiervor bewahrt werden.[75]

Zur Krisenanfälligkeit der Kreditinstitute haben die Entwicklungen in der Phase der Globalisierung und Kapitalmarktorientierung wesentlich beigetragen. Die niedrigen Zinsspannen,[76] die Deregulierung des Finanzsektors und die europäische Integration resultierten in einer starken Ausweitung des Investmentbanking und begünstigten die Hinwendung zu strukturierten Finanzprodukten.[77] Deren fehlende Werthaltigkeit führte letztlich zu existenzbedrohenden Verlusten vieler Institute und zu einem bis dato nie dagewesenen Vertrauensverlust im Interbankenmarkt,[78] der sich negativ auf die Liquiditätslage vieler Banken auswirkte,[79] da der Interbankenmarkt stark an Dynamik einbüßte und zeitweise fast vollständig zum Erliegen kam.

---

72 Vgl. ausführlich zur Krise am amerikanischen Hypothekenmarkt Frère, Eric; Reuse, Svend; Svoboda, Martin (Bankensektor 2008), S. 19–25.

73 Vgl. Rudolph, Bernd (Finanzkrise 2013), S. 478; Handler, Heinz (Rezession 2015), S. 341.

74 Vgl. hierzu und zu dem folgenden Satz Sinn, Walter; Schmundt, Wilhelm (Banken 2014), S. 10.

75 Vgl. Sulikova, Rozalia; Münstermann, Martin (Maßnahmen 2014), S. 16.

76 Vgl. Thomes, Paul (Hause 2008), S. 332; Deutsche Bundesbank (Monatsbericht 2015c), S. 47.

77 Vgl. hierzu und zu dem folgenden Satz Frère, Eric; Reuse, Svend; Svoboda, Martin (Bankensektor 2008), S. 18, S. 20–21.

78 Vgl. Zeitler, Franz-Christoph (Finanzkrise 2012), S. 674.

79 Vgl. Deutsche Bundesbank (Monatsbericht 2015a), S. 40–41.

Die krisenbedingten Ertragseinbrüche der Kreditinstitute sowie generell die Veränderung des Finanzmarktumfelds hatten zur Folge, dass als Reaktion auf die Krise viele Entwicklungen und Liberalisierungsbemühungen aus der Phase der Globalisierung und Kapitalmarktorientierung durch neue gesetzliche Regelungen wieder rückgängig gemacht wurden.[80] Die Banken stehen entsprechend nun vor der Herausforderung, ihre Geschäftsmodelle an diese derzeitigen sowie an zukünftige Herausforderungen anzupassen, um in Zukunft wettbewerbsfähig und erfolgreich zu sein.[81]

2.2. Aktuelle wirtschaftliche Rahmenbedingungen der Bankenbranche

2.2.1. Einführender Überblick

Die Fehlentwicklungen der vergangenen Jahre spiegeln sich auch in der Analyse der aktuellen wirtschaftlichen Lage der Kreditinstitute wider. Die Gründe für diese Situation stellen gleichzeitig den Ausgangspunkt für die in Zukunft notwendigen Anpassungen der Geschäftsmodelle der Banken dar. Vielfach handelt es sich hierbei um Erbschaften aus den oben beschriebenen Zeitabschnitten.[82] Andere Gründe wiederum gewannen erst in jüngerer Vergangenheit an Bedeutung und beruhen auf aktuellen Trends. Die folgenden Kennzahlen müssen somit als Ergebnis der zugrundeliegenden Probleme und Fehlentwicklungen im Bankensektor interpretiert werden, nicht aber als deren Verursacher.[83]

Bei der Analyse der derzeitigen wirtschaftlichen Situation von Banken werden regelmäßig drei Kennzahlen als Maßstab herangezogen:

- die Zinsspanne,
- die Cost-Income-Ratio (CIR) und
- die Eigenkapitalrentabilität.[84]

---

80 Vgl. Deutsche Bundesbank (Monatsbericht 2015a), S. 33.

81 Vgl. Sinn, Walter; Schmundt, Wilhelm (Banken 2014), S. 10; Goedeckemeyer, Karl-Heinz (Banken 2015), S. 9; Wings, Heinz; Kleine, Jens (Banking 2015), S. 17; Faust, Martin, zitiert in: Hamacher, Eli (FinTechs 2016), S. 30.

82 Vgl. Frère, Eric; Reuse, Svend; Svoboda, Martin (Bankensektor 2008), S. 9.

83 Vgl. Frère, Eric; Reuse, Svend; Svoboda, Martin (Bankensektor 2008), S. 9.

84 Vgl. Kreditanstalt für Wiederaufbau (Kreditgewerbe 2005), S. 1; Frère, Eric; Reuse, Svend; Svoboda, Martin (Bankensektor 2008), S. 7. Auch die Deutsche Bundesbank bemüht diese Kennzahlen zur Ermittlung der Ertragslage der

Die Zinsspanne betrachtet dabei die wichtigste Ertragsquelle der deutschen Kreditinstitute aus dem operativen Geschäft[85] – den Zinsüberschuss – und ist insbesondere bei Kreditinstituten, die schwerpunktmäßig im klassischen Einlagen- und Kreditgeschäft tätig sind,[86] ein wichtiger Indikator für die Ertragskraft des zinstragenden Geschäfts.[87]

Demgegenüber stellt die CIR ein allgemeineres Maß zur Analyse der Ertragskraft von Kreditinstituten dar,[88] da sie die allgemeinen Verwaltungsaufwendungen in Relation zu den operativen Erträgen setzt und somit Rückschlüsse auf die Kosteneffizienz und Leistungsfähigkeit der Kreditinstitute ermöglicht.[89]

Die Profitabilität eines Kreditinstituts spiegelt sich wiederum in der Eigenkapitalrentabilität wider. Diese setzt den Jahresüberschuss ins Verhältnis zum bilanziellen Eigenkapital eines Kreditinstituts und dokumentiert somit die Verzinsung des eingesetzten Eigenkapitals innerhalb der Rechnungsperiode.[90] Im Ergebnis ermöglicht sie zum einen Rückschlüsse auf

---

deutschen Banken. Vgl. hierzu beispielsweise Deutsche Bundesbank (Monatsbericht 2016), S. 67, S. 80, S. 82.

85 Vgl. Deutsche Bundesbank (Monatsbericht 2014), S. 43; Krall, Markus (Wachstum 2015), S. 37; Bieg, Hartmut; Waschbusch, Gerd (Bankbilanzierung 2017), S. 362. Mit einem Anteil von näherungsweise 70 % stellt der Zinsüberschuss die mit Abstand wichtigste Ertragskomponente der deutschen Banken dar. Vgl. Deutsche Bundesbank (Monatsbericht 2018b), S. 38; Waschbusch, Gerd; Reinstädtler, Gabriela; Ruffing, Marie Sophie (Ertragslage 2018), S. 916; Waschbusch, Gerd; Rolle, Andrea; Berg, Susen Claire (Niedrigzinsumfeld 2018), S. 419.

86 Hierunter sind insbesondere die Sparkassen und Kreditgenossenschaften zu verstehen. Vgl. Richter, Toni; Gischer, Horst (Banken 2014), S. 13.

87 Vgl. Frère, Eric; Reuse, Svend; Svoboda, Martin (Bankensektor 2008), S. 9; Deutsche Bundesbank (Monatsbericht 2014), S. 61; Waschbusch, Gerd; Rolle, Andrea; Berg, Susen Claire (Niedrigzinsumfeld 2018), S. 423.

88 Vgl. Kreditanstalt für Wiederaufbau (Kreditgewerbe 2005), S. 3.

89 Vgl. Bellavite-Hövermann, Yvette (Bankrechnungslegung 2004), S. 183; Mugler, Andreas (Bankensystem 2014), S. 100; Deutsche Bundesbank (Monatsbericht 2016), S. 64.

90 Vgl. zu den letzten beiden Sätzen Deutsche Bundesbank (Monatsbericht 2015c), S. 62.

die mögliche Risikovorsorge eines Instituts,[91] zum anderen aber auch auf die Attraktivität eines Kreditinstituts für potenzielle Investoren.[92]

Diese Kennzahlen sollen für die wesentlichen Gruppen der deutschen Kreditinstitute sowie für die deutschen Banken in ihrer Gesamtheit im Folgenden ausführlicher betrachtet werden.

2.2.2. Die Zinsspanne der Banken

Abbildung 2 zeigt die Entwicklung der Zinsspanne für alle Bankengruppen[93] im Allgemeinen und für Kreditbanken[94], Sparkassen[95] und Kreditgenossenschaften[96] im Speziellen im Zeitverlauf von 1994 bis 2017.[97] Die

91 Eine hohe Eigenkapitalrentabilität erlaubt es einem Kreditinstitut seine Eigenkapitalquote auszubauen und somit letztlich seine Bestandsfestigkeit zu erhöhen. Vgl. Thiry, Daniel (Marktdisziplinierung 2009), S. 154.

92 Vgl. Kreditanstalt für Wiederaufbau (Kreditgewerbe 2005), S. 4; Frère, Eric; Reuse, Svend; Svoboda, Martin (Bankensektor 2008), S. 9.

93 Neben den Sparkassen, Kreditbanken und Kreditgenossenschaften zählen hierzu auch die Landesbanken, die genossenschaftlichen Zentralbanken, Realkreditinstitute, Bausparkassen und Banken mit Sonderaufgaben. Vgl. Deutsche Bundesbank (Monatsbericht 2016), S. 80.

94 Hierunter sind als Universalbanken tätige privatrechtlich organisierte Kreditinstitute zu verstehen, die sowohl im Einlagen- und Kreditgeschäft tätig sind als auch die Ausgabe von und den Handel mit Effekten für sich selbst oder Dritte durchführen und die keine Kreditgenossenschaften oder Sparkassen sind. Der Klassifizierung der Deutschen Bundesbank folgend fallen hierunter „Großbanken", „Regionalbanken und sonstige Kreditbanken" sowie „Zweigstellen ausländischer Banken". Vgl. Deutsche Bundesbank (Kreditbank o. J.); Schöning, Stephan (Kreditbanken o. J.); Staub, Nadine (Privatbanken 2012), S. 1120.

95 Bei Sparkassen handelt es sich überwiegend um kommunal getragene Kreditinstitute in öffentlich-rechtlicher Rechtsform, die im Rahmen ihrer satzungsmäßigen Bestimmung alle Arten von Bankgeschäften betreiben (Universalbank). Der zentrale Auftrag der Sparkassen ist die Förderung des Sparsinns und der Vermögensbildung der (mittelständischen) Bevölkerung. Vgl. Deutsche Bundesbank (Sparkasse o. J.); Schöning, Stephan (Sparkassen o. J.); Manger-Nestler, Cornelia (Sparkassen 2012), S. 1283.

96 Unter Kreditgenossenschaften oder auch Genossenschaftsbanken werden Universalbanken subsumiert, die in der Rechtsform der eingetragenen Genossenschaft geführt werden und deren Geschäftszweck unter anderem darin besteht, die Wirtschaft und den Erwerb der Genossenschaftsmitglieder zu fördern. Insbesondere die Volks- und Raiffeisenbanken sowie verschiedene Banken, die ursprünglich als Selbsthilfeeinrichtungen bestimmter Berufsgruppen entstanden sind, fallen hierunter. Vgl. Deutsche Bundesbank (Genossenschaftsbank

Zinsspanne, die im Rahmen dieser Ausführungen als Zinsüberschuss in Relation zur durchschnittlichen Bilanzsumme[98] definiert wird,[99] ist vorliegend auf der Ordinate abgetragen.

Augenscheinlich ist hierbei, dass die Zinsspanne für alle Institutsgruppen einem anhaltenden Abwärtstrend unterliegt.[100] Zusammenfassend beträgt der durchschnittliche jährliche Rückgang im Betrachtungszeitraum für alle Bankengruppen –2,61 %, für die Kreditbanken –3,86 %, für die Sparkassen –2,24 % und für die Kreditgenossenschaften –2,17 %. Insgesamt hat sich die Zinsspanne seit Beginn der 1990er praktisch nahezu halbiert.[101] In der Folge sinkt die Ertragskraft aus dem zinstragenden Geschäft nachhaltig.[102] Ursächlich dafür sind unter anderem die Zinspolitik der Europäischen Zentralbank,[103] der fortlaufende Verfall der Umlaufren-

---

o. J.); Mändle, Markus (Kreditgenossenschaft o. J.); Staub, Nadine (Kreditgenossenschaft 2012), S. 881.

97 Vgl. zu einer Übersicht der Entwicklung der Zinsspanne seit der Expansionsphase Sinn, Walter; Schmundt, Wilhelm (Banken 2014), S. 13.

98 Hierbei gilt: durchschnittliche Bilanzsumme = $\frac{\text{Bilanzsumme am Anfang des Jahres + Bilanzsumme am Ende des Jahres}}{2}$. Vgl. Bieg, Hartmut; Waschbusch, Gerd (Bankbilanzierung 2017), S. 363.

99 Zinsspanne (in %) = $\frac{\text{Zinserträge – Zinsaufwendungen}}{\text{durchschnittliche Bilanzsumme}}$. Vgl. ausführlich zur Zinsspanne Kreditanstalt für Wiederaufbau (Kreditgewerbe 2005), S. 2; Frère, Eric; Reuse, Svend; Svoboda, Martin (Bankensektor 2008), S. 9; Sinn, Walter; Schmundt, Wilhelm (Banken 2014), S. 13; Hartmann-Wendels, Thomas; Pfingsten, Andreas; Weber, Martin (Bankbetriebslehre 2015), S. 666; Deutsche Bundesbank (Monatsbericht 2016), S. 67; Bieg, Hartmut; Waschbusch, Gerd (Bankbilanzierung 2017), S. 362. Teilweise wird die Zinsspanne auch als Differenz aus dem volumengewichteten Sollzinssatz aus dem Kreditgeschäft und dem zu zahlenden Habenzinssatz für Kundeneinlagen und Zentralbankgeld definiert. Für diese Autoren stellt die obige Berechnung die „Zinsmarge" dar. Vgl. Gischer, Horst; Richter, Toni (Performancemessung 2009), S. 566.

100 Vgl. Sinn, Walter; Schmundt, Wilhelm (Banken 2014), S. 12; Demary, Markus (Bevorzugung 2016), S. 22; Koch, Philipp u. a. (Road 2016), S. 33; Mausbach, Carmen (Jahre 2016), S. 36.

101 Deutsche Bundesbank (Finanzstabilitätsbericht 2013), S. 51; Waschbusch, Gerd; Rolle, Andrea; Berg, Susen Claire (Niedrigzinsumfeld 2018), S. 423.

102 Vgl. Frère, Eric; Reuse, Svend; Svoboda, Martin (Bankensektor 2008), S. 9; Deutsche Bundesbank (Monatsbericht 2014), S. 61.

103 Vgl. Koch, Philipp u. a. (Road 2016), S. 33.

dite[104] am Markt und der durch wettbewerbsbedingte Überkapazitäten im deutschen Bankgewerbe ausgelöste Margenrückgang.[105]

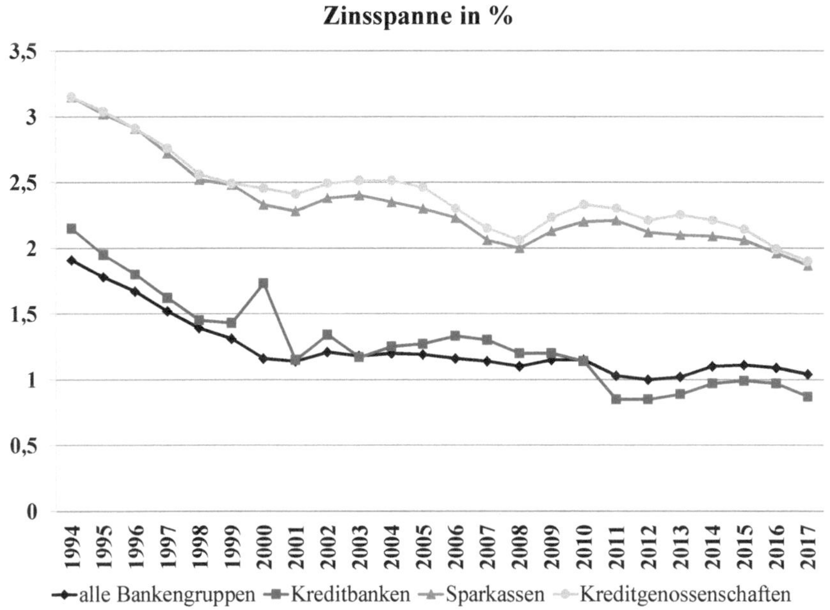

Abbildung 2: Entwicklung der Zinsspanne ausgewählter deutscher Bankengruppen von 1994–2017[106]

Wenngleich die Zinsspanne bei den Kreditbanken stets deutlich niedriger war und auch in Relation zu den anderen Institutsgruppen stärker gefallen

104 Unter der Umlaufrendite ist die durchschnittliche Rendite von im Umlauf befindlichen, länger laufenden, festverzinslichen Wertpapieren innerhalb eines Landes zu verstehen. Vgl. Deutsche Bundesbank (Umlaufrendite o. J.); Michler, Albrecht F. (Umlaufrendite o. J.). Indem sie die nominalen Finanzierungskosten, die bei einer direkten Inanspruchnahme des Kapitalmarkts entstehen, wiedergibt, gilt sie als Maßstab für die allgemeine Zinssituation am Kapitalmarkt und determiniert den Darlehenszinssatz der Banken. Vgl. Deutsche Bundesbank (Monatsbericht 1996), S. 19; Ahrens, Ralf (Zinsprognosen 2000), S. 204; Tolkmitt, Volker (Bankbetriebslehre 2007), S. 78.

105 Vgl. Pilz, Gerald (Immobilienaktien 2007), S. 25; Sinn, Walter; Schmundt, Wilhelm (Banken 2014), S. 12; Waschbusch, Gerd; Rolle, Andrea; Berg, Susen Claire (Niedrigzinsumfeld 2018), S. 423.

106 Eigene Darstellung in Anlehnung an Kreditanstalt für Wiederaufbau (Kreditgewerbe 2005), S. 2; Frère, Eric; Reuse, Svend; Svoboda, Martin (Bankensektor 2008), S. 8; Deutsche Bundesbank (Komponenten 2018), S. 5.

ist, sind die Sparkassen und Kreditgenossenschaften wirtschaftlich stärker von dieser Entwicklung betroffen.[107] Dies ist vor allem darauf zurückzuführen, dass diese Institutsgruppen schwerpunktmäßig im klassischen Einlagen- und Kreditgeschäft tätig sind und infolgedessen der Großteil ihrer Erträge unmittelbar vom zinstragenden Geschäft abhängt.[108]

Aktuell ist davon auszugehen,[109] dass die derzeitige Niedrigzinsphase auch in den kommenden Jahren weiterhin anhält und somit der Zinsüberschuss (weiter) sinkt.[110] Bleibt das momentane Niedrigzinsumfeld unverändert fortbestehen, so ist in den kommenden Jahren mit einem weiteren Rückgang des Zinsüberschusses im Einlagen- und Kreditgeschäft um ca. 20 % bis 25 % zu rechnen.[111] Das Gesamtergebnis vor Steuern in Relation zur Bilanzsumme der Bankenbranche würde sich aufgrund dessen mehr als halbieren, sofern keine Gegenmaßnahmen ergriffen werden.[112] Insbesondere die Sparkassen und die Kreditgenossenschaften wären hiervon in besonderem Maße betroffen. Vom prognostizierten Rückgang des Gewinns vor Steuern im Zeitraum zwischen 2016 und 2021 von insgesamt 7,1 Mrd. Euro für alle Bankengruppen würden 2,4 Mrd. Euro auf die Sparkassen und 2,0 Mrd. Euro auf die Kreditgenossenschaften entfallen.[113] Die Kreditbanken hätten einen Rückgang in Höhe von 1,1 Mrd. Euro zu verkraften.

Die Betrachtung der Zinsspanne ist jedoch nur äußerst begrenzt als Erfolgskriterium geeignet, da der Geschäftserfolg der Kreditinstitute – zur (teilweisen) Kompensation des rückläufigen Zinsergebnisses – zunehmend auch durch Provisionen und den Eigenhandel maßgeblich determiniert

---

107 Vgl. Deutsche Bundesbank (Monatsbericht 2015c), S. 49, S. 52. Vgl. hierzu und zu dem folgenden Satz Waschbusch, Gerd; Rolle, Andrea; Berg, Susen Claire (Niedrigzinsumfeld 2018), S. 423.

108 Vgl. Dombret, Andreas (Zinsen 2015); Koch, Philipp u. a. (Road 2016), S. 35.

109 Vgl. Kapitel 3.3.1.

110 Vgl. Börner, Christoph J. (Zukunftssicherung 2015), S. 21; Praeg, Claus-Peter; Schmidt, Carsten (Trendstudie 2015), S. 21. Vgl. hierzu und zu dem folgenden Satz Koch, Philipp u. a. (Road 2016), S. 35; Waschbusch, Gerd; Rolle, Andrea; Berg, Susen Claire (Niedrigzinsumfeld 2018), S. 418.

111 Vgl. Flesch, Johann; Gebauer, Burkhard (Nullzinspolitik 2015), S. 604–605.

112 Vgl. Dombret, Andreas (Zinsen 2015); Dombret, Andreas; Röseler, Raimund (Niedrigzinsumfeld 2015), S. 3; Demary, Markus (Bevorzugung 2016), S. 22. Vgl. auch Waschbusch, Gerd; Reinstädtler, Gabriela; Ruffing, Marie Sophie (Ertragslage 2018), S. 916.

113 Vgl. hierzu und zu dem folgenden Satz Koch, Philipp u. a. (Road 2016), S. 35.

wird.[114] Die Hauptkomponenten des bankbetrieblichen Erfolgs – das Provisions-, Zins- und Handelsergebnis –[115] werden somit nur partiell durch die Betrachtung der Zinsspanne abgebildet. Ein breiteres Maß zur Darstellung der Ertragskraft, das im Gegensatz zur Zinsspanne auch Aussagen über die Kosteneffizienz und Leistungsfähigkeit eines Kreditinstituts erlaubt,[116] stellt hingegen die Aufwand/Ertrag-Relation dar.[117] Aufgrund der hohen Bedeutung des Zinsergebnisses für deutsche Kreditinstitute hat die soeben betrachtete Zinsspanne einen erheblichen Einfluss auf diese Kennzahl.[118]

2.2.3. Die Aufwand/Ertrag-Relation (CIR) der Banken

Die Aufwand/Ertrag-Relation setzt die allgemeinen Verwaltungsaufwendungen[119] ins Verhältnis zu den operativen Erträgen[120] und ermöglicht es so, Aussagen über die Kosteneffizienz und die Leistungsfähigkeit eines Kreditinstituts zu treffen.[121] Demnach bedeutet beispielsweise eine Auf-

---

114 Vgl. Kreditanstalt für Wiederaufbau (Kreditgewerbe 2005), S. 3.

115 Vgl. Deutsche Bundesbank (Monatsbericht 2014), S. 55.

116 Vgl. Mugler, Andreas (Bankensystem 2014), S. 100; Deutsche Bundesbank (Monatsbericht 2016), S. 64.

117 Vgl. Kreditanstalt für Wiederaufbau (Kreditgewerbe 2005), S. 3.

118 Vgl. Burger, Andreas; Frohmüller, Klaus Peter; Moormann, Jürgen (Produktivität 2008), S. 8.

119 Analog zur Deutschen Bundesbank werden unter den allgemeinen Verwaltungsaufwendungen die Summe der Personalaufwendungen, die Aufwendungen, die zum Betrieb des Geschäfts erforderlich sind, ohne direkt zum eigentlichen Geschäft zu gehören sowie die Abschreibungen und die Wertberichtigungen auf immaterielle Anlagewerte und Sachanlagen subsumiert. Vgl. Deutsche Bundesbank (GuV-Statistik o. J.), S. 1.

120 Aufwand/Ertrag-Relation (in %)= $\frac{\text{allgemeine Verwaltungsaufwendungen}}{\text{operative Erträge}}$. Dem Vorgehen der Deutschen Bundesbank folgend setzen sich die operativen Erträge aus dem Zins- und Provisionsüberschuss (Rohertrag) zuzüglich dem Nettoergebnis des Handelsbestands und dem Saldo der sonstigen betrieblichen Erträge und Aufwendungen zusammen. Vgl. Mugler, Andreas (Bankensystem 2014), S. 100; Deutsche Bundesbank (Relation 2018), S. 1.

121 Vgl. Mugler, Andreas (Bankensystem 2014), S. 100; Deutsche Bundesbank (Monatsbericht 2016), S. 64. Vgl. zur Kritik am Konzept der Aufwand/Ertrag-Relation Moormann, Jürgen; Frohmüller, Klaus Peter; Burger, Andreas (Finanzwirtschaft 2006), S. 40–44; Richter, Toni; Gischer, Horst (Banken 2014), S. 28–29; Bieg, Hartmut; Waschbusch, Gerd (Bankbilanzierung 2017), S. 366–367.

wand/Ertrag-Relation von 60 %, dass die Erwirtschaftung eines operativen Ertrags von 100 Euro mit einem allgemeinen Verwaltungsaufwand von 60 Euro einhergeht.[122] Änderungen dieses Wertes geben an, ob es den Banken besser oder schlechter gelingt, ihren betrieblichen Aufwand in einen marktseitig honorierten Ertrag umzuwandeln.[123] Dieser Interpretation liegt die Annahme zugrunde, dass Produktivitätszuwächse und Skaleneffekte zu einem Rückgang der Aufwendungen bei der Erstellung eines gegebenen Outputniveaus führen.[124] Demnach gilt: Je niedriger die CIR, desto kosteneffizienter und leistungsfähiger arbeitet ein Kreditinstitut.[125] Im internationalen Vergleich gilt eine CIR von schätzungsweise 60 % bis 65 % als wettbewerbsfähig.[126] Die Aufwand/Ertrag-Relation liegt in Deutschland im langfristigen Durchschnitt bei 67,1 % und ist damit vergleichsweise hoch.[127]

Abbildung 3 zeigt die Aufwand/Ertrag-Relation[128] in Prozent abgetragen auf der Ordinate und veranschaulicht deren Entwicklung von 1994 bis 2017. Vergleicht man die Anfangs- und Endwerte für die verschiedenen Institutsgruppen, so ist festzustellen, dass bei nahezu allen Institutsgruppen im Zeitverlauf eine deutliche Erhöhung der CIR, und entsprechend eine Verschlechterung der Kosteneffizienz,[129] zu beobachten ist. Einzig die Kreditgenossenschaften konnten den Wert aus dem Jahr 1994 in den letzten Jahren halten und im Jahr 2017 gar eine leicht bessere Aufwand/Ertrag-Relation als 1994 verzeichnen. Im Durchschnitt aller Bankengruppen beträgt der Anstieg jedoch mehr als 11 Prozentpunkte.

---

122 Vgl. Deutsche Bundesbank (Monatsbericht 2016), S. 80.

123 Vgl. Graband, Theophil; Wand, Karina (Banking 2003), S. 55.

124 Vgl. Richter, Toni; Gischer, Horst (Banken 2014), S. 11.

125 Vgl. Deutsche Bundesbank (Monatsbericht 2016), S. 64; Bieg, Hartmut; Waschbusch, Gerd (Bankbilanzierung 2017), S. 366. Vgl. hierzu und zu dem folgenden Satz Bellavite-Hövermann, Yvette (Bankrechnungslegung 2004), S. 183.

126 Vgl. Kreditanstalt für Wiederaufbau (Kreditgewerbe 2005), S. 3; Mugler, Andreas (Bankensystem 2014), S. 100; Graupner, Enrico (Digitization 2015), S. 6. Vgl. zu einer Übersicht der CIR der Banken in repräsentativen Ländern Sinn, Walter; Schmundt, Wilhelm (Banken 2016), S. 8.

127 Vgl. Deutsche Bundesbank (Monatsbericht 2018b), S. 48–49.

128 Synonym zur Aufwand/Ertrag-Relation werden auch die Begriffe „Cost-Income-Ratio“ (CIR) und „Efficiency-Ratio“ verwendet. Vgl. hierzu Moormann, Jürgen; Frohmüller, Klaus Peter; Burger, Andreas (Finanzwirtschaft 2006), S. 41; Richter, Toni; Gischer, Horst (Banken 2014), S. 4.

129 Vgl. Sinn, Walter; Schmundt, Wilhelm (Banken 2014), S. 12.

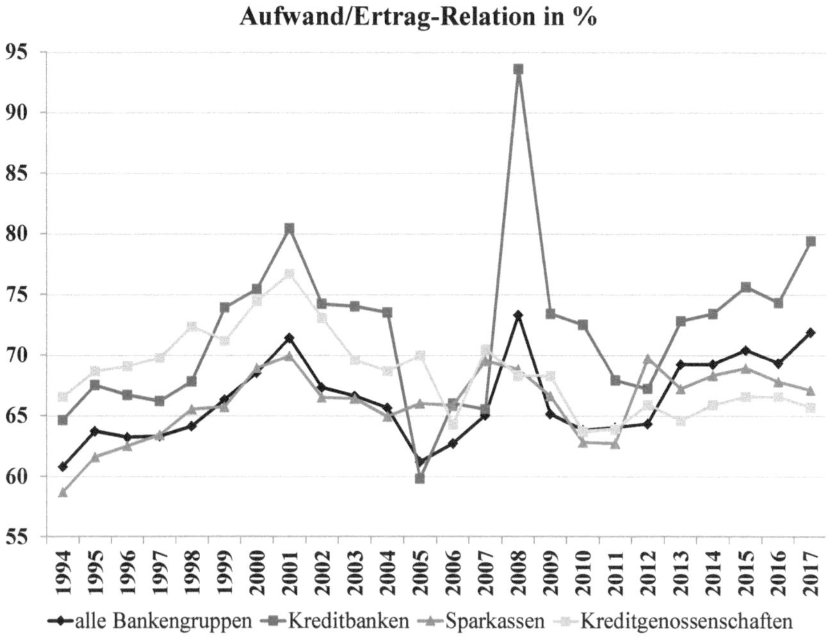

Abbildung 3: Entwicklung der Aufwand/Ertrag-Relation ausgewählter deutscher Bankengruppen von 1994–2017[130]

Diese Entwicklungen spiegeln sich auch in einer negativen Trendentwicklung wider.[131] Legt man eine lineare Trendentwicklung über den Betrachtungszeitraum zugrunde, so ergibt sich, dass bei der CIR für alle Bankengruppen jährlich ein Anstieg von 0,2437 Prozentpunkten zu erwarten ist (Sparkassen: +0,1883 Prozentpunkte; Kreditbanken: +0,2972 Prozentpunkte). Bei den Kreditgenossenschaften wird hingegen ein Absinken der CIR in der gleichen Zeitspanne um –0,2776 Prozentpunkte prognostiziert.

Obgleich durch die vielfältigen Einflussfaktoren stets starke Schwankungen der CIR im Zeitverlauf festzustellen sind,[132] lässt sich bei einer

130 Eigene Darstellung in Anlehnung an Kreditanstalt für Wiederaufbau (Kreditgewerbe 2005), S. 3; Frère, Eric; Reuse, Svend; Svoboda, Martin (Bankensektor 2008), S. 8; Deutsche Bundesbank (Relation 2018), S. 5.

131 Vgl. Meyer, Klaus-Georg (Kundenerlebnis 2014), S. 212; Olma, Ulrike (Ertragseffizienz 2016).

132 Die ersten Jahre der Phase der Globalisierung und Kapitalmarktorientierung gingen mit einer deutlichen Verschlechterung der CIR einher. Zurückzuführen ist dies darauf, dass durch die Veränderung des Börsenwesens in dieser Phase

Betrachtung der letzten Jahre beginnend ab dem Jahr 2011 ein Aufwärtstrend dieser Kennzahl für alle betrachteten Gruppen extrapolieren. Dieser Trend ist weniger auf eine hohe Reagibilität der Aufwendungen zurückzuführen, sondern er beruht vielmehr auf sinkenden Erträgen im zinsabhängigen Geschäft angesichts des anhaltenden Niedrigzinsumfelds und der flachen Zinsstrukturkurve[133].[134] Auch der steigende Konkurrenzdruck aufgrund des Angebots von Finanzdienstleistungen von inner- und außerhalb

---

erhöhte Kosten für neue Informationstechnologien und, institutsabhängig, den Aufbau des Investmentbanking entstanden sind, denen zunächst kein entsprechendes Ertragswachstum gegenübergestellt werden konnte. Vgl. Kreditanstalt für Wiederaufbau (Kreditgewerbe 2005), S. 4. Hoher Sachaufwand durch Investitionen im IT-Bereich und ein kontinuierlicher Anstieg des Personalaufwands führten, in Verbindung mit einem ungünstigen Provisionsergebnis aufgrund zurückhaltender Nachfrage nach Dividendenwerten, schließlich zu einer sehr niedrigen Kosteneffizienz im Jahr 2001. Vgl. Deutsche Bundesbank (Monatsbericht 2002), S. 26, S. 28–29. In den darauffolgenden Jahren bis 2006 determinierten insbesondere die hohen Erträge aus dem Handel mit Finanzinstrumenten (Eigenhandel) das Ergebnis. Vgl. Deutsche Bundesbank (Monatsbericht 2006), S. 21–22. Auch die Konsolidierung der Filialstruktur und der Beschäftigungsabbau wirkten sich positiv auf die CIR aus. Vgl. Mugler, Andreas (Bankensystem 2014), S. 100–101. Im Jahr 2008 führten sodann hohe Abschreibungen auf strukturierte Produkte und große Verluste im Derivategeschäft – jeweils bedingt durch die Finanz- und Wirtschaftskrise der Jahre 2007 ff. – zu einem historisch schlechten Ergebnis aus dem Eigenhandel und einem entsprechend starken Anstieg der CIR. Vgl. Deutsche Bundesbank (Monatsbericht 2009), S. 41. Besonders betroffen waren die häufig verstärkt vom Eigenhandel abhängigen großen Kreditbanken. Vgl. Deutsche Bundesbank (Monatsbericht 2009), S. 41.

133 Die Zinsstrukturkurve stellt die Zinssätze für kurz-, mittel-, und langfristige Anlagen dar. Vgl. Budzinski, Florian (Zinsstrukturkurve o. J.). Im Normalfall liegen die kurzfristigen Zinssätze unter den langfristigen Zinssätzen. Vgl. Budzinski, Florian (Zinsstrukturkurve o. J.); Spellmann, Frank (Banken 2002), S. 37; Heidorn, Thomas; Schmaltz, Christian; Schröter, Dirk (Liquiditätssteuerung 2011), S. I; Horsch, Andreas; Banh, Minh (Fristentransformationsbeitrag 2012), S. 576. Aktuell sind die Unterschiede hinsichtlich der Verzinsung bei sich verlängerndem Anlagehorizont jedoch marginal, sodass die Kreditinstitute keine wesentlichen Erfolgsbeiträge aus der Fristentransformation generieren können. Vgl. hierzu Hölscher, Reinhold; Kalhöfer, Christian; Helms, Nils (Finanzmarktkrise 2016); Kostiw-Obst, Anna; Mertsching, Johannes; Seiwald, Christian (Zinsrisiken 2016), S. 2; Waschbusch, Gerd; Reinstädtler, Gabriela; Ruffing, Marie Sophie (Ertragslage 2018), S. 916. Vgl. weiterführend hierzu Kapitel 3.3.1.

134 Vgl. hierzu und zu dem folgenden Satz Deutsche Bundesbank (Monatsbericht 2013b), S. 25.

des Kreditgewerbes – insbesondere seitens der FinTechs – erhöht den Margendruck auf die Kreditinstitute.[135] Als Reaktion hierauf versuchen deutsche Banken zunehmend ihre Kostenseite zu optimieren.[136] Im Fokus stehen dabei insbesondere Anpassungen der Filialstrukturen, Umstrukturierungen von Geschäftsfeldern sowie Auslagerungen kostenintensiver Aufgabenbereiche.[137]

Die Aufwandsseite steigt jedoch, trotz beständiger Konsolidierungsbemühungen[138] stetig an.[139] Insbesondere die Personalaufwendungen sind innerhalb der letzten Jahre gewachsen.[140] Auch spürbar gestiegene Beratungs-, Prüfungs-, Rechtskosten sowie Kosten für IT-Dienstleistungen determinieren die Aufwandsseite.[141] Dies ist nicht zuletzt auch wachsenden Implementierungs- und Verwaltungsaufwendungen für die Erfüllung der verschärften regulatorischen Anforderungen geschuldet.[142] Die daraus resultierenden Kosten belasten das Bankgewerbe mit schätzungsweise mehr als zwei Mrd. Euro pro Jahr[143] und führen zu einem Anstieg der CIR um

---

135 Vgl. Sinn, Walter; Schmundt, Wilhelm (Banken 2015), S. 13; Deutsche Bundesbank (Monatsbericht 2016), S. 79–80. Vgl. auch Kapitel 3.2.2.4.2.

136 Vgl. Dickamp, Ulrich; Grimmer, Lars (Kosten 2015), S. 20; Praeg, Claus-Peter; Schmidt, Carsten (Trendstudie 2015), S. 9, S. 22; Praeg, Claus-Peter; Schmidt, Carsten (Trendstudie 2016), S. 8.

137 Vgl. zu den letzten beiden Sätzen Deutsche Bundesbank (Monatsbericht 2015c), S. 58.

138 Vgl. Sinn, Walter; Schmundt, Wilhelm (Banken 2015), S. 4.

139 Vgl. Grasshoff, Gerold u. a. (Global 2013), S. 9.

140 Vgl. Waschbusch, Gerd; Rolle, Andrea; Berg, Susen Claire (Niedrigzinsumfeld 2018), S. 423. Vgl. hierzu und zu den beiden folgenden Sätzen Deutsche Bundesbank (Monatsbericht 2016), S. 78–79.

141 Vgl. hierzu und zu dem folgenden Satz Deutsche Bundesbank (Monatsbericht 2014), S. 70–71.

142 Vgl. Krall, Markus (Wertschöpfung 2015), S. 34; Koch, Philipp u. a. (Road 2016), S. 6. Vgl. auch Waschbusch, Gerd; Rolle, Andrea; Berg, Susen Claire (Niedrigzinsumfeld 2018), S. 423.

143 Vgl. zur Kostenbelastung von ca. zwei Mrd. Euro pro Jahr Pukropski, Ulrich u. a. (Auswirkungen 2013), S. 3, S. 7; Sinn, Walter; Schmundt, Wilhelm (Banken 2015), S. 4. Hierbei ist zu beachten, dass es sich nur um die direkt zurechenbaren Kosten aufgrund erhöhter Sach- und Personalaufwendungen sowie der Bankenabgabe handelt. Die indirekten Kosten aufgrund der verbesserten Eigenmittel- und Liquiditätsausstattung belaufen sich darüber hinaus auf schätzungsweise sieben Mrd. Euro jährlich. Vgl. KPMG; Bundesverband deutscher Banken; Bundesverband Öffentlicher Banken Deutschlands (Bankenregulierung 2013), S. 1; Zanthier, Ulrich von (Geschäftsmodellen 2015), S. 40.

ca. drei bis vier Prozentpunkte.[144] Dies stellt insbesondere kleine und mittelgroße Kreditinstitute vor eine ernstzunehmende Herausforderung, da die gestiegenen Belastungen von einem geringeren Geschäftsvolumen getragen werden müssen und sich infolgedessen starke negative Auswirkungen auf die Rentabilität ergeben können.[145]

Zusammenfassend lässt sich sagen, dass die deutschen Kreditinstitute aktuell hinsichtlich ihrer Kosteneffizienz mit erheblichen Herausforderungen konfrontiert sind. Legt man die durchschnittliche CIR der europäischen Kreditinstitute im Jahr 2016 in Höhe von 64 % als Maßstab zugrunde,[146] so scheinen angesichts der aktuellen durchschnittlichen CIR von 71,9 % in Deutschland Zweifel an der internationalen Wettbewerbsfähigkeit der deutschen Kreditinstitute in Bezug auf ihre Kosteneffizienz durchaus begründet zu sein.[147] Insbesondere haben die deutschen Kreditinstitute aktuell die durchschnittlich schlechteste Aufwand/Ertrag-Relation innerhalb der Eurozone.[148] Bei dieser Beurteilung muss jedoch einschränkend berücksichtigt werden, dass ein Teil der gestiegenen Aufwendungen auf Investitionen beruht, die auf mittelfristige Einsparungen z. B. durch Digitalisierung[149] und Personalabbau abzielen.[150] Erfüllen diese Investitionen ihren Zweck, so könnten die Aufwendungen der Kreditinstitute in Zukunft nachhaltig reduziert werden. Auch eine Erhöhung der Provisionen und Gebühren kann der Entwicklung hin zu einer steigenden CIR zumindest teilweise entgegenwirken. Ob jedoch angesichts der im Rahmen der Zinsspanne beschriebenen zu erwartenden Entwicklung des Zinsüberschusses ein weiteres Ansteigen der CIR vermieden werden kann, ist für die Dauer der anhaltenden Niedrigzinsphase und mit Blick auf die zuneh-

---

144 Vgl. zum regulierungsbedingten Anstieg der CIR Carl, Reinhard; Brößel, Mario (Profil 2011), S. 9.

145 Vgl. Hackethal, Andreas; Inderst, Roman (Regulatorik 2015), S. III.

146 Vgl. AT Kearney (Radar 2017), S. 6.

147 Vgl. Graband, Theophil; Wand, Karina (Banking 2003), S. 55; Beitel, Patrick; Leukert, Peter; Walter, Cornelius (Industrialisierung 2005), S. 811–812; Engstler, Martin; Vocke, Christian (Trendstudie 2005), S. 14; Gissel, Ralf (Banking 2008), S. 33; Goedeckemeyer, Karl-Heinz (Banken 2015), S. 10.

148 Vgl. Waschbusch, Gerd; Reinstädtler, Gabriela; Ruffing, Marie Sophie (Ertragslage 2018), S. 919.

149 Vgl. zum Einsparungspotenzial durch die Digitalisierung Graupner, Enrico (Digitization 2015), S. XV.

150 Vgl. Pratz, Andreas u. a. (Banking 2016), S. 6.

mende Regulierung des Bankgewerbes eher unwahrscheinlich.[151] Der Grund für die sich verschlechternde CIR liegt nicht vorrangig in den höheren Aufwendungen der Institute.[152] Vielmehr ist sie auf die volatilen Erträge und eine generelle Ertragsschwäche zurückzuführen. Folglich gehen Simulationen davon aus, dass die CIR – bei einer anhaltenden Niedrigzinsphase und einer Reduzierung der Aufwendungen um 5 % pro Jahr –[153] im Zeitraum vom Jahr 2015 bis zum Jahr 2022 um weitere 20 % ansteigen könnte.[154]

Die betrachtete Aufwand/Ertrag-Relation muss jedoch, gerade im Vergleich, aufgrund der unterschiedlichen Geschäftsmodelle der verschiedenen Bankengruppen und der damit verbundenen stark divergierenden Kostenstrukturen[155] mit Vorsicht interpretiert werden.[156]

Weiteren Aufschluss über die wirtschaftliche Situation eines Kreditinstituts gibt die nachfolgend betrachtete Eigenkapitalrentabilität.[157] Neben den verschiedenen Arten von Erträgen und Aufwendungen, wie sie im Rahmen der Aufwand/Ertrag-Relation gegenübergestellt werden, beinhaltet die Eigenkapitalrentabilität den gesamten Jahresüberschuss und lässt

---

151 Vgl. zu den letzten beiden Sätzen Rehm, Hannes (Bankenstruktur 2016), S. 583.

152 Vgl. hierzu und zu folgendem Satz Meybom, Peter (Ergebnisstruktur 2012), S. 24.

153 Weiterhin nimmt die Analyse an, dass die Konditionsmarge der Einlagen und die Strukturmarge auf 0 % fallen. Ferner wird davon ausgegangen, dass die Konditionsmarge für private und gewerbliche Kredite von 1 % bzw. 2 % weiter sinkt. Vgl. Krall, Markus (Wachstum 2015), S. 37; Lister, Michael (Kreditinstitute 2015), S. 41.

154 Vgl. Krall, Markus (Wachstum 2015), S. 36–37; Lister, Michael (Kreditinstitute 2015), S. 41.

155 Die Sparkassen und die Kreditgenossenschaften zeichnen sich durch ein flächendeckendes und umfangreiches Filialnetz sowie die Fokussierung auf das klassische Einlagen- und Kreditgeschäft aus. Demgegenüber arbeiten die Kreditbanken häufig lokal und auf urbane Gebiete beschränkt und engagieren sich stärker im volatilen Investmentbanking. Somit sehen sich die Sparkassen und die Kreditgenossenschaften einerseits und die Kreditbanken andererseits mit gänzlich unterschiedlichen Aufwands- und Ertragsstrukturen konfrontiert. Vgl. Richter, Toni; Gischer, Horst (Banken 2014), S. 13–14.

156 Vgl. Richter, Toni; Gischer, Horst (Banken 2014), S. 13–14.

157 Vgl. zu den letzten beiden Sätzen Deutsche Bundesbank (Monatsbericht 2016), S. 80.

damit Rückschlüsse auf eine mögliche Risikovorsorge und die Attraktivität des Kreditinstituts für Investoren zu.[158]

2.2.4. Die Eigenkapitalrentabilität der Banken

Eine weitere wesentliche Rentabilitätskennzahl bei der Beurteilung der aktuellen Situation der Kreditinstitute ist die in Abbildung 4 dargestellte Eigenkapitalrentabilität.[159] Auf der Ordinate wird die Eigenkapitalrentabilität nach Steuern[160] dargestellt. Diese ergibt sich aus der Division des Jahresüberschusses nach Steuern durch das durchschnittliche bilanzielle Eigenkapital[161].[162] Einem Anstieg der Kennzahl im Vergleich zum Vorjahr kann demnach sowohl eine Verringerung des Eigenkapitals als auch eine Erhöhung des Jahresüberschusses zugrunde liegen.[163] Der hier betrachtete Jahresüberschuss beinhaltet nicht die erfolgswirksame Bildung bzw. Auf-

---

158 Vgl. Kreditanstalt für Wiederaufbau (Kreditgewerbe 2005), S. 4; Frère, Eric; Reuse, Svend; Svoboda, Martin (Bankensektor 2008), S. 9; Thiry, Daniel (Marktdisziplinierung 2009), S. 154.

159 Vgl. Bellavite-Hövermann, Yvette (Bankrechnungslegung 2004), S. 183; Kreditanstalt für Wiederaufbau (Kreditgewerbe 2005), S. 1; Frère, Eric; Reuse, Svend; Svoboda, Martin (Bankensektor 2008), S. 7.

160 Die Eigenkapitalrentabilität nach Steuern wird vorliegend betrachtet, da sie sich insbesondere zur Betrachtung historischer Renditen innerhalb eines Rechts- und Steuergebiets eignet. Vgl. Botsis, Dionysios u. a. (Kennzahlen 2015), S. 89. Im internationalen Vergleich bietet sich hingegen die Eigenkapitalrentabilität vor Steuern an, da divergierende Steuersätze so außer Acht gelassen werden können. Vgl. Bellavite-Hövermann, Yvette (Bankrechnungslegung 2004), S. 183.

161 Hierbei gilt: durchschnittliche Bilanzsumme = $\frac{\text{bilanzielles Eigenkapital am Anfang des Jahres} + \text{bilanzielles Eigenkapital am Ende des Jahres}}{2}$. Vgl. Bieg, Hartmut; Waschbusch, Gerd (Bankbilanzierung 2017), S. 1044.

162 Eigenkapitalrentabilität (in %)=$\frac{\text{Jahresüberschuss nach Steuern}}{\text{durchschnittliches bilanzielles Eigenkapital}}$. Vgl. Disselkamp, Markus; Schüler, Ralf (Lieferantenrating 2004), S. 186; Deutsche Bundesbank (Monatsbericht 2015c), S. 62; Hartmann-Wendels, Thomas; Pfingsten, Andreas; Weber, Martin (Bankbetriebslehre 2015), S. 288. Vgl. ausführlich zur Berechnung dieser Kennzahl Botsis, Dionysios u. a. (Kennzahlen 2015), S. 67. Das betrachtete durchschnittliche bilanzielle Eigenkapital beinhaltet zwar den Fonds für allgemeine Bankrisiken, jedoch kein evtl. vorhandenes Genussrechtskapital. Vgl. Deutsche Bundesbank (Eigenkapitalrentabilität 2018), S. 1.

163 Vgl. Botsis, Dionysios u. a. (Kennzahlen 2015), S. 89.

lösung des Fonds für allgemeine Bankrisiken nach § 340g HGB,[164] da Bildungen und Auflösungen dieser Position dem Bereich der Gewinnverwendung zuzuordnen sind.[165] Aufgrund der Nähe zu den Gewinnrücklagen würde eine erfolgswirksame Berücksichtigung dieser Komponenten die tatsächliche ökonomische Entwicklung nicht adäquat widerspiegeln. Bei der Betrachtung muss jedoch berücksichtigt werden, dass die erfolgswirksame Bildung stiller Vorsorgereserven nach § 340f HGB[166] die Aussagekraft des Jahresüberschusses und des Eigenkapitals negativ beeinflussen.[167] Auch Umwidmungen von stillen in offene Vorsorgereserven anlässlich der Änderungen der Eigenmittel- und Liquiditätsanforderungen durch die CRD IV ließen den hier betrachteten Jahresüberschuss, insbesondere bei Sparkassen,[168] in der jüngeren Vergangenheit stark ansteigen.[169] Um die tatsächliche Eigenkapitalrentabilität der Kreditinstitute verlässlich approximieren zu können, wäre es vorliegend wünschenswert, auf ein Eigenkapital im ökonomischen Sinne zurückgreifen zu können.[170] Da dessen Komponenten jedoch aufgrund der genannten Besonderheiten bei der Ermittlung des Jahresüberschusses der Kreditinstitute nicht vollständig

---

164 Vgl. hierzu und zu den beiden folgenden Sätzen Deutsche Bundesbank (Monatsbericht 2015c), S. 62–63. Vgl. generell zum Fonds für allgemeine Bankrisiken nach § 340g HGB Waschbusch, Gerd; Kakuk, Christian (Vorsorgereserven 2018), S. 8–9.

165 Vgl. Waschbuch, Gerd (Risikovorsorge 1994), S. 167; Bieg, Hartmut; Waschbusch, Gerd (Vorsorgereserven 2005), S. 146; Bieg, Hartmut; Waschbusch, Gerd (Bankbilanzierung 2017), S. 366. Vgl. ausführlich zu der Zuordnung zur Gewinnverwendung Waschbuch, Gerd (Risikovorsorge 1994), S. 167.

166 Vgl. generell zu den stillen Vorsorgereserven nach § 340f HGB Waschbusch, Gerd; Kakuk, Christian (Vorsorgereserven 2018), S. 9–10.

167 Vgl. Waschbusch, Gerd (Jahresabschlußpolitik 1992), S. 395; Waschbuch, Gerd (Risikovorsorge 1994), S. 167.

168 Vgl. Deutsche Bundesbank (Monatsbericht 2015c), S. 63.

169 Vgl. Deutsche Bundesbank (Monatsbericht 2012), S. 32; Meybom, Peter (Gesamtbanksteuerung 2012), S. 694; Morschhäuser, Berthold (Eurokrise 2012), S. 961; o. V. (Vergleich 2012), S. 1232, S. 1245. Der starke Anstieg des Jahresüberschusses ergibt sich daraus, dass Erträge aus der Auflösung der stillen Reserven im Bewertungsergebnis erfasst und erfolgserhöhend berücksichtigt wurden. Die Aufwendungen aus der Zuführung zum Fonds für allgemeine Bankrisiken wirken jedoch nicht erfolgsmindernd auf den im Rahmen der Eigenkapitalrentabilität betrachteten Jahresüberschluss, sondern werden der Gewinnverwendung zugeordnet. Vgl. Deutsche Bundesbank (Monatsbericht 2012), S. 27–28.

170 Vgl. hierzu sowie nachfolgend Thiry, Daniel (Marktdisziplinierung 2009), S. 153.

im Jahresabschluss abgebildet werden, kommt es folglich zu Verzerrungen, sodass die Abbildung lediglich Indizien hinsichtlich der tatsächlichen Entwicklung der Eigenkapitalrentabilität zu vermitteln vermag.

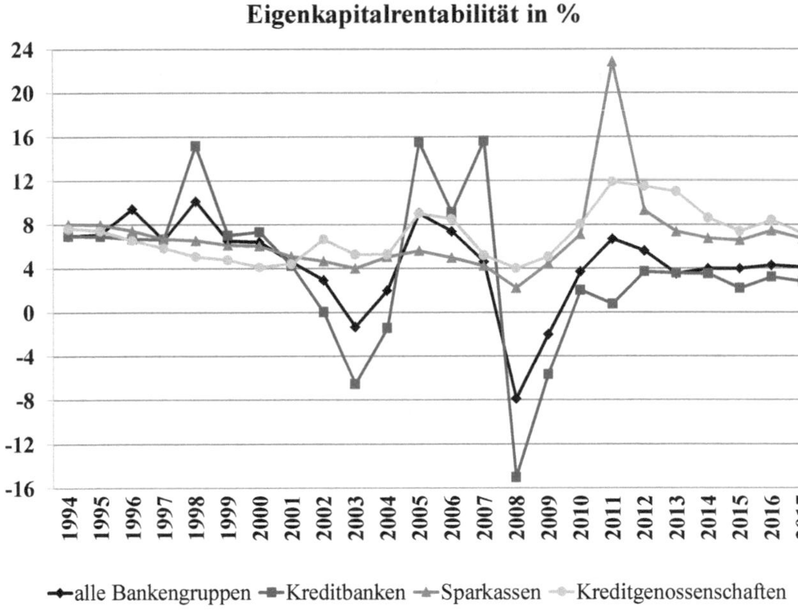

Abbildung 4: Entwicklung der Eigenkapitalrentabilität ausgewählter deutscher Bankengruppen von 1994–2017[171]

Jedoch auch unter Vernachlässigung der Tatsache, dass die Umwidmungen von stillen in offene Vorsorgereserven in den vergangenen Jahren tendenziell zu einer höheren Eigenkapitalrentabilität geführt haben,[172] lässt sich anhand der Abbildung erkennen, dass die Kreditinstitute im Betrachtungszeitraum in hohem Maße an Rentabilität auf das eingesetzte Eigenkapital eingebüßt haben.[173] Keine Bankengruppe konnte den Wert aus

171 Eigene Darstellung in Anlehnung an Kreditanstalt für Wiederaufbau (Kreditgewerbe 2005), S. 4; Frère, Eric; Reuse, Svend; Svoboda, Martin (Bankensektor 2008), S. 8; Deutsche Bundesbank (Eigenkapitalrentabilität 2018), S. 1.

172 Vgl. Meybom, Peter (Gesamtbanksteuerung 2012), S. 694.

173 Zu Beginn der Expansionsphase war die Eigenkapitalrentabilität ungefähr viermal höher als heute. Vgl. Sinn, Walter; Schmundt, Wilhelm (Banken 2014), S. 4.

dem Jahr 1994 halten. Der Rückgang beträgt im Minimum –7,10 % bei den Genossenschaftsbanken und erreicht seinen Höchstwert mit –60,00 % bei den Kreditbanken. Diese Entwicklung schlägt sich auch in der Gesamtbetrachtung nieder, sodass die Eigenkapitalrentabilität aller Bankengruppen im Betrachtungszeitraum von 6,95 % auf 4,07 %, und damit um –41,44 %, gefallen ist.

Neben dem Rentabilitätsverfall hinsichtlich des Eigenkapitals ist auch hier zu beobachten, dass die Eigenkapitalrentabilität bei Kreditbanken eine höhere Volatilität aufweist als bei Sparkassen und Kreditgenossenschaften.[174] Dies ist maßgeblich auf die unterschiedlichen Geschäftsmodelle der verschiedenen Bankengruppen zurückzuführen. Während Sparkassen und Kreditgenossenschaften ihre Erträge vorrangig aus dem klassischen Einlagen- und Kreditgeschäft generieren, sind Kreditbanken häufig stärker im volatilen Investmentbanking tätig.[175] Das Investmentbanking bietet dabei zwar die höchsten Margen und damit das größte Erfolgspotenzial im Bankgeschäft, es ist aber auch mit einer starken Abhängigkeit dieses Erfolgs von den Handelsvolumina an den Primär- und Sekundärmärkten[176], den Aktivitäten am Markt für Unternehmensfusionen und -übernahmen[177] sowie den allgemeinen Veränderungen der Marktverhältnisse verbun-

174 Vgl. hierzu und zu folgenden beiden Sätzen Fröhlich, Uwe (Eigenkapital 2010), S. 21.

175 Vgl. Richter, Toni; Gischer, Horst (Banken 2014), S. 13–14. Vgl. zur Volatilität des Investmentbanking Sinn, Walter u. a. (Bankkunden 2012), S. 6.

176 Unter Primär- oder Emissionsmarkt versteht man denjenigen Teil des Kapitalmarkts, auf dem neu ausgegebene Effekten emittiert werden. Vgl. Heldt, Cordula (Primärmarkt o. J.); Boschan, Christoph (Primärmarkt 2012), S. 1119. Komplementär hierzu handelt es sich bei dem Sekundär- oder Umlaufmarkt um den Handelsplatz für sich bereits in Umlauf befindliche Wertpapiere. Vgl. Heldt, Cordula (Sekundärmarkt o. J.); Boschan, Christoph (Sekundärmarkt 2012), S. 1236. Insbesondere durch unterstützende Dienstleistungen im Rahmen der Emission, des Handels und der Platzierung von Wertpapieren sowie durch den Eigenhandel mit Eigen- und Fremdkapitaltiteln generieren manche Banken auf diesen Märkten Erträge. Vgl. Eisenhofer, Alexis (Eigenhandel 2012), S. 425; Kußmaul, Heinz (Investment Banking 2012), S. 780.

177 Auf dem Markt für Unternehmensfusionen und -übernahmen, auch Mergers & Acquisitions-Markt genannt, erbringen spezialisierte Banken insbesondere erfolgswirksame Beratungsdienstleistungen im Zusammenhang mit Unternehmenskäufen und -verkäufen, Unternehmenszusammenschlüssen und Beteiligungen an Unternehmen. Dieser Markt unterliegt in besonderem Maße periodischen Schwankungen, die sich in stark volatilen Transaktionsvolumina manifestieren. Vgl. Horsch, Andreas; Hundt, Steffen (M&A 2012), S. 969; Hundt, Steffen (M&A-Advisor 2012), S. 943.

den.[178] Die Erträge der Kreditbanken schwanken entsprechend stärker als die von Sparkassen und Kreditgenossenschaften.[179] Jedoch ist auch bei den letztgenannten Institutsgruppen in den letzten Jahren eine stärkere Volatilität der Eigenkapitalrendite zu beobachten.[180]

Betrachtet man die aktuelle Eigenkapitalrentabilität der Kreditinstitute nach Steuern im internationalen Vergleich und im Vergleich mit dem langfristigen nationalen Durchschnitt, so wird die Renditeschwäche der deutschen Kreditinstitute besonders deutlich.[181] National beträgt der langfristige Durchschnitt dieser Kennzahl ca. 6 %.[182] International gilt eine Eigenkapitalrentabilität von schätzungsweise 8–10 % als Richtwert.[183] Die mangelnde Eigenkapitalrentabilität der deutschen Institute von derzeit nur 4,07 % stellt dabei insbesondere solche Kreditinstitute vor Probleme, deren Eigentümer international wettbewerbsfähige Renditen verlangen.[184] Dies betrifft in erster Linie die besonders renditeschwachen großen Kreditbanken.[185] Auf Dauer werden Investoren den Banken nur dann Kapital

---

178 Vgl. UBS (Finanzbericht 2006), S. 53. Vgl. ferner Sinn, Walter u. a. (Bankkunden 2012), S. 6.

179 Vgl. zu den letzten beiden Sätzen Brunner, Fabian (Bankgeschäft 2009), S. 37.

180 Vgl. Sinn, Walter; Schmundt, Wilhelm (Banken 2015), S. 11.

181 Vgl. generell zur nachhaltigen Rentabilitätsschwäche der deutschen Kreditinstitute im internationalen Vergleich Brauneberger, Gerald (Niedrigzins 2017), S. 23.

182 Vgl. Koch, Philipp u. a. (Road 2016), S. 16, S. 64.

183 Vgl. Bellavite-Hövermann, Yvette (Bankrechnungslegung 2004), S. 183; Sinn, Walter; Schmundt, Wilhelm (Banken 2016), S. 7. Die im internationalen Vergleich geringe Eigenkapitalrentabilität deutscher Banken beruht insbesondere auf der Struktur der deutschen Bankenlandschaft, die durch eine Vielzahl von Marktteilnehmer gekennzeichnet ist. Der hieraus resultierende starke Wettbewerb zwischen den Instituten führt in der Folge zu einem relativ geringen Preisniveau für bankbetriebliche Leistungen, das sich in begrenzten Möglichkeiten zur Umsatzgenerierung manifestiert. Darüber hinaus verfügen viele deutsche Banken über starre Kostenstrukturen, die sich beispielsweise in umfangreichen Filialnetzen widerspiegeln. Vgl. Koch, Philipp u. a. (Road 2016), S. 16.

184 Vgl. Kreditanstalt für Wiederaufbau (Kreditgewerbe 2005), S. 4.

185 Beispielhaft kann an dieser Stelle die Eigenkapitalrentabilität der Deutschen Bank von –9,8 % im Jahr 2015, –2,3 % im Jahr 2016 und –1,2 % im Jahr 2017 angeführt werden. Vgl. Deutsche Bank (Geschäftsbericht 2016), S. 2; Deutsche Bank (Geschäftsbericht 2017), S. 2; Deutsche Bank (Geschäftsbericht 2018), S. 2; Statista (Eigenkapitalrendite 2018). Insbesondere das anhaltende Niedrigzinsumfeld sowie fortwährende Rechtsstreitigkeiten und Restrukturierungskosten bedingen die derzeit negative Eigenkapitalrentabilität des Unternehmens. Vgl. Deutsche Bank (Geschäftsbericht 2017), S. 38, S. 50, S. 91; Deut-

zur Verfügung stellen, wenn diese in der Lage sind, ihre Eigenkapitalkosten[186] zu erwirtschaften und somit ihre Eigentümer angemessen am Erfolg und am Risiko zu beteiligen.[187] Ist die Eigenkapitalrentabilität nicht ausreichend, wenden sich die Aktionäre anderen Investitionsmöglichkeiten zu.[188] Die zukünftige Beschaffung von weiterem Eigenkapital über die Kapitalmärkte kann also nur dann rational gewährleistet werden, wenn die Investition aus Sicht der Investoren vorteilhaft ist.[189] Dies ist dann der Fall, wenn die erwartete Eigenkapitalrendite über den geforderten Kapitalkosten und damit über den Renditeerwartungen der Investoren liegt.[190] Seit Beginn der Finanz- und Wirtschaftskrise im Jahr 2007[191] ist dies jedoch nicht mehr gewährleistet. Im Jahr 2016 betrug der Eigenkapitalkostensatz ca. 5 % und war somit – bedingt durch die geringere Volatilität der Banktitel im Verhältnis zum gesamten Aktienmarkt – bedeutend geringer

---

sche Bank (Geschäftsbericht 2018), S. 13, S. 41. Daher wird die Bank in den nächsten Jahren grundlegend neu aufgestellt und umgebaut werden. Auch die Commerzbank konnte im Jahr 2017 lediglich eine Eigenkapitalrentabilität von 0,6 % erwirtschaften, während diese Kennzahl im Vorjahr noch 1,1 % und im Jahr 2015 sogar noch 4,9 % betrug. Vgl. Commerzbank (Geschäftsbericht 2017), S. 2; Commerzbank (Geschäftsbericht 2018), S. 2; Statista (Commerzbank 2018). Hier sind ebenfalls die notwendigen Restrukturierungs- und Digitalisierungsmaßnahmen sowie das herausfordernde Zins- und Marktumfeld als die wesentlichen Treiber der schwierigen wirtschaftlichen Situation zu nennen. Vgl. hierzu Commerzbank (Geschäftsbericht 2017), S. 61–62; Commerzbank (Geschäftsbericht 2018), S. 66–67.

186 Unter den Eigenkapitalkosten sind die Renditeforderungen der Eigenkapitalgeber zu verstehen. Vgl. Faust, Martin (Eigenkapitalkosten 2002), S. 29; Schmeisser, Wilhelm u. a. (Unternehmensbewertung 2008), S. 25. Sie entlohnen den Investor und kompensieren dessen Kapitalüberlassung und Risikoübernahme. Vgl. hierzu und weiterführend Hartmann-Wendels, Thomas; Pfingsten, Andreas; Weber, Martin (Bankbetriebslehre 2015), S. 300.

187 Vgl. Faust, Martin (Eigenkapitalkosten 2002), S. 29; Sinn, Walter; Schmundt, Wilhelm (Banken 2014), S. 23.

188 Vgl. Disselkamp, Markus; Schüler, Ralf (Lieferantenrating 2004), S. 186.

189 Vgl. hierzu und zu folgenden beiden Sätzen Holländer, Dirk u. a. (Trouble 2015), S. 9–10.

190 Vgl. Faust, Martin (Eigenkapitalkosten 2002), S. 29.

191 Vgl. dazu Bieg, Hartmut (Finanzmarktkrise 2009), S. 66–75; Staub, Nadine (Wandel 2012), S. 59–86. Von einer Finanzkrise wird gesprochen, wenn Störungen des Finanzsystems vorliegen, „die erhebliche negative Rückwirkungen auf die Gesamtwirtschaft haben können“. Waschbusch, Gerd (Finanzkrise 2012), S. 546.

als in den Vorjahren[192],[193] die Kreditinstitute erzielten im Durchschnitt jedoch lediglich eine Eigenkapitalrentabilität von 4,27 %. Berücksichtigt man darüber hinaus die Tatsache, dass die Vorsorgereserven dem Zugriff der Anteilseigner entzogen sind, so reduziert sich die Eigenkapitalrentabilität aus Sicht der Investoren sogar auf lediglich 1,8 %.[194] Infolgedessen kommen aktuelle Studien zu dem Ergebnis, dass lediglich 10 % der Banken die Renditeerwartungen ihrer Investoren erfüllen können. Damit die Banken im Durchschnitt ihre Eigenkapitalkosten decken können, müssten sie insgesamt ein um 15 Mrd. Euro höheres Ergebnis nach Steuern realisieren.

Grundsätzlich wird die Eigenkapitalrentabilität von zwei Faktoren beeinflusst:
- der Höhe des Eigenkapitals und
- der Höhe des Jahresüberschusses.[195]

Aktuell ist zu beobachten, dass einerseits die Eigenkapitalquoten der Kreditinstitute steigen, andererseits die Jahresüberschüsse nach Steuern auf niedrigem Niveau stagnieren.[196] Die Erhöhung der Eigenkapitalquote hat jedoch nur einen bedingten Einfluss auf die Eigenkapitalrentabilität, da deren Anstieg nicht zwangsweise auf einer Erhöhung des Eigenkapitals basiert, sondern insbesondere auch durch eine überproportionale Verringerung der Bilanzsumme im Vergleich zum Eigenkapital verursacht wurde.[197] Demnach kommt eine Studie von Bain & Company zu dem Ergebnis, dass die Erhöhung der Eigenkapitalquote von 3,5 % im Jahr 1970 auf

192 Im Jahr 2014 betrug der Eigenkapitalkostensatz beispielsweise noch 7,7 %. Vgl. Sinn, Walter; Schmundt, Wilhelm (Banken 2015), S. 13. Ein Jahr später waren es nur noch 6,5 %. Zu diesem Zeitpunkt konnten lediglich 5 % der Kreditinstitute den Renditeforderungen ihrer Investoren genügen. Vgl. Sinn, Walter; Schmundt, Wilhelm (Banken 2016), S. 16.

193 Vgl. Sinn, Walter; Schmundt, Wilhelm (Banken 2017), S. 6–7.

194 Vgl. hierzu und zu den beiden folgenden Sätzen Sinn, Walter; Schmundt, Wilhelm (Banken 2017), S. 4, S. 9.

195 Vgl. Botsis, Dionysios u. a. (Kennzahlen 2015), S. 89.

196 Vgl. Deutsche Bundesbank (Monatsbericht 2016), S. 82, S. 89.

197 Insbesondere bei großen Kreditbanken sind als Folge der Finanz- und Wirtschaftskrise der Jahre 2007 ff. die Bilanzsummen stärker gesunken als das Eigenkapital, was zu höheren Eigenkapitalquoten geführt hat. Auf die Eigenkapitalrentabilität ergeben sich jedoch keine direkten Auswirkungen. Es wäre aber wünschenswert, wenn die Kreditinstitute zur Verbesserung dieser Kennzahl mehr Eigenkapital aufbauen würden, anstatt die Bilanzsummen überproportional zu verringern. Vgl. Fuest, Clemens; Prinzler, Julian (Bankenstresstest 2014).

5,4 % im Jahr 2013 lediglich einen Rückgang der Eigenkapitalrentabilität um knapp einen Prozentpunkt zu begründen vermag. Allerdings ist die Eigenkapitalrentabilität in diesem Zeitraum tatsächlich um fast 5 % gesunken.[198] Dies impliziert, dass den Anpassungen der Bilanzstrukturen und -volumina zugunsten der Eigenkapitalquoten die Jahresüberschüsse nicht in einem proportionalen Verhältnis gegenübergestellt werden konnten. Zudem untermauern die Ergebnisse dieser Studie, dass die geringe Eigenkapitalrentabilität vielmehr durch eine strukturelle und langfristige Ertragsschwäche bedingt wird als durch einen absoluten Anstieg des Eigenkapitals. Insgesamt sind die steigenden Eigenkapitalquoten jedoch zu begrüßen, weil mit ihnen das Schuldendeckungspotenzial[199] der Kreditinstitute steigt und somit das Risiko der Gläubiger, Vermögensverluste zu erleiden, sinkt.[200] Die Bestandsfestigkeit der Banken hat sich somit in den letzten Jahren erhöht.[201] Sie wird sich aber unter anderem auch aufgrund der neuen regulatorischen Anforderungen noch weiter erhöhen müssen.[202] Um dies im Sinne einer erhöhten Eigenkapitalquote zu gewährleisten, sollten sich die Banken nicht lediglich auf die ohnehin geschäftspolitisch begrenzten Möglichkeiten des überproportionalen Abbaus der Bilanzsumme im Verhältnis zum Eigenkapital beschränken, vielmehr ist die Erwirtschaftung auskömmlicher Jahresüberschusse mit entsprechenden Möglichkeiten zum Aufbau zusätzlichen Eigenkapitals auf dem Wege der Gewinnthesaurierung zu forcieren.

Der Rückgang der Eigenkapitalrentabilität ist also nicht vorrangig auf Veränderungen des Eigenkapitals zurückzuführen, sondern vielmehr auf den Rentabilitätsverfall im operativen Geschäft.[203] Der oben erläuterte rückläufige Zinsüberschuss und die starren Kostenstrukturen sowie das stagnierende Provisionsergebnis der letzten Jahre sind hierfür verantwortlich. Studien aus dem Jahr 2016 kommen zu dem Ergebnis, dass die deut-

---

198 Vgl. zu den letzten beiden Sätzen Sinn, Walter; Schmundt, Wilhelm (Banken 2014), S. 6, S. 11.

199 Vgl. zum Schuldendeckungspotenzial der Kreditinstitute Hartmann-Wendels, Thomas; Pfingsten, Andreas; Weber, Martin (Bankbetriebslehre 2015), S. 301.

200 Vgl. hierzu und zu dem folgenden Satz Thiry, Daniel (Marktdisziplinierung 2009), S. 154.

201 Vgl. hierzu und zu dem folgenden Satz Schulz, Marco (Handlungsoptionen 2016), S. 28.

202 Vgl. Demary, Markus (Bevorzugung 2016), S. 22.

203 Vgl. hierzu und zu dem folgenden Satz Sinn, Walter; Schmundt, Wilhelm (Banken 2014), S. 10–12.

schen Kreditinstitute zur Erhaltung ihrer langfristigen Eigenkapitalrentabilität von 6 % zukünftig entweder 28 % ihrer Aufwendungen einsparen oder im selben Umfang ihre Erträge erhöhen müssen.[204] Sofern keine Maßnahmen getroffen würden, würde die durchschnittliche Eigenkapitalrentabilität nach Steuern im Zeitraum vom Jahr 2016 bis zum Jahr 2021 auf –2 % absinken und drei Viertel der Kreditinstitute hätten in der Folge mit enormen wirtschaftlichen Problemen zu kämpfen.[205] Dringend benötigtes Eigenkapital könnte dann in vielen Fällen nicht mehr beschafft werden. Vielmehr würden die anhaltenden Verluste letztlich die Eigenkapitalbasis erodieren und in letzter Konsequenz wäre zu befürchten, dass bei einigen Instituten eine Überschuldung eintritt.

Zusammenfassend lassen sich die Ergebnisse der Analyse der Eigenkapitalrentabilität wie folgt beschreiben: Die deutschen Kreditinstitute sind aufgrund ihrer geringen Rentabilität wenig attraktiv für Investoren und insbesondere für die äußerst rentabilitätsschwachen Kreditbanken könnten sich hieraus Probleme bei der Eigenkapitalbeschaffung ergeben. Die niedrige Rentabilität führt darüber hinaus auch dazu, dass die Kreditinstitute weniger Eigenkapital zur Sicherung ihrer Bestandsfestigkeit einbehalten können.[206] Angesichts der zu erwartenden zukünftigen Entwicklung der Erträge werden die Banken umfassende Maßnahmen einleiten müssen, um ihre Rentabilität aufrechtzuerhalten.

2.2.5. Zwischenfazit zur aktuellen Situation der Kreditinstitute

Würdigt man die Entwicklungen der betrachteten Indikatoren in ihrer Gesamtheit, so stellt sich die Frage nach der zukünftigen Überlebensfähigkeit der Geschäftsmodelle der klassischen Geschäftsbanken.[207] Die Analysen der Deutschen Bundesbank und führender Unternehmensberater wie McKinsey & Company oder Bain & Company lassen wenig Hoffnung auf eine baldige Verbesserung der Marktsituation erkennen.[208] Vielmehr wird

---

204 Vgl. hierzu und zu dem folgenden Satz Koch, Philipp u. a. (Road 2016), S. 6, S. 47.

205 Vgl. Flötotto, Max; Koch, Philipp (Trends 2016), S. 14.

206 Vgl. Demary, Markus (Bevorzugung 2016), S. 25.

207 Vgl. Krall, Markus (Aufsicht 2015), S. 22.

208 Vgl. hierzu und zu dem folgenden Satz Dombret, Andreas; Röseler, Raimund (Niedrigzinsumfeld 2015); Sinn, Walter; Schmundt, Wilhelm (Banken 2015), S. 10; Koch, Philipp u. a. (Road 2016), S. 35.

häufig gar eine weitere Verschärfung der Lage prognostiziert.[209] Auch die Kreditinstitute blicken dementsprechend wenig optimistisch in die Zukunft. Laut einer aktuellen Umfrage des Fraunhofer-Instituts für Arbeitswirtschaft und Organisation gehen nur 20 % der befragten Vorstände und Führungskräfte von Kreditinstituten von einer positiven Entwicklung des Geschäftserfolgs aus, 52 % rechnen hingegen mit einer Verschlechterung ihrer wirtschaftlichen Situation.[210]

Die aktuelle Situation hält keine einfachen Lösungen für die Kreditinstitute bereit. Umfassende Kostensenkungen sind dringend geboten und erforderlich, werden aber nicht ausreichen, um die Kreditinstitute aus ihrer Lage zu befreien. Eine Studie von Bain & Company aus dem Jahr 2015 kommt zu dem Ergebnis, dass selbst eine Reduzierung der Aufwendungen um 25 Mrd. Euro bis zum Jahr 2025 immer noch zu einer Ergebnislücke von rund 13 Mrd. Euro führen würde.[211] Auch wäre zu erwarten, dass derart starke Kostensenkungen zum Abbau von Investitionen in Bereiche, die Innovationen und Ertragssteigerungen fördern, führen könnten.[212] Im Ergebnis würde dies zu einer langfristigen Verstärkung der Probleme beitragen und eine für viele Kreditinstitute existenzgefährdende Abwärtsspirale wäre zu befürchten. Entsprechend muss bei jeder Einsparungsentscheidung stets eine vorausschauende Abwägung dahingehend stattfinden, ob der zunächst positive Effekt der Reduzierung von Aufwendungen in diesem konkreten Bereich eventuell hieraus resultierende nachhaltige negative Effekte auf die Ertragsgenerierung kompensieren kann.

Eine Fokussierung auf die Ertragspotenziale stößt dabei ebenfalls an ihre Grenzen, da der starke Wettbewerbsdruck innerhalb der Branche kaum Spielräume auf der Ertragsseite gewährt.[213] Es sind zwar einzelne Maßnahmen zur partiellen Verbesserung der Ertragssituation denkbar,[214] den-

209 Vgl. Lister, Michael (Kreditinstitute 2015), S. 6.

210 Vgl. Praeg, Claus-Peter; Schmidt, Carsten (Trendstudie 2016), S. 20.

211 Vgl. hierzu und zu dem folgenden Satz Sinn, Walter; Schmundt, Wilhelm (Banken 2015), S. 29.

212 Vgl. hierzu und zu dem folgenden Satz Praeg, Claus-Peter; Schmidt, Carsten (Trendstudie 2015), S. 9.

213 Vgl. Jacobi, Carsten (Wachstum 2015), S. 14.

214 Vgl. beispielhaft zu einem Maßnahmenpaket bei der Kreditvergabe, das die Profitabilität im Kreditgeschäft in Abhängigkeit vom Kundensegment um ca. 100 Basispunkte des Kreditvolumens verbessern könnte, Krall, Markus (Wertschöpfung 2015), S. 35–39. Weitere Maßnahmen zur teilweisen Kompensation der negativen Entwicklungen im Zinsgeschäft können eine Umgestaltung der Kapitalanlagestruktur in Verbindung mit einer bewussten Risikosteuerung,

noch sind diese Möglichkeiten begrenzt. Dies resultiert auch daraus, dass die Kunden der Banken in Deutschland niedrige Preise gewohnt sind und gebührengestützte Preismodelle meist keine oder nur eine zögerliche Akzeptanz finden.[215] Durch zahlreiche Mitbewerber in Form von Direktbanken und FinTechs geraten daher gerade diese klassischen Kreditinstituten in diesem Bereich zunehmend unter Druck.

Damit die Banken zukünftig wieder an wirtschaftlicher Leistungsfähigkeit gewinnen können, bedarf es einer Kombination aus einer gezielten Kostensenkung und einer konsequenten Ausnutzung von Ertragspotenzialen.[216] Berücksichtigt man jedoch, dass einzeln betrachtet entweder die Aufwandsseite um ca. 30 % reduziert oder die Ertragsseite um diesen Betrag erhöht werden müsste, um eine dem langfristigen Durchschnitt entsprechende Eigenkapitalrentabilität zu erzielen,[217] so wird das Ausmaß der dringend notwendigen Anpassungen ersichtlich. Denn ohne Anpassungsmaßnahmen könnten etwa 75 % der Kreditinstitute in den kommenden Jahren in wirtschaftliche Schwierigkeiten geraten.[218] Demnach dürfen die Banken weder untätig verharren, noch reicht eine Konzentration auf wenige vereinzelte Maßnahmen aus.[219] Vielmehr bedarf es einer grundlegenden Transformation der Banken und insbesondere der Entwicklung und Umsetzung neuer Geschäftsmodelle.[220] Entsprechend mahnend formulieren Sinn/Schmundt in diesem Zusammenhang: „Die deutsche Bankenlandschaft steht vor einer der größten Herausforderungen ihrer Geschichte“[221].

---

eine Diversifikation der Ertragsquellen mit Stärkung des zinsunabhängigen Geschäfts sowie eine Ausweitung der Geschäftsvolumina sein. Vgl. ausführlich Waschbusch, Gerd; Rolle, Andrea; Berg, Susen Claire (Niedrigzinsumfeld 2018), S. 425–426.

215 Vgl. Flötotto, Max; Koch, Philipp (Trends 2016), S. 12.

216 Vgl. Rauscher, Christian (Erfolgsfaktor 2015), S. 55; Koch, Philipp u. a. (Road 2016), S. 47.

217 Vgl. Koch, Philipp u. a. (Road 2016), S. 47.

218 Vgl. Flötotto, Max; Koch, Philipp (Trends 2016), S. 14.

219 Vgl. hierzu und zu dem folgenden Satz Koch, Philipp u. a. (Road 2016), S. 6, S. 47.

220 Vgl. Sinn, Walter; Schmundt, Wilhelm (Banken 2014), S. 10; Goedeckemeyer, Karl-Heinz (Banken 2015), S. 9; Praeg, Claus-Peter; Schmidt, Carsten (Trendstudie 2015), S. 9; Wings, Heinz; Kleine, Jens (Banking 2015), S. 17; Faust, Martin, zitiert in: Hamacher, Eli (FinTechs 2016), S. 30–31; Waschbusch, Gerd; Rolle, Andrea; Berg, Susen Claire (Niedrigzinsumfeld 2018), S. 426.

221 Sinn, Walter; Schmundt, Wilhelm (Banken 2015), S. 5.

Diese Neuentwicklung der Geschäftsmodelle begegnet dabei einer Vielzahl von Herausforderungen und muss die komplexen Anforderungen an ein erfolgversprechendes Geschäftsmodell berücksichtigen. Teilweise haben die Herausforderungen bereits zu der derzeit angespannten Lage der Kreditinstitute beigetragen und werden auch zukünftig die Situation der Banken bestimmen. Andere Herausforderungen werden sich wiederum erst in den kommenden Jahren verstärkt auf die wirtschaftliche Lage der Institute auswirken. Gerade diesen kommt jedoch eine herausragende Bedeutung zu, da deren Auswirkungen häufig noch unterschätzt werden und sie nur bedingt zu prognostizieren sind. Für sie gilt, was Bill Gates Ende des vergangenen Jahrtausends pointiert formuliert hat: „We always overestimate the change that will occur in the next two years and underestimate the change that will occur in the next ten. Don't let yourself be lulled into inaction"[222].

Gelingt es den Banken sich trotz erheblicher Anpassungsschwierigkeiten auf die neuen Bedingungen einzustellen und dabei die notwendigen Konsolidierungen nicht zu vernachlässigen,[223] so kann durch diesen Anpassungsprozess eine langfristige Verbesserung ihrer wirtschaftlichen Situation erreicht werden.[224] Gelingt dies den Kreditinstituten hingegen nicht oder nur bedingt, werden sie zunehmend Schwierigkeiten haben, am Markt bestehen zu können. Welche Herausforderungen die Kreditinstitute hierbei meistern müssen, soll im folgenden Kapitel 3 ausführlich analysiert werden.

---

222 Gates, Bill (Business 1999), S. 70.
223 Vgl. King, Brett (Banks 2014), S. 12–13.
224 Vgl. Sinn, Walter; Schmundt, Wilhelm (Banken 2014), S. 5.

3. Ausgewählte Herausforderungen für Kreditinstitute

3.1. Vorbemerkungen

Beschreibt man die im Rahmen der Anpassung der Geschäftsmodelle wesentlichen Herausforderungen für die Kreditinstitute, so erleichtert eine Differenzierung zwischen Trends und Entwicklungen speziell in der Bankenbrache und allgemeinen gesellschaftlichen Entwicklungen mit unmittelbaren Auswirkungen auf die Kreditinstitute die Betrachtung.[225] Dem folgend sollen nun zunächst die allgemeinen Trends betrachtet werden, bevor gezielt auf die speziellen bankspezifischen Entwicklungen eingegangen wird.

3.2. Allgemeine Entwicklungen und daraus resultierende Herausforderungen für Kreditinstitute

3.2.1. Einführender Überblick

Die Finanzbranche gehört zu den Branchen, die sich am rasantesten verändern.[226] Vielfach handelt es sich dabei um langfristig wirksame, strukturelle Veränderungen,[227] die irreversibel sind und gerade deshalb eine immense Bedeutung für die strategische Entwicklung von Banken haben.[228] Nichtsdestotrotz vernachlässigen viele Kreditinstitute diese Entwicklungen ganz oder teilweise, weil ihre Anstrengungen darauf ausgerichtet sind, höhere Erträge aus dem operativen Geschäft zu generieren, die neuen aufsichtsrechtlichen Regelungen einzuhalten und

---

225 Vgl. zu dieser Vorgehensweise Börner, Christoph J. (Zukunftssicherung 2015), S. 18–22; Henk, Alexander; Holthaus, Jens-Uwe (Herausforderungen 2015), S. 62–65.

226 Vgl. King, Brett (Banks 2014), S. 12; Meyer, Jens-Uwe (Innovationen 2016), S. 16.

227 Vgl. zu den langfristig wirksamen, strukturellen Trends Praeg, Claus-Peter; Schmidt, Carsten (Trendstudie 2015), S. 26.

228 Vgl. Börner, Christoph J. (Zukunftssicherung 2015), S. 21.

Kostensenkungen umzusetzen.[229] Erst langsam setzt bei den meisten Banken die Erkenntnis ein, dass ihre Branche vor weiteren Veränderungen steht, die mindestens ebenso weitreichend sein können und vermutlich auch werden wie die Folgen der Finanzkrise.[230] Hans-Bernd Wolberg, stellvertretender Vorstandsvorsitzender der DZ Bank, fasst entsprechend eindringlich zusammen: „Diesen Herausforderungen zu begegnen ist wie ein Wettkampf gegen mehrere Gegner gleichzeitig, und zwar in unterschiedlichen Disziplinen“[231].

Bevor auf die besonders bedeutenden Trends der Digitalisierung, des demografischen Wandels, der Nachhaltigkeit und der Globalisierung umfassend eingegangen wird, soll zunächst ein Überblick über einige wesentliche allgemeine Herausforderungen – nachfolgend auch als sonstige Trends bezeichnet – vermittelt werden. Abbildung 5 veranschaulicht die im Folgenden zu analysierenden Trends.

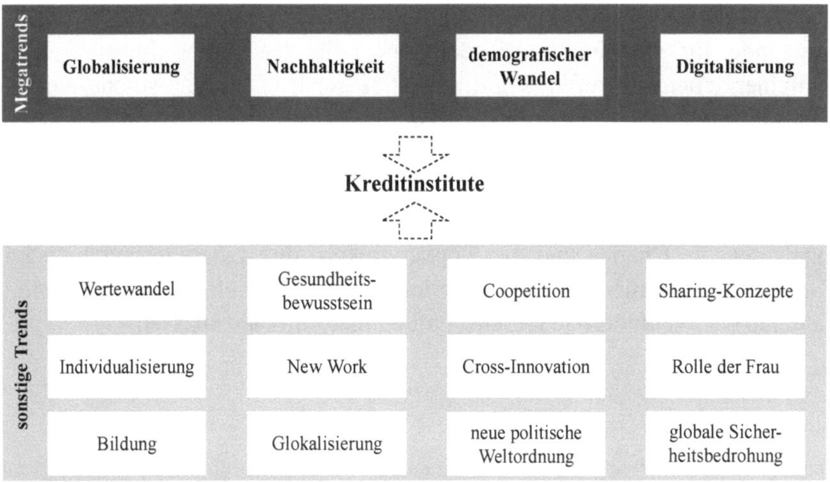

Abbildung 5: Ausgewählte Trends in der Bankenbranche

229 Vgl. Meyer, Jens-Uwe (Innovationen 2016), S. 21.

230 Vgl. zu den letzten beiden Sätzen Pertlwieser, Markus (Innovationsstrategie 2016), S. 741.

231 Wolberg, Hans-Bernd (Wandel 2014), S. 999.

Hierbei ist zunächst der gesellschaftliche Wertewandel zu nennen.[232] Der Wertewandel umfasst unter anderem die kulturelle Vielfalt, die zu pluralen Lebensformen in der Gesellschaft führt und die Entstehung hybrider Kulturen mit konkurrierenden Wertesystemen bedingt.[233] Er bewirkt unter anderem eine Veränderung der gesellschaftlich dominanten und akzeptierten Werte sowie den Übergang von kollektiv geprägten Lebensweisen zu individuell gewählten Lebensstilen.[234] Beispielsweise kommen Vermögen und Besitztum heute weniger Bedeutung zu als in der Nachkriegszeit; dafür stehen Selbstverwirklichung, Kommunikation und Sicherheit heute stärker im Fokus der Menschen.[235] Aber auch die Anzahl nichtkonventioneller Lebensformen nimmt zu.[236] So leben in der Altersgruppe der 40- bis unter 45-Jährigen nahezu die Häfte der Deutschen in nichtehelichen oder gleichgeschlechtlichen Lebensgemeinschaften, Fernbeziehungen, gewollt kinderlosen Ehen oder sie sind alleinstehend bzw. alleinerziehend. Insbesondere den beiden letztgenannten Lebensformen messen Banken derzeit keine hohe Bedeutung bei. So geben nur 55 % der Banken an, dass Alleinstehende für sie eine hohe oder sehr hohe Bedeutung haben.[237] Bei Alleinerziehenden treffen sogar nur 22 % der Banken eine solche Aussage. Diese Bevölkerungsgruppen wachsen jedoch stetig an und gewinnen daher zunehmend an Bedeutung; entsprechende Lebensformen werden heute häufig bewusst gewählt, während sie früher eine gesellschaftliche Stigmatisierung mit sich brachten.[238] Für die Banken ergeben sich infolgedessen die Chance und die Notwendigkeit, ihre Leistungsangebote im Spannungsfeld zwischen traditionellen Werten und geforderter Innovation an eine sich verändernde Gesellschaft zielgerichtet anzupassen.[239]

---

232 Vereinzelt wird der Wertewandel in der Gesellschaft auch als Megatrend klassifiziert. Vgl. Voigt, Kai-Ingo; Walther, Gerhard (Erfolgsfaktor 2016), S. 51.

233 Vgl. Praeg, Claus-Peter; Schmidt, Carsten (Trendstudie 2015), S. 28.

234 Vgl. hierzu und zu folgendem Satz Müller, Hans-Peter (Wertewandel 2012).

235 Vgl. zur gestiegenen Bedeutung der Sicherheit Sinn, Walter u. a. (Bankkunden 2012), S. 7.

236 Vgl. hierzu und zu folgendem Satz Schneider, Norbert F. (Pluralisierung 2012).

237 Vgl. hierzu und zu folgendem Satz Praeg, Claus-Peter; Schmidt, Carsten (Trendstudie 2016), S. 27.

238 Vgl. Schneider, Norbert F. (Pluralisierung 2012).

239 Vgl. Praeg, Claus-Peter; Schmidt, Carsten (Trendstudie 2015), S. 28.

Eine weitere gesellschaftliche Entwicklung betrifft das gesteigerte Gesundheitsbewusstsein und das Gesundheitsverhalten der Kunden.[240] Hier bedarf es, wie schon im Rahmen des Wertewandels, einer Anpassung des Produktportfolios. Nicht mehr der bloße Absatz von Produkten sollte im Fokus des Vertriebs stehen, sondern vielmehr das Besetzen und Bearbeiten von Themenfeldern, die für die Kunden besonders relevant sind.[241] Diese sogenannte bedarfsorientierte Beratung von Kunden in sämtlichen für den Kunden relevanten Bedarfsfeldern wird von vielen Kreditinstituten heute bereits als Zielbild kommuniziert. In der Beratung stehen jedoch nicht selten die Ertragsziele der Banken im Fokus. Zudem stellt sich die Frage, ob Banken überhaupt wissen oder lediglich zu wissen glauben, was die Bedürfnisse ihrer Kunden sind und was diese wollen. Angesichts der zunehmenden Verlagerung der Aufwendungen für die Erhaltung und Wiederherstellung der Gesundheit in die private Verantwortung wird zukünftig ein größerer Markt um die Gesundheitsvorsorge entstehen.[242] Das Thema der Gesundheitsvorsorge wird jedoch, im Gegensatz zur Altersvorsorge, von vielen Banken noch nicht tiefergehend in ihre Strategie miteinbezogen.[243] Die Kreditinstitute haben die Chance, sich durch geeignete Geschäftsmodelle in diesem Themenfeld zu profilieren und somit zusätzliche Erträge durch Cross-Selling[244] zu generieren.[245] Hierzu bedarf es der umfassenden Schulung der Mitarbeiter und der Einführung der Gesundheitsvorsorge als strategisches Geschäftsfeld.[246] Die Implementierung eines funktionierenden betrieblichen Gesundheitsmanagements kann dabei der erste Schritt sein, um das Thema „Gesundheitsvorsorge" nachhaltig in den Köpfen der Bankberater zu verankern. Wenngleich des erheblichen

240 Vgl. Praeg, Claus-Peter; Schmidt, Carsten (Trendstudie 2015), S. 29.

241 Vgl. Kring, Thorn (Bankentrends-Diskussion 2010), S. 17.

242 Vgl. Praeg, Claus-Peter; Schmidt, Carsten (Trendstudie 2015), S. 29.

243 Vgl. Gent, Andreas (Zukunft 2009), S. 43–44.

244 Unter Cross Selling ist die Ausschöpfung von vorhandenen Kundenbeziehungen durch zusätzliche Produktangebote beim Verkauf einer nachgefragten Leistung zu verstehen. Grundsätzlich gilt im Sinne der Vertriebseffizienz eine möglichst hohe Cross-Selling-Quote als erstrebenswert. Eine Bank muss hierbei jedoch unter Umständen die Vorteile einer kurzfristigen Optimierung des Ertrags durch starke Cross-Selling-Aktivitäten gegen die Nachteile überbordender Cross-Selling-Aktivitäten auf den Aufbau und Erhalt langfristiger Geschäftsbeziehungen abwägen. Vgl. Knoll, Jessica (Cross Selling 2012), S. 334.

245 Vgl. Praeg, Claus-Peter; Schmidt, Carsten (Trendstudie 2015), S. 29.

246 Vgl. Gent, Andreas (Zukunft 2009), S. 44.

Ertragspotenzials haben mehr als die Hälfte der Kreditinstitute bislang noch keinerlei Fokussierung dieser Themen umgesetzt.[247]

Eng mit der Zunahme der persönlichen Verantwortung ist der Trend zur zunehmenden Individualisierung der Bankprodukte und der Kundenansprache verknüpft. Die Kunden wünschen sich eine verstärkte Anpassung der Beratung und der Produkte an ihre persönlichen Bedürfnisse.[248] Oberflächliche Massenkommunikation hinsichtlich der Produkte und Leistungen stößt angesichts dieses Wunsches auf wenig Resonanz seitens der Kunden.[249] Das zeigt sich auch daran, dass von Banken verwendete Massenkommunikationen beispielsweise in Form von Mailings meist nur eine geringe Response Rate haben. Die Bankkunden sind heute mündiger, informierter und selbstbewusster denn je[250] und honorieren demzufolge nur Produkte, die von ihnen wertgeschätzt werden und die auf ihre individuellen Bedürfnisse zugeschnitten sind, mit einer höheren Zahlungsbereitschaft.[251] Ob es sich hierbei um eine objektiv beobachtbare Individualität oder lediglich um eine vom Kunden subjektiv wahrgenommene Individualität handelt, ist dabei zunächst unerheblich. Der Trend zur Individualisierung und die veränderte Mentalität der Kunden führen darüber hinaus auch zu einem Rückgang der Bankloyalität[252].[253] Bankkunden sind in der heutigen Zeit zunehmend weder einem bestimmten Institut treu, noch fühlen sie sich mit einer einzelnen Bank verbunden. Vielmehr entscheiden sie autonom und ihrem Bedarf entsprechend darüber, mit welchen Instituten sie welche Geschäfte abschließen wollen und welche

---

247 Vgl. Praeg, Claus-Peter; Schmidt, Carsten (Trendstudie 2015), S. 31.

248 Vgl. Müller, Dominik (Banken 2011), S. 4; Braun, Dietmar (Revolution 2016); Hientzsch, Ralph; Bocken, Ralf (Geschäftsmodelle 2016), S. 36.

249 Vgl. Jentsch, Steffen A. (Banken-Technologie 2016), S. 370; Spielvogel, Rita (Dialog 2016).

250 Vgl. zur zunehmenden Mündigkeit und Informiertheit sowie dem gestiegenen Selbstbewusstsein der Kunden Lingel, Marcus (Zeiten 2014), S. 40; Quitt, Birte; Schmoll, Anton (Innovationen 2014), S. 36.

251 Vgl. zu den Auswirkungen der Individualisierung der Produkte auf die Zahlungsbereitschaft der Kunden Lingel, Marcus (Zeiten 2014), S. 40; Benkelberg, Swantje (Interchange-Regulierung 2015), S. 24.

252 Unter Bankloyalität wird die Bereitschaft von Bankkunden verstanden, von einem bestimmten Institut dauerhaft Produkte und Dienstleistungen nachzufragen und das Institut auch weiter zu empfehlen. Vgl. Knoll, Jessica (Bankloyalität 2012), S. 165.

253 Vgl. Lingel, Marcus (Zeiten 2014), S. 40; Quitt, Birte; Schmoll, Anton (Innovationen 2014), S. 36.

Kommunikations- und Zugangswege[254] sie dafür nutzen.[255] Die Bindungen werden in der Folge volatiler und orientieren sich stärker am individuell wahrgenommenen Nutzen.[256] Folglich steigt auch die Wechselbereitschaft der Bankkunden.[257] Jeder Dritte Bankkunde hat bereits mindestens einmal seine Hausbank[258] gewechselt, im Jahr 2011 war es lediglich jeder Vierte.[259] Die klassische Hausbank als Ansprechpartner für alle finanziellen Fragen verliert somit an Bedeutung, was sich nicht zuletzt in sinkenden Cross-Selling-Möglichkeiten[260] und rückläufigen Deckungsbeiträgen aus der einzelnen Kundenbeziehung für diese Kreditinstitute manifestiert.[261] Für die Banken ergeben sich hieraus wesentliche Herausforderungen hinsichtlich einer diversifizierten Kundenansprache bei gleichzeitig erhöhten Anforderungen im Hinblick auf bedarfsorientierte Produkt- und Dienstleistungsangebote.[262] Diese Anpassungen sind in einem großen und schnellen Umfang erforderlich.[263] Insbesondere werden die Kreditinstitute lernen müssen, die Kunden verstärkt in den Wertschöpfungsprozess und die Entwicklung von Dienstleistungen und Finanzprodukten zu integrieren und deren Bedürfnisse zu berücksichtigen.[264] So können zum einen bedarfsgerechte Produkte angeboten werden,

---

254 Vgl. zur individuellen Wahl der Kommunikationswege durch die Kunden Quitt, Birte; Schmoll, Anton (Innovationen 2014), S. 36.

255 Vgl. zu den letzten beiden Sätzen Riekeberg, Marcus; Wassermann, Michael (Beratungsprozesse 2016), S. 29. Der Trend einiger Banken, ihre Kunden durch eine entsprechende Bepreisung von einzelnen Bankdienstleistungen in die Selbstbedienung und in die Onlinekanäle zu drängen, ist dabei nur bedingt im Sinne der Kunden.

256 Vgl. zu den letzten beiden Sätzen Brock, Harald (Zukunft 2015), S. 49.

257 Vgl. Sinn, Walter u. a. (Bankkunden 2012), S. 13.

258 Als Hausbank wird das Institut bezeichnet, mit dem der Kunde über einen längeren Zeitraum hinweg den größten Teil seiner Bankgeschäfte abwickelt. Demnach handelt es sich bei einer Hausbank um das Kreditinstitut, mit dem nicht nur das größte Geschäftsvolumen abgewickelt wird, sondern zu dem auch eine dauerhafte, vertrauensvolle und von gegenseitigem Verständnis geprägte Beziehung besteht. Vgl. Knoll, Jessica (Hausbank 2012), S. 701.

259 Vgl. Bundesverband deutscher Banken (Bankwechsel 2017), S. 3.

260 Vgl. zur Bedeutung des Cross-Selling für die Erträge der Kreditinstitute Sinn, Walter u. a. (Bankkunden 2012), S. 12.

261 Vgl. zu den letzten beiden Sätzen Gawlik, Helmut; Rathmann, Birgit (Internetvertrieb 2008), S. 18.

262 Vgl. Praeg, Claus-Peter; Schmidt, Carsten (Trendstudie 2015), S. 29.

263 Vgl. Lingel, Marcus (Zeiten 2014), S. 40.

264 Vgl. hierzu und zu folgendem Satz Waschbusch, Gerd; Blaß, Robin; Berg, Susen Claire (Bankfiliale 2016), S. 31.

zum anderen steigt auch die Loyalität der Kunden, die sich in der Rolle des Ideengebers und Initiators wertgeschätzt fühlen.[265] Die momentan bestehende Lücke zwischen den Bedürfnissen der Kunden und dem tatsächlichen Angebot würde somit geschmälert.[266] Allerdings haben sich weniger als die Hälfte der Kreditinstitute den Herausforderungen hinsichtlich der Individualisierung von Bankdienstleistungen angenommen.[267] Die finanziellen Auswirkungen dieser Fehlentwicklung können gravierend sein: zufriedene und loyale Kunden kaufen mehr Produkte und nehmen mehr Dienstleistungen in Anspruch, empfehlen das Institut häufiger weiter und bleiben ihm treu.[268] Demnach sind zufriedene Kunden ein wesentlicher Faktor für den Erfolg des Kreditinstituts.[269] Fehlt es an einer bedarfsgerechten Produktgestaltung und einer ausreichenden Individualisierung, wird sich dies zunehmend negativ auf die Zufriedenheit der Kunden und letztlich auch negativ auf den Erfolg des Instituts auswirken.

Mit der wachsenden Mündigkeit der Kunden verändern sich auch die Anforderungen an die Berater der Kreditinstitute.[270] In der deutschen Gesellschaft wird Bildung zunehmend bedeutsamer, sodass Bankkunden immer häufiger eine fundierte Allgemeinbildung in finanziellen Angelegenheiten haben.[271] Durch lebenslanges Lernen und insbesondere die jederzeitige Verfügbarkeit von relevanten Informationen über das Internet gelingt es den Kunden benötigtes Wissen individuell und bedarfsgerecht zu generieren.[272] Aber auch das allgemein höhere Bildungsniveau, das sich unter anderem in der stetig ansteigenden Anzahl der Studierenden und der sehr hohen Anzahl an Abiturienten manifestiert,[273] fördert den

---

265 Vgl. zu den letzten beiden Sätzen Schönau, Patrick (Kundennutzen 2016), S. 50–51.

266 Vgl. Sinn, Walter u. a. (Bankkunden 2012), S. 4–5.

267 Vgl. Praeg, Claus-Peter; Schmidt, Carsten (Trendstudie 2016), S. 42.

268 Vgl. Sinn, Walter u. a. (Bankkunden 2012), S. 5; Waschbusch, Gerd; Knoll, Jessica; Reinstädtler, Gabriela (Zukunft 2015), S. 36; Brand, Tobias (Zukunft 2016), S. 28.

269 Vgl. Janik, Jürgen (Kundenberater 2014), S. 5.

270 Vgl. Lingel, Marcus (Zeiten 2014), S. 40.

271 Vgl. Hellenkamp, Detlef (Bankvertrieb 2006), S. 76. Vgl. hierzu und zu folgendem Satz Sinn, Walter u. a. (Bankkunden 2012), S. 13.

272 Vgl. zu den letzten beiden Sätzen Praeg, Claus-Peter; Schmidt, Carsten (Trendstudie 2015), S. 29.

273 Vgl. zu der steigenden Anzahl der Studenten Statista (Studierenden 2018); Statistisches Bundesamt (Kultur 2018), S. 6. Vgl. zur hohen Anzahl der Abiturienten Statistisches Bundesamt (Bildung 2018), S. 672.

Wissensstand der Bevölkerung.[274] Infolgedessen sind die Kunden gegenüber den Kreditinstituten bedeutend kritischer geworden und hinterfragen den Nutzen und die Risiken verschiedener Finanzprodukte, wie auch die dazugehörigen Preise, zunehmend.[275] Als Konsequenz steigen das Anspruchsniveau der Kunden und damit auch die Anforderungen an die Beratungsqualität der Bankmitarbeiter kontinuierlich.[276] Viele Banken verstehen die Beratungsgespräche immer noch als Möglichkeit für den gezielten Verkauf ausgewählter und aus Bankensicht möglichst rentabler Produkte – dabei haben die Bankkunden diese Strategie der Mitarbeiter längst durchschaut.[277] Die Institute müssen ihre Beratungsqualität verbessern und ihren Kunden zuverlässigen Service zu transparenten Preisen bieten, um diese nachhaltig zufriedenzustellen und zu binden. Fachkompetenz ist hierbei nur eine der notwendigen Kernkompetenzen, auch Kommunikationsfähigkeiten und Einfühlungsvermögen werden vermehrt seitens der Kunden gefordert.[278] Die Bankkunden wollen eine vertrauensvolle, individualisierte und qualitativ hochwertige Beratung sowie Zusammenarbeit,[279] einhergehend mit empathischem und zuverlässigem Service. Gelingt es den Banken nicht, dies zu bieten, so wird dies erhebliche Auswirkungen auf die Erträge der Kreditinstitute haben: Die Erträge pro Kopf liegen bei unzufriedenen Kunden – unabhängig von deren finanziellen Verhältnissen – durchschnittlich 60 % unter den Erträgen zufriedener und loyaler Kontoinhaber.[280] Trotz der enormen Bedeutung hat erst ungefähr ein Drittel der Kreditinstitute Anstrengungen dahingehend unternommen, sich an die dynamische Bildungs- und Wissensgesellschaft anzupassen.[281] Das zeigt sich auch darin, dass viele Banken nach wie vor nur „klassische" Bankkaufleute ausbilden und beispielsweise nicht auf ein duales Studium zurückgreifen. Zudem unterschätzen viele

274 Vgl. Hellenkamp, Detlef (Bankvertrieb 2006), S. 76.

275 Vgl. Fuchs, Rudolf; Heuer, Manfred (Kunden 2009), S. 26.

276 Vgl. Quitt, Birte; Schmoll, Anton (Innovationen 2014), S. 36; Praeg, Claus-Peter; Schmidt, Carsten (Trendstudie 2015), S. 29.

277 Vgl. zum ersten Halbsatz Flesch, Johann; Sievi, Christian (Bank 2014), S. 440. Vgl. hierzu und zu folgendem Satz Sinn, Walter u. a. (Bankkunden 2012), S. 13, S. 15.

278 Vgl. Schraner, Johannes J. (Kundenberater 2013), S. 34.

279 Vgl. Waschbusch, Gerd; Blaß, Robin; Berg, Susen Claire (Bankfiliale 2016), S. 30; Wüerst, Alexander (Nah 2016), S. 388.

280 Vgl. zu den letzten beiden Sätzen Sinn, Walter u. a. (Bankkunden 2012), S. 5.

281 Vgl. Praeg, Claus-Peter; Schmidt, Carsten (Trendstudie 2015), S. 31.

Kreditinstitute auch die Erwartungen ihrer Mitarbeiter bezüglich einer adäquaten Aus- und Weiterbildung außerhalb der traditionellen bankspezifischen Akademien erheblich. Diese teils mangelnde Unterstützung kann zu einem erhöhten Risiko der Mitarbeiterfluktuation führen.

Ungeachtet der jüngst erheblich gestiegenen Bedeutung des Online- und Mobilebanking[282] sowie der Ausweitung internetbasierter Angebote der Kreditinstitute sind die Bankangestellten nach wie vor ein entscheidender Faktor für die Generierung von Kundenzufriedenheit und damit eine wesentlichen Bedingung für die Loyalität gegenüber einem Kreditinstitut.[283] Auch das Image einer Bank wird wesentlich von den Bankangestellten determiniert.[284] Nur kompetente, engagierte, loyale und zufriedene Mitarbeiter führen zu einer hohen Kundenbindung eines Instituts.[285] Demnach gehen die gestiegenen Herausforderungen an die Bankmitarbeiter unmittelbar mit dem Wandel der Arbeitswelt und dessen Auswirkungen auf die Mitarbeiterzufriedenheit einher. Das Stichwort „New Work“ subsumiert die zunehmende Automatisierung der Arbeitsplätze, die Dynamisierung der Arbeitsweisen und die Flexibilisierung der Arbeits-

---

282 Mobilebanking ist eine Weiterentwicklung des Onlinebanking und ermöglicht die orts- und zeitunabhängige Inanspruchnahme und Abwicklung von Bankgeschäften mittels mobiler Endgerägte – wie beispielsweise Smartphones oder Tablet-Computern – entweder über spezielle Apps oder über Banking-Anwendungen im Internet. Vgl. Knoll, Jessica (Mobilebanking 2012), S. 989. Vgl. auch Grabner, Constantin; Tiwari, Rajnish; Buse, Stephan (Perspektiven 2016), S. 6.

283 Vgl. Knoll, Jessica (Kundenzufriedenheit 2012), S. 901; Waschbusch, Gerd (Zukunft 2013), S. 89; Brunner, Wolfgang L. (Banken 2014), S. 32; Rauscher, Christian (Erfolgsfaktor 2015), S. 55; Fabian, Gerhard W. (Genossenschaftsbanker 2016), S. 14; Rosenhain, Thomas (Berater 2016), S. 2; Waschbusch, Gerd; Blaß, Robin; Berg, Susen Claire (Bankfiliale 2016), S. 30. Kundenzufriedenheit ist in der Regel eine notwendige Voraussetzung für die Loyalität der Kunden gegenüber einem Kreditinstitut. Die Zufriedenheit alleine führt jedoch nicht zwangsläufig auch zu einer garantierten Kundentreue. Vgl. Mündel, Markus; Kräh, Hans-Jürgen (Kundenloyalität 2013), S. 41. Vgl. zur Eigenschaft der Kundenzufriedenheit als Indikator für die Kundenloyalität Knoll, Jessica (Kundenloyalität 2012), S. 899.

284 Vgl. Waschbusch, Gerd; Knoll, Jessica; Weyers de Vasconcelos, Daniel (Reputationsrisiken 2013), S. 397.

285 Vgl. Meybom, Peter (Bank 2015), S. 24; Lipphardt, Ulf; Mihm, Oliver (Spagat 2016), S. 15. Vgl. zur elementaren Bedeutung der Mitarbeiterloyalität für die Kundenbindung Knoll, Jessica (Kundenloyalität 2012), S. 899.

strukturen.[286] Dieser Trend ermöglicht den Kreditinstituten einerseits eine erfolgssteigernde Optimierung der Bank-Kunden-Interaktion, andererseits ergeben sich auch Herausforderungen hinsichtlich zukünftiger Arbeitsmodelle. Gerade für jüngere Bankmitarbeiter hat heute ein ausgewogenes Verhältnis zwischen Arbeit und Privatleben (Work-Life-Balance) häufig einen höheren Stellenwert als Geld und Karriere.[287] Darüber hinaus nimmt die Bedeutung von Freiheit sowie Souveränität bei der Arbeitsgestaltung kontinuierlich zu. Direkte Kommunikation,[288] individuelle Betreuung und flache Hierarchien sind zusätzlich ausschlaggebend für die Zufriedenheit junger Leistungsträger.[289] Diese veränderten Ansprüche und Erwartungen der Mitarbeiter mit den Anforderungen und Strukturen der Banken in Einklang zu bringen, ist eine der zentralen Herausforderungen der kommenden Jahre.[290] Grund zur Beunruhigung gibt in diesem Zusammenhang die Tatsache, dass aktuell sehr viele Bankmitarbeiter unzufrieden sind[291] und die oben beschriebenen gestiegenen Anforderungen[292] bei einem gleichzeitig schlechteren gesellschaftlichen Image der Bankenbranche beklagen.[293] Banken, die den erhöhten Anforderungen ihrer Kunden mittels zufriedener und gut ausgebildeter Mitarbeiter Rechnung tragen möchten, müssen die veränderten Vorstellungen und Werte der jungen Talente insbesondere hinsichtlich der Vereinbarkeit von Familie und Beruf berücksichtigen und versuchen, das schlechte Image der Bankenbranche durch ein vorbildliches Verhalten gegenüber den eigenen Mitarbeitern und

286 Vgl. hierzu und zu folgendem Satz Praeg, Claus-Peter; Schmidt, Carsten (Trendstudie 2015), S. 30.

287 Vgl. Klüh, Ulrich (Wandel 2012), S. 1046; Kraus, Anja (Gesucht 2014), S. 82; Schneider, Bettina (Menschen 2016). Vgl. hierzu und zu folgenden beiden Sätzen Hasebrook, Joachim Paul; Singer, Maren (Erfolgsgarant 2016), S. 32. Vgl. allgemein zur hohen Bedeutung eines ausgewogenen Verhältnisses zwischen Arbeit und Privatleben im Bankenbereich Wings, Heinz; Kleine, Jens (Banking 2015), S. 28, S. 91.

288 Vgl. Lindenstädt, Simone (Mitbestimmung 2016), S. 47.

289 Vgl. Schraner, Johannes J. (Berater 2013), S. 46.

290 Vgl. Kraus, Anja (Gesucht 2014), S. 82.

291 Vgl. beispielhaft zur Unzufriedenheit der Mitarbeiter bei der Deutschen Bank o. V. (Bank 2016).

292 Vgl. zu den gestiegenen Anforderungen Kotzbauer, Michael (Mittelstand 2016), S. 17; Lau, Viktor (Eignungsdiagnostik 2016), S. 71.

293 Vgl. o. V. (Vertriebsdruck 2016), S. 9. Vgl. zum zweiten Halbsatz Rauscher, Christian (Erfolgsfaktor 2015), S. 56; Hufeld, Felix (Banken 2016), S. 1154.

der Gesellschaft zu verbessern.[294] Gelingt es den Banken nicht, geeignete, erfahrene und ausreichend qualifizierte Mitarbeiter an das Unternehmen zu binden,[295] die dem Kunden auf Augenhöhe begegnen und ihn mit Qualifikation, Professionalität, Vertrauenswürdigkeit und dem nötigen Verhandlungsgeschick überzeugen,[296] so kann hieraus ein Engpassfaktor bei der strategischen Entwicklung der Banken mit erheblichen finanziellen Auswirkungen resultieren. Für viele Banken wird somit die Bereitstellung attraktiver Arbeitsplätze zu einem wesentlichen Grundstein der Zukunftssicherung werden.[297] Um dies zu gewährleisten, müssen die Institute langfristig die Mitarbeiterzufriedenheit erhöhen sowie die Identifikation und Zufriedenheit der Arbeitnehmer mit der Bank verbessern.[298] Obwohl der Großteil der Kreditinstitute dem Thema „New Work“ eine hohe bis sehr hohe Bedeutung beimisst, haben nur ungefähr die Häfte der Banken Maßnahmen dahingehend umgesetzt oder geplant.[299] In diesem Zusammenhang sollten die Banken zudem kontinuierlich die Führungsqualitäten und -fähigkeiten ihrer Führungskräfte überprüfen und weiter ausbauen. Denn selbst wenn ein Kreditinstitut die Bedeutung von New Work erkannt hat und diesen Aspekt im Sinne der Mitarbeiterzufriedenheit und -bindung fokussiert, wird eine mangelnde Führungsqualität und hier insbesondere eine schlechte Führungskraft diese Bestrebungen zu Nichte machen und perspektivisch wird dies zu einer Abwanderung von qualifiziertem Personal führen.

Weitere, aus Sicht der Banken eher nachrangige Trends sind die Glokalisierung[300], die neue politische Weltordnung,[301] die wachsende globale

---

294 Vgl. hierzu und zu folgendem Satz Börner, Christoph J. (Zukunftssicherung 2015), S. 20.

295 Vgl. Ebner, Elke; Müller, Wolfgang (Arbeitgebermarke 2014), S. 26; Striebinger, Claudia; Thomasberger, Wolfgang (Arbeitgeber 2014), S. 21.

296 Vgl. Waschbusch, Gerd; Knoll, Jessica; Reinstädtler, Gabriela (Zukunft 2015), S. 34.

297 Vgl. Vogel, Michael (Mode 2014), S. 25.

298 Vgl. Ebner, Elke; Müller, Wolfgang (Arbeitgebermarke 2014), S. 28.

299 Vgl. Praeg, Claus-Peter; Schmidt, Carsten (Trendstudie 2015), S. 27, S. 31.

300 Die Glokalisierung ist die begriffliche Synthese aus „Lokalisierung“ und „Globalisierung“. Vgl. Haas, Hans-Dieter (Glokalisierung o. J.). Allgemein wird hierunter das Nebeneinander von Globalisierung als weltweite Integration der Märkte einerseits und der Rückbesinnung der Menschen auf lokale Strukturen andererseits verstanden. Vgl. Haasis, Heinrich (Ausblick 2001), S. 5. Mit dem Trend geht grundsätzlich eine zunehmende Verflechtung der Märkte sowie Transparenz der Leistungen und eine erweiterte Wettbewerbssituation einher.

Sicherheitsbedrohung,[302] die zunehmend bedeutsamen Sharing-Konzepte,[303] die veränderte Rolle der Frau,[304] die Cross-Innovation[305] und die Coopetition[306]. Insbesondere die Coopetition wird von den meisten Banken nicht bedeutungsgerecht gewürdigt, mit der Folge, dass nur wenige Institute bereits entsprechende Maßnahmen zur besseren Kooperation mit Konkurrenten mit dem Ziel der Schaffung gemeinsamer Wettbewerbsvorteile eingeleitet haben.[307] Gerade im Hinblick auf die aufstrebenden FinTech-Unternehmen[308] scheint die wahrgenommene Bedeutung der

---

Vgl. Praeg, Claus-Peter; Schmidt, Carsten (Trendstudie 2015), S. 30. Zum einen entwickelt sich durch das Internet ein stark überregionales Angebot, zum anderen bedarf es eines lokalen Angebots, das die Bedürfnisse der Kunden nach physischer Nähe befriedigt und die digitale mit der realen Welt verbindet. Vgl. Brakensiek, Thomas; Zimmer, Klaus (Banken 2006), S. 1083. Einige Banken müssen entsprechend Szenarien für eine global-lokale Präsenz definieren und insbesondere angepasste Leistungsangebote aufgrund der unterschiedlichen Anforderungen generieren. Vgl. Praeg, Claus-Peter; Schmidt, Carsten (Trendstudie 2015), S. 30.

301 Vgl. Burmeister, Klaus (Wandel 2011), S. 15.

302 Vgl. Burmeister, Klaus (Wandel 2011), S. 15.

303 Vgl. Deutsche Finance Group (Megatrends 2017), S. 2. Aufgrund der fortschreitenden Digitalisierung und Vernetzung der Marktteilnehmer ergeben sich zunehmend Möglichkeiten des intelligenten Teilens („Smart Sharing") verschiedener – insbesondere durch spezialisierte Banken finanzierter – Gegenstände, wie beispielsweise Fahrzeuge oder auch Wohnraum. Hierdurch können sich erhebliche Veränderungen in den Geschäftsmodellen der betroffenen Institute ergeben. Vgl. am Beispiel von Autobanken Stenner, Frank; Wimmer, Konrad (Geschäftsmodelle 2018), S. 126.

304 Vgl. Carl, Reinhard; Brößel, Mario (Profil 2011), S. 8–9.

305 Unter Cross-Innovation wird die interdisziplinäre Verknüpfung von Services und Produkten aus unterschiedlichen Branchen mit dem Ziel der Innovationsentwicklung durch branchenübergreifende Kooperationen verstanden. Für Banken ergibt sich hieraus die Chance neue, gekoppelte Produkte und Dienstleistungen anzubieten. Vgl. Praeg, Claus-Peter; Schmidt, Carsten (Trendstudie 2015), S. 30.

306 Hierbei handelt es sich um einen Neologismus aus den englischen Begriffen „Cooperation" und „Competition". Vgl. Walter, Arno (Fintech-Standorte 2016), S. 8; Werne, Jochen (Privatbank 2016), S. 35. Andere Autoren verwenden hierfür den Begriff „Koopkurrenz" als Kombination aus den Begriffen „Kooperation" und „Konkurrenz" synonym. Vgl. Schöning, Werner (Koopkurrenz 2015), S. 12.

307 Vgl. zu den letzten beiden Sätzen Praeg, Claus-Peter; Schmidt, Carsten (Trendstudie 2015), S. 27, S. 30–31.

308 Bei dem Begriff „FinTech-Unternehmen", kurz „FinTechs", handelt es sich um einen Neologismus aus den englischen Begriffen „Financial Services" und

Coopetition durch die Banken jedoch nicht der tatsächlichen Relevanz des Themas zu entsprechen. In Deutschland stieg die Zahl der FinTechs allein im Zeitraum von 2015 bis 2017 um jährlich ungefähr 30 % auf ca. 700.[309] Infolgedessen stehen immer mehr neue Anbieter in einem Konkurrenzverhältnis zu Banken.[310] Die FinTechs bieten moderne Technologien und neuartige Anwendungen im Bereich der Finanzdienstleistungen an.[311] Sie zeichnen sich durch innovative, internetbasierte Technologien aus, die den Kundennutzen und das Nutzungserlebnis bei finanziellen und finanznahen Dienstleistungen erhöhen sollen.[312] Dementsprechend werden die Plattformen teilweise als kundenfreundlicher wahrgenommen. Sie zeichnen sich zudem durch eine günstige und transparente Kostenstruktur aus.[313] Besondere Bedeutung kommt FinTechs aktuell in den Bereichen des Zahlungsverkehrs,[314] der privaten Kreditvergabe sowie der Geldanlage zu.[315] Wenngleich im Rahmen des Trends der Digitalisierung noch umfassender

---

„Technology". Vgl. Conrads, Rudolf; Walter, Karl-Friedrich (Bank 2014), S. 21; Kipker, Ingo (FinTechs 2014), S. 3; Schmidt, Björn B. (Fintechs 2014), S. 76; Bundesverband deutscher Banken (Positionspapier 2015), S. 2; Eisenhofer, Alexis (Umbruch 2015), S. 726; Danker, Wiebke (FinTechs 2016), S. 18; Kuhn, Wolfgang (Banken 2016), S. 6; Ollmann, Mathias; Pramann, Jan-André (FinTech 2016), S. 45. Im deutschsprachigen Raum wird synonym auch der Begriff „Finanztechnologie-Unternehmen" verwendet. Vgl. Lehmann, Ingmar (Fintechs 2015), S. 10; Roch, Michael (Regulatorik 2016), S. 44. Es handelt sich hierbei um Unternehmen, die mithilfe des Internets und anderer moderner Kommunikationsformen innovative Technologien und Systeme einsetzen, um neue Geschäftsmodelle, Dienstleistungen und Produkte aus dem finanznahen und finanziellen Bereich anzubieten. Vgl. Bundesverband deutscher Banken (Positionspapier 2015), S. 2; Danker, Wiebke (FinTechs 2016), S. 17; Reimer, Sabine (Editorial 2016), S. 3.

309 Vgl. Allen & Overy (Fintech 2017), S. 4; Comdirect (FinTechs 2017), S. 3, S. 6, S. 10.

310 Vgl. Hientzsch, Ralph; Bocken, Ralf (Geschäftsmodelle 2016), S. 37.

311 Vgl. Schmidt, Björn B. (Fintechs 2014), S. 76; Hessami, Gian (Moderne 2015), S. 44.

312 Vgl. Bundesverband deutscher Banken (Positionspapier 2015), S. 2.

313 Vgl. Kipker, Ingo (FinTechs 2014), S. 9; Danker, Wiebke (FinTechs 2016), S. 18.

314 Vgl. Waschbusch, Gerd; Knoll, Jessica; Reinstädtler, Gabriela (Zukunft 2015), S. 34–35; Wings, Heinz; Kleine, Jens (Banking 2015), S. 13; Kuttler, Hans-Jörg (Zahlungsmittel 2016).

315 Vgl. Dohms, Heinz-Roger (Fintechs 2016); Kuhn, Wolfgang (Banken 2016), S. 6.

auf die FinTechs einzugehen sein wird,[316] sei an dieser Stelle angemerkt, dass mittels bewusster Kooperationen mit FinTechs durch die Nutzung gemeinsamer Schnittstellen[317] und die Schaffung von entsprechenden Mehrwerten für die Kunden Erfolgspotenziale seitens der Banken generiert werden können.[318] Bleiben die Banken hingegen untätig, so prognostizieren aktuelle Studien, dass die Kreditinstitute in den nächsten Jahren durch schrumpfende Margen und die Abwanderung von Kunden zwischen 30 % und 40 % ihrer Erträge an die neuen Wettbewerber verlieren könnten.[319] Die Handlungsoptionen der Kreditinstitute sind vielfältig und reichen von der aktiven Beteiligung an einem FinTech[320] bzw. von

316 Vgl. hierzu Kapitel 3.2.2.4.2.

317 Die zweite Zahlungsdiensterichtlinie – PSD II – die von den Mitgliedstaaten der Europäischen Union bis zum 13.01.2018 innerstaatlich umgesetzt werden musste, sieht sogar explizit vor, dass Banken „Dritten Zahlungsdienstleistern“, sogenannten „Third Party Payments Providern“, einen externen Zugriff auf Kundenkonten im Sinne einer Schnittstellte gewähren müssen. Vgl. Danwerth, Christopher (Payment 2015), S. 135; Harrschar, Philipp; Scheu, Daniel (Bankenbranche 2016), S. 6; Purwin, Nils (FinTechs 2016), S. 54. Bei „Third Party Payments Providern“ handelt es sich um solche Unternehmen, die zwar dazu beitragen, Zahlungsdienste zu erbringen, jedoch selbst weder das Zahlungskonto des Anlegers führen noch in den Besitz der zu transferierenden Geldbeträge kommen. Vgl. Art. 3 Buchstabe j) Richtlinie 2015/2366 (EU); Terlau, Matthias; Walter, Daniel (PSD 2 2013), S. 45. Insbesondere FinTechs bieten derartige Leistungen im Sinne von Zahlungsauslöse- bzw. Kontoinformationsdiensten an. Vgl. auch Investors Marketing (Trendstudie 2017), S. 22.

318 Vgl. Lehmann, Ingmar (Fintechs 2015), S. 10. Vgl. zu dieser Thematik ausführlich Waschbusch, Gerd; Hastenteufel, Jessica; Reinstädtler, Gabriela (Konkurrenten 2018), S. 328–332; Waschbusch, Gerd; Hastenteufel, Jessica; Reinstädtler, Gabriela (Schreckgespenster 2018), S. 289–295.

319 Vgl. Schäfer, Daniel (Aufmischer 2016), S. 12; Waschbusch, Gerd; Reinstädtler, Gabriela; Ruffing, Marie Sophie (Ertragslage 2018), S. 917. Vgl. hierzu und zu folgendem Satz Drummer, Daniel u. a. (Fintech 2016), S. 1, S. 6–7.

320 Die aktive Beteiligung eines Kreditinstituts an einem FinTech wird auch als Inkubator bezeichnet. Vgl. Commerzbank (Banking o. J.); Ohlhausen, Ralf (Fintechs 2016), S. 37. Der Begriff „Inkubator“ stammt ursprünglich aus der Medizin und bezeichnet dort einen Brutkasten. Vgl. Achleitner, Ann-Kristin (Inkubator o. J.). Im übertragenen Sinn unterstützt die Bank als Inkubator die FinTech-Unternehmen von Beginn an bei der Umsetzung ihrer Geschäftsideen, um deren gemeinsame Umsetzung am Markt in gewinnbringender Zusammenarbeit zu realisieren. Hierbei gewährt die Bank den FinTechs beispielweise Zugang zu den privaten und gewerblichen Kunden, erlaubt eine Nutzung der eigenen Infrastruktur und der Netzwerke, stellt Kapital zur Verfügung und

dem Zusammenschluss als Partner auf eigenen Plattformen, über Kooperationen bis hin zur Ausgründung neuer Abteilungen oder Investitionen in Finanztechnologie-Unternehmen bzw. dem Kauf ebendieser.[321] Die Kreditinstitute müssen den FinTech-Markt zukünftig verstärkt und aktiv beobachten[322] sowie gezielt strategisch sinnvolle Kooperationsformen mit den neuen Wettbewerbern eingehen,[323] um wirtschaftliche Nachteile abzuwenden und Chancen aus einem gekoppelten Produkt- und Dienstleistungsangebot zu generieren[324]. Die aktuelle Einschätzung der Banken hinsichtlich der Bedeutung der Coopetition deckt sich nicht mit der zunehmenden Bedeutung von FinTechs und zeigt, dass die Banken die durch die neuen Wettbewerber resultierenden Risiken (teils) erheblich unterschätzen.[325] Einige Banken vertreten hierbei sogar die Auffassung, dass FinTechs lediglich aus der Not heraus Kooperationen mit Banken eingehen. Dass jedoch vor allem die Entwicklung von Technologien und schlanken Prozessen und Produkten deren Geschäftsfeld ist, mit dem Ziel diese bzw. gegebenenfalls auch das gesamte FinTech-Unternehmen gewinnbringend an Banken zu verkaufen, verkennen und unterschätzen vielen Institute derzeit erheblich.

Für die deutschen Kreditinstitute sind neben den genannten Trends die in Abbildung 5 dargestellten vier branchenübergreifenden Megatrends[326] von Bedeutung. Nachfolgend werden daher die Digitalisierung,[327] der de-

vermittelt den Zugang zu Expertenwissen. Vgl. Main Incubator (Finanzierung o. J.). Vgl. hierzu ausführlich Achleitner, Ann-Kristin (Inkubator o. J.).

321 Vgl. Lehmann, Ingmar (Fintechs 2015), S. 10.

322 Vgl. zur gezielten Beobachtungsbedürftigkeit des FinTech-Markts Faust, Martin, zitiert nach: Hamacher, Eli (FinTechs 2016), S. 31.

323 Vgl. Drummer, Daniel u. a. (Fintech 2016), S. 6–7.

324 Vgl. zum letzten Halbsatz Praeg, Claus-Peter; Schmidt, Carsten (Trendstudie 2015), S. 30.

325 Vgl. Gomez, Isabel; Nissen, Madeleine (Banken 2014); Kollmann, David (Kooperation 2016); Ohlhausen, Ralf (Fintechs 2016), S. 37.

326 Unter Megatrends sind langfristige soziale, politische, ökonomische und technische Veränderungen zu verstehen, die die Gesellschaft, Politik, Wirtschaft und Technik über mehrere Dekaden hinweg strukturell beeinflussen. Vgl. Walker, Andreas M. (Generationen 2013), S. 25; Investors Marketing (Trendstudie 2017), S. 20.

327 Vgl. Meyer, Klaus-Georg (Kundenerlebnis 2014), S. 201; Börner, Christoph J. (Zukunftssicherung 2015), S. 19; Kohlhase, Thomas (Banken 2015), S. 13; Singer, Maren; Hasebrook, Joachim Paul; Lau, Viktor (Zukunft 2015); Hugel, Joachim; Jäger, Lars (Video-Banking 2016), S. 27; Löhndorf, Katja (Ertragssicherung 2016), S. 54. Vgl. zudem die Ausführungen in Kapitel 3.2.2.

mografische Wandel,[328] die Nachhaltigkeit[329] und die Globalisierung[330] einer eingehenderen Betrachtung unterzogen.[331]

3.2.2. Die Digitalisierung

3.2.2.1. Vorbemerkungen

Die Digitalisierung[332] verändert derzeit ganze Branchen. Der Handel, die Medienbranche,[333] die Gastronomie sowie die Reiseindustrie sind nur ein-

---

328 Vgl. Flores, Alfredo (Differenzierung 2008), S. 26; Lukas, Tobias (Vertrieb 2008), S. 74; Rohr, Karl von (Geld 2010), S. 71; Börner, Christoph J. (Zukunftssicherung 2015), S. 19; Singer, Maren; Hasebrook, Joachim Paul; Lau, Viktor (Zukunft 2015); Löhndorf, Katja (Ertragssicherung 2016), S. 54; Voigt, Kai-Ingo; Walther, Gerhard (Erfolgsfaktor 2016), S. 51. Vgl. zudem die Ausführungen in Kapitel 3.2.3.

329 Vgl. zur Nachhaltigkeit als Megatrend Behrends, Martin; Kratzer, Christoph (Zukunft 2011), S. 432; Freiberger, Thorsten; Sträter, Jens (Entwicklungstendenzen 2012), S. 169–170; Ziermann, Stefan (Vorwort 2013), S. 3; Judt, Ewald; Klausegger, Claudia (Megatrends 2016), S. 46; Olma, Ulrike (Ertragseffizienz 2016). Vgl. zudem die Ausführungen in Kapitel 3.2.4.

330 Vgl. zur Globalisierung als Megatrend Flores, Alfredo (Differenzierung 2008), S. 26; Lukas, Tobias (Vertrieb 2008), S. 74; Freiberger, Thorsten; Sträter, Jens (Entwicklungstendenzen 2012), S. 169–170; Voigt, Kai-Ingo; Walther, Gerhard (Erfolgsfaktor 2016), S. 51. Vgl. zudem die Ausführungen in Kapitel 3.2.5.

331 Vgl. Böhmler, Christian u. a. (Banking 2011), S. 37; Henk, Alexander; Holthaus, Jens-Uwe (Herausforderungen 2015), S. 62.

332 Der Begriff der Digitalisierung entzieht sich einer einheitlichen Definition. Vgl. Börner, Christoph J. (Zukunftssicherung 2015), S. 19; Jaekel, Michael (Geschäftsmodelle 2015), S. 2; Beinhauer, Wolfgang (Digitalisierungsinitiativen 2016). Im Rahmen dieser Ausarbeitung soll hierunter die fortschreitende Durchdringung aller Lebensbereiche durch elektronische Technologien verstanden werden. Vgl. Bauer, Wolfgang u. a. (Digitalisierung 2014), S. 2; Dückert, Simon (Führungskraft 2016), S. 115. Hierunter sind insbesondere die zunehmende Erfassung und Speicherung von Informationen auf elektronischem Wege, sodass diese permanent und dynamisch über das Internet vernetzt und jederzeit ortsunabhängig genutzt werden können, zu subsumieren. Technische Prozesse können somit an jedem beliebigen Ort ausgelöst und gesteuert werden. Auch die zunehmende Unterstützung durch intelligente Technik fällt unter die Digitalisierung. Hierbei entstehen große Mengen an Daten, die Muster im menschlichen Verhalten erkennen lassen und es somit vorhersehbar machen. Vgl. Börner, Christoph J. (Zukunftssicherung 2015), S. 19.

zelne Beispiele für Branchen, die bereits einen tiefgreifenden Wandel durchlaufen haben.[334] Die fortschreitende Digitalisierung prägt derzeit auch das Marktumfeld der Kreditinstitute nachhaltig[335] und gefährdet dadurch das traditionelle Bankgeschäft.[336] Infolgedessen gilt sie gegenwärtig als eine der zentralen Herausforderungen für die Finanzindustrie.[337] Die Banken haben diesen Trend erkannt, sodass nahezu alle Institute der Digitalisierung und dem technologischen Fortschritt eine hohe oder sehr hohe Bedeutung beimessen.[338] Wenngleich die Digitalisierung der Bankdienstleistungen kein neuer Trend ist,[339] führt die jüngst gestiegene Dynamik der Entwicklung und die zunehmende Verbreitung in der

---

333 Vgl. ausführlich Körner, Kevin; Schattenberg, Marc; Heymann, Eric (Wirtschaft 2018), S. 20.

334 Vgl. Kirsch, Wolfgang (Finanzintermediär 2014), S. 1183; Hoffmann, Michael (Banken 2015), S. 32. Vgl. hierzu und zu folgendem Satz Danzmayr, Jürgen (Kundenvertrauen 2014), S. 80; Natusch, Ingo; Thiel, Dirk (Strukturwandel 2014), S. 27; Wings, Heinz; Kleine, Jens (Banking 2015), S. 1–2; Freese, Thomas (Kundenbeziehung 2016), S. 27.

335 Vgl. zum nachhaltigen Einfluss der Digitalisierung auf das Marktumfeld der Kreditinstitute Brunner, Wolfgang L. (Banken 2014), S. 38; Schmidt, Björn B. (Fintechs 2014), S. 75; Reich, Ralf; Mathur, Shobhit (Bank 2015), S. 68; Waschbusch, Gerd; Knoll, Jessica; Reinstädtler, Gabriela (Zukunft 2015), S. 32; Fahrenschon, Georg (Digitalisierung 2016), S. 9; Hientzsch, Ralph; Bocken, Ralf (Geschäftsmodelle 2016), S. 36; Hugel, Joachim; Jäger, Lars (Video-Banking 2016), S. 27; Jentsch, Steffen A. (Banken-Technologie 2016), S. 369; Löhndorf, Katja (Ertragssicherung 2016), S. 54; Brühl, Volker (Banking 2017), S. 177; Körner, Kevin; Schattenberg, Marc; Heymann, Eric (Wirtschaft 2018), S. 18.

336 Vgl. Wings, Heinz; Kleine, Jens (Banking 2015), S. 2.

337 Vgl. Brühl, Volker (Banking 2017), S. 177. Vgl. zu den letzten beiden Sätzen Graupner, Enrico (Digitization 2015), S. XV, S. 10; Röckemann, Christian; Schiereck, Dirk (Digital 2015), S. 53.

338 Vgl. Praeg, Claus-Peter; Schmidt, Carsten (Trendstudie 2015), S. 27; Praeg, Claus-Peter; Schmidt, Carsten (Trendstudie 2016), S. 21; Investors Marketing (Trendstudie 2017), S. 20–21.

339 Vgl. Grahl, Andreas (Banken 2011), S. 29; Waschbusch, Gerd; Knoll, Jessica; Reinstädtler, Gabriela (Zukunft 2015), S. 32; Dowen, Jonas (Tech-Banker 2016), S. 93.

Bevölkerung zu einer Veränderung der deutschen Bankenlandschaft.[340] Cloud Computing/Banking[341], Big Data[342], Blockchain Technology[343],

340 Vgl. Natusch, Ingo; Thiel, Dirk (Strukturwandel 2014), S. 27; Wings, Heinz; Kleine, Jens (Banking 2015), S. 2; Koch, Philipp u. a. (Road 2016), S. 41.

341 Mittels Cloud Computing können IT-Infrastrukturen digital zur Verfügung gestellt werden, ohne dass es hierzu der Installation auf einem lokalen Rechner bedarf. Informationen und Programme können im Ergebnis in Form eines dienstleistungsbasierten Geschäftsmodells über eine Netzwerkanbindung abgerufen und genutzt werden. Vgl. Fehling, Christoph; Leymann, Frank (Cloud o. J.). Insbesondere im Investmentbanking und der Wertpapierverwaltung, aber auch in den Bereichen „Compliance“ und „Meldewesen“ sowie bei der Umsetzung neuer Vertriebskonzepte ergibt sich vielfältiges Nutzungspotenzial für Cloud Computing in der Bankenbranche. Bankseitig lassen sich aus dieser Entwicklung Einsparungs- und Effizienzsteigerungspotenziale, eine vereinfachte Kooperationen mit externen Partnern und eine flexiblere Anpassung an sich verändernde Begebenheiten realisieren. Vgl. Leichsenring, Hansjörg (Banking 2015). In der Bankenbranche werden aus regulatorischen Gründen Cloud Services jedoch noch selten genutzt bzw. zur Verfügung gestellt. Die Idee des Cloud Banking gewinnt aufgrund der mit Cloud Services verbundenen Erfolgspotenziale jedoch an Bedeutung und wird auf europäischer Ebene auch hinsichtlich der juristischen Anforderungen zunehmend diskutiert. Vgl. o. V. (Innovationsmotor 2018), S. 33.

342 Unter dem Begriff „Big Data“ werden verschiedene Analyseverfahren zusammengefasst, mit deren Hilfe große und unstrukturierte Datenmengen – beispielsweise Chats und Beiträge aus den sozialen Medien – in Echtzeit ausgewertet und dargestellt werden können. Vgl. o. V. (Innovationsmotor 2018), S. 32. Hierdurch lassen sich individuelle personenbezogene Profile erstellen, die Aufschluss über die Interessen und das Kaufverhalten, aber auch über das Risikopotenzial potenzieller Kunden vermitteln. Letztlich lassen sich Produkte somit individualisieren und optimieren und Marktentwicklungen können prognostiziert und antizipiert werden. Vgl. Bendel, Oliver (Big Data o. J.). Vgl. auch Investors Marketing (Trendstudie 2017), S. 22. Aufgrund der immensen Informations- und Datenbestände der Banken aus den verschiedensten Bereichen können sich aus der gezielten Analyse ebendieser erhebliche Kosteneinsparungs- und Ertragspotenziale für die Institute ergeben. Die Zusammenführung und Verarbeitung personenbezogener Daten aus unterschiedlichsten Quellen und von unterschiedlichster Datenqualität stellt die Banken jedoch regulatorisch und datenschutzrechtlich vor erhebliche Herausforderungen. Vgl. Klein, David (DSGVO 2018), S. 26

343 Bei Blockchain handelt es sich um eine Art Buchungssystem für Transaktionen zwischen Rechnern, das jede Veränderung der Einträge – meist herrührend aus finanziellen Transaktionen – genau erfasst und dezentral, transparent und manipulationssicher auf vielen Computern verteilt speichert. Vgl. Mitschele, Andreas (Blockchain o. J.). Somit wird theoretisch keine zentrale Instanz – insbesondere keine Bank – benötigt, die diese Informationen verwaltet und ihre

Social Media[344], kollaboratives Arbeiten[345] und Crowdfunding[346] sind nur exemplarische Beispiele für neuartige Entwicklungen, deren Auswirkungen im Zuge der Digitalisierung und Technisierung aktuell seitens der Kreditinstitute intensiv und kontrovers diskutiert werden.[347] Hieraus ergeben sich sowohl Chancen als auch Risiken für die Institute.[348]

Echtheit garantiert. Vgl. o. V. (Innovationsmotor 2018), S. 32. Vgl. ausführlich zu den Vorteilen der Blockchain-Technologie Flasshoff, Christian u. a. (Technologie 2018), S. 34–35.

344 Social Media oder Soziale Medien werden durch die – häufig profilbasierte – Vernetzung von Nutzern und deren Kommunikation, Interaktion und Kooperation über das Internet charakterisiert. Vgl. Bendel, Oliver (Medien o. J.). Vgl. ausführlich Knoll, Jessica; Waschbusch, Gerd (Social Media 2012), S. 1265–1267. Vgl. ausführlich zu Social Media als Marketing-Tool für Kreditinstitute Waschbusch, Gerd; Knoll, Jessica; Feigenbutz, Anna (Facebook 2013), S. 326–333 sowie zu Social Media als Vertriebskanal Waschbusch, Gerd; Knoll, Jessica; Herrmann, Elisabeth (Vertriebskanal 2011), S. 28–30.

345 Kollaboratives Arbeiten beschreibt in diesem Zusammenhang die Möglichkeiten, die moderne Informationstechnologien hinsichtlich vernetzten Arbeitens, breiten Wissensaustauschs und offener Kommunikation bieten. Vgl. Siemann, Christian (Enterprise 2012), S. 659.

346 „Crowdfunding ist eine internetbasierte Finanzierungsmöglichkeit, bei der die kapitalsuchenden Projektinitiatoren (Fundraiser) auf einer Crowdfundingplattform für ihr Projekt werben, um so das zur Projektrealisierung notwendige Kapital von einer Vielzahl (kleiner) Kapitalgeber (Crowd) zu akquirieren." Hastenteufel, Jessica (Gründungsfinanzierung 2016), S. 331. Vgl. ausführlich zum Crowdfunding allgemein und zu den verschiedenen Ausprägungsformen Hastenteufel, Jessica (Gründungsfinanzierung 2016), S. 321–331; S. 341–374.

347 Vgl. Hellenkamp, Detlef (Digitalisierung 2014), S. 36; Hellenkamp, Detlef (Bankwirtschaft 2018), S. 48; o. V. (Innovationsmotor 2018), S. 32–33. Vgl. zu einer Übersicht weiterer für Banken bedeutendsamer digitalisierungsbedingter Zukunftstrends wie künstliche Intelligenz, erweiterte Realität und Smart Banking Leichsenring, Hansjörg (Technologietrends 2018) sowie speziell zur künstlichen Intelligenz Körner, Kevin; Schattenberg, Marc; Heymann, Eric (Wirtschaft 2018), S. 5–8, S. 19. Vgl. zu den kontroversen Diskussionen in der Bankenbranche aufgrund der Digitalisierung Hoffmann, Michael (Banken 2016), S. 32.

348 Vgl. Koch, Philipp u. a. (Road 2016), S. 41.

3.2.2.2. Charakteristika der Digitalisierung und aktuelle Situation

Die Digitalisierung verändert die Gesellschaft und die Wirtschaft tiefgreifend.[349] Charakteristisch für die Digitalisierung ist die zunehmende Vernetzung der Marktteilnehmer und eine stetig wachsende und jederzeitige Verfügbarkeit von Informationen durch die Verbreitung mobiler Endgeräte wie Smartphones oder Wearables[350].[351] Die technischen Neuerungen der letzten Jahre brachten es mit sich, dass im Jahr 2017 bereits über 80 % der Deutschen regelmäßig das Internet nutzten und mehr als 65 % über ein Smartphone verfügten.[352] Diese Entwicklung spiegelt sich auch in der Nutzung von Onlinebanking wider: Während im Jahr 2001 nur rund 20 % der Bankkunden internetbasiert Bankgeschäfte tätigten, waren es im Jahr 2018 bereits die Hälfte der Kunden.[353] Ca. ein Viertel dieser Onlinebanking-Geschäfte werden aktuell über entsprechende Funktionen auf den Smartphones der Kunden – d. h. über Mobilebanking – abgewickelt. Der gestiegenen Bedeutung des Onlinebanking zufolge finden mehr als die Hälfte aller Interaktionen der Nutzer mit ihrem Kreditinstitut über das Internet statt.[354] Diese online-affinen Kunden repräsentieren schätzungsweise 60 % des Gesamteinkommens in Deutschland und setzen sich aus allen Altersgruppen in der Bevölkerung zusammen.[355] Obgleich der Anteil der Onlinebanking-User bei den 18- bis 49-Jährigen mit ca. 70 % am höchsten ist, beträgt der Anteil bei den 50- bis 59-Jährigen noch nahe-

349 Vgl. Bertschek, Irene (Industrie 2015), S. 3; Hoffmann, Michael (Banken 2016), S. 32. Vgl. zu den Auswirkungen der Digitalisierung auf die Gesellschaft Schmidt, Björn B. (Fintechs 2014), S. 75.

350 Wearables sind Computertechnologien, die vom Benutzer am Körper oder Kopf getragen werden. Sie zeichnen sich durch hochentwickelte Sensorik, eine stetige Verarbeitung von Daten und einem akuten Support des Nutzers insbesondere durch die Bereitstellung von Informationen und unterstützenden Anweisungen aus. Beispiele für derartige Systeme sind intelligente Armbänder, Smartwatches und Datenbrillen. Vgl. Bendel, Oliver (Wearables o. J.).

351 Vgl. Henk, Alexander; Holthaus, Jens-Uwe (Herausforderungen 2015), S. 62.

352 Vgl. Initiative D21 (D21-Digital-Index 2017), S. 10; Statista (Internetnutzer 2018); Statista (Smartphone 2018). Vgl. auch Bitkom (Smartphone-Markt 2018), S. 3.

353 Vgl. Statista (Deutschland 2018). Vgl. hierzu und zu folgendem Satz Bundesverband deutscher Banken (Deutschland 2018), S. 3, S. 5.

354 Vgl. Sieweck, Jörg (Filialen 2015), S. 22.

355 Vgl. Hoffmann, Michael (Banken 2016), S. 32.

zu 50 %.[356] Selbst die über 60-jährigen Kunden sind aufgeschlossen gegenüber modernen Formen von Bankgeschäften, sodass 40 % von ihnen Interesse an Online- und Mobilebanking bekunden und ungefähr ein Viertel der Personen dieser Altersgruppe auch entsprechende Anwendungen nutzt.[357]

Die aktuelle Situation der Kreditinstitute wird hinsichtlich der Digitalisierung auf mehreren Ebenen geprägt. So verändert die Digitalisierung beispielsweise die Produktionsprozesse und die Produkte, sodass Anpassungen der Bankleistungserstellung und der Geschäftsmodelle,[358] aber auch der Informationsarchitektur und -infrastruktur sowie der Banksteuerung[359] notwendig werden.[360] Zwei besonders bedeutsame Entwicklungen in diesem Zusammenhang sollen nachfolgend genauer betrachtet werden.[361] Hierbei steht zunächst der Wandel der Kundenbeziehungen aufgrund digitalisierungsinduzierter Verhaltensänderungen seitens der

356 Vgl. hierzu und zu folgendem Satz Bundesverband deutscher Banken (Deutschland 2018), S. 4.

357 Vgl. Roland Berger; VISA (Revolution 2015), S. 2, S. 6.

358 Vgl. Kohlhase, Thomas (Banken 2015), S. 13; Wings, Heinz; Kleine, Jens (Banking 2015), S. 17.

359 Häufig verfügen Banken über veraltete Datenverarbeitungsstrukturen, sodass sich die Vernetzung dieser mit Buchhaltungs- und Risikomanagementsystemen der Bank als schwierig gestaltet. Vgl. King, Brett (Banks 2014), S. 13; Korschinowski, Sven (Zahlungsverkehr 2015), S. 17; Sinn, Walter; Schmundt, Wilhelm (Banken 2015), S. 28. Meist sind die Technologien der Kreditinstitute äußerst komplex und über viele Jahrzehnte gewachsen, sodass ein unstrukturiertes Geflecht an Datenverarbeitungsprogrammen in den Unternehmen entstanden ist, das sich nur mühsam an die sich rasch verändernden Gegebenheiten anpassen lässt. Vgl. Appel, Christian; Milanese, Andreas (Herz 2016), S. 658, S. 661; Bocks, Barbara (Goliath 2016), S. 48; Hammonds, Kim, zitiert nach: Schönauer, Inken; Scholz, Andreas (Kopfsache 2016), S. 20. Beispielhaft lassen sich an dieser Stelle die IT-Systeme der Deutschen Bank anführen, die im Jahr 2015 vom damaligen Vorstandsvorsitzenden des Instituts John Cryan als „lausig“ und „schrecklich ineffizient“ betitelt wurden. Vgl. Cryan, John, zitiert nach: o. V. (Systeme 2015). Im Jahr 2018 bezeichnete Kim Hammonds, zu dieser Zeit im Vorstand des Kreditinstituts für die IT der Bank zuständig, die Deutsche Bank gar als die unfähigste Firma, in der sie je gearbeitet habe. Vgl. Hammonds, Kim, zitiert nach: Meck, Georg (Firma 2018).

360 Vgl. zu den letzten beiden Sätzen Börner, Christoph J. (Zukunftssicherung 2015), S. 19.

361 Anlage 1 vermittelt einen Überblick über die wahrgenommene Bedeutung der nachfolgend genannten Trends.

Nachfrager im Fokus.[362] Darüber hinaus bedarf es neuer Vertriebs- und Kommunikationskanäle.[363] Ferner gewinnen in diesem Kontext Social Media und Mobilebanking zunehmend an Bedeutung.[364] Daneben soll auch das Auftreten neuer, leistungsfähiger Wettbewerber mit Konkurrenzvorteilen auf dem Bankenmarkt genauer analysiert werden. Aus Sicht der Banken kommt diesen Veränderungen und Entwicklungen aktuell eine zunehmende Bedeutung zu, da diese Unternehmen Teile der bankbetrieblichen Wertschöpfung übernehmen und somit die traditionellen Anbieter verdrängen.[365]

3.2.2.3. Digitalisierungsbedingte Verhaltensänderung der Kunden

3.2.2.3.1. Allgemeine Veränderungen des Verhaltens und der Einstellungen der Kunden

In beinahe allen Lebensbereichen bewirken der Siegeszug des Internet sowie der orts- und zeitunabhängige Zugang zu Banken mittels mobiler Endgeräte einen Wandel im Informations- und Kaufverhalten der Kunden.[366] Insbesondere im Bankenbereich haben die rasanten technischen Neuerungen der letzten Jahre das Kundenverhalten radikal verändert.[367]

---

362 Vgl. Wunsch-Weber, Eva (Rahmenbedingungen 2014), S. 16; Hach, Wolfgang; Steger, Sebastian; Möbus, Dirk (Zukunftssicherung 2016), S. 36; Werne, Jochen (Privatbank 2016), S. 33–34.

363 Vgl. Wüerst, Alexander (Nah 2016), S. 389.

364 Vgl. Schäl, Ingo (Digitalisierung 2015), S. 16–18; Waschbusch, Gerd; Knoll, Jessica; Reinstädtler, Gabriela (Zukunft 2015), S. 32–33.

365 Vgl. Börner, Christoph J. (Zukunftssicherung 2015), S. 19; Fleischer, Klaus (Fintech 2015), S. 1221; Drummer, Daniel u. a. (Fintech 2016), S. 3; Freese, Thomas (Kundenbeziehung 2016), S. 27; Kotzbauer, Michael (Mittelstand 2016), S. 18; Ruf, Stefan; Herda, Nils (Mensch 2016).

366 Vgl. Brand, Tobias (Zukunft 2016), S. 28; Waschbusch, Gerd; Reinstädtler, Gabriela; Ruffing, Marie Sophie (Ertragslage 2018), S. 916–917.

367 Vgl. Wolberg, Hans-Bernd (Wandel 2014), S. 999; Wunsch-Weber, Eva (Rahmenbedingungen 2014), S. 16; Hach, Wolfgang; Steger, Sebastian; Möbus, Dirk (Zukunftssicherung 2016), S. 36; Werne, Jochen (Privatbank 2016), S. 33; Wüerst, Alexander (Nah 2016), S. 388; Schütz, Achim; Fischer, Christian (Digitalisierung 2017), S. 36. Erste Entwicklungen hin zu einem veränderten Kundenverhalten aufgrund der Digitalisierung waren bereits im Jahr 2000 zu spüren. Vgl. Jendrzey, Gerhard (Kiosksysteme 2002), S. 11. Bedingt durch die zunehmende Durchdringung des Internet im Alltags verschieben sich

Diese Entwicklung stellt die Banken vor ernstzunehmende Herausforderungen.[368] Der heutige Kunde ist anspruchsvoller, informiert sich selbstständig,[369] vergleicht, spricht Empfehlungen aus und beteiligt sich aktiv an der öffentlichen Meinungsbildung und dem Beratungs- und Verkaufsprozess.[370] Aufgrund des zunehmenden Informationsangebots können engagierte und talentierte Privatanleger ähnlich erfolgreich sein wie professionelle Investoren, sofern sie ausreichend Zeit für die Informationsrecherche aufbringen können und willens sind, diese auch zu investieren.[371] Darüber hinaus erwarten insbesondere jüngere Kunden heutzutage wie selbstverständlich, dass ihnen bestimmte Bankdienstleistungen zeitlich und räumlich unbegrenzt, kostenlos und über verschiedene Zugangswege zur Verfügung stehen.[372] Auf dieser Grundlage haben sich auch die Art der Informationsbeschaffung und die Kommunikationswege und -verhaltensweisen fortwährend gewandelt. Ferner ist der Kunde ungeduldiger und fordert Flexibilität[373] seitens der Bank: Er möchte unabhängig von bestimmten Endgeräten und Öffnungszeiten Bankdienstleistungen in Anspruch nehmen können.[374] Der Kunde entscheidet hierbei situativ, ob er kompetente Beratung in der Filiale vor Ort, nutzerfreundliche Prozesse im Onlinebanking mittels Internet oder Mobiltelefon, unkomplizierten Kontakt und schnelle Hilfe per E-Mail bzw. Chat oder eine schnelle, fachkundige Unterstützung durch ein Call-Center präfe-

---

seit dieser Zeit der Vertrieb und die Kommunikation zwischen den Banken und den Kunden zunehmend weg von den stationären Filialen und hin zu medialen Alternativen. Vgl. Quitt, Birte; Schmoll, Anton (Filiale 2014), S. 50.

368 Vgl. Schmitz, Armin (Vermögensverwalter 2015), S. 13.

369 Vgl. Waschbusch, Gerd; Knoll, Jessica; Reinstädtler, Gabriela (Zukunft 2015), S. 34.

370 Vgl. Bitzer, Matthias (Bankkunde 2016), S. 74.

371 Vgl. Werne, Jochen (Privatbank 2016), S. 34.

372 Vgl. Baxter, Mike; Vater, Dirk (Zukunft 2014), S. 13; Brunner, Wolfgang L. (Banken 2014), S. 32; Hellenkamp, Detlef (Digitalisierung 2014), S. 37; Brand, Tobias (Zukunft 2016), S. 28; Hientzsch, Ralph; Bocken, Ralf (Geschäftsmodelle 2016), S. 36. Vgl. hierzu und zu folgendem Satz Pertlwieser, Markus (Innovationsstrategie 2016), S. 740; Hellenkamp, Detlef (Bankwirtschaft 2018), S. 49–50.

373 Vgl. zu den kundenseitigen Anforderungen hinsichtlich der Flexibilität der Banken Bitzer, Matthias (Bankkunde 2016), S. 74; Werne, Jochen (Privatbank 2016), S. 34.

374 Vgl. Bitzer, Matthias (Bankkunde 2016), S. 74.

riert.[375] Allerdings wird den Kunden diese Entscheidung oftmals von den Banken abgenommen – sei es durch eine ausschließliche telefonische Erreichbarkeit der Bank über ein Call-Center oder eine Preisgestaltung zugunsten von Selbstbedienungsgeräten und der Nutzung von Online-/Mobilebanking. Der Kunde verlangt somit auf der einen Seite einen Spagat seitens der Kreditinstitute zwischen digitalen Prozessen und Systemen, die ihm den Umgang mit Geld erleichtern und auf der anderen Seite eine äußerst kompetente, einen persönlichen Mehrwert bringende Betreuung bei komplexen Themen.[376] Entscheidungsrelevant hinsichtlich der Wahl des Kommunikationswegs sind hierbei vorrangig die Bedürfnisse der Kunden und nicht die zugrundeliegenden Prozesse. Wie diese im Hintergrund ablaufen, ist aus Kundenperspektive vollkommen irrelevant, solange die Befriedigung des Kundenbedürfnisses möglichst einfach, schnell, günstig und in gewünschter Qualität erfolgt.[377] Auch hier gibt es in der Praxis bei klassischen Banken häufig eine Diskrepanz zwischen dem Angebot und dem Kundenwunsch, was auch an dieser Stelle die Frage aufwirft, ob Kreditinstitute überhaupt wissen, was ihre Kunden wirklich wollen.

3.2.2.3.2. Veränderungen der Kanalnutzung bei der Inanspruchnahme von Bankdienstleistungen

Im Rahmen des Beschaffungs- und Nutzungsprozesses von Bankprodukten verdrängen digitalisierte Methoden in vielen Bereichen die klassischen Filialkonzepte.[378] Das flächendeckende Filialnetz wird somit fortwährend durch digitale Alternativen substituiert.[379] Der Trend hin zur Digitalisie-

375 Vgl. Graupner, Enrico (Digitization 2015), S. 1; Brand, Tobias (Zukunft 2016), S. 28.

376 Vgl. Werne, Jochen (Privatbank 2016), S. 34.

377 Vgl. zu den letzten beiden Sätzen Bitzer, Matthias (Bankkunde 2016), S. 74. Vgl. hierzu und zu dem folgenden Satz Grahl, Andreas (Banken 2011), S. 29.

378 Vgl. hierzu und zu folgendem Satz Waschbusch, Gerd; Knoll, Jessica; Reinstädtler, Gabriela (Zukunft 2015), S. 32–33.

379 Vgl. Natusch, Ingo; Thiel, Dirk (Strukturwandel 2014), S. 37; Schmitz, Armin (Vermögensverwalter 2015), S. 13.

rung spiegelt sich in diesem Zusammenhang in allen Phasen der Beschaffung und Inanspruchnahme von Bankdienstleistungen wider.[380]

In der Phase der Informationsbeschaffung durch den Kunden gewinnt die Informationssuche im Internet zunehmend an Bedeutung.[381] Der Weg der Kunden zu den gewünschten Bankdienstleistungen und Produkten, auch Customer Journey oder Kundenreise[382] genannt, beginnt heute häufig online und nicht mehr mit einem Beratungsgespräch in der Filiale vor Ort.[383] Aktuell sorgen insbesondere Online-Vergleichsplattformen für vermeintliche Transparenz und ermöglichen Vergleiche zwischen den Konditionen und Produkten verschiedener Anbieter.[384] Hierbei werden zunehmend auch die Produkte von sogenannten Near- und Non-Banks[385] in die Vergleiche miteinbezogen. 56 % der Kunden nutzen das Internet generell zur Informationssuche vor der Inanspruchnahme von Bankdienstleistungen,[386] sodass ca. 41 % aller kaufrelevanten Informationen in

---

380 Vgl. Graupner, Enrico; Mädche, Alexander; Simon, Henrik (Kundenorientierung 2016), S. 37–38. Anlage 2 vermittelt einen Überblick über die Phasen bis zur Inanspruchnahme von Bankdienstleistungen.

381 Vgl. Natusch, Ingo; Thiel, Dirk (Strukturwandel 2014), S. 37; Waschbusch, Gerd; Knoll, Jessica; Reinstädtler, Gabriela (Zukunft 2015), S. 36.

382 Vgl. hierzu Judt, Ewald; Klausegger, Claudia (Customer 2015), S. 45; Kern, Andreas (Kooperation 2015), S. 34; Pertlwieser, Markus (Innovationsstrategie 2016), S. 740.

383 Vgl. Judt, Ewald; Klausegger, Claudia (Customer 2015), S. 45; o. V. (Versicherungsvertrieb 2016), S. 40; Pertlwieser, Markus (Innovationsstrategie 2016), S. 740.

384 Vgl. Baxter, Mike; Vater, Dirk (Zukunft 2014), S. 6.

385 Unter Near-Banks, auch banknahe Institute bzw. banknahe Unternehmen oder Quasibanken genannt, werden Anbieter von Finanzdienstleistungen im Sinne des § 1 Abs. 1a oder Abs. 3 KWG verstanden, die keine Kreditinstitute gemäß § 1 Abs. 1 KWG sind, jedoch aufgrund ihres spezifischen Leistungsangebots als Substitutionskonkurrenten von Banken auftreten können. Hierzu zählen beispielsweise Leasinggesellschaften, Versicherungen sowie Vermögensverwaltungs- und Anlageberatungsgesellschaften. Vgl. Schöning, Stephan (Near Banks o. J.); Staub, Nadine (Near-Banks 2012), S. 1015. Bei Non-Banks handelt es sich im Gegensatz hierzu um Unternehmen aus bankfremden Branchen, die durch das Angebot von Finanzdienstleistungen im Rahmen ihrer Produktpalette in Konkurrenz zu den Banken und den Near-Banks treten. Unter anderem gehören Kaufhäuser, die Leasingverträge anbieten oder Kundenkarten als Zahlungskarten ausgeben, zu dieser Kategorie. Vgl. Schöning, Stephan (Non Banks o. J.); Staub, Nadine (Non-Banks 2012), S. 1026.

386 Vgl. Graupner, Enrico; Mädche, Alexander; Simon, Henrik (Kundenorientierung 2016), S. 37.

solchen digitalen Quellen gesammelt werden[387]. Selbst bei komplexen Bankprodukten nutzen vielen Bankkunden Vergleichsportale als Hauptinformationsquelle.[388] Die Online-Auftritte der einzelnen Banken werden seitens der Kunden hierbei nur nachrangig in Anspruch genommen, vielmehr liefern Portale wie CHECK24[389] und Financescout24[390] einen Überblick über die Konditionen.[391] Zusätzlich resultiert aus der gestiegenen Preistransparenz[392] bei Standardleistungen ein steigender Preiswettbewerb im Bankgeschäft.[393]

Aber nicht nur bei der Informationsbeschaffung, sondern auch in den weiteren Prozessphasen der Beziehung zwischen Bank und Kunde hat die Digitalisierung erheblichen Einfluss.[394] So bevorzugen in der Beratungsphase 44 % der Befragten den Online-Kanal gegenüber dem Besuch in der Filiale. Je höher der Standardisierungsgrad eines Produktes ist, desto geringer ist die Bedeutung des personengebundenen Vertriebs.[395] Die Online-Angebote von Banken bieten heute vielfältige Beratungsfunktionen. Exemplarisch verhelfen Produktfinder dem Kunden nach Beantwortung einiger Fragen zum vermeintlich passenden Produkt.[396] In komplexeren Beratungssituationen präferieren Bankkunden momentan noch den Besuch in der Filiale.[397] Zukünftig ist aber auch in diesem Bereich von einer zunehmenden Digitalisierung auszugehen, sodass

387 Vgl. zum letzten Halbsatz Roland Berger; VISA (Revolution 2015), S. 3.

388 Vgl. o. V. (Bankassurance 2015), S. 43. Es sei jedoch bereits an dieser Stelle darauf hingewiesen, dass bei der Nutzung die Gefahr besteht, dass die Bankkunden sich hier ein Halbwissen aneignen. Dies liegt zum einen an der von den Portalen suggerierten Neutralität, die jedoch nicht immer gegeben ist. Zum anderen sind die dort dargestellten Produkte oftmals nicht so homogen und einfach zu verstehen, weshalb Vergleiche teils oberflächlich sind und ein stark vereinfachtes Bild liefern.

389 Vgl. Check24 (Konto o. J.).

390 Vgl. Scout24 Services (Finanzen o. J.).

391 Vgl. Graupner, Enrico; Mädche, Alexander; Simon, Henrik (Kundenorientierung 2016), S. 37.

392 Vgl. zur gestiegenen Preistransparenz Wüerst, Alexander (Nah 2016), S. 388.

393 Vgl. Faust, Martin, zitiert nach: Hamacher, Eli (FinTechs 2016), S. 30; Lieberknecht, Jürgen (Digitalisierung 2016), S. 35.

394 Vgl. hierzu und zu folgendem Satz Graupner, Enrico; Mädche, Alexander; Simon, Henrik (Kundenorientierung 2016), S. 36.

395 Vgl. o. V. (Bankassurance 2015), S. 43.

396 Vgl. Graupner, Enrico; Mädche, Alexander; Simon, Henrik (Kundenorientierung 2016), S. 36.

397 Vgl. Lipphardt, Ulf; Mihm, Oliver (Spagat 2016), S. 15.

komplexe Beratungen dann durch Robo Advisor[398] und ähnliche Technologien unterstützt werden.[399] Hierdurch kann die Beratung und Verwaltung seitens der Banken, insbesondere bei Kunden mit kleinerem Vermögen, durch eine zunehmende Standardisierung profitabler gestaltet werden.[400] Gerade bei jungen Kunden trifft die Entwicklung hin zum Robo-Advising zunehmend auf Interesse.[401] Insgesamt zeichnet sich für die kommenden Jahre eine deutliche Tendenz zu digitaler, automatisierter Beratung ab.[402]

Im Rahmen dieser Phase besteht jedoch nicht nur Kostensenkungspotenzial,[403] sondern auch großes noch ungenutztes Digitalisierungs- und Ertragspotenzial für die Institute. Das Verfahren einer persönlichen Finanzanalyse und -planung haben beispielsweise nur 18 % der Bankkunden durchlaufen und hiervon haben nahezu 70 % eine Filiale aufgesucht, anstatt entsprechende Online-Angebote in Anspruch zu nehmen.[404] Bei bedeutungsgerechter Ausgestaltung bestünde die Möglichkeit, den Kunden im Rahmen der persönlichen Finanzverwaltung und -planung durch entsprechende Software auf dem Mobiltelefon laufend zu unterstützen.[405] Die Kreditinstitute könnten mittels dieser Daten zahlreiche zusätzliche Informationen von ihren Kunden erhalten und der Kundensituation angepasste Beratungsgespräche und Produkte offerieren, womit sich die Möglichkeit zusätzlicher Geschäftsabschlüsse ergibt.

---

398 Der Begriff „Robo Advisor" umfasst Systeme, die eine Anlageentscheidung empfehlen bzw. unmittelbar treffen und damit eine automatisierte Vermögensverwaltung anbieten, ohne dass ein persönlicher Kontakt mit dem Kunden stattfindet. Vgl. Schmitz, Armin (Vermögensverwalter 2015), S. 13; Oppenheim, Robert; Lange-Hausstein, Christian (Advisor 2016), S. 1966; Schmidt, Karl Matthäus (Robo-Advising 2016), S. 25. Vgl. ausführlich zur Funktionsweise der Robo Advisor Fleischer, Klaus (Fintech 2015), S. 1222.

399 Vgl. Graupner, Enrico; Mädche, Alexander; Simon, Henrik (Kundenorientierung 2016), S. 36.

400 Vgl. Niebudek, Marcus (Banken 2016), S. 46.

401 Vgl. zu den letzten beiden Sätzen Schmitz, Armin (Vermögensverwalter 2015), S. 13–14.

402 Vgl. Niebudek, Marcus (Banken 2016), S. 46. Anlage 3 vermittelt einen Überblick über die zukünftige Bedeutung der automatisierten Beratung und anderer Dienstleistungen und Produkte.

403 Vgl. Graupner, Enrico (Digitization 2015), S. 10.

404 Vgl. zu den letzten beiden Sätzen Graupner, Enrico; Mädche, Alexander; Simon, Henrik (Kundenorientierung 2016), S. 37.

405 Vgl. hierzu und zu folgendem Satz Hellenkamp, Detlef (Digitalisierung 2014), S. 37.

In der nachfolgenden Phase des Kaufabschlusses wird ebenfalls mit 60 % mehrheitlich die Filiale genutzt.[406] Ein Grund hierfür besteht insbesondere darin, dass bei vielen Banken auch heute noch kein durchgängiger Online-Abschluss möglich ist. Hier gibt es eine erhebliche Lücke zwischen den Bedürfnissen der Kunden einerseits und dem Angebot der Banken andererseits.[407] Eine Studie des Webdienstleisters Namics aus dem Jahr 2016 zeigt, dass bei neun von 14 Banken der Kunde zur Eröffnung eines ausschließlich online geführten Kontos gegen seinen Willen die Filiale aufsuchen musste, er durchschnittlich neun postalische Zusendungen erhielt und gezwungen war, im Laufe des Prozesses rund drei Mal das Telefon zu nutzen.[408] Folglich werden die aktuellen Prozesse der Kreditinstitute als „scheindigitalisiert"[409] kritisiert: Wenngleich die Banken mit ihren Online-Angeboten werben, laufen noch immer etwa drei Viertel des Prozesses der Kaufabwicklung klassisch analog mittels Post, Filiale und Telefon ab.[410] Bei aufstrebenden FinTechs hingegen sind häufig nur 10 % der Prozesse nicht digitalisiert.[411] Bei Kreditinstituten können viele Prozesse zwar digital angestoßen werden, letztlich erfolgt aber der Großteil der Prozessschritte offline.[412] Solche Medienbrüche frustrieren und irritieren die (potenziellen) Kunden und führen zu deren Unzufriedenheit.[413] Diese Unzufriedenheit seitens der Kunden wird zudem noch dadurch verstärkt, dass die Banken im Vorfeld häufig eine unkomplizierte, digitale Kontoeröffnung versprechen.[414] Dass der Kunde am Ende selbst mühsam und zeitaufwendig tätig werden muss, ist nicht im Sinne der Kunden und kann somit auch nicht im Interesse der Bank sein. Die Banken sollten den Wunsch des Kunden nach einem Online-Abschluss von

---

406 Vgl. hierzu und zu folgendem Satz Graupner, Enrico; Mädche, Alexander; Simon, Henrik (Kundenorientierung 2016), S. 37.

407 Vgl. Bitzer, Matthias (Bankkunde 2016), S. 76.

408 Vgl. Krüger, Markus (Scheindigitalisierung 2016), S. 4. Vgl. hierzu und zu folgendem Satz Bitzer, Matthias (Bankkunde 2016), S. 76.

409 Herr, Joachim (Scheindigitalisierung 2016), S. 3; o. V. (Analyse 2016); o. V. (Scheindigitalisierung 2016).

410 Vgl. Hafner, Philipp (Bankkunden 2016), S. 12; Herr, Joachim (Scheindigitalisierung 2016), S. 3. Einen Vergleich zwischen scheindigitalisierten und wirklich digitalisierten Prozessen findet sich in Anlage 4.

411 Vgl. Krüger, Markus (Scheindigitalisierung 2016), S. 4.

412 Vgl. Hafner, Philipp (Bankkunden 2016), S. 12–13.

413 Vgl. Bitzer, Matthias (Bankkunde 2016), S. 76; Krüger, Markus (Scheindigitalisierung 2016), S. 4.

414 Vgl. hierzu und zu folgendem Satz Hafner, Philipp (Bankkunden 2016), S. 12.

Produkten respektieren und ihn nicht zur Nutzung anderer Zugangswege zwingen. Durch die Umsetzung der Digitalisierung kann die Möglichkeit, Kaufabschlüsse über das Internet zu tätigen, über nahezu die gesamte Produktpalette hinweg etabliert werden.[415] Entsprechende Rahmenbedingungen und Möglichkeiten wurden seitens der Bundesanstalt für Finanzdienstleistungsaufsicht bereits definiert.[416] So kann beispielsweise eine Online-Identifikation per Videochat oder elektronischem Personalausweis das aktuell regelmäßig verwendete ursprüngliche Postident-Verfahren[417], das den Identifikationsnachweis in der Postfiliale erfordert,[418] ergänzen bzw. ersetzen.[419]

Die operative Nutzung eines Bankprodukts erfolgt zu 56 % ebenfalls am häufigsten über den Online-Kanal.[420] Dabei zeichnen sich typische Vorgänge, wie beispielsweise die Abfrage des Kontostands, meist durch eine hohe Nutzungsfrequenz bei geringer Serviceintensität aus. Institute sollten dabei die Online-Quote weiter ausbauen, um ihre Kosten mithilfe der Digitalisierung reduzieren zu können.

Zusammenfassend lässt sich festhalten, dass die zunehmende Digitalisierung einen erheblichen Einfluss auf das Kanalnutzungsverhalten der Kunden in den Prozessphasen der Beschaffung und Inanspruchnahme von Bankdienstleistungen sowie generell auf das Kundenverhalten ausübt.[421] Infolge der zunehmenden Bedeutung werden die Kreditinstitute ihr digitales Angebot zukünftig weiter ausbauen müssen.[422] Die Banken stehen im Hinblick auf die notwendige Informationstechnologie vor einem Span-

---

415 Vgl. Bitzer, Matthias (Bankkunde 2016), S. 76–77. Vgl. hierzu und zu folgendem Satz Graupner, Enrico; Mädche, Alexander; Simon, Henrik (Kundenorientierung 2016), S. 37.

416 Vgl. beispielhaft Bundesanstalt für Finanzdienstleistungsaufsicht (Rundschreiben 2016).

417 Postident ist ein Identifikationsverfahren, im Rahmen dessen die Deutsche Post mittels Personalausweis oder Reisepass die Identität einer Person feststellt. Vgl. Trefz, Alexandra; Büttgen, Marion (Digitalisierung 2007), S. 122.

418 Vgl. Deutsche Post (Postident o. J.).

419 Vgl. Kühner, Anja; Mosch, Anita (PostIdent 2012), S. 38; o. V. (HVB 2015), S. 9.

420 Vgl. hierzu und zu folgenden beiden Sätzen Graupner, Enrico; Mädche, Alexander; Simon, Henrik (Kundenorientierung 2016), S. 38.

421 Die Anlagen 5–9 geben Aufschluss über das Kanalnutzungsverhalten bei der Beschaffung und Inanspruchnahme von Girokonten, Wertpapierdepots, Sparkonten, Krediten und Altersvorsorgeleistungen.

422 Vgl. Fahrenschon, Georg (Kreditwirtschaft 2016), S. 366.

nungsfeld zwischen Kunden, die ein digitales und voll integriertes Kundenerlebnis auf technisch neustem Stand erwarten, Regulatoren, die die Anforderungen an die Sicherheit und Integrität der Informationstechnologien verschärft haben, sowie häufig noch fehlendem Know-how bezüglich neuer technologischer Entwicklungen.[423]

Abschließend soll Abbildung 6 einige wesentliche digitalisierungsbedingte Veränderungen und Herausforderungen in Bezug auf die Beziehung zwischen Bank und Kunden überblicksartig darstellen.

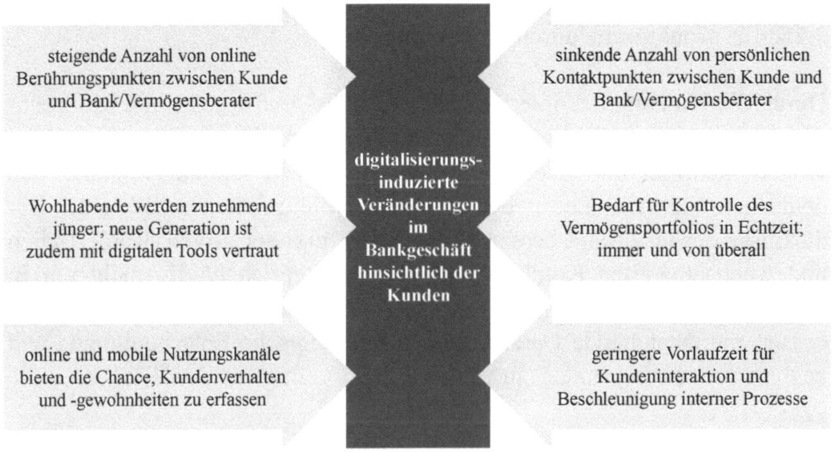

Abbildung 6: Digitalisierungsinduzierte Veränderungen im Bankgeschäft hinsichtlich der Kunden[424]

3.2.2.4. Digitalisierungsbedingtes Auftreten neuer Wettbewerber

3.2.2.4.1. Vorbemerkungen

Auch aufgrund des veränderten Kundenverhaltens verloren die traditionellen Kreditinstitute zunächst Kunden an Direktbanken.[425] Nun versuchen

---

423 Vgl. Sinn, Walter; Schmundt, Wilhelm (Banken 2015), S. 28.

424 Modifiziert entnommen aus Meyer, Klaus-Georg (Kundenerlebnis 2014), S. 206.

425 Vgl. Terliesner, Stefan (Zukunft 2016), S. 13.

zudem „Internetgiganten“[426] wie Apple, Amazon, Facebook oder Google ihrer riesigen Nutzerbasis verschiedene banktypische Dienstleistungen, insbesondere Zahlungsdienste,[427] anzubieten.[428] Im Fokus der vorliegenden Betrachtung soll jedoch eine weitere Kategorie neuer Konkurrenten stehen: junge Finanztechnologie-Unternehmen, die zu den Banken in Wettbewerb treten und versuchen, mittels benutzerfreundlicher Technologien und innovativer Geschäftsideen Marktanteile zu gewinnen.[429]

3.2.2.4.2. Konkurrenz durch FinTechs[430]

Durch die Nutzung des Internets als Vertriebskanal wurden die Markteintrittsbarrieren zur Erbringung finanzieller und finanznaher Dienstleistungen niedriger und neue Wettbewerber nutzen seitdem verstärkt den deutschen Markt.[431] Die neuen digitalen Konkurrenten erfüllen die Bedürfnisse der insgesamt besser informierten, preissensitiven, wählerischen und wechselbereiten Kundschaft in diesem Bereich häufig nicht nur in größerem Maße als traditionelle Anbieter,[432] sondern sie verstehen es auch besser, die entstehende Datenvielfalt für strategische Entscheidungen und bessere Kundenbetreuung zu nutzen.[433] So gelingt es den FinTechs, die

426 Korschinowski, Sven (Zahlungsverkehr 2015), S. 17; Becker, Erik (Onlinepotenzial 2016), S. B1.

427 Vgl. zur vorrangigen Fokussierung auf den Zahlungsverkehr Kirsch, Wolfgang (Finanzintermediär 2014), S. 1183.

428 Vgl. Korschinowski, Sven (Zahlungsverkehr 2015), S. 17; Brühl, Volker (Banking 2017), S. 177; Schütz, Achim; Fischer, Christian (Digitalisierung 2017), S. 36. Eine Übersicht über die Wahrnehmung der Banken hinsichtlich dieser und weiterer wesentlicher Herausforderer vermittelt Anlage 10.

429 Vgl. Terliesner, Stefan (Zukunft 2016), S. 13.

430 Vgl. hierzu ausführlich Waschbusch, Gerd; Hastenteufel, Jessica; Reinstädtler, Gabriela (Konkurrenten 2018), S. 328–332; Waschbusch, Gerd; Hastenteufel, Jessica; Reinstädtler, Gabriela (Schreckgespenst 2018), S. 289–295.

431 Vgl. Wings, Heinz; Kleine, Jens (Banking 2015), S. 4; Faust, Martin, zitiert nach: Hamacher, Eli (FinTechs 2016), S. 30.

432 Vgl. Baxter, Mike; Vater, Dirk (Zukunft 2014), S. 6; Sinn, Walter; Schmundt, Wilhelm (Banken 2014), S. 23; Wings, Heinz; Kleine, Jens (Banking 2015), S. 2, S. 8. Vgl. zur Preissensitivität und Wechselbereitschaft der Kunden Müller, Dominik (Banken 2011), S. 4; Waschbusch, Gerd; Knoll, Jessica; Reinstädtler, Gabriela (Zukunft 2015), S. 34.

433 Vgl. Wieandt, Axel (Banken 2015), S. 32. Vgl. beispielhaft zum letzten Halbsatz Specht, Thilo (Kundenberater 2015), S. 24.

gesamte Wertschöpfungskette eines Finanzdienstleisters zu digitalisieren[434], vom Backoffice über die Risiko- und Bonitätsbeurteilung bis hin zum Vertrieb.[435] Die neuen Wettbewerber können so finanzielle Dienstleistungen qualitativ verbessern und insbesondere effizienter, schneller und kundenfreundlicher gestalten.[436] Durch die konsequente Ausrichtung auf den Kunden und die bestmögliche und alltagsintegrierte Lösung von Kundenproblemen gelingt es so, tradierte Anbieter zu verdrängen.[437] Insbesondere junge Kunden wirken als Katalysator für die Hinwendung zu neuen Anbietern: Sie teilen ihre Erfahrungen sowie Informationen über soziale Netzwerke und empfehlen neue Wettbewerber.[438] Dementsprechend haben Anbieter moderner Online-Bezahlsysteme längst ihren festen Platz im Zahlungsverkehr[439] und Vermittlungsplattformen ersetzen die bankbetriebliche Funktion des Finanzintermediärs im Kreditgeschäft,[440] indem sie Angebot und Nachfrage zusammenbringen.[441] Die steigende Anzahl und Marktdurchdringung der FinTechs könnte zukünftig weitreichende Folgen für die Kreditinstitute haben: in den kommenden Jahren

---

434 Vgl. zum Einfluss der FinTechs auf die Wertschöpfungsketten von Anbietern von Finanzdienstleistungen Bachstädt, Karl-Heinz; Pietrzak, Michael (Entwicklungstendenzen 2015), S. 35; Börner, Christoph J. (Zukunftssicherung 2015), S. 21; Specht, Thilo (Kundenberater 2015), S. 24; Drummer, Daniel u. a. (Fintech 2016), S. 2; Koch, Philipp u. a. (Road 2016), S. 6, S. 42.

435 Vgl. hierzu und zu folgendem Satz Johannsen, Otto (Fintechs 2016), S. 262.

436 Vgl. Kipker, Ingo (FinTechs 2014), S. 2, S. 8.

437 Vgl. Henk, Alexander; Holthaus, Jens-Uwe (Herausforderungen 2015), S. 63.

438 Vgl. Lister, Michael; Menninghaus, Wilhelm; Pohl, Michael (Kreditinstitute 2016), S. 29.

439 Vgl. zum festen Platz moderner Online-Bezahlsysteme im Zahlungsverkehr Wunsch-Weber, Eva (Rahmenbedingungen 2014), S. 16.

440 Vgl. zur Übernahme der Funktion des Finanzintermediärs durch Vermittlungsplattformen Frerichs, Arne; Schumann, Matthias (Banking 2008), S. 8; Hastenteufel, Jessica (Gründungsfinanzierung 2016), S. 358; Terliesner, Stefan (Zukunft 2016), S. 13. Vgl. generell zur Übernahme der Funktion des Finanzintermediärs durch FinTechs Kirsch, Wolfgang (Finanzintermediär 2014), S. 1183; Reich, Ralf; Mathur, Shobhit (Bank 2015), S. 68; Wings, Heinz; Kleine, Jens (Banking 2015), S. 3; Lepold, Oliver (Fintechs 2016).

441 Vgl. Waschbusch, Gerd; Reinstädtler, Gabriela; Ruffing, Marie Sophie (Ertragslage 2018), S. 917. Vgl. hierzu und zu folgendem Satz Sinn, Walter; Schmundt, Wilhelm (Banken 2014), S. 23. Eine Übersicht über den generellen Bekanntheitsgrad des Begriffs „FinTech" in der Bevölkerung vermittelt Anlage 11. Anlage 12 gibt eine Übersicht über die wesentlichen Produkte und Dienstleistungen der FinTechs und deren Bekanntheitsgrad bzw. deren Nutzung.

könnten etwa ein Drittel aller bisherigen Bankerträge in Deutschland durch FinTechs gefährdet werden.[442] Aufgrund der zahlreichen spezifischen Vorteile, die die neuen Wettbewerber gegenüber den Banken haben, und ihrer wachsenden Anzahl, stellen sie auf verschiedenen Ebenen eine ernstzunehmende Bedrohung dar.[443]

Zunächst sind sie anpassungsfähig und innovativ, greifen auf modernste Technologien zurück, müssen keine veralteten Datenverarbeitungsstrukturen[444] berücksichtigen und die regulatorischen Anforderungen, die für traditionelle Kreditinstitute gelten und sich negativ auf deren Innovationsbereitschaft auswirken,[445] nur teilweise erfüllen.[446] Ferner benötigen sie nur in geringem Maße eine physische Infrastruktur und vergleichsweise wenig Mitarbeiter, um ihre Leistungen zu erbringen.[447] Dies führt, in Verbindung mit der Spezialisierung auf eine oder wenige Anwendungen,[448] zu einer geringen Kostenbasis und damit zu einem Wettbewerbsvorteil gegenüber den traditionellen Kreditinstituten hinsichtlich der Preisgestaltung.[449] Aufgrund leistungsfähiger Computersysteme gelingt es den neuen Wettbewerbern den Vertrieb von finanziellen Dienstleistungen und -pro-

---

442 Vgl. Pertlwieser, Markus (Innovationsstrategie 2016), S. 741. Vgl. hierzu und zu folgendem Satz Drummer, Daniel u. a. (Fintech 2016), S. 1. Eine Übersicht über die Bereiche, in denen die Erträge durch die Leistungsangebote der FinTechs erodiert werden, vermittelt Anlage 13.

443 Vgl. zur Bedrohung aufgrund der steigenden Anzahl von FinTechs Pratz, Andreas u. a. (Banking 2016), S. 16.

444 Vgl. zur innovationshemmenden Wirkung der veralteten Datenverarbeitungsstrukturen bei Banken Bartz, Chris (Kundenbedürfnisse 2015), S. 1159; Korschinowski, Sven (Zahlungsverkehr 2015), S. 18; Appel, Christian; Milanese, Andreas (Herz 2016), S. 658, S. 660–661; Dahmen, Marcus; Kurrent, Corinna (Effizienz 2017), S. 30; Waschbusch, Gerd; Reinstädtler, Gabriela; Ruffing, Marie Sophie (Ertragslage 2018), S. 917.

445 Vgl. ausführlich zu den negativen Auswirkungen der Regulierung auf die Innovationsbereitschaft der Kreditinstitute Mervelskemper, Laura; Paul, Stephan (Unternehmenskultur 2016), S. 750–751.

446 Vgl. zu den geringeren Regulierungsanforderungen für FinTechs im Vergleich zu traditionellen Banken Wings, Heinz; Kleine, Jens (Banking 2015), S. 22; Freese, Thomas (Kundenbeziehung 2016), S. 28; Groche, Clemens; Leichtweiß, Christoph (Videomarketing 2016), S. 40; Natusch, Ingo (Digitalisierung 2016), S. M1.

447 Vgl. Freese, Thomas (Kundenbeziehung 2016), S. 27. Vgl. zu den letzten beiden Sätzen Drummer, Daniel u. a. (Fintech 2016), S. 2.

448 Vgl. Kirsch, Wolfgang (Finanzintermediär 2014), S. 1183; Kotzbauer, Michael (Mittelstand 2016), S. 18; Ruf, Stefan; Herda, Nils (Mensch 2016).

449 Vgl. Groche, Clemens; Leichtweiß, Christoph (Videomarketing 2016), S. 40.

dukten zu revolutionieren,[450] indem sie mittels agiler Prozesse und stringenter Orientierung auf den Abnehmer die Erwartungen der Kunden besser erfüllen als traditionelle Kreditinstitute.[451] Insbesondere hinsichtlich der Geschwindigkeit der Leistungsbereitstellung, dem Preis und der Transparenz der Leistungen und der Einfachheit und Bequemlichkeit für den Kunden[452] bieten FinTechs Vorteile.[453] Ziel der FinTechs ist es hierbei unter anderem, die Banken zum reinen Anbieter von Infrastruktur und Standardprodukten im Hintergrund zu degradieren und so die persönlichen Beziehungen der Bank zu ihren Kunden durch eigene Schnittstellen zum Kunden zu substituieren.[454] In diesem Prozess, der auch als „customer disintermediation"[455] bezeichnet wird, gehen den Kreditinstituten Vertriebsmöglichkeiten und damit Ertragspotenziale verloren.[456] Die zunehmende Unzufriedenheit vieler Bankkunden mit dem Service ihrer Kreditinstitute erleichtert den FinTechs hierbei den Zugang zu den Kunden.[457] FinTechs bieten einerseits wohlbekannte Produkte auf verbesserte Weise und mit höherer Kundenorientierung an,[458] andererseits stellen sie jedoch auch neue Dienste, wie beispielsweise Robo Advisior[459] oder Crowdfunding,[460] zur Verfügung, bei denen nahezu alle Prozesse auf Algorithmen beru-

---

450 Vgl. zu den Bestrebungen seitens der FinTechs, die Finanzindustrie zu revolutionieren Schmidt, Björn B. (Fintechs 2014), S. 75; Bartz, Chris (Kundenbedürfnisse 2015), S. 1158; Kern, Andreas (Kooperation 2015), S. 33; Mervelskemper, Laura; Paul, Stephan (Unternehmenskultur 2016), S. 748; Terlau, Matthias (FinTech 2016), S. M5.

451 Vgl. Drummer, Daniel u. a. (Fintech 2016), S. 2.

452 Vgl. zur Einfachheit und Bequemlichkeit für den Kunden Johannsen, Otto (Fintechs 2016), S. 262.

453 Vgl. Pratz, Andreas u. a. (Banking 2016), S. 16; Werne, Jochen (Privatbank 2016), S. 35.

454 Vgl. Börner, Christoph J. (Zukunftssicherung 2015), S. 21; Kohlhase, Thomas (Banken 2015), S. 13; Reich, Ralf; Mathur, Shobhit (Bank 2015), S. 71; Wings, Heinz; Kleine, Jens (Banking 2015), S. 13; Dietz, Miklos; Moon, Jared; Radnai, Miklos (Fintechs 2016), S. 24; Drummer, Daniel u. a. (Fintech 2016), S. 1, S. 6–7; Kühner, Anja (Kunden 2016), S. 43.

455 Dietz, Miklos u. a. (Technology 2016); Koch, Philipp u. a. (Road 2016), S. 33.

456 Vgl. Koch, Philipp u. a. (Road 2016), S. 33.

457 Vgl. Werne, Jochen (Privatbank 2016), S. 35.

458 Vgl. Sander, Henning (Digitalisierung 2016), S. 1009.

459 Das FinTech Quirion bietet beispielsweise entsprechende Ansätze. Vgl. Schmidt, Karl Matthäus (Robo-Advising 2016), S. 27.

460 Vgl. Danker, Wiebke (FinTechs 2016), S. 17.

hen.[461] Teilweise werden so die Angebote der Banken ersetzt und ihre Ertragspotenziale geschmälert.[462]

Ein weiterer, bereits angedeuteter Vorteil von FinTechs ist die strikte Konzentration auf einzelne Bereiche der bankbetrieblichen Wertschöpfungskette.[463] Ziel ist es, bestimmte Teile aus dieser Wertschöpfungskette herauszulösen[464] und somit Bankkunden zu erreichen.[465] Dies gelingt, indem bankseitige Schwachstellen in den Prozessen lokalisiert und durch innovative und kundenfreundliche Anwendungen substituiert werden.[466] Teilweise werden Banken hierbei in ihrem Kerngeschäft angegriffen.[467] Insbesondere in den Bereichen der Finanzierung, der Vermögensverwaltung und der Finanzberatung stoßen FinTechs auf Interesse seitens der Kunden.[468] Im Zahlungsverkehr sind die FinTechs jedoch schon längst etabliert.[469] Hier nutzen die (neuen) Wettbewerber die niedrigen Einstiegshürden und die große Anzahl weitestgehend standardisierter Transaktionen um Wettbewerbsvorteile gegenüber den Kreditinstituten zu generieren.[470] So verankern sich die Zahlungsdienstleister tief in der Wertschöpfungskette von Banken.[471] Neben vielen Internetgiganten ist ungefähr jedes vierte FinTech, darunter beispielsweise PayPal, in diesem Bereich tätig.[472] Die Anbieter sind darauf fokussiert, den Zahlungsverkehr abseits von Kreditinstituten abzuwickeln.[473] Hochspezialisierten Anbietern

461 Vgl. hierzu und zu folgendem Satz Drummer, Daniel u. a. (Fintech 2016), S. 2.

462 Vgl. zum negativen Einfluss der FinTechs auf die Ertragspotenziale von Kreditinstituten Börner, Christoph J. (Zukunftssicherung 2015), S. 21.

463 Vgl. Fleischer, Klaus (Fintech 2015), S. 1221; Drummer, Daniel u. a. (Fintech 2016), S. 3; Freese, Thomas (Kundenbeziehung 2016), S. 27; Kotzbauer, Michael (Mittelstand 2016), S. 18; Ruf, Stefan; Herda, Nils (Mensch 2016).

464 Vgl. zum Herauslösen einzelner Teile der bankbetrieblichen Wertschöpfung aus der Wertschöpfungskette aufgrund der Digitalisierung Specht, Thilo (Kundenberater 2015), S. 24.

465 Vgl. Pertlwieser, Markus (Innovationsstrategie 2016), S. 741; Brühl, Volker (Banking 2017), S. 177.

466 Vgl. Fleischer, Klaus (Fintech 2015), S. 1221.

467 Vgl. o. V. (Fintechs 2015), S. 7.

468 Vgl. o. V. (Fintechs 2014), S. 5.

469 Vgl. Waschbusch, Gerd; Knoll, Jessica; Reinstädtler, Gabriela (Zukunft 2015), S. 34–35.

470 Vgl. Drummer, Daniel u. a. (Fintech 2016), S. 6–7.

471 Vgl. Hientzsch, Ralph; Bocken, Ralf (Geschäftsmodelle 2016), S. 36.

472 Vgl. zur Rolle der Internetgiganten im Zahlungsverkehr Korschinowski, Sven (Zahlungsverkehr 2015), S. 17.

473 Vgl. Schäfer, Sebastian (Unterschied 2015), S. 54.

gelingt es, internationale Zahlungsverkehrstransaktionen im Vergleich zu traditionellen Banken bis zu 90 % kostengünstiger anzubieten und diese somit – ganz oder teilweise – aus dem Zahlungsverkehrsgeschäft zu verdrängen.[474] Dies stellt die Kreditinstitute vor erhebliche Herausforderungen, da das zugehörige Zahlungsverkehrskonto das zentrale Ankerprodukt im Rahmen der Beziehung zu den Kunden ist und der Zahlungsverkehr einen wesentlichen Bestandteil der zinsunabhängigen Erträge einer Bank ausmacht.[475] Aber nicht nur im Zahlungsverkehr, sondern auch in den Bereichen „Kontoführung“, „Finanzierungen“ und „Vermögensverwaltung“ weiten die neuen Konkurrenten ihre Angebote permanent aus. So kommt es, dass beispielsweise Peer-to-Peer-Plattformen[476] die Banken in ihrem Kerngeschäft, der Kreditvergabe, angreifen.[477] Aufgrund der schlanken Strukturen[478] und der schnellen, unkomplizierten Entscheidungswege können die FinTechs Kostenvorteile gegenüber den Banken generieren und die Leistungen günstiger anbieten.[479] Einzeln betrachtet ist in jedem der Felder das Auftreten neuer Konkurrenten seitens der Bank zu verkraften, in ihrer Gesamtheit verändern die neuen Player jedoch den Markt und stellen die Banken so vor ernstzunehmende Herausforderungen.[480]

Eine weitere künftige Bedrohung für die traditionellen Banken stellt das große, derzeit noch häufig ungenutzte Potenzial der FinTechs bei gewerblichen Kunden dar.[481] Während momentan größtenteils der Markt für

474 Vgl. zu den letzten beiden und zu folgendem Satz Drummer, Daniel u. a. (Fintech 2016), S. 3.

475 Vgl. Waschbusch, Gerd; Reinstädtler, Gabriela; Ruffing, Marie Sophie (Ertragslage 2018), S. 917.

476 Peer-to-Peer-Plattformen sind digitale Marktplätze, auf denen in einem auktionsähnlichen Verfahren private Kreditgeber privaten Kreditnehmern Darlehen zur Verfügung stellen können, ohne dass ein Kreditinstitut die entsprechenden Intermediationsfunktionen übernimmt. Vgl. Lochmaier, Lothar (Bank 2010), S. 144.

477 Vgl. Hientzsch, Ralph; Bocken, Ralf (Geschäftsmodelle 2016), S. 36. Der Online-Kreditvermittler „Creditshelf“ bietet beispielsweise solche Leistungen an. Vgl. Thabe, Tim (Kundenbindung 2016), S. 32. Anlage 14 zeigt, wie Peer-to-Peer-Plattformen die Intermediationsfunktion der Kreditinstitute bei der Kreditvergabe übernehmen.

478 Vgl. zu den schlanken Strukturen der FinTechs Wings, Heinz; Kleine, Jens (Banking 2015), S. 22.

479 Vgl. Thabe, Tim (Kundenbindung 2016), S. 32–33.

480 Vgl. Kotzbauer, Michael (Mittelstand 2016), S. 18.

481 Vgl. hierzu und zu folgendem Satz Drummer, Daniel u. a. (Fintech 2016), S. 3.

Privatkunden von den neuen Wettbewerbern bearbeitet wird,[482] besteht noch ein vielseitiges, zum Großteil unerschlossenes Potenzial bei den gewerblichen Kunden.[483] Auch die Banken haben der Digitalisierung des gewerblichen Kundengeschäfts bisher wenig Aufmerksamkeit geschenkt,[484] wenngleich die Auswirkungen dieses Megatrends diesen Geschäftsbereich zunehmend stärker beeinflussen[485]. Folglich besteht aktuell eine deutliche Diskrepanz zwischen den Erwartungen der gewerblichen Kunden hinsichtlich der Digitalisierung und dem tatsächlichen digitalen Angebot der Kreditinstitute.[486] Während bei privaten Kunden durch das geänderte Kundenverhalten, die ständige Verfügbarkeit des Internets durch Smartphones und den hohen Standardisierungsgrad der Produkte der Markteintritt erleichtert wurde, gestaltet sich die Ausrichtung auf gewerbliche Kunden ungleich schwieriger[487]. Es reicht demnach nicht aus, preiswerter, flexibler und kundenfreundlicher zu sein, sondern die FinTechs müssen spezialisiertes Wissen aufbauen und mehr Zeit in die Entwicklung von weniger standardisierten Produkten investieren. Dennoch bieten insbesondere Geschäftsbeziehungen zu kleinen und mittleren Unternehmen[488] ein herausragendes Erfolgspotenzial. Vor dem Hintergrund der herausragenden Bedeutung des Mittelstands für Deutschland und der zunehmenden Erfahrung der Finanztechnologieunternehmen, werden sich FinTechs künftig vermehrt den besonderen Herausforderungen des gewerblichen Kundengeschäfts stellen und sich auf diese Segmente fokussieren[489]. Diese Kundenkategorie lernt zunehmend die Vorteile von digitalen Produkten, Dienstleistungen und Plattformen kennen und schätzen und nimmt vermehrt entsprechende Services in

482 Vgl. Bachstädt, Karl-Heinz; Pietrzak, Michael (Entwicklungstendenzen 2015), S. 35.

483 Vgl. Becker, Erik (Onlinepotenzial 2016), S. B1.

484 Vgl. Bocken, Ralf; Dölker, Sascha; Hientzsch, Ralph (Beratungssegment 2016), S. 66; Investors Marketing (Trendstudie 2017), S. 20. Vgl. speziell für den Bereich des Zahlungsverkehrs Korschinowski, Sven (Zahlungsverkehr 2015), S. 17.

485 Vgl. zum letzten Halbsatz Flötotto, Max; Koch, Philipp (Trends 2016), S. 13.

486 Vgl. Becker, Erik (Onlinepotenzial 2016), S. B1.

487 Vgl. zum letzten Halbsatz Wings, Heinz; Kleine, Jens (Banking 2015), S. 18. Vgl. hierzu und zu folgendem Satz Drummer, Daniel u. a. (Fintech 2016), S. 3.

488 Anlage 15 vermittelt einen Überblick über die verschiedenen Definitionen von kleinen und mittleren Unternehmen.

489 Vgl. zum letzten Halbsatz Krupp, Walter; Pick, Doreén (Potenzial 2016), S. 67.

Anspruch.[490] Unter anderem können FinTechs mittels angepasster Software das Nutzererlebnis der gewerblichen Kunden verbessern und darüber hinaus beispielsweise auch finanzielle Mittel bereitstellen, die den kleinen und mittleren Unternehmen von Kreditinstituten[491] oder den Kapitalmärkten nicht zur Verfügung gestellt worden wären.[492] So gelingt es den neuen Konkurrenten, Banken in der Anlage-, Kredit- und Zahlungsabwicklung für kleine und mittlere Unternehmen zunehmend unter Druck zu setzen.[493] Die wachsende Akzeptanz der FinTech-Angebote durch die privaten und gewerblichen Kunden sollte die Kreditinstitute beunruhigen, da die neuen Wettbewerber teilweise mehr Informationen über ihre Kunden besitzen als der Kundenberater einer Bank und diese gewonnenen Erkenntnisse im Sinne einer individualisierten Ansprache der Kunden genutzt werden können.[494] Darüber hinaus kann auf Basis dieser Informationen mittels spezialisierter Algorithmen die objektive Bewertung von Kunden erleichtert werden. Zudem kann eine Datengrundlage für die Erstellung passgenauerer Produkte und für vereinfachte Prozesse erzeugt werden, woraus sich wiederum positive Effekte auf die Kundenzufriedenheit ergeben können.[495]

Um die Erfolgspotenziale des Gewerbekundensegments nicht zunehmend an die neuen digitalen Anbieter zu verlieren, müssen sich die Banken der Aufgabe stellen, die Bedürfnisse der Kunden und die Entwicklungen in diesem Bereich genau zu analysieren, zu verstehen und ihre Geschäftsmodelle hieran auszurichten.[496] Es muss Ziel der Kreditinstitute sein, den gewerblichen Kunden auf den von ihnen präferierten Kanälen wettbewerbsfähige Angebote unterbreiten zu können.[497] Insbesondere eine

---

490 Vgl. Bocken, Ralf; Dölker, Sascha; Hientzsch, Ralph (Beratungssegment 2016), S. 66.

491 Vgl. zur erhöhten Vorsicht und der strengeren Kreditwürdigkeitsprüfung der Banken bei der Kreditvergabe an kleine und mittlere Unternehmen Börner, Christoph J.; Schlösser, Tanja (Kreditinstitute 2011), S. 98; Hastenteufel, Jessica (Gründungsfinanzierung 2016), S. 180–181; Thabe, Tim (Kundenbindung 2016), S. 32.

492 Vgl. Drummer, Daniel u. a. (Fintech 2016), S. 4.

493 Vgl. Ruf, Stefan; Herda, Nils (Mensch 2016).

494 Vgl. Bocken, Ralf; Dölker, Sascha; Hientzsch, Ralph (Beratungssegment 2016), S. 66.

495 Vgl. Jonietz, Christiane; Peters, Anja (Kunden 2017), S. 58.

496 Vgl. Bocken, Ralf; Dölker, Sascha; Hientzsch, Ralph (Beratungssegment 2016), S. 69.

497 Vgl. Becker, Erik (Onlinepotenzial 2016), S. B1.

bedarfsgerechte Digitalisierung der Produkte und Dienstleistungen sowie eine Fokussierung auf die eigenen Kernkompetenzen sind elementar, um hier auch zukünftig erfolgreich sein zu können.[498]

Generell ist es für die Kreditinstitute von Bedeutung, aktuelle Trends früh zu erkennen, sich rechtzeitig vorzubereiten und letztlich die Trends mitzugestalten.[499] Die aktuellen Innovationen in der Bankenbranche werden jedoch nicht durch Kreditinstitute entwickelt, sondern von den FinTechs. Bankseitig ergeben sich daher Chancen durch die Kooperation mit diesen innovativen Unternehmen.[500] Um die Vorteile von FinTechs für sich zu nutzen, bietet sich für Banken, sowohl im gewerblichen als auch im privaten Kundenbereich, eine enge Zusammenarbeit mit den neuen Wettbewerbern an.[501] FinTechs können im Gegenzug von der Sicherheit und Stabilität sowie der langjährigen Routine und Erfahrung der Kreditinstitute profitieren.[502] Demnach ist das Verhältnis zwischen den Banken und den FinTechs häufig nicht mehr nur durch den ehemals vorherrschenden Wettbewerbsgedanken geprägt, sondern auch durch gegenseitige Anerkennung und den Willen zur gemeinsamen Zielerreichung.[503] Die Banken, wie auch die FinTechs, müssen sich demnach die Frage stellen, in welcher Form die Zusammenarbeit für beide Parteien profitabel ausgestaltet werden kann.[504]

---

498 Vgl. Bocken, Ralf; Dölker, Sascha; Hientzsch, Ralph (Beratungssegment 2016), S. 69.

499 Vgl. hierzu und zu folgendem Satz Kotzbauer, Michael (Mittelstand 2016), S. 18.

500 Vgl. Ohlhausen, Ralf (Fintechs 2016), S. 37.

501 Vgl. Kotzbauer, Michael (Mittelstand 2016), S. 18.

502 Vgl. Kern, Andreas (Kooperation 2015), S. 35–36. Eine Übersicht über die gegenseitigen Vorteile einer Kooperation zwischen FinTechs und Banken gibt Anlage 16.

503 Vgl. Steinmüller, Werner (Zahlungsverkehr 2015), S. 765; Wings, Heinz; Kleine, Jens (Banking 2015), S. 17.

504 Vgl. Schmidt, Björn B. (Fintechs 2014), S. 77; Kern, Andreas (Kooperation 2015), S. 33. Vgl. auch Kapitel 3.2.1. Eine Übersicht über die strategischen Optionen im Rahmen der Zusammenarbeit zwischen Banken und FinTechs vermittelt Anlage 17.

3.2.2.5. Zwischenfazit

Abschließend lässt sich festhalten, dass sich die Digitalisierung zunehmend zu einem kritischen Erfolgsfaktor für Kreditinstitute entwickelt.[505] Während innovative Geschäftsmodelle mit hoher Geschwindigkeit entstehen, geraten die traditionellen Geschäftsmodelle ebenso schnell unter Druck und müssen modifiziert und weiterentwickelt werden.[506] In diesem Zusammenhang sind unter anderem die bestehenden Kommunikations- und Vertriebskanäle, die Geschäftsprozesse,[507] die Organisations- und Infrastrukturen, sowie die IT-Architektur inklusive Daten und Informationen zu bewerten und zu hinterfragen.[508] Banken stehen hierbei zunächst vor der Herausforderung, die Kundenzentrierung zu erhöhen und diese insbesondere auch auf ihr digitales Angebot zu übertragen.[509] Hierzu ist es nicht ausreichend, lediglich neue digitale Medien und Kanäle zu erschließen, sondern vielmehr sind auch die geänderten Kundenbedürfnisse und -wünsche zu berücksichtigen,[510] sodass ein positives Erlebnis für den Kunden generiert werden kann.[511] Damit dies gelingt, sollten insbesondere die bei der Entwicklung neuer Technologien wesentlichen kundenseitigen Anforderungen an neue Online-Services berücksichtigt werden.[512] Diese lassen sich anhand des in Abbildung 7 dargestellten PEGASUS-Prinzips beschreiben und veranschaulichen.

---

505 Vgl. hierzu und zu folgendem Satz Kotzbauer, Michael (Mittelstand 2016), S. 20.

506 Vgl. zum Anpassungsbedarf im Rahmen der bestehenden Geschäftsmodelle Sinn, Walter; Schmundt, Wilhelm (Banken 2014), S. 10; Goedeckemeyer, Karl-Heinz (Banken 2015), S. 9; Praeg, Claus-Peter; Schmidt, Carsten (Trendstudie 2015), S. 9; Faust, Martin, zitiert nach: Hamacher, Eli (FinTechs 2016), S. 30–31.

507 Vgl. zur hohen Bedeutung der Analyse der Geschäftsprozesse Welsch, Rainer (Zukunft 2008), S. 122.

508 Vgl. Meyer, Klaus-Georg (Kundenerlebnis 2014), S. 213–214.

509 Vgl. Conrads, Rudolf; Walter, Karl-Friedrich (Bank 2014), S. 21; Nees, Franz (Videoberatung 2014), S. 187.

510 Vgl. Wings, Heinz; Kleine, Jens (Banking 2015), S. 19.

511 Vgl. hierzu und zu folgendem Satz Meyer, Klaus-Georg (Kundenerlebnis 2014), S. 202.

512 Vgl. hierzu und zu folgendem Satz sowie ausführlich zum PEGASUS-Prinzip Grahl, Andreas (Banken 2011), S. 13, S. 31–33.

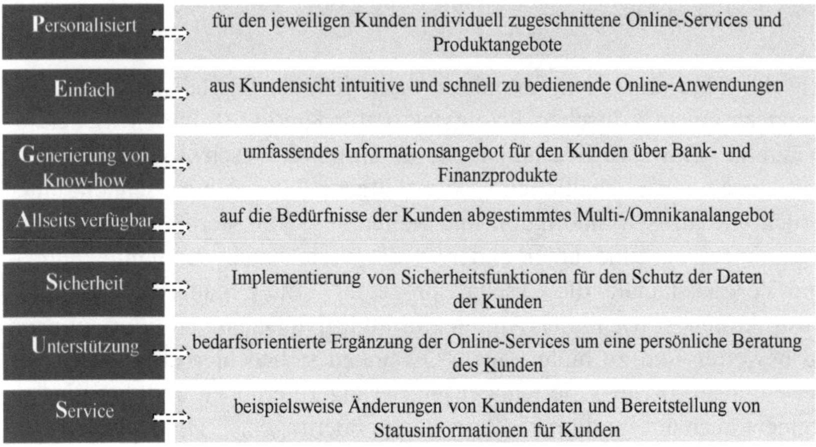

Abbildung 7: Das PEGASUS-Prinzip[513]

Die Entwicklung digitalisierter Services anhand dieser Kundenanforderungen und die notwendige stärkere Kundenzentrierung sind, ebenso wie die Berücksichtigung des veränderten Kunden- und Kanalverhaltens und die Frage nach der Kooperation mit FinTechs, jedoch nur einige wesentliche Bereiche, in denen die Digitalisierung das Bankgeschäft beeinflusst. Die zunehmende Kraft der Digitalisierung hält eine Vielzahl neuer Herausforderungen für die Banken bereit, die schwerpunktmäßig in Abbildung 8 dargestellt werden.

513 Modifiziert entnommen aus Grahl, Andreas (Banken 2011), S. 31. Vgl. zur Beschreibung der einzelnen Anforderungen und weiterführend Grahl, Andreas (Banken 2011), S. 13, S. 31–33.

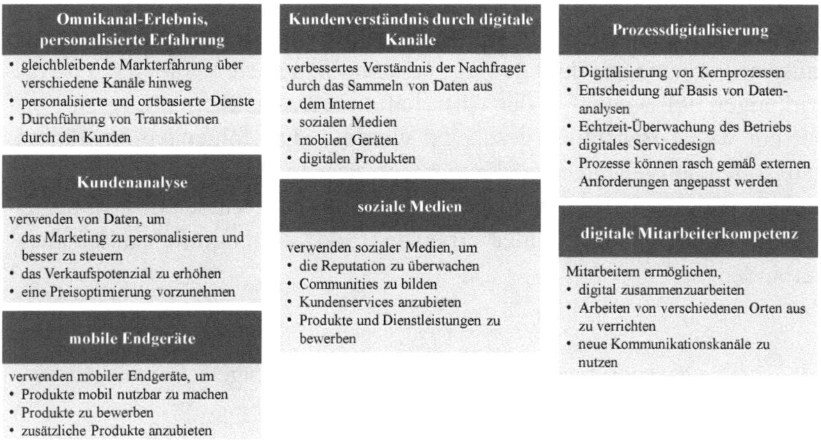

Abbildung 8: Digitalisierungsbedingter Handlungsbedarf von Banken[514]

3.2.3. Der demografische Wandel

3.2.3.1. Vorbemerkungen

Nicht nur die Digitalisierung, sondern auch die wirtschaftlichen Folgen der demografischen Entwicklung gehören zu den wegweisenden gesellschafts- und wirtschaftspolitischen Herausforderungen in Deutschland und Europa.[515] Demnach prägt der Megatrend des demografischen Wandels[516]

---

514 Modifiziert entnommen aus Meyer, Klaus-Georg (Kundenerlebnis 2014), S. 204.

515 Vgl. Ziebarth, Gerhard (Belastungen 2007), S. 7; Finke, Renate (Zukunft 2010), S. 14. Vgl. hierzu und zu folgendem Satz Koch, Philipp u. a. (Road 2016), S. 28.

516 Der demografische Wandel wird vorliegend definiert als eine Änderung von Volumen und Struktur der Bevölkerung aufgrund von Alterung und Migration. Vgl. Nietert, Bernhard (Verschiebungen 2013), S. 28. Das Volumen wird determiniert durch die Fertilität, die Mortalität sowie den Wanderungssaldo. Vgl. Conrad, Alexander (Banking 2010), S. 1; Finke, Renate (Zukunft 2010), S. 14. Strukturbestimmend sind insbesondere das Verhältnis zwischen jungen und älteren Menschen sowie der Anteil zugewanderter Menschen an der Gesamtbevölkerung. Vgl. Conrad, Alexander (Banking 2010), S. 1.

derzeit auch die Bankenlandschaft[517] nachhaltig und erfordert strukturelle Veränderungen der Kreditinstitute.[518] Angesichts der großen Bedeutung muss es verwundern, dass den aus diesem Phänomen resultierenden Auswirkungen auf Banken in der wirtschaftswissenschaftlichen Literatur bisher nur wenig Beachtung geschenkt wurde.[519] Die folgenden Ausführungen sollen ausgehend von der demografischen Entwicklung im Allgemeinen und ihren Auswirkungen auf die deutsche Wirtschaft im Speziellen die beiden Themenfelder „Banken" und „Demografie" miteinander verbinden.

3.2.3.2. Die demografische Entwicklung und ihre Folgen

Das Thema des demografischen Wandels beschäftigt Politik, Öffentlichkeit und Wirtschaft bereits seit den 1990er Jahren.[520] Ein Blick auf die aktuellen Prognosen zur Bevölkerungsentwicklung zeigt, dass im Zeitraum von 2012 bis 2035 in nahezu 65 % der Kreise und kreisfreien Städte Deutschlands die Bevölkerungsanzahl zurückgehen wird.[521] Insgesamt sinkt die Zahl der Bundesbürger in der Folge in diesem Zeitraum von 80,5 Mio. auf 78,2 Mio., was einem Rückgang von rund 3 % gleichkommt.[522] Die Entwicklung ist hierbei nicht gleichmäßig über alle Regionen verteilt.[523] In der Regel sind in wirtschaftlich starken Ballungsräumen durch Binnenwanderungsbewegungen sowie Zuwanderung aus dem Ausland eher Bevölkerungsgewinne zu erwarten.[524] Wirtschaftlich schwächere, meist ländliche Regionen schrumpfen hingegen tendenziell stärker.[525] Demnach finden entsprechende Entwicklungen insbesondere auf dem Ge-

---

517 Vgl. zum Einfluss des demografischen Wandels auf die Bankenlandschaft Löhndorf, Katja (Ertragssicherung 2016), S. 54.

518 Vgl. Wieneke, Herbert (Mut 1999), S. 568.

519 Vgl. Nietert, Bernhard (Verschiebungen 2013), S. 28.

520 Vgl. Organomics; Felfe, Jörg (Bankenbranche 2012), S. 2.

521 Vgl. Bundesinstitut für Bau-, Stadt- und Raumforschung (Veränderung o. J.).

522 Vgl. o. V. (Bevölkerungsrückgang o. J.).

523 Vgl. Conrad, Alexander (Banking 2010), S. 8. Vgl. hierzu und zu folgendem Satz Rosar, Maximilian; Queck, Sandra (Chancen 2007), S. 145.

524 Vgl. hierzu und zu folgendem Satz o. V. (Bevölkerungsrückgang o. J.); Oestmann, Marko (Bevölkerungsdynamik 2010), S. 7.

525 Vgl. Meuche, Thomas (Hilfe 2012), S. 26; Henk, Alexander; Holthaus, Jens-Uwe (Herausforderungen 2015), S. 63.

biet der ehemaligen DDR,[526] im Saarland[527] und in den ehemaligen westdeutschen Zonenrandgebieten statt.[528] Dieser Prozess geht regelmäßig mit einer starken Alterungsdynamik einher. So steigt das Durchschnittsalter der Bevölkerung aufgrund niedriger Geburtenraten[529] und einer steigenden Lebenserwartung bis 2035 um 4,2 Jahre auf 48,7 Jahre an.[530] Der Bevölkerungsanteil der über 65-Jährigen erhöht sich bis 2030 signifikant von 22 % im Jahre 2018 auf ca. 28 %.[531] Hieraus resultiert eine insgesamt sinkende Anzahl der Erwerbstätigen,[532] da mehr Arbeitnehmer aus dem Erwerbsleben ausscheiden, als neue hinzukommen.[533] Diese Entwicklung wird die Rentenkassen noch stärker als bisher belasten, da aufgrund des im Rahmen der Rentenversicherung verwendeten Umlageverfahrens stets

526 Vgl. o. V. (Bevölkerungsrückgang o. J.). Vgl. zur Situation in der ehemaligen DDR am Beispiel von Thüringen Klüh, Ulrich (Wandel 2012), S. 1046.

527 Vgl. zur Situation im Saarland am Beispiel des Landkreises Neunkirchen Rosar, Maximilian; Queck, Sandra (Chancen 2007), S. 145.

528 Vgl. hierzu und zu folgendem Satz Oestmann, Marko (Bevölkerungsdynamik 2010), S. 7.

529 Der Rückgang der Geburtenraten prägt nunmehr seit etwa 40 Jahren die demografische Entwicklung in Deutschland. Vgl. Walker, Andreas M. (Generationen 2013), S. 26; Hellenkamp, Detlef (Bankwirtschaft 2018), S. 61. Zurückzuführen ist diese Entwicklung insbesondere auf die verbesserten beruflichen Möglichkeiten der Frauen und der damit steigenden Opportunitätskosten der Kindererziehung, die Zulassung der Antibabypille und der Legalisierung von Schwangerschaftsabbrüchen. Aber auch die oftmals immer noch schwere Vereinbarkeit von Familie und Beruf ist in diesem Zusammenhang von Bedeutung. Vgl. Conrad, Alexander (Banking 2010), S. 2; Walker, Andreas M. (Generationen 2013), S. 26.

530 Vgl. Bundesinstitut für Bau-, Stadt- und Raumforschung (Durchschnittsalter o. J.). Diese Kombination aus steigender Lebenserwartung und geringerer Fertilität liefert die Ursache für eine durchschnittlich alternde Bevölkerung. Da beide Faktoren sich gegenseitig verstärken, wird auch der Terminus „doppelte Alterung“ verwendet. Vgl. o. V. (Wandel o. J.); Finke, Renate (Zukunft 2010), S. 14.

531 Vgl. Statistisches Bundesamt (Ergebnis o. J.); Statistisches Bundesamt (Menschen 2011), S. 11; Statista (Bevölkerung 2016); Statista (Prognose 2016); Statistisches Bundesamt (Bevölkerungsvorausberechnung 2018). Eine Übersicht über die prognostizierte Bevölkerungsentwicklung bis 2060 vermittelt Anlage 18.

532 Vgl. Ziebarth, Gerhard (Belastungen 2007), S. 8; Wagner, Jan W. (Wandel 2013), S. 32.

533 Vgl. Henk, Alexander; Holthaus, Jens-Uwe (Herausforderungen 2015), S. 63.

die aktuell erwerbstätigen Personen die Rentenkasse refinanzieren.[534] In Verbindung mit der deutlich gestiegenen mittleren Lebenserwartung von mittlerweile 80 bis 90 Jahren[535] stellt dies den Staat, den einzelnen Bürger, aber auch die Finanzindustrie hinsichtlich der Altersvorsorge vor erhebliche Herausforderungen.[536] Bis zum Jahr 2050 werden auf einen Erwerbstätigen 2,9 Rentner kommen, im Jahr 2012 waren es noch 1,5 Rentner pro Erwerbstätigem.[537] Angesichts des sich zukünftig verstärkenden Missverhältnisses wird die gesetzliche Rente künftig nicht mehr als eine Grundsicherung sein, sodass der Bedarf nach privater Altersvorsorge steigen wird.[538]

Eine insgesamt schrumpfende und alternde Bevölkerung führt darüber hinaus zu einem Arbeitskräftemangel.[539] Insbesondere in strukturschwachen Regionen werden eine Abwanderung der potenziellen Arbeitskräfte und ein Rückgang der Nachfrage prognostiziert.[540] Der Nachfragerückgang beruht dabei vorrangig auf dem generell eher zurückhaltenden Nachfrageverhalten älterer Menschen[541] und wird durch das regelmäßig unterdurchschnittliche Einkommen in strukturschwachen Regionen nochmals verstärkt.[542]

---

534 Vgl. Flores, Alfredo (Differenzierung 2008), S. 26; Hellenkamp, Detlef (Bankwirtschaft 2018), S. 64. Vgl. ausführlich zum Umlageverfahren, den Wirkungsmechanismen einer alternden Bevölkerung auf dieses System sowie den Folgen für Staat und Beitragszahler Finke, Renate (Zukunft 2010), S. 21.

535 Seit über 150 Jahren steigt die Lebenserwartung der Deutschen pro Jahr um durchschnittlich etwa drei Monate an. Vgl. Deutsche Finance Group (Megatrends 2017), S. 19.

536 Vgl. Walker, Andreas M. (Generationen 2013), S. 26; Hellenkamp, Detlef (Bankwirtschaft 2018), S. 63–64.

537 Vgl. Statista (Erwerbstätigen 2014); Thewes, Frank u. a. (Rente 2014), S. 23.

538 Vgl. Finke, Renate (Zukunft 2010), S. 14.

539 Vgl. Maurer, Maren; Wroge, Julia von der (Personalmanagement 2012), S. 35.

540 Vgl. zu den letzten beiden Sätzen Hellenkamp, Detlef (Bankwirtschaft 2018), S. 64.

541 Vgl. zur generell zurückhaltenden Nachfrage älterer Menschen Wagner, Jan W. (Wandel 2013), S. 32. Hieraus resultiert allgemein ein Rückgang der Nachfrage, der sich auch auf das gewerbliche Kundengeschäft negativ auswirkt. Vgl. Meuche, Thomas (Hilfe 2012), S. 26. Anlage 19 veranschaulicht die Auswirkungen des demografischen Wandels auf die gewerblichen Kunden, die Folgen für das Kundengeschäft sowie die Handlungsmöglichkeiten seitens der Banken.

542 Vgl. Meuche, Thomas (Hilfe 2012), S. 26. Vgl. ausführlich zum regelmäßig unterdurchschnittlichen Einkommen in strukturschwachen Regionen Conrad, Alexander (Banking 2010), S. 8.

3.2.3.3. Die Folgen der demografischen Entwicklung für Banken

Kaum eine Branche ist derzeit so stark von der demografischen Entwicklung betroffen wie das Finanzwesen.[543] Infolgedessen erzwingt die aktuelle und zukünftige Situation eine Anpassung der Geschäftsmodelle.[544] Kreditinstitute werden von den Auswirkungen des demografischen Wandels aktuell und zukünftig mehrdimensional berührt.[545] So stellt bankintern die Gewinnung und Bindung geeigneter Mitarbeiter zunehmend eine Herausforderung dar.[546]

Auf der Kundenseite übt der demografische Wandel einerseits erheblichen Einfluss auf das Nachfrageverhalten der Kunden und die Kundenbindung aus,[547] andererseits verändert er auch das Verhältnis zwischen den Kreditinstituten und ihren Kunden generell.[548]

Ältere Menschen finanzieren tendenziell weniger und sparen eher zurückhaltend.[549] Während Rentner momentan eine geringe, jedoch positive Sparneigung aufweisen, wird zukünftig verstärkt angespartes Vermögen aufgebraucht werden müssen, um den individuellen Lebensstandard auf-

---

543 Vgl. Singer, Maren; Hasebrook, Joachim Paul; Lau, Viktor (Zukunft 2015); Michel, Steffen (Recruiting 2016), S. 1004.

544 Vgl. Engstler, Martin; Praeg, Claus-Peter; Vocke, Christian (Ausblick 2008), S. 275.

545 Vgl. Hellenkamp, Detlef (Bankwirtschaft 2018), S. 64. Neben den nachfolgend beschriebenen Dimensionen ergeben sich aus der demografischen Entwicklung auch Veränderungen auf dem Immobilienmarkt, die negativ auf die Nachfrage nach Immobilien und entsprechend auf das Immobilienkreditgeschäft wirken sowie die Werthaltigkeit der Immobiliarsicherheiten zu Lasten der Bank beeinflussen können. Vgl. Knüfermann, Markus; Wings, Heinz (Geschäftsmodell 2011), S. 55–56, S. 58; Leutner, Bernd u. a. (Entwicklung 2011), S. 5; Hellenkamp, Detlef (Bankwirtschaft 2018), S. 65. Vgl. weiterführend und differenzierend Ziesenitz, Thomas-Andreas (Wohnimmobilienmarkt 2007), S. 33, S. 48.

546 Vgl. Rosar, Maximilian; Queck, Sandra (Chancen 2007), S. 145; Finke, Renate (Zukunft 2010), S. 14; Investors Marketing (Trendstudie 2017), S. 24. Vgl. hierzu und zu folgendem Satz Meybom, Peter (Bank 2015), S. 24. In diesem Zusammenhang ist zudem auch eine vorausschauende Personalplanung erforderlich. Wichtige altersbedingt freiwerdende Stellen müssen bereits frühzeitig nachbesetzt werden – entweder durch den Aufbau und die Aufqualifizierung derzeitiger Mitarbeiter oder durch die Rekrutierung von Experten.

547 Vgl. Lukas, Tobias (Vertrieb 2008), S. 74.

548 Vgl. Schierenbeck, Henner (Entwicklungslinien 2006), S. 11. Vgl. zum zweiten Halbsatz Praeg, Claus-Peter; Schmidt, Carsten (Trendstudie 2015), S. 27.

549 Vgl. Rosar, Maximilian; Queck, Sandra (Chancen 2007), S. 145.

rechterhalten zu können.[550] Hieraus resultiert eine tendenziell sinkende Sparquote[551], die sich auf der Refinanzierungsseite der Banken in der Art niederschlägt, dass der relative Anteil der Einlagen an den gesamten Passiva weiterhin sinken wird. Verstärkt wird dieser Effekt noch durch die zuletzt leicht gestiegene, jedoch momentan generell eher niedrige Sparneigung der Bevölkerung aufgrund des Niedrigzinsumfelds.[552] Die Versorgung der Banken mit Einlagen nimmt folglich ab.[553] Darüber hinaus führt eine alternde Gesellschaft auch zu einem Rückgang der Kreditnachfrage.[554] Dies beruht im Wesentlichen auf den häufig im Laufe des Arbeitslebens aufgebauten Vermögenspolstern sowie dem geringen laufenden Einkommen aus der Rente.[555] Banken in strukturschwachen Regionen werden von beiden Entwicklungen in doppelter Hinsicht betroffen sein.[556] Sie verfügen aktuell bereits über relativ geringe Kreditbestände und auf der Refinanzierungsseite spielen Einlagen eine gewichtigere Rolle als bei großen Banken in Ballungsbieten.[557] Ferner kann sich auch der veränderte Bedarf älterer Personen nach Finanzprodukten negativ auf die Ertragslage der Kreditinstitute auswirken.[558] Dies gilt insbesondere dann,

---

550 Vgl. Naegele, Gerhard (Finanzdienstleistungen 2007), S. 78; Nietert, Bernhard (Verschiebungen 2013), S. 28; Hellenkamp, Detlef (Bankwirtschaft 2018), S. 65–66. Vgl. hierzu und zu folgendem Satz Rehm, Hannes (Bankenstruktur 2016), S. 583.

551 Die Sparquote stellt den durchschnittlichen prozentualen Anteil am verfügbaren Einkommen dar, der gespart wird. Vgl. Horvath, Michael (Sparquote o. J.). Vgl. ausführlich John, Klaus Dieter (Sparquote 2012), S. 1286.

552 Vgl. Reiche, Lutz (Niedrigzinsen 2014); Statistisches Bundesamt (Gesamtrechnung 2016), S. 12.

553 Vgl. Nietert, Bernhard (Verschiebungen 2013), S. 29.

554 Vgl. Klüh, Ulrich (Wandel 2012), S. 1048; Waschbusch, Gerd; Reinstädtler, Gabriela; Ruffing, Marie Sophie (Ertragslage 2018), S. 918. Laut einer Umfrage sind in Deutschland lediglich 10 % der über 55-Jährigen dazu bereit, für eine größere Anschaffung einen Kredit aufzunehmen. Vgl. Wagner, Jan W. (Wandel 2013), S. 32.

555 Vgl. hierzu und zu folgenden beiden Sätzen Nietert, Bernhard (Verschiebungen 2013), S. 29.

556 Vgl. Rosar, Maximilian; Queck, Sandra (Chancen 2007), S. 145.

557 Vgl. Burgstaller, Johann (Banks 2012), S. 58, S. 74.

558 Vgl. Rosar, Maximilian; Queck, Sandra (Chancen 2007), S. 145. Generell gilt, dass ältere Personen signifikant weniger Bankprodukte nachfragen als jüngere. Vgl. Investors Marketing (Trendstudie 2017), S. 24.

wenn es der Bank nicht gelingt, bedarfsgerechte Produkte und Zugangswege für eine alternde Bevölkerung anzubieten.[559]

Der demografische Wandel wirkt sich jedoch nicht nur auf die Einlagen und die Kreditvergabe aus, vielmehr erzwingt die demografische Situation beispielsweise Änderungen des Produktangebots und angepasste Maßnahmen hinsichtlich der Kundenansprache und Kundenbindung.[560] Allgemein wird der Bedarf nach finanzieller Unterstützung bei älteren Personen ansteigen,[561] sodass insbesondere Produkte der privaten Altersvorsorge und der Vermögensvorsorge angesichts der Erosion der staatlichen Vorsorgesysteme an Bedeutung gewinnen werden.[562] Aber auch das Gesundheitssegment und die Finanzierung der altersgerechten Ausgestaltung von Wohnraum wird in einer alternden Gesellschaft zunehmend wichtiger,[563] sodass sich hier bankseitig Ertragspotenziale ergeben, wenn entsprechende Produkte und Finanzierungen angeboten werden.[564]

559 Vgl. Nietert, Bernhard (Verschiebungen 2013), S. 29.

560 Vgl. Meybom, Peter (Bank 2015), S. 24.

561 Vgl. Wagner, Jan W. (Wandel 2013), S. 33.

562 Vgl. Lukas, Tobias (Vertrieb 2008), S. 74; Klüh, Ulrich (Wandel 2012), S. 1048; Organomics; Felfe, Jörg (Bankenbranche 2012), S. 2; Schiereck, Dirk (Anlageberatung 2013), S. 248; Investors Marketing (Trendstudie 2017), S. 24; Hellenkamp, Detlef (Bankwirtschaft 2018), S. 66. Aktuelle Entwicklungen wie beispielsweise das BRSG sollen den Aufbau einer privaten Altersvorsorge für Jedermann erleichtern. Vgl. hierzu Löbbecke, Fabian von (BRSG 2018), S. 32.

563 Vgl. Deutsche Finance Group (Megatrends 2017), S. 17.

564 Vgl. Wagner, Jan W. (Wandel 2013), S. 35. Vgl. allgemein zu den Ertragschancen für Kreditinstitute angesichts der Reduzierungen der Leistungen bei der Kranken-, Pflege- und Rentenversicherung Naegele, Gerhard (Finanzdienstleistungen 2007), S. 79–80; Finke, Renate (Zukunft 2010), S. 24. Insbesondere im Hinblick auf die – demografisch bedingt – zunehmend notwendige altersgerechte Ausgestaltung des Wohnraums wurden jedoch die hieraus resultierenden Ertragspotenziale durch gesetzgeberische Maßnahmen teilweise konterkariert. Die im März 2016 in deutsches Recht umgesetzte Wohnimmobilienkreditrichtlinie erhöht den Dokumentations-, Beratungs- und Vergabeaufwand für solche Kredite und bedingt darüber hinaus zusätzliche Haftungsrisiken für die Kreditinstitute. Vgl. Lenhart, Martin (Marktfolge-Turbo 2017), S. 26. Insbesondere wurden auch strenge gesetzliche Anforderungen an die Kreditwürdigkeitsprüfung definiert, in deren Folge sich die Bonitätsbeurteilung nicht mehr hauptsächlich auf Immobiliarsicherheiten stützen durfte, sondern vielmehr die prognostizierten laufenden Einkünfte während des Finanzierungszeitraums maßgebend waren. Sowohl geringe Rentenbezüge als auch die geringere statistisch zu erwartende restliche Lebensdauer stellten somit hohe Hürden für eine Kreditvergabe dar. Vgl. Dorffmeister, Ludwig (Wohnimmobilienkreditrichtlinie 2017), S. 41–42, S. 44. Im Ergebnis war zu

Auch die Vertriebskanäle müssen in Anbetracht der Bevölkerungsentwicklung überdacht werden.[565] Zum einen muss die regionale Versorgung der alternden Bevölkerung mit Bankdienstleistungen gewährleistet bleiben,[566] zum anderen muss den häufig anzutreffenden Wanderungsbewegungen junger Kunden in Ballungsgebiete und Universitätsstädte durch angepasste Kommunikations- und Vertriebskanäle Rechnung getragen werden[567]. Einen Lösungsansatz bietet beispielsweise die Digitalisierung, durch die standortunabhängig bankbetriebliche Leistungen angeboten und die Kunden so an das Institut gebunden werden können.[568]

Jedoch wirkt sich die demografische Entwicklung nicht nur auf die Nachfrage aus, vielmehr kann der demografische Wandel darüber hinaus zu einem strategischen Engpass bei der Gewinnung und Bindung qualifizierter Angestellter führen.[569] Nimmt das Fachkräfteangebot aufgrund der allgemein sinkenden Anzahl an jungen Erwerbstätigen ab,[570] so provoziert

---

beobachten, dass die Vergabe von Krediten für altersgerechte Umbauten von Wohnraum oder ähnliche Maßnahmen bei Senioren mit niedrigen Renteneinkünften – trotz vorhandenem, abbezahltem und verwertbarem Immobilieneigentum – häufig aufgrund der gesetzgeberischen Restriktionen nicht durchgeführt werden konnte. Vgl. Baden-Württembergischer Genossenschaftsverband (Auswirkungen 2016), S. 4. Die Bundesregierung konkretisierte und lockerte angesichts dieser Missstände jedoch mittels der seit dem 01.05.2018 geltenden Immobiliar-Kreditwürdigkeitsprüfungsleitlinien-Verordnung die Regelungen der Wohnimmobilienkreditrichtlinie dahingehend, dass nun insbesondere das Alter des Kreditnehmers keine entscheidende Rolle mehr spielt und der Wert des Immobiliareigentums Berücksichtigung finden darf. Vgl. insbesondere § 4 ImmoKWPLV. Vgl. ausführlich zu Inhalt und Auswirkungen der Immobiliar-Kreditwürdigkeitsprüfungsleitlinien-Verordnung Buck-Heeb, Petra; Siedler, Rainer (Kreditwürdigkeitsprüfung 2018), S. 269–276; Omlor, Sebastian (Leitlinien 2018), S. 2445–2449.

565 Vgl. Henk, Alexander; Holthaus, Jens-Uwe (Herausforderungen 2015), S. 63.

566 Vgl. Waschbusch, Gerd; Reinstädtler, Gabriela; Ruffing, Marie Sophie (Ertragslage 2018), S. 918.

567 Vgl. zum letzten Halbsatz Börner, Christoph J. (Zukunftssicherung 2015), S. 20.

568 Vgl. Hellenkamp, Detlef (Bankwirtschaft 2018), S. 65.

569 Vgl. Rosar, Maximilian; Queck, Sandra (Chancen 2007), S. 145; Finke, Renate (Zukunft 2010), S. 14; Investors Marketing (Trendstudie 2017), S. 24. Vgl. hierzu und zu folgendem Satz Meybom, Peter (Bank 2015), S. 24. Anlage 20 gibt einen Überblick über die personalspezifischen Probleme der Banken angesichts des demografischen Wandels.

570 Vgl. Henk, Alexander; Holthaus, Jens-Uwe (Herausforderungen 2015), S. 63.

dies einen kostenintensiven Wettbewerb um Humankapital zwischen den Kreditinstituten.[571] Der Altersdurchschnitt der Bankmitarbeiter liegt bereits seit längerem bei über 40 Jahren – Tendenz steigend –, was für die Institute mittel- bis langfristig eine besondere Herausforderung darstellen wird.[572] Das Demografiemanagement und in diesem Zusammenhang insbesondere die Bekämpfung des Nachwuchsmangels entwickelt sich entsprechend zu einem zentralen Handlungsfeld für das Personalmanagement der Banken.[573] Verschärft wird die Lage noch durch den Reputationsverlust der Kreditinstitute und das damit einhergehende verschlechterte Image der Bankenbranche sowie durch das Aufkommen anderer finanznaher Branchen, die ähnliche oder gar bessere Verdienstmöglichkeiten und Karrierechancen bieten.[574] Auch die anstehenden Filialschließungen und der damit unter Umständen verbundene Personal-

571 Vgl. Hellenkamp, Detlef (Bankwirtschaft 2018), S. 65–66. Vgl. hierzu und zu folgendem Satz Waschbusch, Gerd; Reinstädtler, Gabriela; Ruffing, Marie Sophie (Ertragslage 2018), S. 918. Insbesondere junge Bankfachwirte, Bankbetriebswirte und universitär ausgebildete Bankmitarbeiter – zunehmend auch mit entsprechender Praxiserfahrung durch ein duales Studium – gewinnen in der Personalplanung und -struktur der Banken weiterhin an Bedeutung. Vgl. Ringwald, Annette (Wandel 2012). Gerade in dieser Gruppe finden sich Bewerber mit Kenntnissen in besonders attraktiven Bereichen wie Compliance, Risikomanagement und Regulatorik, die auch bei einer Vielzahl von Wettbewerbern in der Finanzbranche äußerst gefragt sind. Vgl. Hamacher, Eli (Kaninchen 2016), S. 66. Wenngleich auch kleinere regional tätige Banken vermehrt solche Mitarbeiter rekrutieren, stellt sich häufig jedoch die Frage, ob diese Institute den sogenannten High Potentials eine für sie attraktive Perspektive bieten können. In vielen Banken zeigt sich zudem, dass man zwar solche Mitarbeiter gewinnen möchte, deren Potenzial und Fähigkeiten jedoch nur bedingt einzuschätzen, zu würdigen und zu nutzen vermag.

572 Vgl. Singer, Maren; Hasebrook, Joachim Paul; Lau, Viktor (Zukunft 2015); Michel, Steffen (Recruiting 2016), S. 1004. Ende des Jahres 2015 lag der Altersdurchschnitt der Beschäftigten im privaten Bankgewerbe bei 44,3 Jahren. Nahezu 70 % der Bankmitarbeiter waren zu diesem Zeitpunkt mindestens 40 Jahre alt, dem standen nur ca. 10 % Mitarbeiter die jünger als 30 Jahre alt waren, gegenüber. Insgesamt hat sich im Zeitraum von 2004 bis 2015 der Anteil der über 50-Jährigen an den Belegschaften der privaten Banken verdoppelt. Vgl. Arbeitgeberverband des privaten Bankgewerbes (Alterstruktur 2016).

573 Vgl. Organomics; Felfe, Jörg (Bankenbranche 2012), S. 6; Olleschowitz, Werner (Personalarbeit 2013), S. 215.

574 Vgl. Rohr, Karl von (Geld 2010), S. 72.

abbau[575] wirken sich negativ auf die Attraktivität von Banken als Arbeitgeber aus. Infolgedessen sind Kreditinstitute häufig nicht mehr die erste Wahl talentierter, junger Akademiker.[576] Dies schlägt sich unter anderem in einer immer weiter sinkenden Anzahl ausreichend qualifizierter Bewerber nieder.[577] Besonders prekär ist die Situation in Hinblick auf IT-affine Nachwuchskräfte,[578] die in Anbetracht der zunehmenden Digitalisierung besonders gefragt sein werden, weil sie die Banken bei ihrem digitalen Wandel unterstützen und neue Geschäftsmodelle zur Erhaltung der Konkurrenzfähigkeit mit Blick auf die FinTechs entwickeln sollen.[579] Um den anstehenden Herausforderungen begegnen zu können und zukünftig als attraktiver Arbeitgeber wahrgenommen zu werden,[580] müssen Banken unter anderem die Vereinbarkeit von Familie und Beruf verbessern, die altersgerechten Anpassungen der Arbeitsplätze und -bedingungen fördern,[581] das Nachfolge- und Übergangsmanagement sowie den Wissenstransfer verbessern und in hohem Maße in eine attraktive Aus- und Weiterbildung investieren.[582]

Erste Entwicklungen hin zu einer schrumpfenden und alternden Gesellschaft zeigten sich bereits in den 1970er Jahren,[583] in denen erstmalig die

---

575 Vgl. zu den anstehenden Filialschließungen und dem daraus resultierenden Personalabbau Singer, Maren; Hasebrook, Joachim Paul; Lau, Viktor (Zukunft 2015).

576 Vgl. Rohr, Karl von (Geld 2010), S. 72; Klüh, Ulrich (Wandel 2012), S. 1046.

577 Vgl. Singer, Maren; Hasebrook, Joachim Paul; Lau, Viktor (Zukunft 2015); Michel, Steffen (Recruiting 2016), S. 1004. Vgl. generell zu der demografiebedingten Abnahme der Bewerberanzahl Goebel, Lars (Auszubildenden 2013), S. 55; Lau, Viktor (Eignungsdiagnostik 2016), S. 71.

578 Mehr als die Hälfte der Banken geht davon aus, dass in den kommenden Jahren erheblicher Nachwuchsmangel im IT-Bereich bestehen wird. Kein anderer Bereich ist der Prognose nach stärker von dem Mangel an Nachwuchskräften betroffen. Vgl. Organomics; Felfe, Jörg (Bankenbranche 2012), S. 7.

579 Vgl. Michel, Steffen (Recruiting 2016), S. 1004. Die Möglichkeit z. B. durch ein duales Studium eigene IT-Fachkräfte auszubilden und so frühzeitig an die Bank zu binden, wird dabei in der Praxis nur vereinzelt genutzt.

580 Vgl. Finke, Renate (Zukunft 2010), S. 24.

581 Hierzu gehört insbesondere auch die betriebliche Gesundheitsvorsorge. Vgl. Meuche, Thomas (Hilfe 2012), S. 26.

582 Vgl. Klüh, Ulrich (Wandel 2012), S. 1048. Hierbei sind sowohl eine finanzielle Unterstützung von Aus- und Weiterbildungen als auch die Gewährung von Bildungsfreistellungen von Relevanz für die Mitarbeiter.

583 Vgl. Conrad, Alexander (Banking 2010), S. 1.

Anzahl der Sterbefälle die der Geburten überstieg.[584] Aufgrund dieser längst absehbaren Entwicklungen ist der demografische Wandel schon seit geraumer Zeit Teil der strategischen Agenda von Banken.[585] So analysieren und beobachten beispielsweise die Personalverantwortlichen seit Jahren den Anstieg des Altersdurchschnitts von Bankangestellten sowie den stetigen Rückgang an Bewerbungen.[586] Während sich die Banken jedoch in den vergangenen Jahren zunächst perspektivisch mit diesem Thema auseinandergesetzt haben, sind nun die Auswirkungen dieser schleichenden, aber konsequent anhaltenden Entwicklung eindeutig mess- und spürbar[587] und bedürfen konsequenter Anpassungen und klarem Handeln.[588] Die Kreditinstitute müssen möglichst zeitnah auf den demografischen Wandel reagieren.[589] Obgleich nahezu alle Institute dieses Erfordernis erkannt haben, werden nur von ca. der Häfte der Banken entsprechende Maßnahmen eingeleitet und umgesetzt.[590] Je schneller jedoch die zukünftigen Entwicklungen antizipiert und in strategische Handlungen umgesetzt werden, desto höher ist die Chance, den Anpassungsprozess erfolgreich zu bewältigen und nicht von Mitbewerbern abgehängt zu werden.[591]

3.2.4. Die Nachhaltigkeit

3.2.4.1. Vorbemerkungen

Neben der Digitalisierung und dem demografischen Wandel prägt derzeit auch der Megatrend der Nachhaltigkeit[592] die Gesellschaft sowie die Wirt-

---

584 Vgl. hierzu und zu folgendem Satz Börner, Christoph J. (Zukunftssicherung 2015), S. 19–20.

585 Vgl. Ziebarth, Gerhard (Belastungen 2007), S. 7–8.

586 Vgl. Singer, Maren; Hasebrook, Joachim Paul; Lau, Viktor (Zukunft 2015).

587 Vgl. zur zunehmenden Spür- und Messbarkeit der Auswirkungen des demografischen Wandels Jakob, Ralph; Nickel, Hans (Privatkundengeschäft 2013), S. 22.

588 Vgl. Organomics; Felfe, Jörg (Bankenbranche 2012), S. 2; Volksbank im Märkischen Kreis (Jahresbericht 2013), S. 2.

589 Vgl. Koch, Philipp u. a. (Road 2016), S. 28.

590 Vgl. Praeg, Claus-Peter; Schmidt, Carsten (Trendstudie 2015), S. 27, S. 31.

591 Vgl. Rosar, Maximilian; Queck, Sandra (Chancen 2007), S. 145.

592 Der Begriff der Nachhaltigkeit hat weder im Allgemeinen noch hinsichtlich der Kreditinstitute bisher eine einheitliche und umfassende Definition erfahren.

schaft. Anfangs wurde die Entwicklung hin zur Nachhaltigkeit von den Banken belächelt,[593] in den vergangenen Jahren ist die Bedeutung von Nachhaltigkeitsthemen jedoch zunehmend gewachsen.[594] Wenngleich dieser Entwicklung ist die Nachhaltigkeit für viele Banken lediglich ein Randaspekt und wird oft mehr als Kostenfaktor denn als Erfolgspotenzial betrachtet.[595] Dies spiegelt sich auch in der Praxis dahingehend wider, dass der Trend nur selten in der Unternehmensführung der Banken im Allgemeinen und im Angebot von Finanzprodukten im Besonderen tiefere Berücksichtigung findet.[596] Der Trend hin zur Nachhaltigkeit an sich ist dabei nicht neu.[597] Ursprünglich stammt der Begriff aus dem ökologischen Bereich, inzwischen hat die Entwicklung hin zur Nachhaltigkeit jedoch Einzug in eine Vielzahl von Lebens- und Wirtschaftsbereichen gehalten.[598] Insbesondere angesichts der zunehmenden Globalisierung, dem

---

Vgl. Kirschberger, Axel; Umbach, Christian (Nachhaltigkeitsstrategie 2013), S. 200; Ziermann, Stefan (Vorwort 2013), S. 3; Bauer, Denise A.; Schuster, Gunnar (Nachhaltigkeit 2016), S. 1. In Anlehnung an den Brundtland-Bericht soll Nachhaltigkeit vorliegend als eine Entwicklung verstanden werden, im Rahmen derer die Bedürfnisse der heutigen Generation befriedigt werden können, ohne dabei künftigen Generationen die Möglichkeit zu nehmen, ihre eigenen Bedürfnisse zu befriedigen und ihren Lebensstil selbstbestimmt zu wählen. Vgl. World Commission on Environment and Development (Future 1987), S. 16; Rosen, Rüdiger von (Geldanlagen 2009), S. 84; o. V. (Brundtland 2015); Voland, Thomas (Verantwortung 2016), S. 251. Um dies zu gewährleisten, bedarf es einer erfolgreichen wirtschaftlichen Entwicklung, die mit ökologischer Verträglichkeit und sozialer Verantwortung einhergeht. Vgl. Bundesverband deutscher Banken (Nachhaltigkeitsmanagement 2014), S. 7; Bauer, Denise A.; Schuster, Gunnar (Nachhaltigkeit 2016), S. 3. Diese Dimensionen sollen vorliegend nachhaltiges Handeln charakterisieren.

593 Vgl. Jurgeit, Ludwig; Tröger, Martin (Banking 2011), S. 21.

594 Vgl. Bauer, Denise A.; Stegmaier, Martina (Nachhaltigkeit 2016), S. 37. Vgl. zum letzten Halbsatz Riedel, Stefan; Zeindl, Marion (Klimawandel 2008), S. 9; Kleine, Jens; Seibert, Helmut (Initialzündung 2012), S. 46.

595 Vgl. Leonhardt, Fabian; Wiedemann, Arnd (Nachhaltigkeit 2014), S. 30, S. 34.

596 Vgl. Schäfer, Henry (Nachhaltigkeit 2016) S. 229. Vgl. zu den letzten beiden Sätzen Bundesverband deutscher Banken (Nachhaltigkeitsmanagement 2014), S. 5. Vgl. zum zurückhaltenden Angebot von auf eine nachhaltige Entwicklung ausgerichteten Geldanlagen und Finanzprodukten Behrends, Martin; Kratzer, Christoph (Zukunft 2011), S. 429.

597 Vgl. Malisch, Ralph (Nachhaltigkeit 2010), S. 28; Krautscheid, Andreas (Treiber 2015), S. 16.

598 Vgl. zu den letzten beiden Sätzen Badura, Karl-Heinz (Nachhaltigkeit 2010), S. 4.

globalen Klimawandel[599] sowie den gesellschaftlichen Folgen der Finanz- und Wirtschaftskrise der Jahre 2007 ff. wünschen Bankkunden immer häufiger einen nachhaltigen Umgang mit den ökologischen und ökonomischen Ressourcen des Planeten.[600] So belegen Studien beispielsweise, dass mehr als die Hälfte der Privatkunden es begrüßen würden, dass sich Kreditinstitute aktiv für den Klimaschutz[601] einsetzen.[602] Viele der deutschen Privatkunden erwarten beim Erwerb von Bankprodukten darüber hinaus, dass diese ethischen, sozialen und ökologischen Anforderungen genügen.[603] Vor 25 Jahren waren diese Motive bei der Kapitalanlage noch nahezu unbekannt und wurden demnach bankseitig nicht mit zielgerichteten Angeboten abgedeckt.[604] Aus der Entwicklung lässt sich verallgemeinern, dass sich der Kundenbedarf generell in rascher Geschwindigkeit hin zu nachhaltigen Produkten wandelt.[605] Nachhaltigkeit entwickelt sich somit aus Sicht der Kunden zunehmend zu einer Selbstverständlichkeit, die bankseitig durch entsprechende Handlungen und Leistungen abgedeckt werden sollte.[606] Der Trend ist für die Kreditinstitute somit in zweierlei Hinsicht eine wichtige wirtschaftliche Determinante: Einerseits ergeben sich durch die Entwicklung nachhaltiger Finanzprodukte insbesondere im Vertrieb neue Geschäftschancen, andererseits kann ein bedeutungsgerechtes Nachhaltigkeitsmanagement rechtzeitig vor ökonomischen Risiken warnen.[607] Die Rückbesinnung auf eine auch ethisch

---

599 Unter dem Klimawandel wird allgemein die Veränderung des globalen Klimas im Sinne der Wetterzustände über einen längeren Zeitraum verstanden. Vgl. Flotow, Paschen von (Klimakompetenz 2010), S. 8.

600 Vgl. hierzu und zu folgendem Satz Behrends, Martin; Kratzer, Christoph (Zukunft 2011), S. 428.

601 Unter dem Klimaschutz sind alle Maßnahmen zu subsumieren, die darauf gerichtet sind, den Klimawandel und seine Folgen zu verhindern oder abzumildern. Vgl. Flotow, Paschen von (Klimakompetenz 2010), S. 8.

602 Vgl. Flotow, Paschen von (Klimakompetenz 2010), S. 5.

603 Vgl. Jurgeit, Ludwig; Tröger, Martin (Banking 2011), S. 21. Vgl. speziell zur Situation bei der Investition in Fonds Flotow, Paschen von (Klimakompetenz 2010), S. 14.

604 Vgl. Meuche, Thomas (Kreditwürdigkeitsprüfung 1994), S. 29.

605 Vgl. Badura, Karl-Heinz (Nachhaltigkeit 2010), S. 4.

606 Vgl. Leisse, Oliver (Prepared 2014), S. 134; Leonhardt, Fabian; Wiedemann, Arnd (Nachhaltigkeit 2014), S. 30.

607 Vgl. Bundesverband deutscher Banken (Nachhaltigkeitsmanagement 2014), S. 6. Eine permanente und effiziente Nachhaltigkeitsanalyse im Hinblick auf die Geschäftspartner kann beispielsweise in der Lage sein, rechtzeitig außerbilanzielle Risikofaktoren wie Korruptions- oder Umweltskandale zu erkennen

geprägte Wertschöpfung kann somit für Kreditinstitute einen Beitrag zur langfristigen Erfolgssicherung leisten.[608]

Für Kreditinstitute bedeutet Nachhaltigkeit konkret, langfristig ökonomisch erfolgreich zu sein und dabei gleichzeitig soziale, gesellschaftliche und ökologische Verantwortung zu beweisen.[609] Zwar betonen die meisten Banken stets die Relevanz dieser Werte und bieten ihren Kunden auch teilweise nachhaltige Produkte an,[610] ob ein tatsächlicher Gesinnungswandel weg vom „schnellen Geldmachen“[611], wie es vor der Finanz- und Wirtschaftskrise der Jahre 2007 ff. praktiziert wurde, hin zum nachhaltigen Handeln bei allen Instituten eingetreten ist, darf jedoch bezweifelt werden.[612] Entsprechende Bekundungen seitens der Banken im Hinblick auf die Nachhaltigkeit beziehen sich regelmäßig lediglich auf jährlich veröffentlichte Nachhaltigkeitsberichte oder auf Einzelmaßnahmen wie beispielsweise die Einsparungen von Wasser und Energie in den eigenen Räumlichkeiten.[613] Bei diesem „So-tun-als-ob“[614] handelt es sich jedoch in erster Linie um Marketingargumente, die im besten Fall Grundlagen auf dem Weg hin zu einer nachhaltigen Unternehmensführung legen, jedoch bei weitem nicht die Klassifizierung einer Bank als „nachhaltig“ zu rechtfertigen vermögen. Die Nachhaltigkeit wirkt vielmehr auf allen Stufen der bankbetrieblichen Wertschöpfungskette und muss konsequent in den internen Steuerungssystemen implementiert und integriert werden.[615] Gelingt die Integration von Nachhaltigkeitsaspekten in die Wertschöp-

---

und der Bank somit präventive Maßnahmen zu ermöglichen. Vgl. Ebert, Bernhard (Bank 2013), S. 40.

608 Vgl. Badura, Karl-Heinz (Nachhaltigkeit 2010), S. 4; Brüggestrat, Reiner; Melis, Heidi (Verantwortung 2015), S. 56.

609 Vgl. Schaltegger, Stefan u. a. (Nachhaltigkeitsmanagement 2007), S. 3; Bundesverband deutscher Banken (Nachhaltigkeitsmanagement 2014), S. 5; Leonhardt, Fabian; Wiedemann, Arnd (Nachhaltigkeit 2014), S. 30; Krautscheid, Andreas (Treiber 2015), S. 16.

610 Vgl. Bundesverband deutscher Banken (Nachhaltigkeitsmanagement 2014), S. 5.

611 Schweinsberg, Klaus (Geleitwort 2016), S. VIII.

612 Vgl. hinsichtlich der Zweifel am Gesinnungswandel Schweinsberg, Klaus (Geleitwort 2016), S. VIII.

613 Vgl. hierzu und zu folgendem Satz Ziermann, Stefan (Vorwort 2013), S. 3.

614 Leonhardt, Fabian; Wiedemann, Arnd (Nachhaltigkeit 2014), S. 30.

615 Vgl. Bundesverband deutscher Banken (Nachhaltigkeitsmanagement 2014), S. 5. Vgl. hierzu und zu folgendem Satz Leonhardt, Fabian; Wiedemann, Arnd (Nachhaltigkeit 2014), S. 30.

fungskette, so können über eine nachhaltige ökonomische Ausrichtung positive wirtschaftliche Effekte erzielt werden.[616] Diese äußern sich meist in höheren Gewinnen und einem stärkeren Wachstum, die auf eine nachhaltigkeitsbedingte Leistungssteigerung zurückzuführen sind.[617] Eine bedeutungsgerechte Nachhaltigkeitsstrategie muss demnach die sich aus den Nachhaltigkeitsdimensionen ergebenden strategischen Zielsetzungen berücksichtigen, woraus regelmäßig ein besonderer Handlungsbedarf für die Bank resultiert.[618] Aus der Formulierung und der bedeutungsgerechten Umsetzung dieser Strategie können dann Erfolgspotenziale und Wettbewerbsvorteile generiert werden.[619] In Abhängigkeit vom Geschäftsmodell können sich unterschiedliche Herausforderungen und somit verschiedene Herangehensweisen für einzelne Banken ergeben.[620] Im Ergebnis liegt den Handlungen sodann ein individuelles, auf das jeweilige Geschäftsmodell der Bank ausgerichtetes Wertesystem zugrunde.[621] Die drei Dimensionen der Nachhaltigkeit – Ökologie, Ökonomie und soziale Verantwortung –,[622] die im Rahmen der Erstellung der Nachhaltigkeitsstrategie von Bedeutung sind, sollen nun in ihren Grundzügen genauer beleuchtet werden.[623]

3.2.4.2. Die ökonomische Dimension der Nachhaltigkeit

Eine wesentliche Determinante der Nachhaltigkeit und gleichzeitig Kernaufgabe eines jeden Wirtschaftsunternehmens ist die dauerhafte und

---

616 Anlage 21 visualisiert die Nachhaltigkeit in der Wertschöpfungskette einer Bank anhand der unterstützenden Aktivitäten. Vgl. ausführlich zu den einzelnen Maßnahmen, mit denen Nachhaltigkeitsaspekte in die bankbetriebliche Wertschöpfung integriert werden können Leonhardt, Fabian; Wiedemann, Arnd (Nachhaltigkeit 2014), S. 31–34.

617 Vgl. Europäische Kommission (Verantwortung 2001), S. 8.

618 Vgl. Bundesverband deutscher Banken (Nachhaltigkeitsmanagement 2014), S. 5.

619 Vgl. Leonhardt, Fabian; Wiedemann, Arnd (Nachhaltigkeit 2014), S. 34.

620 Vgl. Bundesverband deutscher Banken (Nachhaltigkeitsmanagement 2014), S. 5.

621 Vgl. Bauer, Denise A.; Stegmaier, Martina (Nachhaltigkeit 2016), S. 36.

622 Vgl. Schaltegger, Stefan u. a. (Nachhaltigkeitsmanagement 2007), S. 11–12; Bauer, Denise A.; Stegmaier, Martina (Nachhaltigkeit 2016), S. 37.

623 Eine Übersicht zu den einzelnen Bereichen der Nachhaltigkeit vermittelt Anlage 22.

langfristige Erzielung von Erträgen.[624] Insbesondere sind auch Kreditinstitute auf stabile Erträge angewiesen, um so die Voraussetzungen für die notwendige Stärkung des Eigenkapitals und somit letztlich zur Risikoabsicherung zu schaffen.[625] Nachhaltigkeit ist ein wirtschaftlicher Treiber für eine erfolgreiche Entwicklung.[626] Ein bedeutender Faktor für die wirtschaftliche Nachhaltigkeit ist somit beispielsweise der Aufbau beidseitig vorteilhafter, vertrauensbasierter und langfristiger Geschäftsbeziehungen zwischen den Kunden und der Bank.[627] Im Rahmen der vorliegenden Ausführung soll diese primäre Aufgabe der Unternehmensführung, ökonomisch erfolgreich zu arbeiten, nicht vertieft behandelt werden. Vielmehr soll eine Beschränkung auf ausgewählte zusätzliche spezifische ökonomische, ökologische und soziale Herausforderungen erfolgen, die sich im Rahmen einer nachhaltigen Entwicklung des Unternehmens ergeben.[628]

Eine auf Nachhaltigkeit ausgerichtete Kultur kann hierbei die Kundenzufriedenheit und -bindung erheblich steigern.[629] Der Nachhaltigkeit kommt somit per se eine ökonomische Komponente zu. Die Erzielung wirtschaftlicher Erfolge und die Übernahme gesellschaftlicher Verantwortung schließen sich demnach nicht aus,[630] sondern wirken im Gegenteil gemeinsam positiv auf den Unternehmenswert.[631] Dies ergibt sich nicht zuletzt daraus, dass faires und korrektes Verhalten die Grundlage für das in der Finanzbranche unerlässliche Vertrauen bildet.[632] Die damit einhergehende Glaubwürdigkeit der Bank und ihrer Angestellten wird demnach häufig auch als das eigentliche Kernkapital des Kreditinstituts betrach-

---

624 Vgl. hierzu und zu folgendem Satz Bundesverband deutscher Banken (Nachhaltigkeitsmanagement 2014), S. 5.

625 Vgl. Kapitel 2.2.4.

626 Vgl. zu den letzten beiden Sätzen Krautscheid, Andreas (Treiber 2015), S. 16.

627 Vgl. Bundesverband deutscher Banken (Nachhaltigkeitsmanagement 2014), S. 5.

628 Vgl. zu den letzten beiden Sätzen Schaltegger, Stefan u. a. (Nachhaltigkeitsmanagement 2007), S. 11.

629 Vgl. Leonhardt, Fabian; Wiedemann, Arnd (Nachhaltigkeit 2014), S. 30, S. 33; Krautscheid, Andreas (Treiber 2015), S. 16.

630 Vgl. Jurgeit, Ludwig; Tröger, Martin (Banking 2011), S. 21.

631 Vgl. Seuhs, Rudolf (Nachhaltigkeit 2013), S. 105; Tchikov, Magdalena (Social 2013), S. 1095.

632 Vgl. Hufeld, Felix (Banken 2016), S. 1154. Vgl. grundlegend und ausführlich zur Bedeutung von Vertrauen für die Bankenbranche Waschbusch, Gerd; Schuster, Hannes; Berg, Susen Claire (Vertrauen 2018), S. 50–82.

tet.[633] Fehlverhalten hingegen zerstört Vertrauen und wirkt negativ auf den Erfolg eines Kreditinstituts.[634] Für die Banken ist es folglich aus ökonomischer Sicht existenziell, sich im wahrsten Sinne des Wortes anständig zu verhalten. Banken müssen sich hierbei stets die Frage stellen, wo – unabhängig von der rechtlichen Beurteilung des Sachverhalts – die Grenzen der eigenen Verantwortung liegen.[635] Mithin gilt: Nicht alles, was juristisch betrachtet zulässig ist, muss zwangsläufig auch legitim und wirtschaftlich sinnvoll sein.[636] Negativ auf den Erfolg auswirken kann sich beispielsweise die Finanzierung von Unternehmen, die der Rüstungsindustrie zuzuordnen sind oder den Ruf als Umweltsünder erworben haben.[637] Hieraus kann ein Reputationsrisiko[638] für die Bank aufgrund der Tatsache entstehen, dass sie die Vorhaben und Projekte des Unternehmens durch eine Finanzierung ermöglicht und mitträgt. Brechen die Kunden aufgrund dessen die Geschäftsbeziehungen zu einem Kreditinstitut ab, so können sich hieraus negative Erfolgs- und Liquiditätswirkungen für das

---

633 Vgl. Tichy, Roland (Vorwärts 2009), S. 5; Waschbusch, Gerd (Zukunft 2013), S. 88.

634 Vgl. hierzu und zu folgendem Satz Hufeld, Felix (Banken 2016), S. 1154.

635 Vgl. Krautscheid, Andreas (Treiber 2015), S. 16.

636 Vgl. hierzu und zu folgendem Satz Hufeld, Felix (Banken 2016), S. 1153.

637 Vgl. Spiecker, Carola (Umweltschutz 2000), S. 193. Weitere, aus Verbrauchersicht negativ konnotierte Branchen sind die Tabak- und Alkoholindustrie, das Glückspiel, die Erotikindustrie sowie die Atomenergie. Vgl. Cengiz, Cetin-Behzet; Braun, Dirk; Nitzsch, Rüdiger von (Gewissen 2010), S. 266. Entsprechend verzichten manche Banken bereits gänzlich auf Investitionen in kontrovers bewertete Branchen. Vgl. Voland, Thomas (Verantwortung 2016), S. 251. Aus diesem Verzicht können jedoch auch Wettbewerbsnachteile für das jeweilige Kreditinstitut entstehen, sodass jede Bank eine individuell erfolgsversprechende Geschäftsstrategie unter Berücksichtigung ethischer, ökologischer und sozialer Gesichtspunkte für sich entwickeln muss. Vgl. Wagner, Andreas (Unternehmensethik 1999), S. VII; Waschbusch, Gerd; Knoll, Jessica; Weyers de Vasconcelos, Daniel (Reputationsrisiken 2013), S. 398.

638 Ein Reputationsrisiko, auch externes ablaufstrukturelles Risiko oder Imagerisiko genannt, ergibt sich aus der Gefahr einer negativen Erfolgswirkung aufgrund der schlechten Außenwirkung seitens der Bank. Vgl. Bieg, Hartmut; Krämer, Gregor; Waschbusch, Gerd (Bankenaufsicht 2011), S. 20; Knoll, Jessica (Betrugsrisiken 2011), S. 71, S. 86. Es entsteht aufgrund einer negativen Abweichung der Wahrnehmungen der einzelnen Stakeholder von deren Erwartungen. Vgl. Bieg, Hartmut; Krämer, Gregor; Waschbusch, Gerd (Bankenaufsicht 2011), S. 20; Waschbusch, Gerd; Knoll, Jessica; Weyers de Vasconcelos, Daniel (Reputationsrisiken 2013), S. 399.

Kreditinstitut ergeben.[639] Insbesondere können Fremdkapitalgeber geneigt sein, aufgrund der verschlechterten Reputation eine erhöhte Gefahrenlage anzunehmen und entsprechend höhere Risikoaufschläge zu fordern, was letztlich mit einer erhöhten Kostenbelastung für das Institut einhergeht.[640] Auch erhöhte Kapitalkosten können eine Folge sein, wenn nachhaltig investierende Anleger, wie beispielsweise große Pensionsfonds, sich aufgrund der negativen Außenwirkung von den Aktien und Anleihen des Kreditinstituts trennen.[641] Generell ist zu erwarten, dass Anteilseigner wegen des schlechten Rufs eines Kreditinstituts versuchen werden, ihre Eigentümerposition abzubauen.[642] Im Umkehrschluss kann der Bankensektor mit seinen Entscheidungen die Kunden dazu bewegen, Nachhaltigkeitsaspekte bei ihren wirtschaftlichen Handlungen zu berücksichtigen.[643] Handelt ein Unternehmen wenig nachhaltig, so kann sich dies negativ auf die Werthaltigkeit von Sicherheiten und auf die Bonität eines Unternehmens auswirken.[644] Während für das Unternehmen hieraus eine höhere Zinslast oder gar eine Verneinung der Kreditwürdigkeit droht, kann für die Bank im Falle der Finanzierung ein erhöhter Wertberichtigungsbedarf und damit verbunden eine negative Erfolgswirkung entstehen.[645] Es ist somit im Interesse sowohl der Kunden als auch der Bank, Chancen und Risiken der Nachhaltigkeit besser erkennen und steu-

639 Vgl. zu den negativen Erfolgswirkungen und den hieraus potenziell resultierenden Liquiditätsrisiken Bieg, Hartmut; Krämer, Gregor; Waschbusch, Gerd (Bankenaufsicht 2011), S. 3, S. 21.

640 Vgl. Waschbusch, Gerd; Knoll, Jessica; Weyers de Vasconcelos, Daniel (Reputationsrisiken 2013), S. 399.

641 Vgl. Breuer, Manfred; Arndt, Franz-Josef (Modethema 2011), S. 35.

642 Vgl. Waschbusch, Gerd; Knoll, Jessica; Weyers de Vasconcelos, Daniel (Reputationsrisiken 2013), S. 399.

643 Vgl. Riedel, Stefan; Zeindl, Marion (Klimawandel 2008), S. 9; Bundesverband deutscher Banken (Nachhaltigkeitsmanagement 2014), S. 5.

644 Vgl. Spiecker, Carola (Umweltschutz 2000), S. 193; Europäische Kommission (Verantwortung 2001), S. 9; Kuhn, Wolfgang (Nachhaltigkeit 2015), S. 29. Negative Einflüsse auf den Wert der Sicherheiten können sich beispielsweise aus der Kontamination von als Sicherheit bestellten Grundstücken ergeben. Vgl. Meuche, Thomas (Kreditwürdigkeitsprüfung 1994), S. 38. Die niedrigere Kreditwürdigkeit ergibt sich unter anderem aus der mangelhaften Bewertung der Managementqualitäten, wenn das Unternehmen die eigene Umweltpolitik vernachlässigt. Vgl. ausführlich Spiecker, Carola (Umweltschutz 2000), S. 192–194.

645 Vgl. Meuche, Thomas (Kreditwürdigkeitsprüfung 1994), S. 38.

ern zu können.[646] Der Nachhaltigkeitsgedanke wird so zu einem wesentlichen Bestandteil des Risikomanagements der Bank und muss zukünftig verstärkt Berücksichtigung finden.[647]

Die vorliegenden Ausführungen unterstreichen den Stellenwert von Anstand und Nachhaltigkeit im Bankensektor.[648] Gelingt es den Banken nicht, den Nachhaltigkeitsgedanken umzusetzen, so kann sich dies zunächst negativ auf die Reputation und letztlich auch auf den Kundenbestand auswirken. Nachhaltigkeit dient jedoch nicht nur der Reduzierung von Risiken, sondern birgt auch die Chance, Wettbewerbsvorteile zu generieren, neue Geschäftsideen zu entwickeln und somit auch zukunftsfähige Märkte zu erschließen.[649] Diese umweltbezogenen und zugleich wirtschaftlichen Potenziale sollen nun im Rahmen der ökologischen Dimension der Nachhaltigkeit charakterisiert werden.

3.2.4.3. Die ökologische Dimension der Nachhaltigkeit

Wie bereits eingangs erläutert sind Banken dazu angehalten, im Rahmen ihrer Gewinnerzielung auch soziale und ökologische Belange zu berücksichtigen.[650] Die Einhaltung dieser Nebenbedingungen darf nicht als Wohltätigkeit interpretiert werden, es handelt sich vielmehr um unmittelbar unternehmensbezogenes Verhalten im ureigenen Interesse der Bank.[651] So kommt eine Studie der RWTH Aachen unter anderem zu dem Ergebnis, dass konservative Investitionen, die hohen ethischen Anforderungen unterliegen, das Anlageportfolio gegenüber blasengetriebenen Marktanpassungen robuster machen können und somit einen Beitrag zur Stabilität

646 Vgl. Bundesverband deutscher Banken (Nachhaltigkeitsmanagement 2014), S. 7.

647 Vgl. Freiberger, Thorsten; Sträter, Jens (Entwicklungstendenzen 2012), S. 169–170.

648 Vgl. hierzu und zu folgendem Satz Jurgeit, Ludwig; Tröger, Martin (Banking 2011), S. 21.

649 Vgl. Leonhardt, Fabian; Wiedemann, Arnd (Nachhaltigkeit 2014), S. 32.

650 Vgl. Schaltegger, Stefan u. a. (Nachhaltigkeitsmanagement 2007), S. 3; Leonhardt, Fabian; Wiedemann, Arnd (Nachhaltigkeit 2014), S. 30.

651 Vgl. hierzu und zu folgendem Satz Krautscheid, Andreas (Treiber 2015), S. 16. Vgl. zu den letzten beiden Sätzen Voland, Thomas (Verantwortung 2016), S. 253–254.

der Bank in Krisensituationen zu leisten vermögen.[652] Darüber hinaus kann die gezielte Nutzung gesellschaftlicher ökologischer Belange beispielswiese im Rahmen der Finanzierung der aktuellen Klimaschutzinitiativen von Wirtschaft und Politik zusätzliche Ertragspotenziale ergeben.[653] Insbesondere die benötigten Investitionsvolumina angesichts der Energiewende sind immens, sodass hier hohe Ertragsaussichten bestehen.[654] Auch die Vermittlung von Förderkrediten für Investitionen mit ökologischer Ausrichtung[655] ermöglicht es Banken, zur nachhaltigen Entwicklung beizutragen und gleichzeitig Erträge zu generieren.[656] Solche zukunftsträchtigen Geschäftsfelder zu erkennen und mitzugestalten gehört zum Selbstverständnis einer nachhaltig handelnden Bank.[657] Daneben können durch die umwelt- und klimaschonende Ausgestaltung des Vertriebsnetzes Kosteneinsparungen und positive Marketingeffekte erzielt werden.[658]

Ein weiterer Vorteil der ökologischen Orientierung ergibt sich hinsichtlich der Nachfrage der Kunden. Die Finanz- und Wirtschaftskrise der Jahre 2007 ff. hat bei vielen Menschen die grundsätzliche Frage nach der Sinnhaftigkeit des Geldwesens und der Geldverwendung aufgeworfen.[659] Hieraus entwickelte sich ein Trend hin zur Anlage in nachhaltige Investments[660], der ungebrochen fortbesteht und dem Segment rasante Wachs-

---

652 Vgl. Cengiz, Cetin-Behzet; Braun, Dirk; Nitzsch, Rüdiger von (Gewissen 2010), S. 271; Ebert, Bernhard (Bank 2013), S. 39–40. Vgl. ferner Ries, Manfred (Investment 2014), S. 31.

653 Vgl. Bundesverband deutscher Banken (Nachhaltigkeitsmanagement 2014), S. 8.

654 Vgl. Zenke, Harald D. (Projektfinanzierung 2012), S. 37. Vgl. auch Waschbusch, Gerd; Reinstädtler, Gabriela; Ruffing, Marie Sophie (Ertragslage 2018), S. 919.

655 Insbesondere dem energieeffizienten Bau neuen Wohnraums bzw. der energieeffizienten Renovierung bestehender Gebäude kommen eine hohe Bedeutung und Nachfrage seitens der Kunden zu.

656 Vgl. Bundesverband deutscher Banken (Nachhaltigkeitsmanagement 2014), S. 8; Krautscheid, Andreas (Treiber 2015), S. 17.

657 Vgl. Zenke, Harald D. (Projektfinanzierung 2012), S. 37.

658 Vgl. Bundesverband deutscher Banken (Nachhaltigkeitsmanagement 2014), S. 8; Krautscheid, Andreas (Treiber 2015), S. 17.

659 Vgl. Schäfer, Henry (Gedanken 2014), S. 251.

660 Nachhaltiges Investment oder prinzipiengeleitetes Investment beschreibt das Zusammenwirken ökologischer, sozialer und ökonomischer Kriterien bei der Auswahl von und der Entscheidung über Geldanlagen. Vgl. Rosen, Rüdiger von (Geldanlagen 2009), S. 83; Bauer, Denise A.; Stegmaier, Martina (Nach-

tumsraten[661] sichert.[662] Bereits heute wird ein Fünftel der weltweiten Geldanlagen auch von ökologischen und sozialen Kriterien determiniert.[663] In diesem Zusammenhang wird die Verwendung der Einlagen zunehmend seitens der Kunden hinterfragt und Geldanlagen, die nicht mit den Moralvorstellungen der Kunden konform sind, werden gemieden.[664] Es ergibt sich somit eine Entwicklung dahingehend, dass die Anleger ihre persönlichen Wertvorstellungen mittels der Geldanlage verwirklichen wollen.[665] Die Banken sollten diesen Trend stärker berücksichtigen und ihren Kunden angepasste Angebote unterbreiten. Die klassischen Dimensionen – Liquidität, Sicherheit und Rendite –,[666] die im Rahmen der Vermögensanlage das Anlageobjekt charakterisieren und die Grundlage für Anlageentscheidungen seitens der Kunden bilden, müssen zukünftig um ein viertes Kriterium erweitert werden: die ökosoziale Nachhaltigkeit[667]. Bereits heute gehören ca. 16 Mio. Deutsche zur Zielgruppe für

---

haltigkeit 2016), S. 15. Vgl. ausführlich Schaefers, Kevin (Investieren 2013), S. 165–169. Vgl. auch Waschbusch, Gerd (Geldanlage 2012), S. 597. In diesem Zusammenhang wird auch der Begriff „3P-Investing" verwendet. „3P-Investing" beschreibt Anlagestrategien, die neben der zentralen Rendite (Profit) auch Sozialaspekte (People) und Umweltfaktoren (Planet) als Entscheidungskriterien ausdrücklich zugrunde legen. Vgl. Schäfer, Henry (Investing 2001), S. 740. Eine Übersicht über verschiedene nachhaltige Geldanlagen gibt Anlage 23.

661 Im deutschsprachigen Raum weisen nachhaltige Geldanlagen in den Jahren 2014–2017 durchschnittliche jährliche Wachstumsraten von konstant ca. 9 % auf. Mit einem Anlagevolumen von rund 171 Milliarden Euro zum 31.12.2017 hat die Summe nachhaltiger Geldanlagen in Deutschland somit einen neuen Rekordwert erreicht. Vgl. Forum nachhaltige Geldanlagen (Marktbericht 2018), S. 23.

662 Vgl. Rosen, Rüdiger von (Geldanlagen 2009), S. 83; Sfakianos, Stephanie; Bryson, Anthony (Anleihen 2016), S. 17. Vgl. zum letzten Halbsatz Schäfer, Henry (Nachhaltigkeit 2016), S. 234.

663 Vgl. zu den letzten beiden Sätzen Voland, Thomas (Verantwortung 2016), S. 258.

664 Vgl. Weber, Volker (Marktüberblick 2013), S. 26; Brendel, Ulrike (Geldanlage 2014), S. 25.

665 Vgl. Rosen, Rüdiger von (Geldanlagen 2009), S. 86.

666 Diese drei konkurrierenden Kriterien werden auch als magisches Dreieck der Vermögensanlage bezeichnet. Vgl. ausführlich Rosen, Rüdiger von (Geldanlagen 2009), S. 83; Wagatha, Matthias (Strategiewechsel 2010), S. 40.

667 Ökosoziale Nachhaltigkeit beschreibt die Anpassung der Anlageentscheidungen an ökologische, soziale und moralische Maßstäbe. Im Ergebnis werden ökologische, soziale, moralische und ökonomische Aspekte in ihrer Gesamt-

nachhaltiges Banking.[668] Das stetig wachsende Marktvolumen nachhaltiger Kapitalanlagen impliziert, dass sich mittlerweile private sowie institutionelle Investoren im Rahmen ihrer Investmententscheidung zunehmend mit ethischen Fragen auseinandersetzen.[669] Insbesondere die zukünftige Generation von Investoren wird sich verstärkt an gesellschaftlichen Werten bei der Kapitalanlage orientieren, sodass von einem weiteren Wachstum auszugehen ist.[670]

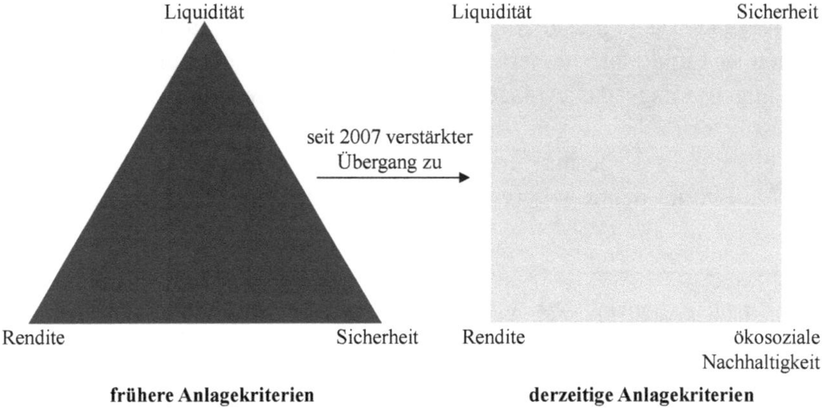

Abbildung 9: Veränderte Anlagekriterien unter Berücksichtigung ökosozialer Aspekte[671]

---

heit und gleichrangig berücksichtigt. Vgl. Hahlbrock, Klaus (Mensch 2013), S. 168.

668 Vgl. Klos, Manuela (Nachhaltigkeitsbanken 2016), S. 311.

669 Vgl. Cengiz, Cetin-Behzet; Braun, Dirk; Nitzsch, Rüdiger von (Gewissen 2010), S. 263.

670 Vgl. Loeper, Nicolas von (Privatbanken 2014), S. 101; Schäfer, Henry (Nachhaltigkeit 2016), S. 230.

671 Modifiziert entnommen aus Klos, Manuela (Nachhaltigkeitsbanken 2016), S. 311. Vgl. auch Cengiz, Cetin-Behzet; Braun, Dirk; Nitzsch, Rüdiger von (Gewissen 2010), S. 263.

Dadurch entsteht, wie in Abbildung 9 veranschaulicht – in Erweiterung des bekannten Dreiecks – ein magisches Viereck der Vermögensanlage[672], das neben den genannten Kriterien die ökosoziale Nachhaltigkeit als zu den anderen Determinanten gleichrangiges Anlagekriterium berücksichtigt.[673]

Momentan bieten die meisten Banken noch kein breites Produktportfolio an nachhaltigen Geldanlagen an.[674] Demnach werden die Anleger zukünftig vermehrt keine oder nur wenige Produkte finden, die den hier aufgezeigten Kriterien entsprechen. Schon heute ist deshalb zu beobachten, dass spezialisierte Banken mit einem Fokus auf Nachhaltigkeit[675] zunehmend auf Interesse seitens der Kunden stoßen und wachsende Einlagevolumina verzeichnen.[676] Diese Banken zeichnen sich durch die Finanzierung von Projekten aus den Bereichen „Klimaschutz", „Soziales" oder „Umwelt" sowie den Verzicht auf Investitionen in die Atom- und Kohleindustrie, die Rüstungsindustrie sowie die Gentechnik und Kinderarbeit aus.[677] Kreditinstitute, die den veränderten Kundenbedürfnissen Rechnung tragen und von der wachsenden Bedeutung der Nachhaltigkeit profitieren möchten, werden sich bemühen müssen, ihre Investitionsprozesse sowie ihre Anlageangebote an den Kriterien der Nachhaltigkeit auszurichten.[678] Die Tatsache, dass insbesondere einkommensstarke und gut gebildete Kunden einer nachhaltigen Geldanlage sowie generell einer nachhaltigen Geschäftspolitik eine besonders hohe Bedeutung beimes-

---

672 Synonym zum magischen Viereck der Vermögensanlage wird auch der Begriff „magisches Tetraeder" der Vermögensanlage verwendet. Vgl. Güldner, Jens (Zielkonflikt 2013).

673 Vgl. Rosen, Rüdiger von (Geldanlagen 2009), S. 83; Cengiz, Cetin-Behzet; Braun, Dirk; Nitzsch, Rüdiger von (Gewissen 2010), S. 263; Ries, Manfred (Investment 2014), S. 30.

674 Vgl. hierzu und zu folgendem Satz Brendel, Ulrike (Geldanlage 2014), S. 26.

675 Hierzu gehören beispielsweise die GLS Bank, die UmweltBank, die EthikBank und die Triodos Bank. Vgl. Ries, Manfred (Investment 2014), S. 30–31. Vgl. zu den einzelnen Banken EthikBank (Startseite o. J.); GLS Bank (Startseite o. J.); Triodos Bank (Startseite o. J.); UmweltBank (Startseite o. J).

676 Vgl. Ziermann, Stefan (Vorwort 2013), S. 4; Ries, Manfred (Investment 2014), S. 31. Vgl. beispielhaft anhand der stetig steigenden Einlagevolumina der GLS Bank, der UmweltBank und der Triodos Bank Statista (Kundeneinlage 2018); Statista (UmweltBank 2018); Triodos Bank (Geschäftsbericht 2018), S. 4.

677 Vgl. Brendel, Ulrike (Geldanlage 2014), S. 27.

678 Vgl. Ebert, Bernhard (Bank 2013), S. 37.

sen,[679] unterstreicht die Notwendigkeit von Anpassungen in diesem Bereich zusätzlich.[680] Banken sollten somit zukünftig zweierlei Faktoren verstärkt berücksichtigen, um keine wirtschaftlichen Nachteile zu erleiden: Einerseits muss in allen Geschäftsbereichen verstärkt auf Nachhaltigkeit und die damit verbundenen Reputationswirkungen geachtet werden, andererseits sind die ökologischen, sozialen oder ethischen individuellen Einstellungen des Anlegers bei der Entwicklung und dem Angebot von Produkten stärker einzubeziehen.[681] Im Rahmen des Produktangebots sind hierbei bankseitig hohe Anforderungen an die Eigenschaften und die Transparenz von als nachhaltig klassifizierten Produkten zu stellen. Weil nachhaltige Geldanlagen keiner verbindlichen Definition unterliegen[682] und deren Inhalt somit der Interpretation des Einzelnen überlassen ist,[683] muss die Bank von Anfang an klar und umfassend kommunizieren, in welche Projekte die Kundengelder fließen und welcher Nutzen hieraus für die Gesellschaft und die Umwelt resultiert.[684] Die häufig fehlende Transparenz ist einer der Hauptgründe, warum Anleger noch zurückhaltend in als nachhaltig deklarierte Produkte investieren.[685] Transparenter und ehrlicher Kommunikation über das Produkt und dessen Inhalt, der auf Basis der Vertrauenswürdigkeit der Bank seitens der Kunden Glauben geschenkt wird, kommt somit im Zusammenhang mit dem Trend hin zur nachhaltigen Geldanlage eine wesentliche Bedeutung zu.[686]

Gelingen diese Anpassungen, so lassen sich auch in Zeiten des Wertewandels und der Digitalisierung Kunden durch bedarfsgerechte Produkte und nachhaltige Handlungen auf der Aktiv- und Passivseite der Bankbi-

---

679 Vgl. Ebert, Bernhard (Bank 2013), S. 37.

680 Vgl. Kleine, Jens; Seibert, Helmut (Initialzündung 2012), S. 46–47.

681 Vgl. Breuer, Manfred; Arndt, Franz-Josef (Modethema 2011), S. 35, S. 38.

682 Vgl. zum Fehlen einer allgemeingültigen Definition Güldner, Jens (Zielkonflikt 2013), S. 152; Ziermann, Stefan (Vorwort 2013), S. 3, S. 6.

683 Vgl. Gabriel, Klaus (Publikumsfonds 2013), S. 93; Brendel, Ulrike (Geldanlage 2014), S. 25. Beispielsweise wird die Atomkraft wegen des atomaren Restmülls teilweise als nicht nachhaltig betrachtet, während andere in ihr gerade die Möglichkeit einer nachhaltigen, weil CO_2-neutralen, Stromversorgung sehen. Vgl. Ziermann, Stefan (Transparenz 2013), S. 157.

684 Vgl. o. V. (Finanzprodukte 2012); Schmidt, Danielle (Geldanlagen 2013), S. 136; Sfakianos, Stephanie; Bryson, Anthony (Anleihen 2016), S. 17.

685 Vgl. Union Investment (Presse-Information 2012), S. 1; Brendel, Ulrike (Geldanlage 2014), S. 26.

686 Vgl. Ziermann, Stefan (Vorwort 2013), S. 4.

lanz langfristiger und mit einem hohen Maß an Zufriedenheit binden.[687] Konsequente und ehrliche Nachhaltigkeitsprogramme, die sich glaubwürdig in die übergeordnete Geschäftsstrategie einfügen, leisten somit durch die Stärkung der Marken und der emotionalen Bindung der Kunden an die Bank einen positiven Beitrag zum Erfolg des Unternehmens.[688]

3.2.4.4. Die soziale Dimension der Nachhaltigkeit

In der sozialen Dimension zeichnet sich Nachhaltigkeit bei Banken dadurch aus, dass soziale sowie gesellschaftliche Aspekte in die Aktivitäten des Kreditinstituts integriert werden.[689] Wie bereits im Rahmen der ökologischen Dimension erläutert, kommt der Berücksichtigung sozialer Nachhaltigkeitsfaktoren sowohl bei der Akquise von Kundeneinlagen als auch bei der Kreditvergabe zunehmend eine entscheidende Bedeutung zu. Da viele Kunden ihr Vermögen sowohl ökonomisch sinnvoll und ökologisch zukunftsfähig als auch sozial verantwortlich anlegen möchten,[690] gelten obige Ausführungen analog. Die soziale Dimension hat darüber hinaus jedoch noch weitere Ausprägungen, wobei insbesondere der sozialen Verantwortung gegenüber der Gesellschaft im Allgemeinen und gegenüber den eigenen Mitarbeitern im Speziellen eine hohe Bedeutung zukommt.[691] Insofern kann zwischen einem externen Verantwortungsbereich gegenüber der Gesellschaft und den Kunden und einem internen Verantwortungsbereich als Arbeitgeber gegenüber den Mitarbeitern unterschieden werden.

Für die Gesellschaft und den Kunden spielt insbesondere das soziale Engagement der Bank, auch außerhalb des eigenen Geschäftsbetriebs, eine wesentliche Rolle.[692] Hierzu zählen beispielsweise gemeinwohlorientierte

687 Vgl. Schäfer, Henry (Nachhaltigkeit 2016), S. 232.

688 Vgl. Riedel, Stefan; Zeindl, Marion (Klimawandel 2008), S. 13.

689 Vgl. hierzu und zu folgendem Satz Bundesverband deutscher Banken (Nachhaltigkeitsmanagement 2014), S. 8.

690 Vgl. Union Investment (Presse-Information 2012), S. 1; Gabriel, Klaus (Publikumsfonds 2013), S. 91.

691 Vgl. hierzu und zu folgendem Satz Fabisch, Nicole u. a. (Handlungsfelder 2015), S. 20, S. 22.

692 Vgl. Bundesverband deutscher Banken (Nachhaltigkeitsmanagement 2014), S. 8.

Aktivitäten wie Sponsoring,[693] Stiftungen, Spenden oder die Bereitstellung von Risikokapital für gemeinwohlorientierte Vorhaben.[694] Aber auch die Unterstützung benachteiligter Menschen,[695] die Förderung der Chancengleichheit von Mann und Frau sowie die Hilfe bei der Integration von Zuwanderern spielen in diesem Kontext eine außerordentliche Rolle. Solche Aktivitäten wirken zumeist positiv auf das Image und damit auf die Reputation einer Bank.[696] Eine gute Reputation wiederum signalisiert Vertrauen und Glaubwürdigkeit und schafft bzw. steigert das in der Finanzbranche unerlässliche Vertrauen zwischen den Parteien.[697] Mit der verbesserten Reputation geht dabei auch ein steigendes Interesse der Verbraucher sowie der Investoren einher, sodass sich die Marktchancen eines Kreditinstituts sowohl auf dem Absatz- als auch auf dem Kapitalmarkt verbessern.[698]

Dabei hat ein gutes Image ebenfalls positive Effekte auf die Gewinnung, Bindung und die Motivation von Mitarbeitern.[699] Wie bereits erläutert,[700] leiden Bankmitarbeiter gegenwärtig stark unter dem schlechten gesellschaftlichen Image der Bankenbranche.[701] Das Ansehen der Banken, wie auch die Einstellung gegenüber Bankangestellten, hat angesichts vie-

693 Vgl. ausführlich zum Sponsoring Waschbusch, Gerd; Knoll, Jessica; Stolz, Barbara (Sponsoringaktivitäten 2013), S. 367–373; Waschbusch, Gerd; Knoll, Jessica; Weyers de Vasconcelos, Daniel (Reputationsrisiken 2013), S. 398.

694 Vgl. hierzu und zu folgendem Satz Breuer, Manfred; Arndt, Franz-Josef (Modethema 2011), S. 36; Fabisch, Nicole u. a. (Handlungsfelder 2015), S. 20, S. 22. In diesem Kontext kommen zunehmend auch Crowddonating- und -supportingaktivitäten durch Banken zum Einsatz. Vgl. Hastenteufel, Jessica (Gründungsfinanzierung 2016), S. 342–354.

695 Vgl. Bundesverband deutscher Banken (Nachhaltigkeitsmanagement 2014), S. 8.

696 Vgl. Waschbusch, Gerd; Knoll, Jessica; Weyers de Vasconcelos, Daniel (Reputationsrisiken 2013), S. 398. Vgl. hierzu und zu folgendem Satz Kumpan, Christoph (Reputation 2016), S. 329, S. 331–332.

697 Vgl. zur Bedeutung des Vertrauens Hufeld, Felix (Banken 2016), S. 1154; Waschbusch, Gerd; Schuster, Hannes; Berg, Susen Claire (Vertrauen 2018), S. 50–82.

698 Vgl. Europäische Kommission (Verantwortung 2001), S. 8.

699 Vgl. Breuer, Manfred; Arndt, Franz-Josef (Modethema 2011), S. 36; Kuhn, Wolfgang (Nachhaltigkeit 2015), S. 29.

700 Vgl. Kapitel 3.2.1.

701 Vgl. Rauscher, Christian (Erfolgsfaktor 2015), S. 56; Hufeld, Felix (Banken 2016), S. 1154; o. V. (Vertriebsdruck 2016), S. 9.

ler medienwirksamer Skandale in der Vergangenheit zunehmend gelitten.[702]

Es bedarf deshalb umso mehr eines bedeutungsgerechten Nachhaltigkeitsmanagements, das in der Lage ist, das Ansehen eines einzelnen Kreditinstituts und bestenfalls auch der Branche zu verbessern und somit einen Beitrag zur Mitarbeiterzufriedenheit und zur Arbeitgeberattraktivität zu leisten.[703]

Während verantwortungsvolles Verhalten gegenüber der Gesellschaft und den Kunden die Mitarbeiterzufriedenheit indirekt über das verbesserte Image erhöht,[704] beschränkt sich die Wirkung des internen Verantwortungsbereichs der sozialen Nachhaltigkeit unmittelbar auf die Arbeitnehmer. Eine sozial nachhaltig agierende Bank sieht in ihren Angestellten die zentralen Erfolgsfaktoren im Bankgeschäft und entscheidende Impulsgeber für die zukünftige Entwicklung des Kreditinstituts.[705] Demnach unterstützen und fördern diese Banken ihre Mitarbeiter aus ureigenem ökonomischen Interesse, aber auch aus Wertschätzung. Beispielhafte Maßnahmen sind die Verbesserung der Work-Life-Balance, ein betriebliches Gesundheitsmanagement, ein funktionierendes unternehmensinter-

---

702 Vgl. Döring, Tobias (Banker 2012); Fabisch, Nicole u. a. (Handlungsfelder 2015), S. 19.

703 Vgl. Kumpan, Christoph (Reputation 2016), S. 331. Das Kreditinstitut muss hierzu – beispielsweise durch geeignete marketingpolitische Maßnahmen – versuchen, neben dem generell negativen Branchenimage der Bankenbranche ein positives Unternehmensimage der eigenen Bank aufzubauen. Vgl. allgemein hierzu Hellerforth, Michaela (Marketing 2012), S. 131–132. Das Branchenimage wird zwar grundsätzlich von allen Banken geprägt, in der Praxis bestimmen aber insbesondere die Images besonders bedeutsamer Banken – wie der Deutschen Bank oder der Commerzbank – das Image der gesamten Branche. Einzelne Institute können dieses negative Branchenimage entsprechend nur bedingt verändern. Vgl. Simon, Hermann u. a. (Personalmarketing 1995), S. 110. Gelingt es der Bank nicht, dem negativen Branchenimage ein positives Unternehmensimage als Anknüpfungspunkt für die Erwartungen der Kunden und Arbeitnehmer ausgleichend gegenüberzustellen, so determiniert lediglich das unvorteilhafte Branchenimage die Einstellung dieser Interessengruppen gegenüber dem Kreditinstitut. Vgl. allgemein hierzu Schamberger, Ingo (Potentials 2006), S. 68. Entsprechend kommt angesichts des schlechten Branchenimages der Banken dem individuellen Unternehmensimage des einzelnen Kreditinstituts eine hohe Bedeutung zu. Vgl. Hellerforth, Michaela (Marketing 2012), S. 131–132.

704 Vgl. Kuhn, Wolfgang (Nachhaltigkeit 2015), S. 29.

705 Vgl. hierzu und zu folgendem Satz Bundesverband deutscher Banken (Nachhaltigkeitsmanagement 2014), S. 9.

nes Vorschlagswesen (im Sinne einer gut funktionierenden internen Kommunikation), betriebliche Mitbestimmungsmöglichkeiten sowie flexible Arbeitszeitmodelle und Unterstützung bei der Kinderbetreuung.[706] Die jeweiligen Bedürfnisse des einzelnen Mitarbeiters werden berücksichtigt und Vielfalt sowie Individualität in der Bank gelebt. Die positiven ökonomischen Auswirkungen von Wertschätzung wahrnehmenden und zufriedenen Mitarbeitern auf die Loyalität und Kundenbindung, und die damit einhergehende Notwendigkeit der Bereitstellung attraktiver Arbeitsplätze, wurden bereits erläutert.[707] Festzuhalten bleibt, dass eine Interpretation sozialer Nachhaltigkeit als Charaktereigenschaft des Unternehmens nach außen kombiniert mit einer Umsetzung für und mit den Mitarbeitern nach innen die Glaub- und Vertrauenswürdigkeit des Kreditinstituts steigert und als Katalysator für den zukünftigen Erfolg einer Bank wirken kann.[708]

3.2.5. Die Globalisierung

Der vierte allgemeine Megatrend ist die Globalisierung.[709] Sie ist eng verknüpft mit der zuvor erläuterten Nachhaltigkeit. Das Nachhaltigkeitskonzept ist im Kern auch als eine Reaktion auf die durch die fortschreitende Globalisierung entstandenen Probleme zu begreifen.[710] In Ermangelung einer einheitlichen Definition soll nachfolgend unter der Globalisierung der Prozess der zunehmenden Verflechtung sowie Verschmelzung und der daraus resultierenden globalen Interdependenzen und Abhängigkeiten von ursprünglich als weitgehend unabhängig betrachteten verschiedenen Märkten verstanden werden.[711] Bereits seit Ende des Zweiten Welt-

706 Vgl. hierzu und zu folgendem Satz Kerler, Hermann (Bestandteil 2016), S. 74.

707 Vgl. Kapitel 3.2.1.

708 Vgl. Kuhn, Wolfgang (Nachhaltigkeit 2015), S. 30.

709 Vgl. zur Globalisierung als Megatrend Flores, Alfredo (Differenzierung 2008), S. 26; Lukas, Tobias (Vertrieb 2008), S. 74; Böhmler, Christian u. a. (Banking 2011), S. 37; Freiberger, Thorsten; Sträter, Jens (Entwicklungstendenzen 2012), S. 169–170; Voigt, Kai-Ingo; Walther, Gerhard (Erfolgsfaktor 2016), S. 51.

710 Vgl. Schaefers, Kevin (Investments 2013), S. 63. Vgl. beispielhaft hierzu Nemet, Marijan; Eggert, Kati (Berichtspflicht 2016), S. 160.

711 Vgl. Stöß, Irina (Globalisierung 2007), S. 9–10; Pollert, Achim; Kirchner, Bernd; Pollert, Constantin (Globalisierung 2016), S. 228.

kriegs schreitet die Globalisierung unaufhaltsam und mit immer höherer Geschwindigkeit[712] voran.[713] Auch der Bankensektor ist seit etwa 30 Jahren einem tiefgreifenden globalisierungsbedingten Strukturwandel unterworfen, der seine Grundlagen in einer Vielzahl von Liberalisierungsbemühungen der einzelnen Länder hinsichtlich eines freien Marktzugangs und Kapitalverkehrs, in der zunehmenden Verbreitung innovativer Finanzprodukte sowie im steigenden globalen Finanzbedarf findet.[714] Die digitalisierungsinduzierten Fortschritte in den Geschäftsabwicklungs- und Kommunikationstechnologien seit Anfang der 1980er Jahre beschleunigen diesen Prozess noch und erleichtern die globale arbeitsteilige Zusammenarbeit,[715] erhöhen jedoch gleichzeitig auch die Komplexität der Entwicklung.[716] Abbildung 10 vermittelt einen Überblick über die wesentlichen Treiber der Globalisierung in der Finanzbranche.

---

712 Insbesondere der Beitritt Chinas zur Welthandelsorganisation im Jahr 2000 beschleunigte diese Entwicklung erheblich. Vgl. Dutu, Stéphane; Gatto, Jérémy; Ielpo, Florian (Steuerung 2016), S. 40.

713 Vgl. Kirchhoff, Ulrich (Globalisierung 2008), S. 19; Dutu, Stéphane; Gatto, Jérémy; Ielpo, Florian (Steuerung 2016), S. 40. Die Wurzeln der Internationalisierung der Bankgeschäfte reichen gar bis ins 16. Jahrhundert zurück. Vgl. Wriede, Thomas (Banken 2010), S. 5.

714 Vgl. Stöß, Irina (Globalisierung 2007), S. 1. Vgl. hierzu und zu folgendem Satz Kuhles, Birgit (Management 2002), S. 1.

715 Vgl. Ackermann, Josef (Geschäftsstrategien 2006), S. 38; Kutzer, Hermann (Wirtschaftsordnung 2011), S. 72; Morschhäuser, Berthold (Solidarität 2011), S. 633.

716 Vgl. zur Funktion der Informations- und Kommunikationstechnologien als Katalysator für die zunehmende Globalisierung Kirchhoff, Ulrich (Globalisierung 2008), S. 9, S. 19. Vgl. zur zunehmenden Komplexität der Entwicklung Pfister, Jürgen (Themenspektrum 2010), S. 15.

Abbildung 10: Wesentliche Treiber der Globalisierung in der Finanzbranche[717]

Aufgrund der rasanten Geschwindigkeit der Entwicklung gilt die Finanzbranche als der am stärksten globalisierte Wirtschaftsbereich,[718] was die Globalisierung zu einer zentralen Herausforderung für die beteiligten Marktteilnehmer macht[719]. Kennzeichnend ist insbesondere das stark ansteigende internationale Handelsvolumen, das mit einer Vervielfachung der internationalen Finanzströme einhergeht.[720] Beispielsweise haben sich die Exporte zwischen Asien und Europa in den letzten 50 Jahren um das vierhundertfache erhöht; die innerhalb Europas haben sich in diesem Zeitraum gar vertausendfacht.[721] Prognosen gehen davon aus, dass der Außenhandel im Verhältnis zur nationalen Wertschöpfung weiterhin überproportional ansteigen wird und damit auch die grenzüberschreitenden Finanzströme weiterhin anwachsen.[722] Zurückzuführen ist dies auf die zunehmende Liberalisierung des Welthandels, die mit einer Öffnung der globalen Dienstleistungsmärkte und einem weiteren Abbau der Zoll-

717 Leicht modifiziert entnommen aus Stöß, Irina (Globalisierung 2007), S. 34.
718 Vgl. Stöß, Irina (Globalisierung 2007), S. 3; Müller, Uwe (Kundenbindung 2008), S. 139.
719 Vgl. zum letzten Halbsatz Schneider, Peter (Genossenschaftsbanken 2013), S. 475.
720 Vgl. Wings, Heinz (Banken 1999), S. 21.
721 Vgl. Gooßens, Ludger; Mesterom, Ernst-Josef (Firmenkundengeschäft 2013), S. 1244.
722 Vgl. Freiberger, Thorsten; Sträter, Jens (Entwicklungstendenzen 2012), S. 170.

schranken einhergeht.[723] Ob sich diese Prognosen jedoch angesichts der zunehmenden marktprotektionistischen Bestrebungen der US-amerikanischen Regierung unter Präsident Donald Trump bewahrheiten, scheint zumindest fraglich und bleibt abzuwarten.

Die zunehmende Vernetzung innerhalb der Europäischen Union und die globalisierungsbedingt zunehmenden internationalen Verflechtungen führen grundsätzlich zu höheren systemischen Risiken im Finanzsektor.[724] Aufgrund der Globalisierung der Finanzströme ist die Verbreitungsgeschwindigkeit des Kapitals gegenüber früheren Zeiten um ein Vielfaches gewachsen, was mit einem Anstieg der Risiken großer Verwerfungen einhergeht.[725] Ursprünglich voneinander weitestgehend unabhängige nationale wie auch internationale Finanzmärkte verschmelzen zu einem integrierten Weltmarkt.[726] Die jüngste Wirtschafts- und Finanzgeschichte hat gezeigt, dass durch den hohen Grad an globaler Vernetzung wirtschaftliche Probleme einzelner Institute und Staaten schnell zu Verwerfungen innerhalb des globalen Finanzsystems führen können.[727] Somit steigt durch die Globalisierung tendenziell auch das Risiko für einzelne Banken.[728] Pointiert lässt sich formulieren, dass „die Welt [...] durch die Globalisierung vernetzter und damit auch stärker verletzbar geworden“[729] ist.

Im Zuge der Globalisierung expandieren viele deutsche Unternehmen ins Ausland; im Gegenzug werden ausländische Unternehmen in Deutschland ansässig. Zunehmend sind es auch kleinere Mittelständler, die aufgrund ihrer hohen Spezialisierung Chancen in internationalen Wertschöpfungsketten vermuten und sich in der Folge stärker international ausrichten.[730] Generell ist zu beobachten, dass sich der deutsche Mittel-

723 Vgl. Kirchhoff, Ulrich (Globalisierung 2008), S. 10; Wintels, Stefan B.; Schulz, Wilhelm G. (Banking 2012), S. 318.

724 Vgl. Büschgen, Hans Egon (Entwicklungsphasen 1989), S. 3; Hellenkamp, Detlef (Auswirkungen 2013), S. 41.

725 Vgl. Morschhäuser, Berthold (Solidarität 2011), S. 633.

726 Vgl. Schubert, Thomas (Bankgeschäft 1995), S. 66; Kuhles, Birgit (Management 2002), S. 1; Stöß, Irina (Globalisierung 2007), S. 1.

727 Vgl. Rehm, Hannes (Banken 2012), S. 475.

728 Vgl. Artopoeus, Wolfgang (Banken 2001), S. 32.

729 Schmitz, Andreas (Verantwortung 2011), S. 37.

730 Vgl. Freiberger, Thorsten; Sträter, Jens (Entwicklungstendenzen 2012), S. 170. Vgl. hierzu und zu folgendem Satz Kirchhoff, Ulrich (Globalisierung 2008), S. 9, S. 11.

stand internationalisiert.[731] Diese Entwicklung schlägt sich auch in stetig steigenden Beträgen nieder, die Unternehmen jenseits ihres Heimatmarkts investieren und erwirtschaften.[732] Mit dieser Entwicklung gehen hohe Investitions- und Entwicklungsaufwendungen seitens der Unternehmen einher, sodass sich für die Kreditinstitute Erfolgspotenziale angesichts der Finanzierung und Liquiditätssicherung der sich internationalisierenden Unternehmen ergeben.[733] Häufig begleiten große Banken gar die abwandernden Industrien in die Zielländer[734] und bieten vor Ort auch lokalen Kunden ihre Leistungen an,[735] sodass der Wettbewerb im Heimatmarkt steigt, während insbesondere die deutschen Großbanken und andere von der globalisierungsbedingten Abwanderung besonders betroffene Institute in Reaktion hierauf auf ausländischen Märkten vermehrt aktiv und wettbewerbsfähig agieren müssen.[736] Infolgedessen ist zu beobachten, dass immer mehr ausländische Banken im Zuge der Globalisierung auf den deutschen Markt drängen und die deutschen Banken ihrerseits versuchen, ihre Produkte weltweit zu vermarkten.[737] Der nationale Bankensektor wird somit zunehmend von länderübergreifend agierenden Konkurrenten unter Druck gesetzt, die mittels Aufbau einer breiten globalen Infrastruktur intensiv versuchen, sich international zu etablieren.[738] Insgesamt führt diese Entwicklung unter den Banken zu erheblichem Wettbewerbs-, Preis-, In-

---

731 Vgl. Haasis, Heinrich (Kapitalmarktkommunikation 2010), S. 958. Vgl. hierzu und zu folgendem Satz Kary, Horst (Vertriebsaktivität 2007), S. 3.

732 Vgl. Lubig, Dirk; Wandhöfer, Olaf (Margenstark 2012), S. 50.

733 Vgl. Fitschen, Jürgen (Produktinnovation 2008), S. 35; Kirchhoff, Ulrich (Globalisierung 2008), S. 12.

734 Vgl. hierzu Krumnow, Jürgen u. a. (Rechnungslegung 2004), S. 613; Bieg, Hartmut; Waschbusch, Gerd (Bankbilanzierung 2017), S. 506.

735 Vgl. Kuhles, Birgit (Management 2002), S. 2. Vgl. beispielhaft anhand der indischen ICICI Bank Nambiar, Suvek (ICICI 2008), S. 33.

736 Vgl. allgemein hierzu Görgen, Frank u. a. (Wachstums 2012), S. 33.

737 Vgl. Fitschen, Jürgen (Produktinnovation 2008), S. 34; Grosse Osterhues, Thomas (Kreditgewerbe 2008), S. B11. Vgl. als Beispiel hierfür die Expansion der Deutschen Bank nach Osteuropa und Asien Neske, Rainer (Bank 2007), S. 21.

738 Vgl. hierzu und zu folgendem Satz Stöß, Irina (Globalisierung 2007), S. 1, S. 9.

novations- und Anpassungsdruck[739] und geht meist mit einem Absinken der Rentabilität einher.[740]

Die offenen Märkte und die digitalisierungsbedingt modernen Möglichkeiten der Information und Kommunikation bieten hohe Markttransparenz für die Verbraucher sowie für die Unternehmen.[741] Ausländische Kreditinstitute nutzen dies gezielt zur Umwerbung heimischer Unternehmen und Verbraucher mit attraktiven Konditionen;[742] die deutschen Banken reagieren hierauf ihrerseits mit günstigen Preisen. Die globalisierungsbedingte Vernetzung der Finanzmärkte untereinander verschärft somit den Wettbewerb um attraktive Konditionen sowie um Marktanteile, aber auch um Kapital.[743]

Die beschriebenen Entwicklungen führen zudem zu einer stets enger werdenden Verflechtung international agierender Unternehmen sowie der damit verbundenen zwischen ihnen fließenden Waren- und Kapitalströme, woraus ein erhöhter Bedarf an grenzüberschreitenden Finanzdienstleistungen resultiert.[744] Global agierende Unternehmen erwarten von ihrem Kreditinstitut, dass es die notwendige Internationalisierung und Reichweite bereithält, um im Ausland als Ansprech- und Geschäftspartner vor Ort zur Verfügung zu stehen und somit eine umfassende lokale Betreuung aus einer Hand zu gewährleisten. Die Kunden erwarten mithin zum einen auf das vertraute Leistungsangebot ihrer Bank zurückgreifen zu können,[745] zum anderen fordern sie auch individuell abgestimmte Lösungen für ihr Auslandsgeschäft[746]. Entsprechende Banken müssen beispielsweise in der Lage sein, komplexe internationale Transaktions- und Investmentbanking-Dienstleistungen, insbesondere Fremd- und Eigenkapitalemissionen, großvolumige Finanzierungen oder auch grenzüberschreitende Unterneh-

---

739 Vgl. zum erhöhten Wettbewerbs-, Preis-, Innovations- und Anpassungsdruck aufgrund international agierender Konkurrenten o. V. (Geschäftspolitik 2008), S. 16; Zeitler, Franz-Christoph (Finanzkrise 2012), S. 677.

740 Vgl. Wiess, Bettina (Ratlosigkeit 2008), S. 3.

741 Vgl. Sellner, Georg (Kunden 2010), S. 28.

742 Vgl. Fitschen, Jürgen (Produktinnovation 2008), S. 34; Nambiar, Suvek (ICICI 2008), S. 33; Schielke, Joachim E. (Renaissance 2010), S. 16.

743 Vgl. Haasis, Heinrich (Kapitalmarktkommunikation 2010), S. 956.

744 Vgl. hierzu und zu folgendem Satz Wintels, Stefan B.; Schulz, Wilhelm G. (Banking 2012), S. 320, S. 322.

745 Vgl. Stöß, Irina (Globalisierung 2007), S. 15–16.

746 Vgl. zum letzten Halbsatz Kary, Horst (Vertriebsaktivität 2007), S. 3.

menstransaktionen anzubieten und zu betreuen.[747] Aber auch den grundlegenden Beratungsdienstleistungen beim Eintritt in ausländische Märkte[748] und unterstützenden Dienstleistungen wie Währungsabsicherungen kommt eine verstärkte Bedeutung zu.[749] Abbildung 11 verdeutlicht beispielhaft die wesentlichen Beratungs-, Service- und Betreuungsfelder zur Unterstützung sich internationalisierender Kunden.

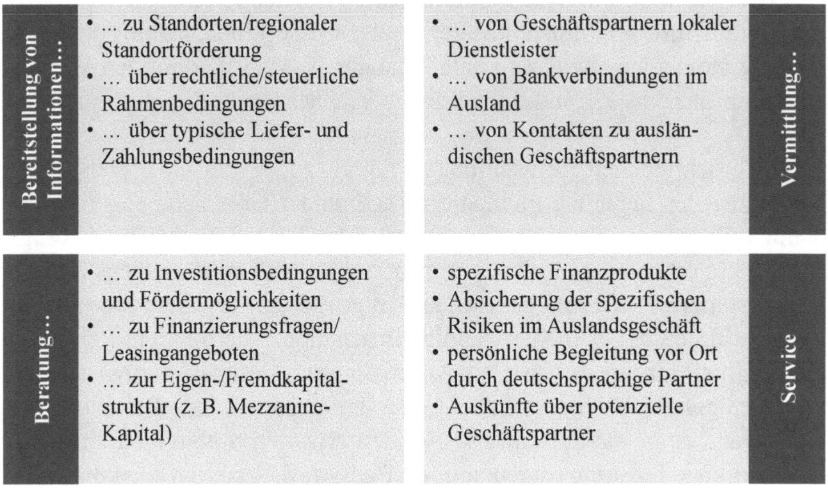

Abbildung 11: Wesentliche Betätigungsfelder zur Unterstützung sich internationalisierender Kunden[750]

Angesichts der zunehmenden Globalisierung werden Banken zukünftig vermehrt vor der Herausforderung stehen, multinationalen Unternehmenskunden bedarfsgerechte Dienstleistungen zur Verfügung zu stellen.[751] Alternativ zur eigenen Expansion bieten sich für die Kreditinstitute hierbei insbesondere Kooperationen mit bereits vor Ort etablierten Banken an.[752] So können mittels strategischer Allianzen Wettbewerbsnachteile aufgrund

---

747 Vgl. Wintels, Stefan B.; Schulz, Wilhelm G. (Banking 2012), S. 320, S. 322. Vgl. auch beispielhaft Nambiar, Suvek (ICICI 2008), S. 33.

748 Vgl. zum Unterstützungsbedarf beim Eintritt in ausländische Märkte Netzel, Werner (Kompetenzen 2008), S. 3.

749 Vgl. Schielke, Joachim E. (Renaissance 2010), S. 17.

750 Leicht modifiziert entnommen aus Kirchhoff, Ulrich (Globalisierung 2008), S. 34.

751 Vgl. Wintels, Stefan B.; Schulz, Wilhelm G. (Banking 2012), S. 320, S. 322.

752 Vgl. Lubig, Dirk; Wandhöfer, Olaf (Margenstark 2012), S. 50.

fehlender lokaler Präsenz vermieden und den Kunden die notwendige Leistungsbreite geboten werden.[753] Ziel sollte es sein, auf ein leistungsfähiges und global agierendes Bankengeflecht zurückgreifen zu können.[754] Auch Fusionen und Übernahmen können in diesem Zusammenhang sinnvoll sein.[755] Viele Banken, selbst rein national agierende,[756] werden die Entwicklung hin zur Internationalisierung verstärkt berücksichtigen und sich teilweise zwangsläufig international orientieren müssen, um langfristig überlebensfähig zu sein.[757] Generell müssen sie sich hierbei die Frage stellen, ob – und falls ja – mit welchen Kooperationsformen,[758] auf welchen Märkten, mit welchen Kundensegmenten, in welchen Geschäftsbereichen, mit welchem Leistungsprogramm und mit welchen Ergebnisansprüchen das Auslandsgeschäft forciert werden soll.[759] Die Banken sollten basierend auf diesen Fragen ein schlüssiges Konzept entwickeln, wie sie die lokalen Kunden profitabel bedienen und die deutsche Kundschaft gewinnbringend bei der Internationalisierung begleiten können, sowie welche Art von Präsenz und welche Kosten mit der jeweiligen Alternative verbunden wären. Auf dieser Basis kann sodann eine Prüfung zur Festlegung der geeigneten Kooperationsform erfolgen.

Um die Herausforderung der Globalisierung zu bewältigen, dürfen die Kreditinstitute nicht untätig bleiben, sondern sollten die Entwicklung als Chance zur Gestaltung neuer Geschäftspotenziale begreifen,[760] da sonst der Verlust von Kunden an die Konkurrenz droht.[761] Die Globalisierung eröffnet den Kreditinstituten hierbei die Möglichkeit, Leistungen und Sys-

---

753 Vgl. Schubert, Thomas (Bankgeschäft 1995), S. 66.

754 Vgl. Klaus, Kerstin (Banken 2007), S. 1.

755 Vgl. o. V. (Gewinnsteigerung 2008), S. 5.

756 So besteht beispielsweise für die regional agierenden Sparkassen die Möglichkeit, auf die Produkt- und Länderkompetenz der Landesbanken zurückzugreifen und über diese in die globale Finanzwelt eingebunden zu werden. Vgl. Kirchhoff, Ulrich (Globalisierung 2008), S. 15.

757 Vgl. Schmölz, Anton Sebastian (Bankcontrolling 2001), S. 7; Neske, Rainer (Bank 2007), S. 20.

758 Vgl. Wings, Heinz (Banken 1999), S. 22.

759 Vgl. Büschgen, Hans Egon (Entwicklungsphasen 1989), S. 3; Kuhles, Birgit (Management 2002), S. 1. Vgl. hierzu und zu folgenden beiden Sätzen Bergmans, Bernhard (Firmenkundenmarketing 2007), S. 70.

760 Vgl. Haasis, Heinrich (Selbstzweck 2009), S. 4.

761 Vgl. hierzu und zu folgendem Satz Kirchhoff, Ulrich (Globalisierung 2008), S. 14.

teme grenzübergreifend anzubieten.[762] Auch Wissen und Ideen können über Grenzen hinweg ausgetauscht und nutzbar gemacht werden.[763] Die Befriedigung der Bedürfnisse internationaler Kunden ist, in Verbindung mit den notwendigen Innovationen,[764] ein wesentlicher Schlüssel zum erfolgreichen Wirtschaften international agierender Banken.[765] Die Globalisierung ist also nicht lediglich als Bedrohung zu begreifen, sondern bietet – richtig genutzt – die Chance, das eigene Geschäft länderübergreifend zu erweitern und die eigene Zukunftsfähigkeit durch die Fokussierung auf Wachstumsfelder langfristig zu sichern.[766] In diesem Zusammenhang weichen die bislang weitgehend bestehenden Segmentierungen und Spezialisierungen der heimischen Märkte für Bankdienstleistungen einem globalen Markt, der das weltweite Angebot von Bankdienstleistungen ermöglicht und der die Neuverteilung von Marktanteilen sowie die Produktion innovativer Bankdienstleistungen fördert.[767] Dabei wird die Entwicklung der notwendigen neuen und angepassten Finanztechniken, beispielsweise kombinierter Zins- und Währungsswaps[768],[769] die Banken aufgrund ihres häufig hohen Komplexitätsgrads vor besondere Herausforderungen stellen.

762 Vgl. Schwer, Martin (Druck 2009), S. 11.
763 Vgl. Wings, Heinz (Banken 1999), S. 21.
764 Vgl. Fitschen, Jürgen (Produktinnovation 2008), S. 32.
765 Vgl. Kirchhoff, Ulrich (Globalisierung 2008), S. 9.
766 Vgl. Neske, Rainer (Bank 2007), S. 22.
767 Vgl. Eilenberger, Guido (Bankbetriebswirtschaftslehre 2012), S. 179.
768 Im Rahmen von kombinierten Zins- und Währungsswaps, synonym auch Cross Currency Interest Rate Swaps genannt, werden variable Zinssätze und Festzinssätze in unterschiedlicher Währung zwischen Vertragsparteien mit unterschiedlichen Währungsinteressen und unterschiedlichen Zugängen zum Devisenmarkt ausgetauscht. Vgl. Kruse, Olaf; Horsch, Andreas (Swap 2012), S. 333; Bieg, Hartmut; Kußmaul, Heinz; Waschbusch, Gerd (Finanzierung 2016), S. 314. In der Regel verschuldet sich eine Partei in einer Währung zu einem festen Zinssatz, die Gegenpartei verschuldet sich hingegen in einer anderen Währung variabel. Die Vertragspartner unterliegen einem fristenkongruenten Refinanzierungsbedarf und tauschen neben den Kapitalbeträgen (Währungsswap) auch die Zinszahlungsverpflichtungen (Zinsswap). Vgl. Heldt, Cordula (Zins- und Währungsswap o. J.).
769 Vgl. zum globalisierungsbedingt steigenden Bedarf nach Instrumenten zur Zins- und Währungsabsicherung Kirchhoff, Ulrich (Globalisierung 2008), S. 13.

Gelingt es, die Bankstrategie im weltweiten Wettbewerbsumfeld neu zu definieren, so wird eine globale Marktpräsenz mit zahlreichen Diversifizierungsoptionen und Arbitragepotenzialen ermöglicht.[770] Banken, die diese Chancen nicht nutzen, droht die Gefahr, dass der global zunehmende dynamische Wettbewerb und die damit einhergehende erhöhte Wettbewerbsintensität ihre Ertragsaussichten eintrüben.

3.3. Branchenspezifische Entwicklungen und daraus resultierende Herausforderungen für Kreditinstitute

3.3.1. Einführender Überblick

Nachdem vorstehend ein Überblick über die allgemeinen gesellschaftlichen Trends und ihre Einflüsse auf die Bankenbranche gegeben wurde, sollen daran anschließend spezielle bankspezifische Entwicklungen, die in erster Linie auf das Kreditgewerbe Einfluss nehmen, betrachtet werden. Die internationale Finanz- und Wirtschaftskrise der Jahre 2007 ff. bildet hierbei eine historische Zäsur für die Branche und prägt und determiniert folglich derzeit das Marktumfeld sowie die aktuellen Rahmenbedingungen vorrangig.[771] Nach einem einführenden Überblick über die wesentlichen bankspezifischen Trends soll nachfolgend auf die besonders bedeutenden Entwicklungen der Regulatorik und des krisenbedingten Vertrauensverlusts eingegangen werden. Das aktuelle Niedrigzinsumfeld soll, obgleich einer enormen Bedeutung, nur rudimentär im Rahmen des allgemeinen Überblicks behandelt werden, da es in vielen Bereichen dieser Ausarbeitung eine Rolle spielt und demnach entsprechende Ausführungen an gegebener Stelle integriert sind.[772] Abbildung 12 vermittelt einen Überblick über die wesentlichen bankspezifischen Entwicklungen.

---

770 Vgl. hierzu und zu folgendem Satz Stöß, Irina (Globalisierung 2007), S. 57.
771 Vgl. Henk, Alexander; Holthaus, Jens-Uwe (Herausforderungen 2015), S. 64.
772 Vgl. insbesondere Kapitel 2.2.2. Vgl. ausführlich zu den Herausforderungen für Banken durch das Niedrigzinsumfeld Waschbusch, Gerd; Rolle, Andrea; Berg, Susen Claire (Niedrigzinsumfeld 2018), S. 418–426.

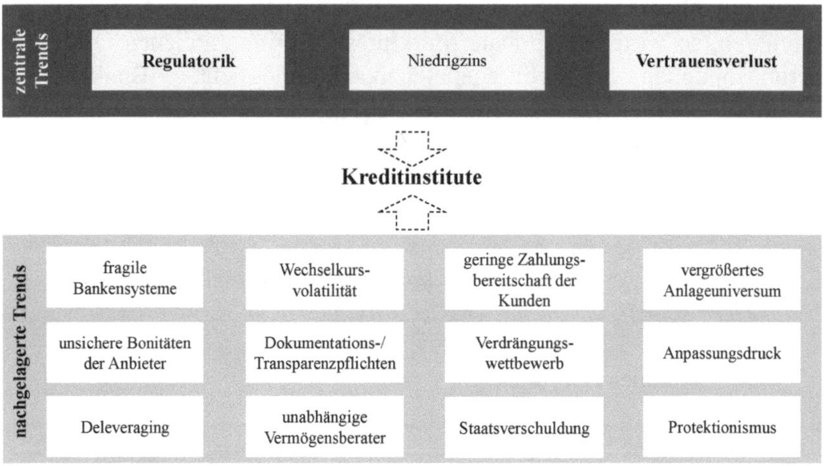

Abbildung 12: Ausgewählte bankspezifische Trends und Entwicklungen

Zunächst ergeben sich Herausforderungen aus der Situation des Finanzmarkts, der aktuell durch fragile Bankensysteme, die verschärfte Regulierung der Banken, eine umstrittene Politik der Europäischen Zentralbank sowie durch unsichere Bonitäten von Anbietern geprägt ist.[770]

Stabile Finanzmärkte sind die Grundlage für die Funktionsfähigkeit der Realwirtschaft.[771] Aktuell ist zu beobachten, dass die Unsicherheit auf den Finanzmärkten zunimmt. Gründe hierfür liegen unter anderem in politischen Unsicherheiten wie der Bewältigung der Flüchtlingskrise[772], den

770 Vgl. Henk, Alexander; Holthaus, Jens-Uwe (Herausforderungen 2015), S. 64.

771 Vgl. Stocker, Ferry (Volkswirtschaftslehre 2014), S. 274–275.

772 Im Rahmen der seit 2015 anhaltenden, zuletzt leicht abgeschwächten Flüchtlingsbewegungen insbesondere aus Syrien, Afghanistan und dem Irak in die europäische Union müssen erhebliche politische, wirtschaftliche und humanitäre Anstrengungen seitens der Mitgliedsstaaten unternommen werden, um die notwendigen Aufnahmekapazitäten bereitzustellen und die Integration der Asylsuchenden zu gewährleisten. Teilweise gezielt geschürte Angst vor Überfremdung, Sorge vor den wirtschaftlichen Belastungen angesichts der Aufnahme der Flüchtlinge und nicht zuletzt Sozialneid und fremdenfeindliche Ressentiments führten im Rahmen dieser Bemühungen zum Erstarken von politischen Parteien aus dem rechten Spektrum und damit zu einer Erhöhung der innen- wie auch außenpolitischen Spannungen in den Mitgliedsstaaten und innerhalb der europäischen Union. Vgl. grundlegend hierzu Luft, Stefan (Flüchtlingskrise 2017), S. 10.

Reformbedürfnissen einiger Mitglieder des Euro-Währungsgebiets[773] und, insbesondere hervorgerufen durch den geplanten Austritt des Vereinigten Königreichs aus der Europäischen Union (Brexit), die zukünftige Zusammensetzung des Staatenverbundes.[774]

Aber auch die Banken selbst üben einen erheblichen Einfluss auf die Finanzmarktstabilität aus.[775] Die Finanz- und Wirtschaftskrise der Jahre 2007 ff. hat bewiesen, dass die Bankenaufsicht nicht ausreichend mit Kompetenzen und Ressourcen ausgestattet ist, um Fehlentwicklungen auf den Finanzmärkten rechtzeitig identifizieren und regulierend einzugreifen zu können und sie somit nicht in der Lage war, die Stabilität der Finanzmärkte zu gewährleisten.[776] In der Folge führten wirtschaftliche Schwierigkeiten systemrelevanter Banken zu erheblichen Verwerfungen auf den Finanzmärkten und zu negativen Auswirkungen auf die Realwirtschaft.[777] Obgleich der jüngsten Konsolidierungsbemühungen kann das Bankensystem auch weiterhin als fragil[778] bezeichnet werden.[779] Aktuell würde es im

---

773 Die in einigen Euroländern – insbesondere Griechenland, Zypern, Italien, Frankreich, Portugal und Spanien – notwendigen Konsolidierungen der Staatshaushalte bereiten Sorge über die zukünftige Zahlungsfähigkeit mancher Mitgliedsstaaten. Vgl. Homburg, Stefan (Staatsschuldenkrise 2014), S. 6. Auf politischer Ebene ist darüber hinaus zu befürchten, dass angesichts der sich mancherorts konsolidierungsbedingt verschlechternden Lebensbedingungen für einkommensschwache Haushalte, der teils hohen (Jugend-)Arbeitslosigkeit und der zunehmenden Ungleichheit Parteien an Einfluss gewinnen, die der freien Marktwirtschaft kritisch gegenüberstehen, sodass die Gewinne, die global agierende Unternehmen aus dem internationalen Geschäft generieren, erheblich geschmälert werden könnten. Vgl. Dutu, Stéphane; Gatto, Jérémy; Ielpo, Florian (Risiken 2016), S. 40–41.

774 Vgl. zu den letzten beiden Sätzen Ausschuss für Finanzstabilität (Finanzstabilität 2016), S. 1.

775 Vgl. Waschbusch, Gerd; Krämer, Gregor; Rolle, Andrea (Ratio 2011), S. 141; Stocker, Ferry (Volkswirtschaftslehre 2014), S. 275.

776 Vgl. Bundesministerium der Finanzen (Aufsicht o. J.); Grothkopf, Marie Rike (Finanzkrise 2009), S. 31.

777 Vgl. Krüger, Markus (Strukturfragen 2016), S. 6. Vgl. zu den negativen Auswirkungen von instabilen Finanzmärkten auf die Realwirtschaft Pötzsch, Thorsten (Finanzmarktregulierung 2016), S. 14.

778 Ein Bankensystem gilt dann als fragil, wenn es aufgrund vieler ungünstiger Strukturmerkmale gelähmt und in seiner Anpassungsfähigkeit eingeschränkt ist. Vgl. Schmidt, Paul-Günther (Bankenkrisen 2001), S. 251. Insbesondere das anhaltenden Niedrigzinsumfeld, die Staatsschuldenkrise und strengere regulatorische Vorgaben determinieren aktuell das Marktumfeld der Banken und bedingen wirtschaftliche Probleme seitens der Kreditinstitute. Darüber hinaus

Fall des Wiederaufflammens der bisherigen oder der Entstehung einer neuen Finanz- und Wirtschaftskrise den europäischen Banken an ausreichenden Mitteln mangeln, um die zu erwartenden Verluste abzudecken.[780] Auch könnten Ansteckungseffekte im globalen Bankensystem nicht ausgeschlossen werden.[781] In Deutschland wäre die Notwendigkeit einer Rettung einzelner Banken mit staatlichen Mitteln und unter Beteiligung der Steuerzahler und Anleger nicht auszuschließen, da sonst eine Gefährdung der Stabilität des weltweiten Finanzsystems zu befürchten wäre.[782] Auch infolgedessen ist das Vertrauen der Kunden in die Sicherheit ihrer Einlagen und in das Bankensystem weiterhin stark begrenzt.[783] Um die negativen Auswirkungen solcher Verwerfungen und Instabilitäten zu vermeiden, ist es das Ziel der zuständigen Aufsichtsbehörden, ein intaktes und sicheres Bankensystem in der europäischen Bankenunion zu schaffen.[784] In diesem Zusammenhang propagiert das Bundesfinanzministerium einen neuen Ordnungsrahmen für die Finanzmärkte und die Aktivitäten der Banken auf diesen, der das Leitziel stabiler Finanzmärkte durch die Finanzmarktregulierung verfolgt.[785] Der in der akuten Phase der Krise amtierende Bundesminister der Finanzen, Wolfgang Schäuble, fasste die Grundprinzipien wie folgt zusammen: „Wir verschaffen der Haftung wieder Geltung, wir machen das Finanzsystem insgesamt krisenfester, wir erhöhen die Transparenz der Märkte und Produkte, wir beteiligen die Verursacher an den Kosten der Krise und wir machen die Aufsicht durchsetzungsstärker“[786].[787] Abbildung 13 veranschaulicht einerseits diese Grundprinzipien und stellt andererseits zentrale Maßnahmen vor, die angesichts des Ordnungsrahmens getroffen wurden bzw. künftig getroffen werden sollen.

---

ist zu befürchten, dass aufgrund der starken Vernetzung zwischen Banken untereinander und zwischen Banken und Staaten Solvenzprobleme einzelner Marktteilnehmer das gesamte Bankensystem in Gefahr bringen könnten. Vgl. o. V. (Krisenherd 2016), S. 43.

779 Vgl. Ammann, Manuel, zitiert nach: Marks, Bernard (System 2015).

780 Vgl. o. V. (Kapitallücken 2016).

781 Vgl. Bardt, Hubertus u. a. (Unsicherheit 2016), S. 5.

782 Vgl. Acharya, Viral V.; Steffen, Sascha (Bankensystem 2014), S. 17.

783 Vgl. Statista (Bankenbranche 2016).

784 Vgl. Thelen-Pischke, Hiltrud; Sawahn, Wiebke (Agenda 2016), S. 116.

785 Vgl. Reifenberger, Jürgen (Neoliberalismus 2015), S. 204.

786 Schäuble, Wolfgang, zitiert nach: Knüppel, Hartmut (Regulierung 2013), S. B10.

787 Vgl. Bundesministerium der Finanzen (Lehman 2013), S. 2.

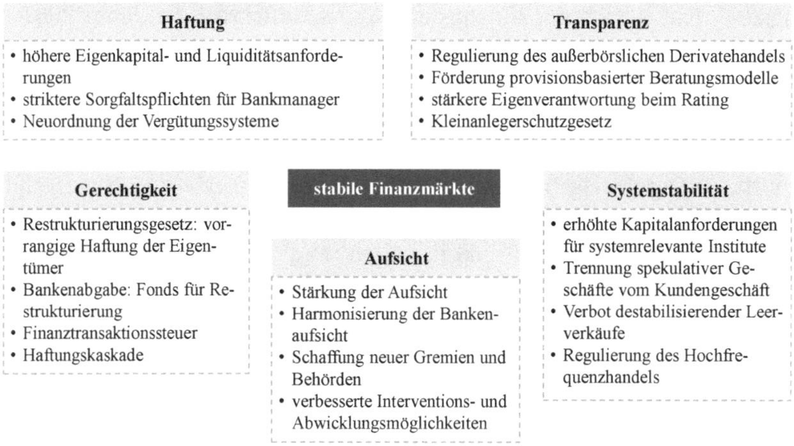

Abbildung 13: Der neue Ordnungsrahmen für das Handeln der Banken auf den Finanzmärkten[788]

Auf einige dieser Maßnahmen wird im Rahmen des bankspezifischen Trends der Regulatorik noch vertiefend einzugehen sein.[789] An dieser Stelle kann jedoch bereits festgehalten werden, dass sich die Banken aufgrund zahlreicher Maßnahmen zur Erhöhung der Finanzmarktstabilität einem äußerst dynamischen und herausfordernden Regulierungsumfeld gegenübersehen, das hohe Aufwendungen zur Erfüllung neuer gesetzlicher Pflichten und rasche Anpassungen an sich verändernde Rahmenbedingungen erfordert.[790]

788 Eigene Darstellung in Anlehnung an Bundesministerium der Finanzen (Aufsicht o. J.); Bundesministerium der Finanzen (Finanzmarktpolitik o. J.); Bundesministerium der Finanzen (Finanzsystem o. J.); Bundesministerium der Finanzen (Haftung o. J.); Bundesministerium der Finanzen (Transparenz o. J.); Bundesministerium der Finanzen (Verursacher o. J.); Bundesministerium der Finanzen (Lehman 2013), S. 2–3; Fuchs, Stephan; Pfitzer, Jürgen C. (Trennbankendebatte 2014), S. 61.

789 Vgl. Kapitel 3.3.2.

790 Vgl. zu den höheren Aufwendungen aufgrund des dynamischen Regulierungsumfelds Rehm, Hannes (Bankenstruktur 2016), S. 583. Vgl. zum hohen Anpassungsdruck Lister, Michael; Menninghaus, Wilhelm; Pohl, Michael (Kreditinstitute 2016), S. 28.

Verschärft wird die Situation zudem durch die anhaltende Niedrigzinsphase.[791] Angesichts der Finanz- und Wirtschaftskrise der Jahre 2007 ff. wurde seitens der Europäischen Zentralbank eine Senkung des Leitzinses als Instrument im Kampf gegen die Deflationsgefahr eingesetzt und sich hiervon eine Stimulation der Wirtschaft, die Konsolidierung der Staatshaushalte sowie die Stabilisierung des europäischen Bankensystems erhofft.[792] Durch das beständige Anhalten der Finanz- und Staatsschuldenkrise[793] ist davon auszugehen, dass die Europäische Zentralbank auch mittelfristig die Leitzinsen niedrig halten wird[794],[795] um eine konjunktur-

---

791 Vgl. Goedeckemeyer, Karl-Heinz (Banken 2015), S. 9.

792 Vgl. Confidum (Niedrigzinsphase 2013), S. 1; Oswald, Andreas (Leitzins 2016). Vgl. auch Waschbusch, Gerd; Reinstädtler, Gabriela; Ruffing, Marie Sophie (Ertragslage 2018), S. 916.

793 Die Staatsschuldenkrise hat ihren Ursprung in der seit 2007 anhaltenden Finanz- und Wirtschaftskrise und dem damit verbundenen weltweiten konjunkturellen Abschwung. Vgl. Zimmermann, Horst (Staatsschuldenkrise 2012), S. 104. Die Krise der Finanzmärkte manifestierte sich zunächst vorwiegend in einer Bankenkrise und damit verbunden in der Insolvenz einiger Kreditinstitute. Im Jahr 2009 folgte eine Krise der Realwirtschaft, die wiederum das Wirtschaftswachstum negativ beeinflusste und erhebliche Staatsausgaben sowohl zur Rettung der in wirtschaftliche Schwierigkeiten geratenen Banken als auch zur Stärkung der volkswirtschaftlichen Nachfrage und damit der Konjunkturbelebung provozierte. Vgl. Shambaugh, Jay C. (Crises 2012), S. 169–170. Diese Mehrausgaben verursachten – bei gleichzeitigen Einnahmerückgängen – die in der Staatsschuldenkrise mündende erhebliche Überschuldung der öffentlichen Haushalte. Vgl. Boller, Juliane (Eurokrise 2015), S. 471.

794 Neben der Mindestreserve- und Offenmarktpolitik ist die Zinspolitik die dritte wesentliche Säule der geldpolitischen Instrumente der Europäischen Zentralbank. Vgl. John, Klaus Dieter (Geldpolitik 2012), S. 605. Im Rahmen einer expansiven Geldpolitik können durch die gezielte Absenkung der Zinssätze für die ständigen Fazilitäten (Einlage- und Spitzenrefinanzierungsfazilität) das Kreditangebot und die Kreditnachfrage positiv stimuliert werden, sodass die Banken angesichts der günstigeren Refinanzierungssituation ihr Kreditangebot erweitern und die Wirtschaftsteilnehmer aufgrund des niedrigeren Zinssatzes ihre Kreditnachfrage erhöhen. Vgl. Jasper, Jörg (Geldpolitik o. J.). Ziel dieser geldpolitischen Maßnahme ist aktuell insbesondere die Belebung der Konjunktur und die Vermeidung einer die reale Verschuldung der europäischen Mitgliedsstaaten erhöhenden Deflation. Vgl. Scholtes, Brigitte (Inflationsattacke 2016).

795 Vgl. Börner, Christoph J. (Zukunftssicherung 2015), S. 21; Goedeckemeyer, Karl-Heinz (Banken 2015), S. 9; Praeg, Claus-Peter; Schmidt, Carsten (Trendstudie 2015), S. 21; Waschbusch, Gerd; Rolle, Andrea; Berg, Susen Claire (Niedrigzinsumfeld 2018), S. 418.

stimulierende Wirkung für die Finanz- und Realwirtschaft sowie die Entschuldung der Mitgliedsländer des Euroraums weiterhin zu fördern.[796] Das historisch niedrige Zinsniveau schränkt die Ertragsmöglichkeiten für die Kreditinstitute jedoch erheblich und zunehmend ein und stellt diese mitunter vor existenzielle Herausforderungen.[797] Diese Auswirkungen sind in Deutschland besonders schwerwiegend, da der Erfolg der deutschen Institute traditionell stark vom Zinsergebnis abhängig ist.[798] Hiervon sind insbesondere die Sparkassen und Kreditgenossenschaften betroffen.[799] Das Aussitzen dieser Situation stellt für viele dieser Institute keine gangbare Lösung dar, insbesondere weil ein Ende der Niedrigzinsphase nicht absehbar zu sein scheint.[800] Vielmehr müssen sie versuchen, die verminderten Ertragsmöglichkeiten im Zinsgeschäft beispielsweise durch eine die rückläufigen Zinserträge kompensierende Ausweitung des Geschäftsvolumens[801] oder eine verstärkte Orientierung hin zu anderen innovativen und lukrativen Ertragsquellen auszugleichen.[802] Auch stringente Kostensenkungen, die Nutzung der Erfolgspotenziale der Digitalisierung oder aber Zusammenschlüsse mit anderen Instituten können erforderlich sein, um die Wirtschaftlichkeit vieler Kreditinstitute

796 Vgl. hierzu und zu folgendem Satz Henk, Alexander; Holthaus, Jens-Uwe (Herausforderungen 2015), S. 65. Vgl. Kapitel 2.2.2.

797 Vgl. Martin, Andreas (Konkurrent 2014), S. 23; Börner, Christoph J. (Zukunftssicherung 2015), S. 21; Praeg, Claus-Peter; Schmidt, Carsten (Trendstudie 2015), S. 21; Kohlleppel, Laurenz (Niedrigzinsphase 2017), S. 126. Vgl. zum letzten Halbsatz Zanthier, Ulrich von (Geschäftsmodellen 2015), S. 39. Vgl. hierzu und zu folgenden beiden Sätzen Waschbusch, Gerd; Reinstädtler, Gabriela; Ruffing, Marie Sophie (Ertragslage 2018), S. 916; Waschbusch, Gerd; Rolle, Andrea; Berg, Susen Claire (Niedrigzinsumfeld 2018), S. 419, S. 423.

798 Vgl. Deutsche Bundesbank (Monatsbericht 2015c), S. 44; Goedeckemeyer, Karl-Heinz (Banken 2015), S. 9; Deutsche Bundesbank (Monatsbericht 2016), S. 64; Brauneberger, Gerald (Niedrigzins 2017), S. 23. Vgl. hierzu und zu folgendem Satz Koch, Philipp u. a. (Road 2016), S. 6, S. 13.

799 Vgl. Deutsche Bundesbank (Monatsbericht 2013b), S. 15; Börner, Christoph J. (Zukunftssicherung 2015), S. 21.

800 Vgl. Dombret, Andreas, zitiert nach: Deutsche Bundesbank (Niedrigzinsumfeld 2015); Otto, Phillip (Verbund 2015), S. 681.

801 Vgl. hierzu ausführlich Waschbusch, Gerd; Rolle, Andrea; Berg, Susen Claire (Niedrigzinsumfeld 2018), S. 425–426.

802 Vgl. Reinke, Hans Joachim (Mut 2013), S. 14; Gortmann, Berend H., zitiert nach: Becker, Erik (Zukunft 2014), S. 34; Martin, Andreas (Konkurrent 2014), S. 173.

aufrecht zu erhalten.[803] Unter Beibehaltung der bestehenden Geschäftsmodelle und Strukturen werden viele Kreditinstitute angesichts des Spagats zwischen erforderlichen massiven Kostensenkungen auf der einen und der notwendigen Anpassung der Ertragsstruktur auf der anderen Seite an ihre Belastungsgrenzen stoßen.[804] Eine Entwicklung hin zu einem tragfähigeren Geschäftsmodell, das zukünftige Ertragsquellen generiert und dabei vorhandene Ressourcen wirtschaftlich einsetzt, scheint für viele Kreditinstitute angesichts des anhaltenden Niedrigzinsumfelds für die langfristige Überlebensfähigkeit unabdingbar zu sein.[805] Insbesondere kleine, filialbasierte und nur regional tätige Institute werden in Anbetracht des Niedrigzinses erhebliche strukturelle Änderungen durchlaufen müssen.[806] Das Bewusstsein diesbezüglich scheint aber bei vielen Banken noch nicht vorhanden zu sein.

Die Niedrigzinsphase führt darüber hinaus durch die niedrige Nominalverzinsung, die meist keinen Ausgleich der ohnehin geringen Inflation zulässt, zur Unzufriedenheit vieler Kunden.[807] Ebenso entwickeln viele Sparer eine ausgeprägte Kurzfristperspektive und eine hohe Liquiditätspräferenz, da ihre Zeitpräferenz bei längerfristigen Anlagen nicht mehr abgebildet wird.[808] Dies führt, in Verbindung mit der niedrigen Nominalverzinsung, zu einem Sinken der Bereitschaft der Kunden, Anlagen mittel- oder gar langfristig zu tätigen.[809] Traditionelle Bankprodukte wie Spareinlagen oder Festgelder verlieren infolgedessen an Attraktivität und werden zurückhaltender nachgefragt.[810] Dies spiegelt sich auch im Anteil der Sichteinlagen von Nichtbanken an den Passiva der deutschen Kreditinstitute wider. Dieser ist von rund 11 % im Dezember 2007[811] auf rund 27 %

---

803 Vgl. Brauneberger, Gerald (Niedrigzins 2017), S. 23.

804 Vgl. Kohlleppel, Laurenz (Niedrigzinsphase 2017), S. 126.

805 Vgl. Deutsche Bundesbank (Monatsbericht 2015a), S. 58; Schütz, Achim; Fischer, Christian (Digitalisierung 2017), S. 42.

806 Vgl. Kohlleppel, Laurenz (Niedrigzinsphase 2017), S. 129.

807 Vgl. Gottschalk, Helmut (Vertriebsmanagement 2016), S. 106.

808 Vgl. Börner, Christoph J. (Zukunftssicherung 2015), S. 21. Vgl. hierzu und zu folgenden beiden Sätzen Waschbusch, Gerd; Rolle, Andrea; Berg, Susen Claire (Niedrigzinsumfeld 2018), S. 422.

809 Vgl. Martin, Andreas (Konkurrent 2014), S. 24. Vgl. hierzu und zu folgendem Satz Gottschalk, Helmut (Vertriebsmanagement 2016), S. 106.

810 Vgl. Hinze, Jörg; Leschus, Leon (Eurorettung 2012), S. 12; Thießen, Friedrich; Thron, Felix (Zinsen 2015), S. 124.

811 Vgl. Deutsche Bundesbank (Bankenstatistik 2008), S. 6, S. 62.

im Juni 2018[812] angestiegen. Hieraus resultieren Liquiditätsrisiken[813] seitens der Banken und eine erschwerte Refinanzierungssituation, die durch den intensiven Wettbewerb mit den im kurzfristigen Bereich besonders attraktiven Direktbanken noch verschärft wird.[814] Auch steigt teilweise die Risikoneigung der Anleger.[815] Um Zinsverluste aufgrund der inflationsbedingt negativen Realverzinsung auszugleichen, integrieren teilweise selbst risikoaverse Anleger hochverzinsliche und demnach risikoreichere Anlagen in ihr Portfolio.[816] Obgleich diese Entwicklung angesichts der geringen Margen im Einlage- und Kreditgeschäft und der häufig vergleichsweise hohen Provisionen bei der Vermittlung hochverzinslicher Anlagen bankseitig über das bisherige Maß hinaus zu begrüßen wäre, erhöhen sich hiermit auch die Anforderungen an die Aufklärung hinsichtlich risikoreicherer Produktkategorien und an die bedarfsgerechte und individuelle Beratung der Kunden[817]. Eine entsprechend modernisierte Anlageberatung unter Berücksichtigung der erforderlichen Risikokommunikation sollte daher individueller, häufiger und gründlicher erfolgen und stellt somit auch die jeweiligen Bankmitarbeiter vor ernstzunehmende Herausforderungen.[818]

Eine weitere Herausforderung für die Banken ergibt sich aus der Konjunkturdämpfung durch das Deleveraging[819] von Staaten, privaten Haus-

812 Vgl. Deutsche Bundesbank (Bankenstatistik 2018), S. 6, S. 62.

813 Unter dem Liquiditätsrisiko wird die Gefahr einer negativen Abweichung zwischen tatsächlichen und erwarteten Ein- und Auszahlungen verstanden. Es werden somit Gefahren beschrieben, die letztlich die Zahlungsfähigkeit eines Kreditinstituts beeinträchtigen können. Vgl. Wiedemann, Arnd (Liquiditätsrisiko 2012), S. 935–936; Waschbusch, Gerd u. a. (Risikoprämie 2018), S. 1962.

814 Vgl. Gottschalk, Helmut (Vertriebsmanagement 2016), S. 106; Rehm, Hannes (Bankenstruktur 2016), S. 583.

815 Vgl. Hoppenstedt, Dietrich Hermann (Konsequenzen 2010), S. 391; Hüfner, Martin (Geldpolitik 2014), S. 477.

816 Vgl. zu den letzten beiden Sätzen Waschbusch, Gerd; Kakuk, Christian; Schuster, Hannes (Kleinanlegerschutzgesetz 2015), S. 234.

817 Vgl. zum letzten Halbsatz Nees, Franz; Regier, Stefanie; Hurn, Dominic (Konzepte 2013), S. 12.

818 Vgl. Laumann, Janko (Risikokommunikation 2016), S. 55.

819 Unter Deleveraging versteht man die von den Wirtschaftsteilnehmern vorgenommene Substitution von Fremdkapital durch Eigenkapital bzw. die Reduktion von Fremdkapital, wodurch die Verschuldung (Leverage) vermindert wird. Vgl. Deutsche Bundesbank (Deleveraging o. J.). Als Maßstab für die Verschuldung eines Unternehmens wird in der wissenschaftlichen Praxis re-

halten und dem Unternehmenssektor.[820] Der gezielte Abbau des Fremdkapitals äußert sich hierbei insbesondere in einer eher zurückhaltenden Kreditnachfrage und -inanspruchnahme.[821] In Folge der schwachen Investitionsaktivitäten der privaten Haushalte sowie der Unternehmen hat sich die Schuldenquote dieser beiden volkswirtschaftlichen Sektoren in den vergangenen Jahren zunehmend und deutlich verringert.[822] Auch die Niedrigzinspolitik der Europäischen Zentralbank konnte bisher nur begrenzt positiven Einfluss auf die Investitionsneigung der Wirtschaftssubjekte nehmen, vielmehr scheint der Trend zum Deleveraging in Europa weiterhin in vollem Gange zu sein.[823]

Deleveraging wird aber nicht nur von Unternehmen und privaten Haushalten betrieben, sondern auch von den Banken selbst.[824] Die von der Aufsichtsbehörde geforderten erhöhten Kapitalquoten (beispielsweise erhöhtes hartes Kernkapital und höhere Kapitalpuffer) zwingen Kreditinstitute

---

gelmäßig der Verschuldungsgrad (in %) $= \frac{\text{Eigenkapital}}{\text{Fremdkapital}}$ oder die – mathematisch äquivalente – Eigenkapitalquote (in %) $= \frac{\text{Eigenkapital}}{\text{Gesamtkapital}}$ bzw. Fremdkapitalquote (in %) $= \frac{\text{Fremdkapital}}{\text{Gesamtkapital}}$ verwendet. Vgl. Bitz, Michael u. a. (Jahresabschluss 2014), S. 525; Coenenberg, Adolf Gerhard; Haller, Axel; Schultze, Wolfgang (Jahresabschluss 2018), S. 1099. Gelingt es Banken, zusätzliches Eigenkapital – z. B. durch die Begebung neuer Aktien – aufzunehmen, so sinkt dieser mathematischen Logik folgend ceteris paribus die Verschuldung. Gleiches kann beispielswiese erreicht werden, wenn die Bank ihre Kreditvergabe mit dem Ziel verringert, das zur Refinanzierung notwendige Fremdkapital abzubauen. Vgl. Beck, Anne (Eigenkapital 2017), S. 3. Deleveraging kann somit sowohl durch eine Erhöhung des Eigenkapitals bei konstanter Verschuldung als auch durch die Verminderung der Verschuldung bei konstantem Eigenkapital erreicht werden. Vgl. Bundesministerium der Finanzen (Bankenunion 2014), S. 7.

820 Vgl. Henk, Alexander; Holthaus, Jens-Uwe (Herausforderungen 2015), S. 64.

821 Vgl. Kröger, Jörgen (Koordination 2011), S. 106.

822 Vgl. Weber, Jan Philip (Preisübertreibungen 2014), S. 71–72; Bley, Andreas (Kreditvergabe 2015), S. 75; Europäische Zentralbank (Eurosystems 2015), S. 3.

823 Vgl. Simmert, Diethard B.; Wermuth, Dieter (Geldpolitik 2014), S. 498; Dieter, Heribert (Kollateralschäden 2015), S. 6; Hüther, Michael (Investitionen 2015), S. 36. Vgl. zu dem anhaltenden Trend hin zum Deleveraging in Europa Belke, Ansgar (Zentralbank 2014), S. 119.

824 Im bankbetrieblichen Kontext wird unter Deleveraging insbesondere der Abbau von Risikopositionen durch eine Bank verstanden. Vgl. Waschbusch, Gerd (Deleveraging 2012), S. 352.

teilweise zu bilanziellen Anpassungen durch den Abbau bestimmter Risikopositionen, insbesondere von Wertpapieren.[825] Das Deleveraging bietet in diesem Zusammenhang die Möglichkeit, zusätzliche Kapitalanforderungen zu erfüllen, indem Positionen mit hohem Risikogewicht reduziert werden, sodass infolgedessen weniger zusätzliche Eigenmittel vorgehalten werden müssen.[826] Eine solche Entwicklung könnte letztlich zu einer Einschränkung der Kreditvergabe führen und somit einen negativen Einfluss auf die Investitionen und letztlich auf die Konjunktur ausüben.[827]

Zusammenfassend betrachtet ergeben sich somit zwei sich gegenseitig ergänzende Entwicklungen: Zum einen ist gesamtwirtschaftlich zu beobachten, dass die Bereitschaft zur Verschuldung zugunsten eines Schuldenabbaus sinkt, zum anderen ist zu befürchten, dass manche Banken aufgrund der geforderten Kapitalquoten ihre Kreditvergabe beschränken müssen. Unter der Annahme, dass sich diese Entwicklungen gegenseitig verstärken,[828] könnten sich hieraus erhebliche Risiken für die Kreditinstitute ergeben. So leiden die Ertragspotenziale der Kreditinstitute unmittelbar unter einer zunehmend eingeschränkten Möglichkeit zur Kreditvergabe[829] und darüber hinaus schwächt das Deleveraging der Banken, der Staaten, der Unternehmen und der Haushalte die gesamtwirtschaftliche Nachfrage und verhindert somit den konjunkturellen Aufschwung[830]. Eine negative Konjunkturentwicklung wiederum führt bankseitig zu niedrigeren Gewinnen, was sich in stark eingeschränkten Möglichkeiten zum Aufbau neuen Eigenkapitals manifestiert und somit letztlich den Spiel-

---

825 Vgl. Deutscher Bundestag (Unterrichtung 2014), S. 195–196; Zeitler, Franz-Christoph (Bankenunion 2014), S. 19; Walter, Lars; Rohrbach, Thomas (Size 2016), S. 16.

826 Vgl. Bundesverband deutscher Banken; Deutscher Industrie- und Handelskammertag (Basel III 2013), S. 14; Meller, Florian (Bankgeschäft 2013), S. 96.

827 Vgl. Edler, Lars; Moryson, Martin (Performance-Formel 2013), S. 9; George, Stephan; Moryson, Martin (Niedrigzinsen 2013), S. 74; Molterer, Wilhelm (Finanzierung 2014), S. 1232; Zeitler, Franz-Christoph (Bankenunion 2014), S. 19; Keuschnigg, Christian; Kogler, Christian (Finanzplatz 2016), S. 1.

828 Vgl. Deutscher Bundestag (Unterrichtung 2014), S. 195.

829 Vgl. zu den negativen Auswirkungen des Deleveraging auf die Kreditvergabe und die Ertragsfähigkeit der Institute Zeitler, Franz-Christoph (Bankenunion 2014), S. 19.

830 Vgl. zum letzten Halbsatz Edler, Lars; Moryson, Martin (Performance-Formel 2013), S. 9; Institut der deutschen Wirtschaft Köln (Niedrigzinsumfeld 2014), S. 17, S. 68.

raum bei der Kreditvergabe weiter reduziert.[831] Es droht den Banken demnach ein Teufelskreis aus Deleveraging, eingeschränkter Kreditvergabe, Schwächung der Konjunktur, unzureichenden Gewinnen der Bank und damit weiter erhöhtem Druck zur Bilanzverkürzung durch Deleveraging.[832]

Eine weitere Entwicklung mit erheblichen Auswirkungen auf die Kreditinstitute sind die verstärkt zu beobachtenden größeren Wechselkursschwankungen auf den Devisenmärkten.[833] In den vergangen Jahren kam es, insbesondere bedingt durch die Finanzkrise, die damit verbundene expansive Geldpolitik der Europäischen Zentralbank, dem geplanten Austritt des Vereinigten Königreichs aus der Europäischen Union[834] sowie den marktprotektionistischen Bestrebungen der amerikanischen Regierung unter Präsident Trump häufiger zu ausgeprägten Wechselkursvolatilitäten des Euros gegenüber anderen bedeutsamen Währungen.[835] Dabei ist auch künftig mit starken Schwankungen zu rechnen.[836] Die Veränderung der Wertrelation zwischen dem Euro und den Fremdwährungen kann hierbei zu einem Fremdwährungsrisiko[837] mit negativen Erfolgswirkungen für das Kreditinstitut führen.[838] So zeigte beispielsweise die Abwertung des Euros gegenüber dem US-Dollar um 15 % Anfang des Jahres 2010 erhebliche negative Auswirkungen in den Jahresabschlüssen mehrerer Banken.[839]

---

831 Vgl. Buch, Claudia M. (Bankenregulierung 2009), S. 10.

832 Vgl. Hüther, Michael (Krisenpolitik 2012), S. 2–3.

833 Vgl. Ebner, Alois; Kampik, Artur (Change 2012), S. 241; Henk, Alexander; Holthaus, Jens-Uwe (Herausforderungen 2015), S. 64.

834 Vgl. zu den starken Wechselkursvolatilitäten aufgrund des geplanten Austritts des Vereinigten Königreichs aus der Europäischen Union Meenen, Lothar (Brexit-Wette 2016), S. 18.

835 Vgl. Dutu, Stéphane; Gatto, Jérémy; Ielpo, Florian (Steuerung 2016), S. 43.

836 Vgl. Henk, Alexander; Holthaus, Jens-Uwe (Herausforderungen 2015), S. 64.

837 Unter dem bankbetrieblichen Fremdwährungsrisiko versteht man die Gefahr einer negativen Erfolgswirkung aufgrund einer ungünstigen Änderung der Wertrelation zwischen eigener Währung und Fremdwährung. Das Risiko tritt nur bei Vorliegen einer offenen Fremdwährungsposition auf und wird von der Ausrichtung der Währungsposition, der Richtung der Wechselkursänderung und der Höhe der offenen Position determiniert. Vgl. hierzu ausführlich Bieg, Hartmut; Krämer, Gregor; Waschbusch, Gerd (Bankenaufsicht 2011), S. 33–36.

838 Vgl. Bieg, Hartmut; Krämer, Gregor; Waschbusch, Gerd (Bankenaufsicht 2011), S. 33–34.

839 Vgl. Bolder, Markus; Wargers, Matthias (Währungsrisiken 2011), S. 440.

Es ergeben sich jedoch auch Chancen aus der erhöhten Volatilität der Wechselkurse. Einerseits können sich die Wechselkurse auch zu Gunsten der Bank und damit erfolgsmehrend entwickeln, andererseits kann das Kreditinstitut zusätzliche Ertragspotenziale generieren, indem es international agierenden, und damit stark von Wechselkursen abhängigen, Unternehmen Strategien zur Risikominderung und insbesondere maßgeschneiderte Kurssicherungsmaßnahmen zum Ausgleich von Wechselkursschwankungen anbietet.[840]

Weitere Herausforderungen für die Banken mit negativen Auswirkungen auf die CIR und den Erfolg der Institute ergeben sich aus den erhöhten Dokumentations- und Transparenzpflichten in der Beratung[841], der zunehmenden Bedeutung unabhängiger Vermögensberater und -verwalter[842], der geringen Zahlungsbereitschaft der Kunden[843], dem zunehmenden Ver-

---

840 Vgl. Spada, Paolo (Aufbauhilfe 2015), S. 66.

841 Mit dem Ziel der Verbesserung der Beratungsqualität und der Stärkung des Verbraucher- und Anlegerschutzes wurden seitens des Gesetzgebers eine Vielzahl von bankseitig zu erfüllenden Transparenz-, Informations-, Prüfungs- und Dokumentationserfordernissen statuiert. Beispielhaft können hierbei die zunehmend geforderten Beratungsprotokolle und die hohen gesetzlichen Anforderungen an die Produktinformationsblätter, aber auch die aus der Wohnimmobilienkreditrichtlinie resultierenden Pflichten angeführt werden. Hierdurch entstehen nicht nur administrative Aufwendungen und erhebliche Haftungsrisiken seitens der Institute, sondern auch die fachlichen Anforderungen an die Bankmitarbeiter steigen stark an. Vgl. Schüller, Stephan (Regulierung 2014), S. 119; Reiter, Ursula (Beraten 2016), S. 46; Lange, Marc; Paul, Stephan (Effekte 2017), S. 7.

842 Unabhängige Vermögensberater und -verwalter gewinnen seit der Finanz- und Wirtschaftskrise der Jahre 2007 ff. zunehmend Marktanteile und an Bedeutung, wodurch die Wettbewerbsintensität in diesen Geschäftsfeldern ansteigt. Vgl. Röckemann, Christian; Till, Matthias (Outsourcing 2011), S. 26. Die Gründe für diese Entwicklung liegen insbesondere in dem Kundenwunsch nach einem intensiven Vertrauensverhältnis zwischen ihm und dem Berater sowie der gewünschten Unabhängigkeit der Verwaltung und Beratung von Bankinteressen und administrativen Belangen. Vgl. Pachlatko, Markus (Vermögensverwaltung 2011), S. 4; Hetzel, Arno (Banking 2013), S. 35–36. Vgl. auch Genoni, Maurizio A. M. (Vermögensverwaltung 1991), S. 19–20; Gutzwiller, Peter Christoph (Vermögensverwaltung 2008), S. 11.

843 Generell sind die deutschen Bankkunden niedrige Preise gewohnt und sie sind gegenüber zusätzlichen Gebühren oder Preiserhöhungen äußerst skeptisch. Vgl. Flötotto, Max; Koch, Philipp (Trends 2016), S. 12. Die Kunden messen den gelieferten Bankprodukten und -dienstleistungen häufig nicht den Wert bei, den der Preis abbildet. Vgl. Niemeyer, Frank (Kunst 2011), S. 53. Diese nicht dem tatsächlichen Wert der Leistung entsprechende Zahlungsbereitschaft

drängungswettbewerb im Bankgewerbe[844], der Staatsverschuldung[845] und dem sich zunehmend ausweitendem Anlageuniversum[846].[847] Auch der hohe Anpassungsdruck aufgrund sich schnell verändernder Umfeldfaktoren und geopolitische Entwicklungen, insbesondere der partiell spürbare Trend hin zum Protektionismus[848], könnten sich negativ auf die Ertragslage der Kreditinstitute auswirken.[849]

---

der Kunden erschwert Preisanpassungen und schränkt die Ertragsmöglichkeiten der Kreditinstitute teils erheblich ein.

844 Der zunehmende Verdrängungswettbewerb im Bankgewerbe beruht auf dem stagnierenden Marktvolumen in dieser Branche in Verbindung mit dem verstärkten Eintritt neuer Wettbewerber, wie beispielsweise den FinTechs. Vgl. allgemein hierzu Claus, Kai-Christian (Herausforderungen 2010), S. 27; Röckemann, Christian; Till, Matthias (Outsourcing 2011), S. 27.

845 Die teils immernoch sehr hohe Staatsverschuldung fördert die Sorge vor der Zahlungsunfähigkeit einzelner europäischer Mitgliedsstaaten und führt aufgrund des notwendigen Schuldenabbaus zu einer Verschlechterung der konjunkturellen Lage. Vgl. Henk, Alexander; Holthaus, Jens-Uwe (Herausforderungen 2015), S. 64.

846 In Reaktion auf die Finanz- und Wirtschaftskrise der Jahre 2007 ff. greifen viele Kreditinstitute auf ein breiteres Anlageuniversum und eine breitere Produktpalette zurück, um unabhängiger von einzelnen Themen und Investments zu sein und eine stärkere Risikodiversifikation des eigenen Anlageportfolios und der Portfolios der Kunden zu ermöglichen. Somit steigt die Komplexität bei der Vermögensanlage und -verwaltung sowohl für die Bankberater als auch für die Kunden erheblich an. Vgl. Otto, Michael (Banking 2011), S. 212–213.

847 Vgl. Claus, Kai-Christian (Herausforderungen 2010), S. 9; Röckemann, Christian; Till, Matthias (Outsourcing 2011), S. 27.

848 Seit dem Amtsantritt von US-Präsident Donald Trump im Januar 2017 versucht die US-Regierung getreu des im Laufe des vorangegangen Wahlkampfs propagierten Mottos „America First“ mittels verschiedener – häufig protektionistischer – Maßnahmen internationale Wirtschaftsbeziehungen zu ihren Gunsten zu manipulieren. Von derartigen Maßnahmen betroffene Länder reagieren hierauf ebenfalls mit marktprotektionistischen Verhaltensweisen und Einschränkungen des freien Handels. Folgen dieser Entwicklung können beispielsweise ein erheblicher Rückgang der internationalen Handelsaktivitäten und eine hieraus resultierende Verlangsamung des Wachstums mit entsprechenden konjunkturellen Auswirkungen sein.

849 Vgl. Henk, Alexander; Holthaus, Jens-Uwe (Herausforderungen 2015), S. 64.

3.3.2. Die Regulatorik

3.3.2.1. Vorbemerkungen

Sowohl Regulierungsdefizite als auch die unzureichende internationale Abstimmung der Bankenaufsicht waren wesentliche Faktoren für das Entstehen der Finanz- und Wirtschaftskrise der Jahre 2007 ff.[850] Als Reaktion hierauf wurden der Trend zur Deregulierung des Finanzsektors aus der Phase der Globalisierung und Kapitalmarktorientierung rückgängig gemacht.[851] Ziel der Re-Regulierungsmaßnahmen war es demnach, die erkannten Schwächen zu beseitigen und somit künftige Finanzkrisen zu verhindern.[852] Hierzu wurden seit der Finanz- und Wirtschaftskrise der Jahre 2007 ff. mehr als 400 Gesetze und dazugehörige Durchführungsbestimmungen von Seiten der europäischen Gesetzgeber erlassen.[853]

Die zunehmende und andauernde Regulierung der Bankenbranche durch gesetzliche Vorschriften und Auflagen belastet die Banken seit dieser Zeit in erheblichem Maße, da hohe Kosten entstehen, die wirtschaftlichen Gestaltungsspielräume der Banken eingeengt werden und hieraus auch notwendige Anpassungen der Prozesse und Geschäftsmodelle resultieren.[854] Die umfassenden und vielschichtigen Entwicklungen im Rahmen der Regulatorik stellen, auch aufgrund ihrer engen Taktung, insbesondere kleine Institute vor die Herausforderung einer kaum mehr zu bewältigenden Regulierungsflut.[855] Wegen den veränderten Anforderungen und dem daraus resultierenden hohen personellen und finanziellen

850 Vgl. Rudolph, Bernd (Finanzkrise 2013), S. 498.

851 Vgl. Börner, Christoph J. (Zukunftssicherung 2015), S. 21; Deutsche Bundesbank (Monatsbericht 2015a), S. 33.

852 Vgl. Bortenlänger, Christine (Regulierung 2015), S. 13; Fohrer, Heinz (Herausforderungen 2016), S. 62.

853 Vgl. Gros, Jürgen (Verhältnismäßigkeit 2016), S. 992.

854 Vgl. Eggers, Holger; Hortmann, Steffen (Basel III 2011), S. 51; Praeg, Claus-Peter; Schmidt, Carsten (Trendstudie 2015), S. 27; Zanthier, Ulrich von (Geschäftsmodellen 2015), S. 54.

855 Vgl. Krüger, Markus (Umbruch 2015), S. 14; Fohrer, Heinz (Herausforderungen 2016), S. 63. Vgl. zu einer umfassenden Übersicht über wesentliche aufsichtsrechtlicher Projekte in den Jahren seit der Finanzkrise und in den kommenden Jahren Lenz, Rainer (Banking 2015), S. 520; PricewaterhouseCoopers (Projekte 2018).

Aufwand zur Einhaltung der neuen gesetzlichen Verpflichtungen[856] befinden sich viele Banken derzeit in einer Phase der Neuorientierung im Hinblick auf ihre Prozesse und Geschäftsmodelle.[857] Insbesondere kleinere Kreditinstitute tun sich schwer, die rasanten Entwicklungen zu erfassen und angemessen darauf zu reagieren.[858] Entsprechend haben nur wenige Banken ihre Geschäftsmodelle bereits vollständig an die neuen Regulierungsvorschriften angepasst.[859]

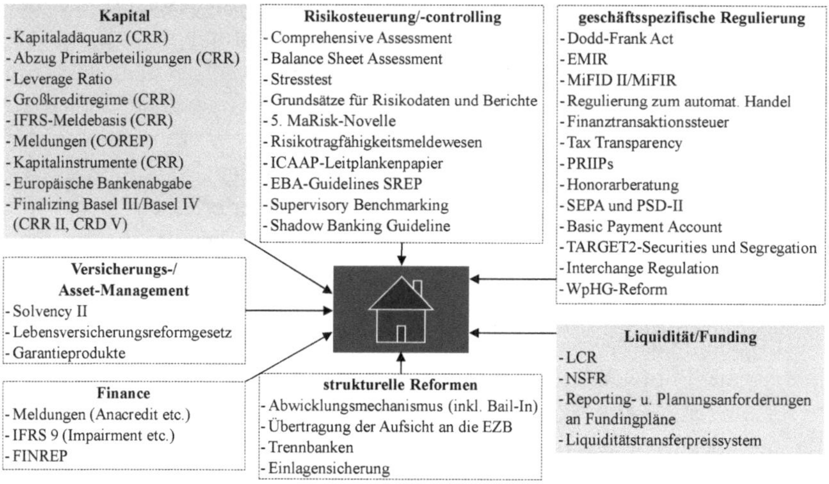

Abbildung 14: Ausgewählte Regulierungsbereiche, Maßnahmenpakete und Anpassungsanforderungen[860]

Einen ersten groben und keinesfalls abschließenden Überblick über die Vielzahl der Bereiche, die von den neuen Anforderungen betroffen sind, über ausgewählte Maßnahmenpakete und Anpassungsanforderungen sowie über die Komplexität der Regulatorik vermittelt Abbildung 14. Im Folgenden soll auf drei besonders bedeutsame Entwicklungen näher ein-

---

856 Vgl. zum hohen personellen und finanziellen Aufwand zur Erfüllung der regulatorischen Vorgaben Koch, Philipp u. a. (Road 2016), S. 6.

857 Vgl. zu den letzten beiden Sätzen Lister, Michael; Menninghaus, Wilhelm; Pohl, Michael (Kreditinstitute 2016), S. 26.

858 Vgl. Lenz, Rainer (Banking 2015), S. 521; Praeg, Claus-Peter; Schmidt, Carsten (Trendstudie 2015), S. 23; Waschbusch, Gerd; Reinstädtler, Gabriela; Ruffing, Marie Sophie (Ertragslage 2018), S. 917.

859 Vgl. Memminger, Matthias; Huber, Jan-Alexander (Banks 2015), S. 1.

860 Modifiziert entnommen aus Lister, Michael (Kreditinstitute 2015), S. 14.

gegangen werden: die erhöhten Anforderungen an die regulatorischen Eigenmittel, die verschärften Liquiditätsanforderungen sowie die neuen Bestimmungen hinsichtlich der Verschuldung der Institute.[861] Die immense Bedeutung ergibt sich daraus, dass sich diese Änderungen in erheblichem Maße negativ auf die Ertragskraft der Kreditinstitute auswirken,[862] sie häufig Anpassungen des Geschäftsmodells an die veränderten Rahmenbedingungen[863] erfordern und in der Regel hohe Kosten verursachen[864]. Auch stellen diese Maßnahmen den Kern der aufsichtsrechtlichen Reaktionen auf die Finanz- und Wirtschaftskrise der Jahre 2007 ff. dar.[865]

Die entsprechenden neuen Regelungen zu der erhöhten Eigenmittel- und Liquiditätsausstattung sowie zu der Höchstverschuldung sind das Ergebnis der europarechtlichen Implementierung der unter dem Arbeitstitel „Basel III" vorgebrachten Empfehlungen des Basler Ausschusses für Bankenaufsicht.[866] Die Grundlagen für die Umsetzung dieser Empfehlungen wurden durch das CRD IV-Paket geschaffen,[867] das sich aus der Richtlinie CRD IV[868] (Capital Requirements Directive IV) und aus der Verordnung CRR[869] (Capital Requirements Regulation) zusammensetzt.[870] Vorrangi-

861 Vgl. Kunze, Frederik; Windels, Torsten; Dill, Steffen (Basel III 2015), S. 296–297.

862 Vgl. Zirkler, Bernd; Hofmann, Jonathan; Schmolz, Sandra (Unternehmenspraxis 2015), S. 30.

863 Vgl. ausführlich zu den Auswirkungen der Regulierung auf die Geschäftsmodelle der Banken Wöhler, Jens (Regulierung 2015), S. 60–71.

864 Vgl. zum letzten Halbsatz Dieterich, Tobias (Geschäftsmodelle 2013); KPMG; Bundesverband deutscher Banken; Bundesverband Öffentlicher Banken Deutschlands (Bankenregulierung 2013), S. 1; KPMG (Auswirkungen 2014), S. 5; Lister, Michael (Kreditinstitute 2015), S. 19; Tolckmitt, Jens (Herausforderung 2016), S. B1.

865 Vgl. Staub, Nadine; Rolle, Andrea (Basel III 2010), S. 130; Waschbusch, Gerd; Krämer, Gregor; Rolle, Andrea (Ratio 2011), S. 143; Waschbusch, Gerd; Staub, Nadine; Luck, Pascal (Basel III 2012), S. 191; Waschbusch, Gerd; Rolle, Andrea (Qualität 2014), S. 82.

866 Vgl. Deutsche Bundesbank (Leverage 2016). Vgl. hierzu und zu folgendem Satz Hellenkamp, Detlef (Bankwirtschaft 2018), S. 88.

867 Vgl. Krämer, Gregor; Waschbusch, Gerd; Rolle, Andrea (Leverage 2011), S. 390. Vgl. zu einem Überblick über die Regelungsinhalte des CRD IV-Pakets Deutsche Bundesbank (Monatsbericht 2013a), S. 57–73.

868 Richtlinie 2013/36/EU.

869 VO (EU) Nr. 575/2013.

870 Vgl. zu den letzten beiden Sätzen Waschbusch, Gerd; Rolle, Andrea (Qualität 2014), S. 83; Lossin, Martin; Knüsel, Daniel (Regulatorik 2015), S. 128. Während die CRR als Verordnung seit ihrem Inkrafttreten am 28.06.2013

ges Ziel des kombinierten Richtlinien- und Verordnungsvorschlags ist es, eine quantitativ und insbesondere qualitativ verbesserte Eigenmittelausstattung der Institute zu gewährleisten, europaweit harmonisierte Liquiditätsanforderungen zu schaffen sowie einheitliche Höchstgrenzen für die Verschuldung der Kreditinstitute zu etablieren.[871] Letztlich sollen somit die in der Finanz- und Wirtschaftskrise der Jahre 2007 ff. sichtbar gewordenen regulatorischen Schwächen (zumindest teilweise) beseitigt und die Widerstandsfähigkeit der Finanzmärkte erhöht werden.[872]

Seit dem Jahr 2016 zeichnet sich darüber hinaus ab, dass wesentliche Inhalte des CRD IV-Pakets durch neue gesetzgeberische Maßnahmen finalisiert, ergänzt, erweitert und modifiziert werden sollen. Bedeutsam sind in diesem Zusammenhang insbesondere der kommissionsseitige Vorschlag zur Änderung der CRR[873] sowie die Empfehlungen des Basler Ausschusses für Bankenaufsicht zur Finalisierung von Basel III[874], welche vorliegend – aufgrund der noch fehlenden finalen Ausgestaltung jedoch nur in Grundzügen – Berücksichtigung finden sollen.

Die einzelnen Kernbereiche der bankenaufsichtsrechtlichen Reaktionen auf die Finanz- und Wirtschaftskrise der Jahre 2007 ff. sollen im Folgenden einer genaueren Betrachtung unterzogen werden.

---

unmittelbar geltendes Recht in allen Mitgliedsstaaten der Europäischen Union darstellt, musste die CRD IV als Richtlinie erst durch eine Vielzahl von Änderungen, insbesondere im KWG, in nationales Recht umgesetzt werden. Vgl. Deutsche Bundesbank (Monatsbericht 2013a), S. 66; Waschbusch, Gerd; Rolle, Andrea (Qualität 2014), S. 83–84; Cech, Christian (Basel III 2017), S. 47–48; Helmreich, Silvia (Eigenmittel 2017), S. 84; Hellenkamp, Detlef (Bankwirtschaft 2018), S. 88.

871 Vgl. Bundesanstalt für Finanzdienstleistungsaufsicht (CRD IV 2013).

872 Vgl. Apfelbacher, Gabriele; Kopp, Thomas (Kernkapital 2011), S. 21; Krämer, Gregor; Waschbusch, Gerd; Rolle, Andrea (Leverage 2011), S. 390; Waschbusch, Gerd; Krämer, Gregor; Rolle, Andrea (Ratio 2011), S. 141; Waschbusch, Gerd; Rolle, Andrea (Kredite 2013), S. 487; Waschbusch, Gerd; Rolle, Andrea (Qualität 2014), S. 82.

873 Vgl. Europäische Kommission (Vorschlag 2016). Vgl. auch Ausschuss für Wirtschaft und Währung (Bericht 2018).

874 Vgl. Basel Committee on Banking Supervision (Finalising 2017).

3.3.2.2. Quantitative und qualitative Eigenmittelneudefinition

Eine zentrale Erkenntnis aus der Finanz- und Wirtschaftskrise der Jahre 2007 ff. lautet, dass viele Banken nicht in ausreichendem Maße über qualitativ hochwertiges bankenaufsichtsrechtliches Eigenkapital[875] verfügen und somit die Verlustausgleichs- und Haftungsfunktion des Eigenkapitals nicht ausreichend gewahrt werden konnte.[876] Die Verbesserung der Quantität und Qualität des regulatorischen Eigenkapitals war somit ein zentrales Anliegen des CRD IV-Pakets.[877] Hierdurch sollen eine wesentliche Stärkung der Widerstandsfähigkeit des Bankensektors und eine Erhöhung der Finanzmarktstabilität erreicht werden.[878]

Mit der Umsetzung des CRD IV-Pakets wurden die bisher bestehenden regulatorischen Kapitalkategorien (hartes Kernkapital, hybrides Kernkapital, Ergänzungskapital 1. und 2. Klasse, Drittrangmittel) novelliert sowie hinsichtlich ihrer Struktur vereinfacht,[879] sodass nunmehr lediglich eine Einteilung in die Kategorien „hartes Kernkapital“, „zusätzliches Kernkapital“ und „Ergänzungskapital“ erfolgt.[880] Parallel dazu wurden die jeweiligen Zuordnungskriterien zur Anerkennung als Kern- oder Ergänzungskapital verschärft.[881]

Während das harte und das zusätzliche Kernkapital Verluste aus dem laufenden Geschäft abdecken sollen (Going-Concern-Fall), dient das Ergänzungskapital lediglich der Verlustdeckung im Insolvenz- bzw. Liqui-

---

875 Die Begriffe „bankenaufsichtsrechtliches Eigenkapital“, „regulatorisches Eigenkapital“ und „Eigenmittel“ werden sowohl seitens des Gesetzgebers als auch in der Literatur synonym verwendet. Vgl. Buchmüller, Patrik u. a. (Eigenmittelregulierung 2018), S. 287.

876 Vgl. Deutsche Bundesbank (Basel III 2011), S. 7; Waschbusch, Gerd; Staub, Nadine; Luck, Pascal (Basel III 2012), S. 191; Kunze, Frederik; Windels, Torsten; Dill, Steffen (Basel III 2015), S. 291; Wagner, Oliver (Regulierung 2015), S. 91.

877 Vgl. Waschbusch, Gerd; Rolle, Andrea (Kredite 2013), S. 487.

878 Vgl. Grol, Thomas; Meyer-Romloch, Dorothea; Eicke, Christian (Eigenkapital 2011), S. 41; Cech, Christian (Basel III 2017), S. 49.

879 Vgl. Deutsche Bundesbank (Basel III 2011), S. 10, S. 17.

880 Vgl. Staub, Nadine; Rolle, Andrea (Basel III 2010), S. 130. Vgl. hierzu und zu folgendem Satz Lossin, Martin; Knüsel, Daniel (Regulatorik 2015), S. 129.

881 Ausgewählte aktuelle Zuordnungskriterien sind den Anlagen 24–26 zu entnehmen.

dationsfall (Gone-Concern-Fall).[882] Das harte Kernkapital entspricht hierbei den aufsichtsrechtlichen Eigenmitteln der höchsten Qualitätsstufe und ist insbesondere durch seine unbefristete Verfügbarkeit und seine Fähigkeit zur Verlustabsorption gekennzeichnet.[883] Das zusätzliche Kernkapital muss weitestgehend die gleichen Anforderungen erfüllen wie das harte Kernkapital, mit der Einschränkung, dass der Emittent unter bestimmten Voraussetzungen nach frühestens fünf Jahren einen Rückkauf tätigen oder kündigen darf.[884] Es entspricht im Wesentlichen dem früheren hybriden Kernkapital,[885] das sich im Rahmen der Finanz- und Wirtschaftskrise der Jahre 2007 ff. als nur bedingt zur Verlustabsorption geeignet erwiesen hat[886] und daraus resultierend nicht mehr wie nach der vorherigen Rechtslage teilweise als Haftungskapital höchster Qualität anerkannt wird.[887] Ferner wurde die ehemals vorzunehmende Unterteilung innerhalb des qualitativ niedriger eingestuften Ergänzungskapitals aufgegeben,[888] sodass nur noch eine Kategorie von Ergänzungskapital verbleibt, die den Gläubigern

882 Vgl. Domikowsky, Christian; Hesse, Frederik; Pfingsten, Andreas (Basel III 2012), S. 91–92; Waschbusch, Gerd; Staub, Nadine; Luck, Pascal (Basel III 2012), S. 191; Waschbusch, Gerd; Rolle, Andrea (Qualität 2014), S. 82; Hufeld, Felix (Banken 2016), S. 1153; Cech, Christian (Basel III 2017), S. 76; Helmreich, Silvia (Eigenmittel 2017), S. 87–88; Buchmüller, Patrik u. a. (Eigenmittelregulierung 2018), S. 290.

883 Vgl. Grol, Thomas; Meyer-Romloch, Dorothea; Eicke, Christian (Eigenkapital 2011), S. 42; Noack, Tim; Cremers, Heinz; Mala, Julia (Bankenaufsicht 2014), S. 28; Börner, Christoph J. (Eigenkapitalqualität 2015), S. 254; Buchmüller, Patrik u. a. (Eigenmittelregulierung 2018), S. 289.

884 Vgl. Hofmann, Jonathan; Schmolz, Sandra (Controlling 2014), S. 14.

885 Vgl. Deutsche Bundesbank (Basel III 2011), S. 12; Eggers, Holger; Hortmann, Steffen (Basel III 2011), S. 50; Hofmann, Jonathan; Schmolz, Sandra (Controlling 2014), S. 17; Cech, Christian (Basel III 2017), S. 76; Buchmüller, Patrik u. a. (Eigenmittelregulierung 2018), S. 289.

886 Das Hybridkapital stand teilweise lediglich eingeschränkt zum Verlustausgleich zur Verfügung oder es wies im Hinblick auf die Dauerhaftigkeit der Kapitalbereitstellung erhebliche Defizite auf, sodass ein Abfließen der Mittel durch Kündigung der Kapitalüberlassungsverträge seitens der Kapitalgeber in wirtschaftlich schwierigen Situationen nicht ausgeschlossen werden konnte. Vgl. Deutsche Bundesbank (Basel III 2011), S. 7.

887 Vgl. Wagner, Oliver (Regulierung 2015), S. 92.

888 Vgl. Deutsche Bundesbank (Basel III 2011), S. 192; Waschbusch, Gerd; Rolle, Andrea (Qualität 2014), S. 83–84.

im Insolvenz- bzw. Liquidationsfall zur Verfügung steht.[889] Bestimmte Instrumente, beispielsweise der Haftsummenzuschlag,[890] die ursprünglich vollumfänglich dem Ergänzungskapital zugeordnet wurden, werden darüber hinaus teilweise gar nicht mehr, teilweise nur sofern sie in einer wirtschaftlich angespannten Situation auch tatsächlich zur Verfügung stehen, anerkannt.[891] Durch die Begrenzung des Ergänzungskapitals auf die Funktion des Gläubigerschutzes im Insolvenzfall und die verschärften Anerkennungskriterien wird die Bedeutung dieser Kapitalkategorie erheblich eingeschränkt.[892]

Die ursprünglich zur Abdeckung von Marktpreisrisiken anrechenbaren Drittrangmittel werden nach aktueller Rechtslage nicht mehr als Eigenmittel anerkannt.[893] Die Eigenmittel zur Unterlegung der Marktpreisrisiken müssen somit die gleiche Qualität aufweisen wie diejenigen zur Abdeckung der Adressen- und operationellen Risiken.[894]

Zusammenfassend ist festzuhalten, dass der Basler Ausschuss durch die Überarbeitung der ursprünglichen Eigenmitteldefinition die Eigenmittel und deren Anforderungen hin zu qualitativ höherwertigen Kapitalbestandteilen geändert hat.[895] Insbesondere die verschärften Zuordnungskriterien und die Nichtanerkennung mancher Instrumente als Eigenmittel bzw. als hartes Kernkapital erhöhen die Qualität der verschiedenen bankenaufsichtsrechtlichen Eigenkapitalkategorien.[896]

---

889 Vgl. Deutsche Bundesbank (Basel III 2011), S. 10; Grol, Thomas; Meyer-Romloch, Dorothea; Eicke, Christian (Eigenkapital 2011), S. 55; Waschbusch, Gerd; Staub, Nadine; Luck, Pascal (Basel III 2012), S. 192.

890 Vgl. ausführlich zur Nichtanerkennung bestimmter Instrumente als aufsichtsrechtliche Eigenmittel Waschbusch, Gerd; Rolle, Andrea (Qualität 2014), S. 91.

891 Vgl. Reifschneider, Annika (Eigenkapitalmanagement 2014), S. 172.

892 Vgl. Grol, Thomas; Meyer-Romloch, Dorothea; Eicke, Christian (Eigenkapital 2011), S. 55; Waschbusch, Gerd; Staub, Nadine; Luck, Pascal (Basel III 2012), S. 192; Deutsche Bundesbank (Monatsbericht 2013a), S. 60.

893 Vgl. Deutsche Bundesbank (Basel III 2011), S. 10; Eggers, Holger; Hortmann, Steffen (Basel III 2011), S. 50; Grol, Thomas; Meyer-Romloch, Dorothea; Eicke, Christian (Eigenkapital 2011), S. 42; Waschbusch, Gerd; Staub, Nadine; Luck, Pascal (Basel III 2012), S. 192; Wagner, Oliver (Regulierung 2015), S. 92; Buchmüller, Patrik u. a. (Eigenmittelregulierung 2018), S. 290.

894 Vgl. Staub, Nadine; Rolle, Andrea (Basel III 2010), S. 130.

895 Vgl. Grol, Thomas; Meyer-Romloch, Dorothea; Eicke, Christian (Eigenkapital 2011), S. 42.

896 Vgl. Gschrey, Gerhard (Basel III 2013), S. 52–53; Börner, Christoph J. (Eigenkapitalqualität 2015), S. 254.

Neben der Erhöhung der Eigenmittelqualität müssen Banken auch verschärfte quantitative Anforderungen an die Eigenmittel beachten.[897] Allgemein gilt, dass die Kreditinstitute zwecks Abdeckung der Erfolgsrisiken[898] über einen ausreichenden Bestand an Eigenmitteln verfügen müssen.[899] Im Rahmen von Basel III wurde die Eigenmittelzusammensetzung zugunsten höherwertiger Kapitalbestandteile geändert.[900] Die erläuterten unterschiedlichen Qualitäten der Eigenmittel haben in diesem Zusammenhang jedoch weder Einfluss auf den Umfang der Anerkennung noch auf die Verwendung der Eigenmittel zur Risikounterlegung, sondern die Qualitätskategorien äußern sich in den gesetzlich vorgeschriebenen Mindestausstattungen der Banken mit Eigenmitteln der verschiedenen Kategorien.[901] Die Erhöhung der quantitativen Anforderungen an das harte Kernkapital im Rahmen von Basel III gestaltet sich derart, dass nunmehr, ohne Berücksichtigung der seit 2016 zusätzlich einzuführenden Kapitalpuffer, mindestens 4,5 % hartes Kernkapital und mindestens 6 % gesamtes Kernkapital, bestehend aus hartem und zusätzlichem Kernkapital, zur Unterlegung des Gesamtrisikobetrags[902] des Kreditinstituts vorgehalten werden

---

897 Vgl. Deutsche Bundesbank (Basel III 2011), S. 17; Grol, Thomas; Meyer-Romloch, Dorothea; Eicke, Christian (Eigenkapital 2011), S. 45; Lossin, Martin; Knüsel, Daniel (Regulatorik 2015), S. 128.

898 Unter Erfolgsrisiken ist die Gefahr zu verstehen, „dass durch mögliche Ertragsminderungen bzw. Aufwandserhöhungen gegenüber den erwarteten Erträgen bzw. Aufwendungen der zukünftig realisierte Erfolg negativ vom erwarteten Erfolg abweicht und dadurch das Eigenkapital der Bank negativ bebeeinflusst wird.“ Waschbusch, Gerd u. a. (Risikoprämie 2018), S. 1962. Vgl. auch Schierenbeck, Henner (Versicherungslexikon 1994), S. 224–225; Wiedemann, Arnd (Erfolgsrisiko 2012), S. 472.

899 Vgl. Waschbusch, Gerd; Rolle, Andrea (Qualität 2014), S. 92; Hellenkamp, Detlef (Bankwirtschaft 2018), S. 84.

900 Vgl. Grol, Thomas; Meyer-Romloch, Dorothea; Eicke, Christian (Eigenkapital 2011), S. 42.

901 Vgl. hierzu und zu folgendem Satz Waschbusch, Gerd; Rolle, Andrea (Qualität 2014), S. 92–93.

902 Der Gesamtrisikobetrag spiegelt das mit Eigenmitteln zu unterlegende Risiko eines Instituts wider und beinhaltet insbesondere die risikogewichteten Positionsbeträge zur Unterlegung des Adressenrisikos sowie die mit dem Faktor 12,5 multiplizierte Summe aus den Eigenmittelanforderungen für das operationelle Risiko, das Warenpreisrisiko sowie das Fremdwährungsrisiko. Vgl. Waschbusch, Gerd; Rolle, Andrea (Qualität 2014), S. 93. Auch die Risikogewichte, die als Grundlage zur Berechnung des Gesamtrisikobetrags dienen, wurden im Zuge von Basel III teilweise erhöht. Vgl. Terliesner, Stefan (Schrumpfkur 2011), S. 11.

müssen.[903] Die jeweiligen Kapitalquoten ergeben sich dabei weiterhin aus der Division des regulatorischen Eigenkapitals durch den Gesamtrisikobetrag.[904] Da die Mindestanforderung an die Gesamtkapitalquote, d. h. das Ergebnis der Division der Eigenmittel durch den Gesamtrisikobetrag,[905] weiterhin bei 8 % verbleibt,[906] können folglich lediglich maximal 2 % Ergänzungskapital aufsichtsrechtlich verwendet werden.[907] Im Jahr 2013 waren nur mindestens 2 % hartes Kernkapital und eine Kernkapitalquote von 4 % erforderlich, sodass das Ergänzungskapital als Kapitalkategorie niedrigster Qualität mit bis zu 4 % aufsichtsrechtliche Verwendung finden konnte.[908] Letztlich steigt insbesondere durch die erhöhten Anforderungen hinsichtlich des harten Kernkapitals auch die Qualität des Eigenmittelportfolios, weil mehr hartes Kernkapital, und damit Kapital höchster Qualität,[909] zur Abdeckung der bankenaufsichtsrechtlichen Erfolgsrisiken herangezogen werden muss.[910] Abbildung 15 visualisiert die aktuell gültigen Mindesteigenmittelanforderungen.

---

903 Vgl. Deutsche Bundesbank (Basel III 2011), S. 18; Grol, Thomas; Meyer-Romloch, Dorothea; Eicke, Christian (Eigenkapital 2011), S. 48; Füser, Karsten; Stetter, Thorsten; Wagner, Markus (Kapitalanforderungen 2012), S. 10; Haberhauer, Stefanie; Lüdke, Inés (Basel III 2013), S. 93; Cech, Christian (Basel III 2017), S. 76; Buchmüller, Patrik u. a. (Eigenmittelregulierung 2018), S. 292. Somit darf die Gesamtkernkapitalquote nur noch zu maximal 1,5 % aus zusätzlichem Kernkapital erfüllt werden. Vgl. Waschbusch, Gerd; Staub, Nadine; Luck, Pascal (Basel III 2012), S. 192.

904 Vgl. Reifschneider, Annika (Eigenkapitalmanagement 2014), S. 169.

905 Die Summe aus hartem und zusätzlichem Kernkapital sowie dem Ergänzungskapital ergibt die gesamten regulatorischen Eigenmittel. Vgl. Füser, Karsten; Stetter, Thorsten; Wagner, Markus (Kapitalanforderungen 2012), S. 10; Cech, Christian (Basel III 2017), S. 76.

906 Vgl. Cech, Christian (Basel III 2017), S. 76.

907 Vgl. Deutsche Bundesbank (Basel III 2011), S. 18; Waschbusch, Gerd; Staub, Nadine; Luck, Pascal (Basel III 2012), S. 192; Waschbusch, Gerd; Rolle, Andrea (Qualität 2014), S. 93.

908 Vgl. Abbildung 16.

909 Vgl. Noack, Tim; Cremers, Heinz; Mala, Julia (Bankenaufsicht 2014), S. 28; Börner, Christoph J. (Eigenkapitalqualität 2015), S. 254.

910 Vgl. Grol, Thomas; Meyer-Romloch, Dorothea; Eicke, Christian (Eigenkapital 2011), S. 42.

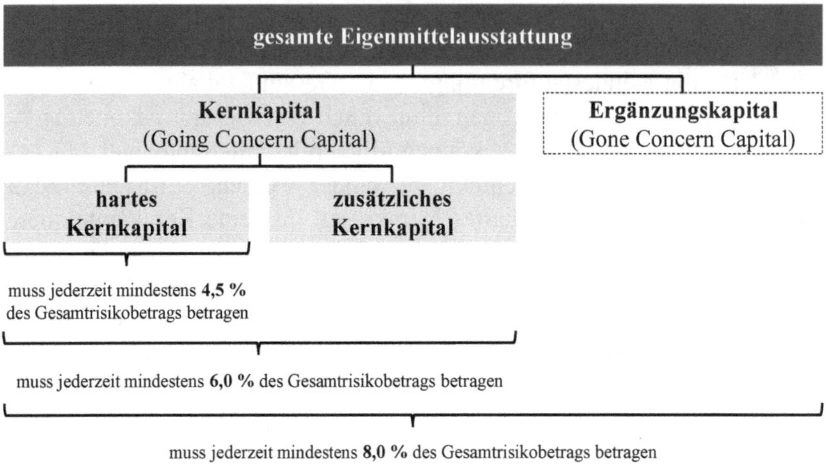

Abbildung 15: Mindesteigenmittelanforderungen ohne Berücksichtigung zusätzlicher Kapitalpuffer[911]

Über die strukturelle Verbesserung der Quantität der Eigenmittel hinaus tragen seit dem Jahr 2016 zusätzliche Kapitalpuffer zu einer verbesserten Ausstattung der Kreditinstitute mit hartem Kernkapital bei.[912] Das zentrale Ziel dieser Kapitalpuffer besteht darin, dass den Kreditinstituten ausreichend hartes Kernkapital als zusätzliche Reserve zur Abdeckung eintretender Verluste zur Verfügung steht.[913] Letztlich sollen Banken somit insbesondere in konjunkturell schwierigen Phasen in die Lage versetzt werden, eingetretene Risiken aus eigener Kraft und ohne staatliche Unterstützung zu tragen.[914] Im Ergebnis müssen die Banken somit neben der erhöhten Quote für das harte Kernkapital auch unterschiedliche Anforderungen hinsichtlich der Kapitalpuffer erfüllen, wodurch sich die quantitativen Eigenmittelanforderungen zusätzlich erhöhen.[915]

911 Modifiziert entnommen aus Krämer, Gregor (Bankenaufsicht 2012), S. 392.
912 Vgl. Waschbusch, Gerd; Staub, Nadine; Luck, Pascal (Basel III 2012), S. 192. Die einzelnen Kapitalpuffer sind in den §§ 10c–10g KWG gesetzlich normiert.
913 Vgl. Hellenkamp, Detlef (Bankwirtschaft 2018), S. 87.
914 Vgl. Waschbusch, Gerd; Staub, Nadine; Luck, Pascal (Basel III 2012), S. 192.
915 Vgl. Waschbusch, Gerd; Rolle, Andrea (Qualität 2014), S. 94.

Am 01.01.2019 treten zwei aus hartem Kernkapital zu bildende Kapitalpuffer vollständig in Kraft: der Kapitalerhaltungspuffer[916] und der antizyklische Kapitalpuffer[917].[918]

Bereits seit seiner Einführung im Jahr 2016 muss der Kapitalerhaltungspuffer stufenweise jährlich um 0,625 % aufgebaut werden, sodass er im Jahr 2019 den vorgeschriebenen Zielwert von 2,5 % des Gesamtrisikobetrags umfasst.[919] Die vorzuhaltende harte Kernkapitalquote erhöht sich somit bis 2019 faktisch auf mindestens 7,0 % des Gesamtrisikobetrags.[920] Der Kapitalerhaltungspuffer soll insbesondere in konjunkturellen Aufschwungphasen zur Abdeckung von Verlusten in wirtschaftlich schwierigeren Perioden aufgebaut werden.[921] Dies wirkt der während der Finanz- und Wirtschaftskrise der Jahre 2007 ff. zu beobachtenden Praxis entgegen, wonach einige Kreditinstitute versuchten, eine tatsächlich nicht vorhandene Finanzkraft durch hohe Ausschüttungen zu demonstrieren.[922] Letztlich

---

916 Der Kapitalerhaltungspuffer, auch Kapitalerhaltungspolster oder capital conservation buffer genannt, wurde im Rahmen der von Basel III ausgehenden Vorschriften im deutschen Recht verankert (vgl. § 10c KWG). Dieser aus hartem Kernkapital bestehende Puffer ist zusätzlich zu den aufsichtsrechtlichen Mindesteigenmittelanforderungen vorzuhalten und dient der Abdeckung von Verlusten in wirtschaftlich angespannten Situationen. Vgl. Krämer, Gregor (Kapitalerhaltungspuffer 2012), S. 815.

917 Synonym zum antizyklischen Kapitalpuffer werden auch die Begriffe „antizyklisches Kapitalpolster“ oder „countercyclical buffer“ verwendet. Auch dieser Puffer geht auf die Bestimmungen des Basler Ausschusses zur Regulierung von Banken (Basel III) zurück und findet inzwischen seine gesetzliche Grundlage in § 10d KWG. Der Puffer erlaubt es den zuständigen nationalen Bankenaufsichtsbehörden in Zeiten eines exzessiven Kreditwachstums zusätzliches hartes Kernkapital von den Banken zu fordern, um der Entstehung von Kreditblasen vorzubeugen. Vgl. Krämer, Gregor (Antizyklischer Kapitalpuffer 2012), S. 75.

918 Vgl. Hofmann, Jonathan; Schmolz, Sandra (Controlling 2014), S. 16. Vgl. hierzu und zu folgenden beiden Sätzen Grol, Thomas; Meyer-Romloch, Dorothea; Eicke, Christian (Eigenkapital 2011), S. 57, S. 60; Buchmüller, Patrik u. a. (Eigenmittelregulierung 2018), S. 302.

919 Vgl. hierzu und zu folgendem Satz Weigel, Wolfgang; Sierleja, Lukas (Kreditinstituten 2015), S. 232; Cech, Christian (Basel III 2017), S. 78–79.

920 Vgl. Bundesverband deutscher Banken; Deutscher Industrie- und Handelskammertag (Basel III 2013), S. 14. Vgl. hierzu und zu folgendem Satz Basel Committee on Banking Supervision (Crisis 2010), S. 9, S. 16.

921 Vgl. Grol, Thomas; Meyer-Romloch, Dorothea; Eicke, Christian (Eigenkapital 2011), S. 56; Cech, Christian (Basel III 2017), S. 78.

922 Vgl. Füser, Karsten; Stetter, Thorsten; Wagner, Markus (Kapitalanforderungen 2012), S. 11.

schützt der Kapitalerhaltungspuffer somit die Banken bis zu einem gewissen Grad davor, in einer Krise aufgrund von Verlusten die Mindesteigenmittelanforderungen zu unterschreiten.[923] Regulatorische Ausschüttungssperrvorschriften unterstützen in diesem Zusammenhang den Aufbau und die Einhaltung des zusätzlichen Eigenmittelpolsters.[924]

Zusätzlich und ergänzend zu dem Kapitalerhaltungspuffer tritt ab dem 01.01.2019 auch der antizyklische Kapitalpuffer vollständig in Kraft.[925] In Zeiten übermäßigen Kreditwachstums soll er aufgebaut werden, sodass durch ihn zum einen in der Hochphase die Kreditvergabe verringert und somit die Bildung von Spekulationsblasen[926] verhindert wird und zum anderen zusätzliches Kapital in Krisensituationen zum Verlustausgleich und zur Erhaltung des Kreditangebots zur Verfügung steht.[927] Der Puffer hat seinen Ursprung in der Erkenntnis aus der Finanz- und Wirtschaftskrise der Jahre 2007 ff., dass Verluste im Bankensektor während eines konjunkturellen Einbruchs, dem ein exzessives Kreditwachstum vorausging, besonders hoch sein können, was sich wiederum destabilisierend auf den Bankensektor auswirkt und die gesamtwirtschaftliche Situation weiter verschlechtert.[928] Der antizyklische Kapitalpuffer wird analog zum Kapitalerhaltungspuffer seit 2016 stufenweise jährlich aufgebaut und kann je nach Volkswirtschaft bis zu 2,5 % betragen.[929] Die Festlegung des tatsächlichen Prozentsatzes obliegt für inländische Kreditinstitute der

923 Vgl. Thelen-Pischke, Hiltrud (Kapitalanforderungen 2016).

924 Vgl. Schwetzler, Bernhard (Basel III 2015), S. 458; Cech, Christian (Basel III 2017), S. 78.

925 Vgl. Grol, Thomas; Meyer-Romloch, Dorothea; Eicke, Christian (Eigenkapital 2011), S. 60.

926 Bei einer Spekulationsblase handelt es sich um eine „Bezeichnung für einen überkauften Markt, der sich u. a. im Börsen-, Rohstoff oder Immobilienbereich völlig von der realen Wirtschaftsentwicklung abgekoppelt hat". Waschbusch, Gerd (Spekulationsblase 2012), S. 1288.

927 Vgl. Füser, Karsten; Stetter, Thorsten; Wagner, Markus (Kapitalanforderungen 2012), S. 11; Hofmann, Jonathan; Schmolz, Sandra (Controlling 2014), S. 16; Thelen-Pischke, Hiltrud (Kapitalanforderungen 2016); Cech, Christian (Basel III 2017), S. 79.

928 Vgl. zu den letzten beiden Sätzen Deutsche Bundesbank (Basel III 2011), S. 25.

929 Vgl. hierzu und zu folgendem Satz Basel Committee on Banking Supervision (Crisis 2010), S. 9; Hofmann, Jonathan; Schmolz, Sandra (Controlling 2014), S. 16; Thelen-Pischke, Hiltrud (Kapitalanforderungen 2016); Cech, Christian (Basel III 2017), S. 79.

Bundesanstalt für Finanzdienstleistungsaufsicht, die die Quote vierteljährlich festsetzt.[930] Aktuell liegt die Anforderung bei 0 %.[931]

Über die bereits beschriebenen Kapitalpuffer hinaus wurde ein ebenfalls aus hartem Kernkapital vorzuhaltender Kapitalpuffer für systemische Risiken, der sogenannte Systemrisikopuffer, eingeführt.[932] Er soll es den Mitgliedsstaaten der Europäischen Union ermöglichen, einen zusätzlichen flexiblen Puffer zu fordern, um Auswirkungen von systemischen Risiken auf die Realwirtschaft sowie das nationale Finanzsystem zu verringern oder abzuwehren.[933] Folglich obliegt es der Bundesanstalt für Finanzdienstleistungsaufsicht, für bestimmte Institutsgruppen oder Positionsklassen den zusätzlichen Systemrisikopuffer zu fordern.[934] Wird der Puffer eingeführt, so beträgt er mindestens 1 % des Gesamtrisikobetrags und ist nach oben unbeschränkt.[935] Die Bundesanstalt hat bis dato noch keine entsprechende Anordnung getroffen.[936]

In Abhängigkeit von der Bedeutung des jeweiligen Instituts müssen zudem seit 2016 weitere Kapitalpuffer aus hartem Kernkapital vorgehalten werden.[937] Dabei ist zwischen global systemrelevanten Instituten und anderweitig systemrelevanten Instituten zu unterscheiden.[938] Für global systemrelevante Institute (G-SRI) beträgt dieser Puffer zwischen 1 % und 3,5 %, anderweitig systemrelevante Institute (A-SRI) müssen, nach Ermessen der Bundesanstalt für Finanzdienstleistungsaufsicht, maximal 2 % des Gesamtrisikobetrags an zusätzlichem Kapitalpuffer vorweisen.[939] Die

930 Vgl. Füser, Karsten; Stetter, Thorsten; Wagner, Markus (Kapitalanforderungen 2012), S. 12.

931 Vgl. European Systemic Risk Board (Rates 2018).

932 Vgl. Hofmann, Jonathan; Schmolz, Sandra (Controlling 2014), S. 18; Gurlit, Elke (Bankenaufsicht 2015), S. 1259.

933 Vgl. Finanzmarktstabilitätsgremium (Aufsicht o. J.); Ausschuss für Finanzstabilität (Finanzstabilität 2015), S. 19; Helmreich, Silvia (Eigenmittel 2017), S. 91. Vgl. hierzu und zu folgendem Satz Kunze, Frederik; Windels, Torsten; Dill, Steffen (Basel III 2015), S. 303.

934 Vgl. Gurlit, Elke (Bankenaufsicht 2015), S. 1261. Vgl. hierzu und zu folgendem Satz Hofmann, Jonathan; Schmolz, Sandra (Controlling 2014), S. 18; Cech, Christian (Basel III 2017), S. 79.

935 Vgl. Thelen-Pischke, Hiltrud (Kapitalanforderungen 2016).

936 Vgl. Buchmüller, Patrik u. a. (Eigenmittelregulierung 2018), S. 306.

937 Vgl. Kunze, Frederik; Windels, Torsten; Dill, Steffen (Basel III 2015), S. 302; Thelen-Pischke, Hiltrud (Kapitalanforderungen 2016).

938 Vgl. Hofmann, Jonathan; Schmolz, Sandra (Controlling 2014), S. 18.

939 Vgl. Kunze, Frederik; Windels, Torsten; Dill, Steffen (Basel III 2015), S. 302; Thelen-Pischke, Hiltrud (Kapitalanforderungen 2016); Cech, Christian (Ba-

Systemrelevanz wird hierbei insbesondere nach der Größe der Bank, ihrer Vernetzung, ihrer Bedeutung für das Finanzsystem, ihrer grenzübergreifenden Aktivitäten sowie ihrer Komplexität bestimmt.[940] Unterliegt ein Institut neben dem Puffer für systemrelevante Institute auch noch weiteren Anforderungen aus dem Systemrisikopuffer, so muss grundsätzlich nur der jeweils höhere Puffer erfüllt werden.[941] Derzeit muss in Deutschland lediglich die Deutsche Bank einen zusätzlichen Kapitalpuffer für global systemrelevante Institute in Höhe von 2,0 % des Gesamtrisikobetrags vorhalten.[942] Darüber hinaus gelten im Bundesgebiet zwölf weitere Institute als anderweitig systemrelevant und müssen demnach zusätzliche Kapitalanforderungen erfüllen.[943]

Abbildung 16 verdeutlicht die Entwicklung der einzelnen Kapitalbestandteile im Zeitraum von 2013 bis zum Jahr 2019 unter der Annahme, dass alle Kapitalpuffer in voller Höhe gefordert würden. Für ein global systemrelevantes Institut würde sich in diesem Fall, sofern der maximale G-SRI-Puffer von 3,5 % erfüllt werden müsste, die Eigenmittelanforderung im Vergleich zum Jahr 2013 mehr als verdoppeln. Mindestens 13 Prozentpunkte der Eigenmittelanforderung müssten aus hartem Kernkapital bestritten werden.[944]

---

sel III 2017), S. 79; Buchmüller, Patrik u. a. (Eigenmittelregulierung 2018), S. 303–304.

940 Vgl. Grol, Thomas; Meyer-Romloch, Dorothea; Eicke, Christian (Eigenkapital 2011), S. 62.

941 Vgl. Kunze, Frederik; Windels, Torsten; Dill, Steffen (Basel III 2015), S. 303; Cech, Christian (Basel III 2017), S. 79. Ausnahmsweise kann jedoch der Systemrisikopuffer neben dem Kapitalpuffer für systemrelevante Institute Anwendung finden, wenn sich der Systemrisikopuffer nur auf Risikopositionen in dem festlegenden Mitgliedsstaat bezieht. Vgl. Deutsche Bundesbank (Monatsbericht 2013a), S. 62; Kunze, Frederik; Windels, Torsten; Dill, Steffen (Basel III 2015), S. 303.

942 Vgl. Paul, Stephan; Stein, Stefan (Finanzierungstrends 2015), S. 243–244; Thelen-Pischke, Hiltrud (Kapitalanforderungen 2016); Financial Stability Board (List 2017), S. 3; Buchmüller, Patrik u. a. (Eigenmittelregulierung 2018), S. 303; Neisen, Martin; Schulte-Mattler, Herrmann (Zeiten 2018), S. 50.

943 Vgl. Bundesanstalt für Finanzdienstleistungsaufsicht (Institute 2017).

944 Vgl. zur Entwicklung der Eigenmittelanforderungen für nicht systemrelevante Institute Buchmüller, Patrik u. a. (Eigenmittelregulierung 2018), S. 287.

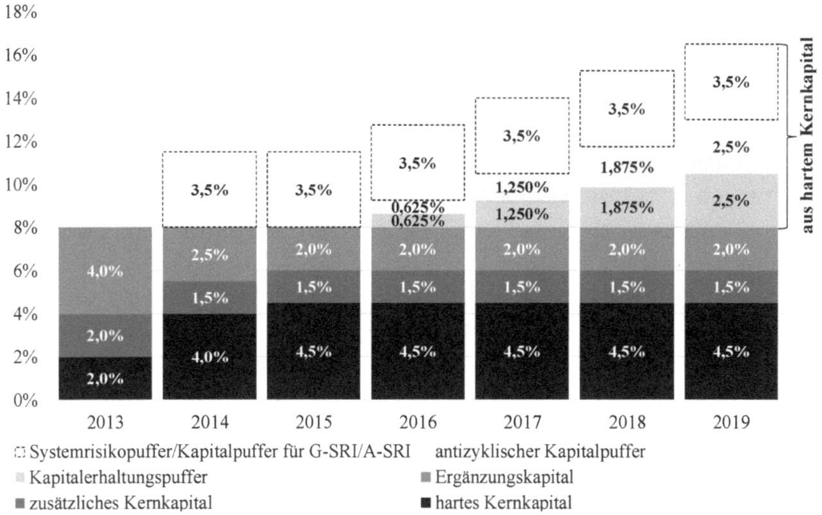

Abbildung 16: Im Zeitverlauf ansteigende Kapitalanforderungen[945]

Zusammenfassend werden die Kreditinstitute zwecks Vermeidung zukünftiger Krisensituationen zunehmend gezwungen mehr sowie qualitativ bessere Eigenmittel vorzuhalten.[946] Angesichts der erhöhten qualitativen Anforderungen verknappen sich die ansetzbaren Eigenmittel, woraus höhere Erwartungen hinsichtlich der Verzinsung dieser resultieren können.[947] Ferner handelt es sich bei dem nunmehr in höherem Maße vorzuhaltenden harten Kernkapital aufgrund seiner Haftungsqualität um das Kapital mit dem höchsten Renditeanspruch.[948] Entsprechend steigen die Eigenkapitalkosten einerseits aufgrund der erhöhten qualitativen Anforderungen und andererseits bedingt durch die gestiegene Kernkapitalquote, insbesondere auch in Verbindung mit den einzuhaltenden Kapitalpuf-

945 Modifiziert entnommen aus Deutsche Bundesbank (Monatsbericht 2013a), S. 62.

946 Vgl. Waschbusch, Gerd; Staub, Nadine; Luck, Pascal (Basel III 2012), S. 192. Vgl. zu den letzten beiden Sätzen Buschmeier, Andreas (Basel III 2013), S. 23.

947 Vgl. Haberhauer, Stefanie; Lüdke, Inés (Basel III 2013), S. 93.

948 Vgl. Hartmann-Wendels, Thomas (Banken 2011), S. 83. Vgl. hierzu und zu folgendem Satz Paul, Stephan; Stein, Stefan (Finanzierungstrends 2015), S. 244.

fern.[949] Wie bereits erläutert sind viele Kreditinstitute aktuell nicht in der Lage, die Eigenkapitalkosten zu erwirtschaften.[950] Angesichts der bis zum Jahr 2019 weiterhin ansteigenden Kapitalpufferanforderungen und den somit wachsenden Eigenkapitalkosten liegt es daher nahe, dass die Banken auch in den nächsten Jahren nicht den geforderten Renditen der Investoren entsprechen können. Die zur Einhaltung der Kapitalpufferanforderungen teilweise erforderlichen Gewinnthesaurierungen[951] und die damit einhergehenden Ausschüttungskürzungen wirken sich aus Sicht der Anteilseigner eher negativ aus.[952]

Aus den gestiegenen Eigenkapitalkosten im Besonderen und generell aus den Regelungen nach Basel III resultiert auch eine tendenziell verteuerte und erschwerte Kreditvergabe seitens der Banken.[953] Angesichts der verschärften Vorschriften müssen die ausgereichten Kredite zunehmend mit qualitativ besseren und quantitativ höheren Eigenmitteln unterlegt werden.[954] Insbesondere der ansteigende Anteil an hartem Kernkapital verteuert die Kredite aufgrund der risikobedingten erhöhten Renditeforderungen der Kapitalgeber.[955] Im Rahmen der Kalkulation der Kreditkonditionen führt dies dazu, dass der Kredit auf den gestiegenen Eigenkapitalanteil die erhöhten Eigenkapitalkosten erwirtschaften muss und sich der Kredit demzufolge verteuert.[956] Schätzungen ergeben, dass bereits ein geforderter Anstieg des harten Kernkapitals um absolut 1 % die Kredit-

---

949 Vgl. Rehm, Hannes (Bankenstruktur 2016), S. 583. Vgl. hierzu und zu folgendem Satz Wiedemeier, Ingo (Kreditrisikostrategie 2015), S. 357–358.

950 Vgl. Kapitel 2.2.4.

951 Werden die Kapitalanforderungen der Kapitalpuffer nicht erfüllt, so müssen unter Umständen die Dividendenausschüttungen bzw. Boni-Zahlungen sogar solange begrenzt werden, bis die erforderlichen Mindestanforderungen erreicht sind. Vgl. Staub, Nadine; Rolle, Andrea (Basel III 2010), S. 130; Hellenkamp, Detlef (Bankwirtschaft 2018), S. 87.

952 Vgl. Geissmann, Daniel; Holländer, Dirk; Mrusek, Frank (Bankenmanagement 2015), S. 100; Schwetzler, Bernhard (Basel III 2015), S. 466; Biewer, Johannes; Follert, Florian (Bankbewertung 2016), S. 171.

953 Vgl. Thiel, Dirk; Koll, Stefan (Basel III 2011), S. 161; Bundesverband deutscher Banken; Deutscher Industrie- und Handelskammertag (Basel III 2013), S. 11; Harms, Olaf (Factoring 2013), S. 141; Reifschneider, Annika (Eigenkapitalmanagement 2014), S. 183; Wöhler, Jens (Regulierung 2015), S. 62–63.

954 Vgl. Waschbusch, Gerd; Staub, Nadine; Luck, Pascal (Basel III 2012), S. 192.

955 Vgl. hierzu und zu folgenden beiden Sätzen Hartmann-Wendels, Thomas (Banken 2011), S. 82–83, S. 87.

956 Vgl. Eggers, Holger; Hortmann, Steffen (Basel III 2011), S. 50; Wöhler, Jens (Regulierung 2015), S. 63–64.

kosten um ca. 0,12 Prozentpunkte erhöht.[957] Die Kosten der Bank für die Eigenmittelunterlegung im Rahmen der Kreditvergabe erhöhen sich angesichts der verschärften Anforderungen institutsabhängig insgesamt um durchschnittlich etwa ein Drittel.[958] Kann der Anstieg der Eigenkapitalkosten nicht vollständig an den Kreditnehmer weitergegeben werden, so verringert sich dadurch die Marge der Bank. Letztlich kann dies zu einer Verringerung des Wertbeitrags aus dem Kreditgeschäft mit negativen Auswirkungen auf den Erfolg des Kreditinstituts sowie zu weiteren negativen Effekten[959] führen.[960] Insgesamt erschweren somit die Regelungen nach Basel III das Kreditgeschäft der Banken.[961]

Der zusätzliche Bedarf an hartem Kernkapital aufgrund der verschärften Regelungen nach Basel III betrug, ausgehend vom Bestand an hartem Kernkapital im Jahr 2009, für die Banken bis dato schätzungsweise 50 Mrd. Euro.[962] Der Kapitalmehrbedarf variierte hierbei jedoch erheblich je nach Größe und Art der Bank, sodass lediglich 3 Mrd. Euro auf kleine und mittlere Institute wie Sparkassen und Kreditgenossenschaften entfielen.[963] Große, international tätige Banken mit ausgeprägten Kapitalmarktaktivitäten und enger systemischer Verflechtung waren und sind hingegen wesentlich stärker betroffen.[964]

---

957 Vgl. Macroeconomic Assessment Group (Final 2010), S. 5; Cosimano, Thomas F.; Hakura, Dalia S. (Basel III 2011), S. 4.

958 Vgl. Bundesverband deutscher Banken; Deutscher Industrie- und Handelskammertag (Basel III 2013), S. 4.

959 Insbesondere kann ein Kreditinstitut gezwungen sein, das Kreditvolumen zu begrenzen, was sich negativ auf den Erfolg eines Kreditinstituts und auf die gesamtwirtschaftliche Entwicklung auswirken kann. Vgl. Thiel, Dirk; Koll, Stefan (Basel III 2011), S. 161; Schwetzler, Bernhard (Basel III 2015), S. 459; Biewer, Johannes; Follert, Florian (Bankbewertung 2016), S. 171.

960 Vgl. zu den letzten beiden Sätzen Schwetzler, Bernhard (Basel III 2015), S. 459.

961 Vgl. Wöhler, Jens (Regulierung 2015), S. 66.

962 Vgl. Hartmann-Wendels, Thomas (Banken 2011), S. 2; Zeitler, Franz-Christoph (Rules 2011), S. 7; Posch, Dieter (Zukunft 2012), S. 209. Vgl. hierzu und zu folgendem Satz Deutsche Bundesbank (Finanzstabilitätsbericht 2010), S. 112; Waschbusch, Gerd; Staub, Nadine; Luck, Pascal (Basel III 2012), S. 193.

963 Vgl. zu den letzten beiden Sätzen Hartmann-Wendels, Thomas (Basel III 2011), S. 7; Terliesner, Stefan (Schrumpfkur 2011), S. 9; Sarialtin, Mehmet (Basel III 2015), S. 34.

964 Vgl. Deutsche Bundesbank (Basel III 2011), S. 58; Zeitler, Franz-Christoph (Rules 2011), S. 7.

Insbesondere einige Großbanken können das notwendige zusätzliche harte Kernkapital – insbesondere auch im Hinblick auf eventuell zu erfüllende Pufferanforderungen, die Schaffung zusätzlicher Spielräume für eine Ausweitung des operative Geschäfts und die Vermeidung der Auswirkungen einer ungewollten Unterschreitung der Kapitalanforderungen – nicht allein durch die Bildung von Rücklagen, die Thesaurierung von Gewinnen oder die Umwandlung stiller Einlagen in Eigenkapital aufbringen.[965] Um den Kapitalmehrbedarf dennoch zu decken, stehen diesen Kreditinstituten im Wesentlichen zwei Möglichkeiten zur Verfügung: der Abbau von mit Eigenkapital zu unterlegenden Bankgeschäften (Deleveraging) sowie rechtsformabhängig die Kapitalerhöhung im Wege der Außenfinanzierung.[966] Kapitalerhöhungen sind jedoch angesichts der aktuell angespannten Rentabilitätslage der privaten Kreditinstitute nur unter erschwerten Bedingungen und zu schlechten Konditionen möglich.[967] Aktionäre und Gesellschafter verhalten sich regelmäßig insoweit prozyklisch, dass sie oftmals nur in Zeiten hoher Ergebnisse bereit sind, dem Unternehmen zusätzliches Eigenkapital zur Verfügung zu stellen.[968] Im Umkehrschluss erschweren wirtschaftlich herausfordernde Situationen mit entsprechend niedrigen Renditen für die Anteilseigner die Aufnahme von zusätzlichem Eigenkapital.[969] Aktuell müssen bankseitig etwaige Gewinne teilweise zur Auffüllung der Kapitalpuffer genutzt werden und stehen demnach nicht für Ausschüttungen zur Verfügung, was sich negativ auf die Renditen der Anteilseigner auswirkt.[970] Darüber hinaus käme zusätzliches Eigenkapital, das nicht für neue Geschäfte, sondern lediglich zur Schließung einer bestehenden Kapitallücke aufgenommen wird, im Ergebnis einer weiteren Gewinnverwässerung gleich.[971] Das neu aufgenommene Eigenkapital würde mangels Nutzung im Rahmen der operati-

---

965 Vgl. Maier, Steffen (Finanzinstitute 2012), S. 47.

966 Vgl. Waschbusch, Gerd; Staub, Nadine; Luck, Pascal (Basel III 2012), S. 193; Bundesverband deutscher Banken; Deutscher Industrie- und Handelskammertag (Basel III 2013), S. 14.

967 Vgl. Buschmeier, Andreas (Basel III 2013), S. 18. Vgl. auch Kapitel 2.2.4.

968 Vgl. Lang, Sebastian; Spremann, Klaus (Finanzierungsverhalten 2016), S. 231, S. 234.

969 Vgl. Buschmeier, Andreas (Basel III 2013), S. 22; Fratzscher, Marcel; König, Philipp; Lambert, Claudia (Liquiditätsmanagement 2013), S. 6.

970 Vgl. Geissmann, Daniel; Holländer, Dirk; Mrusek, Frank (Bankenmanagement 2015), S. 100; Schwetzler, Bernhard (Basel III 2015), S. 466.

971 Vgl. hierzu und nachfolgend Wöhler, Jens (Regulierung 2015), S. 63.

ven Geschäftstätigkeit nicht zum Erfolg des Instituts beitragen – vielmehr würde es zwecks Erfüllung der regulatorischen Anforderungen gebunden werden. Der sich vergrößernden Eigenkapitalbasis könnte somit kein proportional hierzu wachsender Jahresüberschuss gegenübergestellt werden. Ceteris paribus würden bei konstanter Ausschüttungsbasis und erhöhtem Eigenkapital die Renditen der Anteilseigner sinken. Auch infolgedessen sind die Anteilseigner oftmals nicht zu einer Kapitalerhöhung bereit.[972]

Ist eine Kapitalerhöhung somit nicht möglich oder seitens des Kreditinstituts nicht gewünscht, kann die Erfüllung der erhöhten Eigenmittelanforderungen mittels Deleveraging angestrebt werden. Die Herausforderungen und Risiken dieses Vorgehens können beispielsweise aus einer damit verbundenen Einschränkung der Kreditvergabe resultieren und wurden bereits erläutert.[973]

Zusammenfassend lässt sich festhalten, dass die Eigenmittel zunehmend zu einem zentralen Engpassfaktor für die Kreditinstitute werden. Damit das Wachstum der Banken nicht durch die zusätzlichen Eigenmittelanforderungen gebremst wird, muss zukünftig ein besonderes Augenmerk auf die Kapitalbeschaffung, -allokation und -planung gelegt werden.[974]

3.3.2.3. Neue Liquiditätsstandards

Flankiert werden die neuen Eigenmittelstandards durch neue und erstmals einheitliche Liquiditätsanforderungen.[975] Anlässlich der Finanz- und Wirtschaftskrise der Jahre 2007 ff. wurde augenscheinlich, dass Banken in Krisensituationen teilweise nicht in ausreichendem Maß über liquide Mittel verfügen.[976] Viele Banken gerieten angesichts der plötzlich auftretenden Illiquidität der Märkte in eine Art Liquiditätskrise.[977] Phasenweise war die Refinanzierung über die Zentralbanken für viele Kreditinstitute

---

972 Vgl. Lang, Sebastian; Spremann, Klaus (Finanzierungsverhalten 2016), S. 231.
973 Vgl. Kapitel 3.3.1.
974 Vgl. Lister, Michael (Kreditinstitute 2015), S. 19.
975 Vgl. Maier, Steffen (Finanzinstitute 2012), S. 45.
976 Vgl. Waschbusch, Gerd; Staub, Nadine; Luck, Pascal (Basel III 2012), S. 195; Laufenberg, Steffen (Liquiditätsanforderungen 2018), S. 379.
977 Vgl. König, Philipp; Pothier, David (Liquiditätsregulierung 2016), S. 476; Cech, Christian (Basel III 2017), S. 75.

der einzige Zugang zu liquiden Mitteln.[978] Hätten die Zentralbanken nicht die Liquiditätsbereitstellung ausgeweitet und die Anforderungen an die zur Refinanzierung zu hinterlegenden Sicherheiten gelockert,[979] so wäre eine Serie von Bankinsolvenzen aufgrund von Zahlungsunfähigkeit zu befürchten gewesen. In Anbetracht der hieraus resultierenden Risiken für die Finanzmarktstabilität ist die Absicherung gegenüber Liquiditätsrisiken durch ein effizientes Liquiditätsmanagement in den Fokus aufsichtsrechtlicher Maßnahmen gerückt.[980] Liquiditätsengpässen, wie sie während der Finanzkrise zu beobachten waren, soll im Rahmen von Basel III insbesondere durch die Einführung von zwei permanent einzuhaltenden, verbindlichen Liquiditätskennzahlen entgegengewirkt werden: der kurzfristig wirkenden „Liquidity Coverage Ratio" (LCR) und der strukturellen, längerfristig angelegten „Net Stable Funding Ratio" (NSFR).[981] Ziel dieser Liquiditätsvorschriften ist es, auch im Falle einer erneuten Liquiditätskrise die jederzeitige Zahlungsfähigkeit der Banken zu gewährleisten.[982] Hierzu fordert die LCR einen Mindestbestand bestimmter hochliquider Aktiva als kurzfristige Liquiditätsreserve, um die Widerstandskraft der Banken gegenüber kurzfristigen Liquiditätsschocks zu erhöhen, während die NSFR ein ausgewogenes Verhältnis zwischen den Fristenstrukturen von Aktiv- und Passivseite der Banken fördern und somit eine übermäßige Fristentransformation verhindern soll.[983]

Insbesondere die LCR ist als wesentliche aufsichtsrechtliche Rahmenbedingung zu berücksichtigen.[984] Durch diese Kennzahl soll sichergestellt werden, dass die Banken zu jedem Zeitpunkt über ausreichend liquide Mittel verfügen, um stressinduzierte Netto-Liquiditätsabflüsse in einem

978 Vgl. hierzu und zu folgendem Satz Stöcker, Otmar (Insolvenzrecht 2012), S. 1270.

979 Vgl. Kernbauer, Johann (Liquiditätshilfe 2011), S. 970; Fratzscher, Marcel; König, Philipp; Lambert, Claudia (Liquiditätsmanagement 2013), S. 4.

980 Vgl. Meller, Florian (Liquiditätsvorschriften 2011), S. 261; Waschbusch, Gerd; Staub, Nadine; Luck, Pascal (Basel III 2012), S. 195. Vgl. hierzu und zu folgendem Satz Manns, Thorsten; Schulte-Mattler, Hermann (Aufsichtsfeuerwerk 2010), S. 1582.

981 Vgl. Basel Committee on Banking Supervision (Crisis 2010), S. 2; Eggers, Holger; Hortmann, Steffen (Basel III 2011), S. 50; Maier, Steffen (Finanzinstitute 2012), S. 45; Reifschneider, Annika (Eigenkapitalmanagement 2014), S. 170.

982 Vgl. Tigges, Claus (Basel III 2014), S. 244.

983 Vgl. Deutsche Bundesbank (Monatsbericht 2013a), S. 63.

984 Vgl. Diener, Dieter (Komplexität 2016), S. 32.

Zeitraum von 30 Tagen ohne Hilfe seitens des Staates oder der Zentralbank überstehen zu können.[985] Demnach zielt die LCR darauf ab, dass die Kreditinstitute ausreichende kurzfristige Liquidität mittels eines entsprechenden Liquiditätspuffers vorhalten.[986] Im Rahmen dieses Liquiditätspuffers sind nur lastenfreie und jederzeit verfügbare hochliquide Aktiva der Bank anrechenbar, die darüber hinaus transparent in ihrer Preisfindung und handelbar sind.[987] Diese hochliquiden Aktiva im Verhältnis zu den Netto-Liquiditätsabflüssen[988] während einer Stressphase[989] von 30 Tagen ergeben die Kennzahl LCR.[990]

---

985 Vgl. Thomas, Christian (Liquiditätsrisiko 2015), S. 27; Stern, Thomas (Liquiditätsregulierung 2017), S. 163; Laufenberg, Steffen (Liquiditätsanforderungen 2018), S. 384.

986 Vgl. Maier, Steffen (Finanzinstitute 2012), S. 45; Kraus, Tilo; Schröder, Jörg; Schnutenhaus, Dennis (Finanzierungslandschaft 2014), S. 193.

987 Vgl. weiterführend zu den verschiedenen Komponenten des Liquiditätspuffers sowie zur Einteilung dieser Komponenten in verschiedene Kategorien, nach denen sich die Anrechenbarkeit der Vermögenswerte und die Zusammensetzung des Puffers ergeben Stern, Thomas (Liquiditätsregulierung 2017), S. 165–166; Laufenberg, Steffen (Liquiditätsanforderungen 2018), S. 385–396. Die allgemeinen und operativen Anforderungen an liquide Aktiva bestimmen sich nach Art. 7, 8 VO (EU) 2015/61. Die Kriterien zur Zuordnung zu den einzelnen Kategorien und die entsprechenden Abschläge für die Vermögenswerte finden sich in Art. 10–15 VO (EU) 2015/61. Die zulässige Zusammensetzung des Liquiditätspuffers bestimmt sich gemäß Art. 17 VO (EU) 2015/61. Anlage 27 vermittelt einen Überblick über die verschiedenen Komponenten, die wesentlichen hochliquiden Aktiva und deren Anrechenbarkeit.

988 Nach Art. 20 VO (EU) 2015/61 definieren sich die Netto-Liquiditätsabflüsse als Summe der Liquiditätsabflüsse gemäß den Art. 22–31, Art. 20 VO (EU) 2015/61 abzüglich der Summe der Liquiditätszuflüsse nach den Art. 31–34 VO (EU) 2015/61. Laut Art. 33 Abs. 1 VO (EU) 2015/61 werden die Liquiditätszuflüsse jedoch nur zu 75 % der Gesamtliquiditätsabflüsse anerkannt. Laufenberg, Steffen (Liquiditätsanforderungen 2018), S. 384. Entsprechend liegt beständig ein Nettozahlungsmittelbedarf von mindestens 25 % der Abflüsse vor, für den hochliquide Aktiva vorzuhalten sind. Vgl. Basler Ausschuss für Bankenaufsicht (Basel III 2010), S. 4, S. 13; Waschbusch, Gerd; Staub, Nadine; Luck, Pascal (Basel III 2012), S. 195. Vgl. zu den einzelnen Komponenten Stern, Thomas (Liquiditätsregulierung 2017), S. 167–169.

989 Im Rahmen dieses Stressszenarios werden sowohl einzelfallspezifische als auch marktweite Komponenten kombiniert. Art. 5 VO (EU) 2015/61 zeigt typische Stressszenarien auf. Beispielsweise wird der Abzug von Kundeneinlagen, die Beschränkung der Refinanzierungsmöglichkeiten am Kapitalmarkt, der Ausfall unbesicherter Forderungen sowie die vorzeitige Inanspruchnahme von Kreditlinien simuliert. Vgl. Basler Ausschuss für Bankenaufsicht (Basel III 2013), S. 6–7; Thomas, Christian (Liquiditätsrisiko 2015), S. 29; Laufen-

Die LCR gilt seit dem 01.10.2015.[991] Im Rahmen einer Übergangsregelung stieg die zu erfüllende Mindestquote schrittweise von 60 % im Jahr 2015 über 70 % im Jahr 2016 und 80 % im Jahr 2017 auf ihren Zielwert von 100 % seit dem 01.01.2018.[992] Der entsprechende Zielwert soll außerhalb von Krisensituationen zu jedem Zeitpunkt erfüllt werden.[993]

Aus dem Zwang zur Erfüllung der geforderten Mindestquote der LCR resultiert ein erheblicher strategischer Anpassungsbedarf.[994] Die Herausforderungen für die Kreditinstitute ergeben sich beispielsweise daraus, dass ungedeckte Bankschuldverschreibungen im Rahmen der LCR grundsätzlich nicht als hochliquide Aktiva anrechenbar sind.[995] Vor Einführung der LCR wurden große Teile dieser Schuldverschreibungen von anderen Instituten gehalten.[996] Um die Anforderungen an den Liquiditätspuffer zu erfüllen, verschiebt sich die Nachfrage der Banken hin zu als hochliquiden Aktiva anerkannten Vermögenswerten,[997] insbesondere zu Staatsanleihen und zu gedeckten Schuldverschreibungen sowie zu gut gerateten Unter-

---

berg, Steffen (Liquiditätsanforderungen 2018), S. 384–385. Dies geschieht mittels auf Erfahrungen und Stress-Simulationen basierenden Multiplikatoren. Vgl. König, Philipp; Pothier, David (Liquiditätsregulierung 2016), S. 478; Stern, Thomas (Liquiditätsregulierung 2017), S. 164.

990 Demnach gilt: LCR (in %) = (Liquiditätspuffer/Netto-Liquiditätsabflüsse während einer Stressphase von 30 Kalendertagen). Vgl. Maier, Steffen (Finanzinstitute 2012), S. 45; Stern, Thomas (Liquiditätsregulierung 2017), S. 164; Laufenberg, Steffen (Liquiditätsanforderungen 2018), S. 384. Vgl. ausführlich zu den Berechnungsschritten König, Philipp; Pothier, David (Liquiditätsregulierung 2016), S. 478.

991 Vgl. Art. 39 VO (EU) 2015/61.

992 Vgl. Art. 38 Abs. 1 VO (EU) 2015/61; Hagen, Louis; Götzl, Stephan; Aberger, Alexander (Liquiditätskennzahlen 2014), S. 235–236; Mailly, Isabell (Liquidität 2014); Cluse, Michael; Farruggio, Christian; Leonhardt, Anne (Verordnung 2015), S. 2; König, Philipp; Pothier, David (Liquiditätsregulierung 2016), S. 478; Laufenberg, Steffen (Liquiditätsanforderungen 2018), S. 381.

993 Vgl. Maier, Steffen (Finanzinstitute 2012), S. 45; Stern, Thomas (Liquiditätsregulierung 2017), S. 165.

994 Vgl. Lange, Marc; Paul, Stephan (Effekte 2017), S. 7.

995 Vgl. Eggers, Holger; Hortmann, Steffen (Basel III 2011), S. 50; Schäffler, Christian (Banken 2011), S. VII; Maier, Steffen (Finanzinstitute 2012), S. 45; Hagen, Louis; Götzl, Stephan; Aberger, Alexander (Liquiditätskennzahlen 2014), S. 236; Deutsche Bundesbank (Monatsbericht 2015b), S. 44.

996 Vgl. Zentraler Kreditausschuss (Stellungnahme 2010), S. 2–3; König, Philipp; Pothier, David (Liquiditätsregulierung 2016), S. 475.

997 Vgl. Lange, Marc; Paul, Stephan (Effekte 2017), S. 9.

nehmensanleihen.[998] In der Folge sinkt demnach die Nachfrage nach ungedeckten Bankschuldverschreibungen am Kapitalmarkt und die Institute müssen ihre Schuldverschreibungen mit einer höheren Nominalverzinsung ausstatten, um für Investoren attraktiv zu sein.[999] Hierdurch erschwert und verteuert sich die Refinanzierung der Institute.[1000] Demnach müssen insbesondere kapitalmarktorientierte Banken ihre Refinanzierungsstrategie grundsätzlich hinterfragen und an die neuen Bedingungen anpassen.[1001]

Die Verschiebung der Nachfrage der Banken hin zu hochliquiden Aktiva wirkt jedoch nicht nur negativ auf die Refinanzierung. Auch die Kreditvergabe der Banken kann unter den erhöhten Liquiditätsanforderungen leiden,[1002] da als Liquiditätspuffer gehaltene Werte nicht für die Gewährung von Krediten genutzt werden können.[1003] Darüber hinaus bedingt die hohe Liquidität sowie die Sicherheit der LCR-fähigen Aktiva regelmäßig eine nur mäßige Verzinsung, was sich abermals negativ auf die Erträge der Kreditinstitute auswirkt.[1004] So führten beispielsweise die notwendigen Vorbereitungen und Anpassungen zur Erfüllung der LCR bei den Genossenschaften in den Jahren 2014 und 2015 zu negativen Auswir-

998 Vgl. Gimperlein, Thomas; Rottmeir, Dieter (Umdenken 2016), S. 34.

999 Vgl. zu den letzten beiden Sätzen Eggers, Holger; Hortmann, Steffen (Basel III 2011), S. 50. Vgl. zu den letzten beiden und zu folgendem Satz Zentraler Kreditausschuss (Stellungnahme 2010), S. 2. Der Rückgang der ungedeckten Bankschuldverschreibungen führt auch dazu, dass sich die Kreditinstitute gegenseitig weniger unbesicherte Liquidität zur Verfügung stellen. Vgl. Hagen, Louis; Götzl, Stephan; Aberger, Alexander (Liquiditätskennzahlen 2014), S. 236. In der Folge sinkt generell die Liquiditätsnachfrage am Interbankenmarkt, was wiederum zu geldpolitischen Maßnahmen seitens der Europäischen Zentralbank führen kann. Vgl. hierzu ausführlich König, Philipp; Pothier, David (Liquiditätsregulierung 2016), S. 482.

1000 Vgl. Schäffler, Christian (Banken 2011), S. VII; Seel, Gennadij (Emissionsverhalten 2014), S. 2; Brenken, Anke; Nawrath, Axel (Bank 2015), S. 408.

1001 Vgl. Eggers, Holger; Hortmann, Steffen (Basel III 2011), S. 50; Müller, Thomas (Finanzmarktregulierung 2012), S. 34.

1002 Vgl. hierzu ausführlich Groth, Detlef (Kreditgeschäft 2013), S. 30; Wöhler, Jens (Regulierung 2015), S. 65.

1003 Vgl. Zentraler Kreditausschuss (Stellungnahme 2010), S. 2. Vgl. hierzu und zu folgendem Satz Hagen, Louis; Götzl, Stephan; Aberger, Alexander (Liquiditätskennzahlen 2014), S. 235–238.

1004 Vgl. Hofmann, Gerhard (Liquiditätsrisiko 2010), S. 33; Lange, Marc; Paul, Stephan (Effekte 2017), S. 9.

kungen in Höhe von durchschnittlich 2,5 % des Teilbetriebsergebnisses[1005] [1006].

Obgleich die Kreditinstitute die entsprechenden Entwicklungen bereits antizipiert haben und die seit dem 01.01.2018 geltenden Anforderungen erfüllen,[1007] gilt es nun einerseits die langfristige Einhaltung der Kennzahl sicherzustellen und andererseits die wirtschaftlichen Auswirkungen der beschriebenen Entwicklungen und der hieraus resultierenden notwendigen Anpassungen zu kompensieren, indem sowohl die Struktur der Refinanzierung als auch die Mittelverwendung möglichst gewinnbringend an die neuen Begebenheiten angepasst werden.

Eine weitere bedeutsame Kennzahl im Rahmen der Liquiditätsbeurteilung von Kreditinstituten ist die NSFR.[1008] Insbesondere für größere Institute gilt, dass diese strukturelle Liquiditätsquote perspektivisch starke Auswirkungen auf das jeweilige Geschäftsmodell haben kann.[1009] Aber auch bei kleinen und mittleren Instituten sind Anpassungen erforderlich, sofern sie einen Großteil ihrer Erträge aus der Fristentransformation generieren.[1010] Durch ihre langfristige Konzeption bedarf die NSFR einer längerfristigen Vorbereitung und bewirkt somit, obgleich ihre Ausgestaltung im Detail noch nicht final gesetzlich fixiert wurde,[1011] bereits jetzt

---

1005 Das Teilbetriebsergebnis einer Bank errechnet sich aus der Summe aus Zins- und Provisionsüberschuss abzüglich der allgemeinen Verwaltungsaufwendungen und vermittelt somit einen Einblick in den aus der laufenden Geschäftstätigkeit resultierenden Erfolg eines Instituts. Vgl. Deutsche Bundesbank (GuV-Statistik o. J.), S. 8; Schulte, Jörn (Teilbetriebsergebnis 2012), S. 1346–1347. Vgl. ausführlich Bieg, Hartmut; Waschbusch, Gerd (Bankbilanzierung 2017), S. 359–360, S. 363.

1006 Vgl. Paul, Stephan; Lange, Marc (Finanzmarktregulierungen 2016), S. 65–66.

1007 Vgl. Wöhler, Jens (Regulierung 2015), S. 65; Deutsche Bundesbank (Basel III-Monitoring 2016); Deutsche Bundesbank (Ergebnisse 2016); Deutsche Bundesbank (Anhang 2017), S. 22–23.

1008 Vgl. Brenken, Anke; Nawrath, Axel (Bank 2015), S. 408; Diener, Dieter (Komplexität 2016), S. 32.

1009 Vgl. Seifert, Markus (Liquiditätsrisiko-Rahmenvereinbarung 2012), S. 336–337; Paul, Stephan; Lange, Marc (Finanzmarktregulierungen 2016), S. 65–66; Trettl, Max u. a. (NSFR 2016).

1010 Vgl. Schillai, Matthias; Kempf, Jens-Peter (Basel III 2011), S. 814; Buschmeier, Andreas (Basel III 2013), S. 19; Gschrey, Gerhard (Basel III 2013), S. 54; Voigt, Kai-Ingo; Fischer, Matthias (Genossenschaftsbanken 2016), S. 94.

1011 Vgl. o. V. (Basel 2017). Insbesondere könnte es zu Erleichterungen bei der Ausgestaltung und Berechnung der NSFR für kleine und nicht komplexe Institute kommen, sofern der europäische Gesetzgeber den Änderungsvorschlägen

erforderliche Anpassungen der Banksteuerung sowie der Geschäftsausrichtung.[1012]

Die NSFR ergänzt die LCR insoweit, als sie Refinanzierungsengpässe jenseits des 30-tägigen Zeithorizonts der LCR vermeiden soll.[1013] Ihr liegt die Idee zugrunde, Liquiditätsinkongruenzen aufzudecken sowie auszugleichen und somit eine fristenkongruente Refinanzierung zu fördern.[1014] So soll den während der Finanz- und Wirtschaftskrise der Jahre 2007 ff. zu beobachtenden exzessiven Fristeninkongruenzen zwischen den Aktivgeschäften und den zugrundeliegenden Refinanzierungen einzelner Kreditinstitute begegnet werden.[1015] Hierzu betrachtet die NSFR die vorhandenen Refinanzierungsquellen im Verhältnis zu den einer stabilen Refinanzierung[1016] bedürfenden Aktivpositionen eines Kreditinstituts im Zeitraum eines Jahres.[1017] Die verfügbaren stabilen Refinanzierungsquellen ergeben sich als die Summe des Eigenkapitals und der übrigen mit einem bestimmten Anrechnungsfaktor[1018] gewichteten Verbindlichkei-

---

des Ausschusses für Wirtschaft und Währung im Rahmen der Überarbeitung der CRR folgt. Vgl. Ausschuss für Wirtschaft und Währung (Bericht 2018), Erwägungsgrund 44a), Art. 428b Abs. 1 Satz 2, Art. 428ah–428aw.

1012 Vgl. Trettl, Max u. a. (NSFR 2016); Lange, Marc; Paul, Stephan (Effekte 2017), S. 7.

1013 Vgl. Zentraler Kreditausschuss (Stellungnahme 2010), S. 3; Waschbusch, Gerd; Staub, Nadine; Luck, Pascal (Basel III 2012), S. 195; Kunze, Frederik; Windels, Torsten; Dill, Steffen (Basel III 2015), S. 301; Laufenberg, Steffen (Liquiditätsanforderungen 2018), S. 398.

1014 Vgl. Brenken, Anke; Nawrath, Axel (Bank 2015), S. 408; Kühlwein, Anna-Joy; Burkert, Uwe (Bankanalyse 2015), S. 173.

1015 Vgl. Deutsche Bundesbank (Basel III 2011), S. 32; Waschbusch, Gerd; Staub, Nadine; Luck, Pascal (Basel III 2012), S. 195; Waschbusch, Gerd; Reinstädtler, Gabriela; Ruffing, Marie Sophie (Ertragslage 2018), S. 917.

1016 Eine stabile Refinanzierung ist definiert als „der Teil jener Arten und Beträge von Eigen- und Fremdmitteln, von dem zu erwarten ist, dass er über einen Zeithorizont von einem Jahr und unter anhaltenden Stressbedingungen eine zuverlässige Mittelquelle ist“. Basler Ausschuss für Bankenaufsicht (Basel III 2010), S. 29. Vgl. Waschbusch, Gerd (Refinanzierung 2012), S. 1295; Waschbusch, Gerd; Staub, Nadine; Luck, Pascal (Basel III 2012), S. 195.

1017 Vgl. Kunze, Frederik; Windels, Torsten; Dill, Steffen (Basel III 2015), S. 301; Thelen-Pischke, Hiltrud (Entwürfe 2016); Scherer, Peter (Bankenaufsichtsrechtsreformen 2017), S. 7.

1018 Dieser Anrechnungsfaktor im Rahmen der verfügbaren stabilen Refinanzierung spiegelt die erwartete Stabilität der jeweiligen Refinanzierungsquelle wider. Vgl. König, Philipp; Pothier, David (Liquiditätsregulierung 2016), S. 478.

ten.[1019] Analog hierzu wird die erforderliche stabile Refinanzierung ebenfalls mittels solcher spezifischer Faktoren[1020], die den jeweiligen Aktivpositionen und auch den außerbilanziellen Geschäften zugeordnet werden,[1021] ermittelt. In der konkreten Anwendung wird die verfügbare stabile Refinanzierung in Relation zur erforderlichen stabilen Refinanzierung gesetzt,[1022] wobei mindestens ein Wert von 100 % und damit eine Abdeckung der erforderlichen stabilen Refinanzierung durch die verfügbaren Mittel resultieren soll.[1023] Im Ergebnis soll so sichergestellt werden,

---

1019 Vgl. hierzu und zu folgendem Satz Meller, Florian (Bankgeschäft 2013), S. 95; König, Philipp; Pothier, David (Liquiditätsregulierung 2016), S. 478.

1020 Die der erforderlichen stabilen Refinanzierung zugrundeliegenden Anrechnungsfaktoren geben an, wie leicht die Aktivpositionen liquidiert oder als Sicherheit verpfändet werden können. Vgl. König, Philipp; Pothier, David (Liquiditätsregulierung 2016), S. 478. Im Grundsatz gilt: je liquider die Aktivposition ist, desto weniger stabile Refinanzierung ist erforderlich. Vgl. Salm, Christian; Goodfellow, Christiane (Bankenaufsicht 2015), S. 99. Auf eine genauere Betrachtung der einzelnen Anrechnungsfaktoren für die verfügbare und die erforderliche stabile Refinanzierung wird an dieser Stelle verzichtet, da die endgültige Kalibrierung der Anrechnungsfaktoren seitens des Gesetzgebers noch nicht final vorgenommen wurde. Vgl. Wieandt, Axel (Banken 2015), S. 29. Vgl. zu einer Übersicht über die seitens des Basler Ausschuss für Bankenaufsicht vorgeschlagen Anrechnungsfaktoren für die verfügbare stabile Finanzierung (ASF-Faktoren) und die erforderliche stabile Refinanzierung (RSF-Faktoren) Anlagen 28–29. Vgl. zu einem Überblick über die im Rahmen des europäischen Gesetzgebungsverfahrens vorgeschlagenen zukünftigen Anrechnungsfaktoren Europäische Kommission (Vorschlag 2016), Art. 428k–428o, Art. 428r–428ag; Ausschuss für Wirtschaft und Währung (Bericht 2018), Art. 428k–428o, Art. 428r–428ag; Laufenberg, Steffen (Liquiditätsanforderungen 2018), S. 400–402.

1021 Vgl. Trettl, Max u. a. (NSFR 2016).

1022 Somit gilt: NSFR (in %) = $\frac{\text{verfügbarer Betrag stabiler Refinanzierung}}{\text{erforderlicher Betrag stabiler Refinanzierung}}$. Vgl. Basler Ausschuss für Bankenaufsicht (Basel III 2010), S. 29; Waschbusch, Gerd; Staub, Nadine; Luck, Pascal (Basel III 2012), S. 195; Neisen, Martin; M'barki, Abdellah (CRR II 2017), S. 12; Laufenberg, Steffen (Liquiditätsanforderungen 2018), S. 398. Die Kennzahl findet somit ihren Ursprung in der goldenen Bankregel, die eine Fristenkongruenz zwischen Aktiv- und Passivgeschäft fordert. Vgl. Hölscher, Reinhold (Bankregel o. J.); Heidorn, Thomas; Schmaltz, Christian; Schröter, Dirk (Liquiditätssteuerung 2011), S. I; Seifert, Markus (Liquiditätsrisiko-Rahmenvereinbarung 2012), S. 309; Hagen, Louis; Götzl, Stephan; Aberger, Alexander (Liquiditätskennzahlen 2014), S. 236; Salm, Christian; Goodfellow, Christiane (Bankenaufsicht 2015), S. 99.

1023 Vgl. Basler Ausschuss für Bankenaufsicht (Basel III 2010), S. 28; Waschbusch, Gerd; Staub, Nadine; Luck, Pascal (Basel III 2012), S. 195–196;

dass die Aktiva unter Berücksichtigung ihrer Liquidierbarkeit anteilig mit mittel- bis langfristig zur Verfügung stehendem, stabilem Eigen- und Fremdkapital refinanziert werden.[1024] Letztlich soll somit eine tragfähige Fristenstruktur zwischen Aktiv- und Passivseite gewährleistet werden.[1025]

Nach dem ursprünglichen Umsetzungsplan war die Einführung der NSFR nach einer Beobachtungsphase für den 01.01.2018 avisiert.[1026] Aktuell zeichnet sich jedoch ab, dass die NSFR ohne eine Übergangsphase zwei Jahre nach der Verabschiedung der überarbeiteten Version der CRR als verbindliche Kennzahl in Kraft tritt,[1027] sodass nach derzeitigem Stand die Implementierung nicht vor dem Jahr 2022 zu erwarten ist.[1028] Aktuell müssen insbesondere einige systemrelevante und international tätige Institute in erheblichem Umfang zusätzliche stabile Refinanzierungsquellen schaffen oder die einer stabilen Refinanzierung bedürfenden Aktiva abbauen, um die Vorgaben der Bankenaufsicht nach der Implementierung zu erfüllen.[1029]

Jedoch wird die Einführung der Kennzahl generell erhebliche Auswirkungen auf die meisten Kreditinstitute haben.[1030] Die positive Fristentransformation im Sinne der Umwandlung von kurzfristigen liquiden Einlagen in langfristige Kredite ist ein wesentliches Merkmal der bankbe-

---

Sarialtin, Mehmet (Basel III 2015), S. 34; Neisen, Martin; M'barki, Abdellah (CRR II 2017), S. 6; Laufenberg, Steffen (Liquiditätsanforderungen 2018), S. 399.

1024 Vgl. Kunze, Frederik; Windels, Torsten; Dill, Steffen (Basel III 2015), S. 301.

1025 Vgl. Basler Ausschuss für Bankenaufsicht (Basel III 2010), S. 1, S. 28; Waschbusch, Gerd; Staub, Nadine; Luck, Pascal (Basel III 2012), S. 195; o. V. (Molltöne 2017), S. 110.

1026 Vgl. Zirkler, Bernd; Hofmann, Jonathan; Schmolz, Sandra (Unternehmenspraxis 2015), S. 30; Trettl, Max u. a. (NSFR 2016); Cech, Christian (Basel III 2017), S. 75; Stern, Thomas (Liquiditätsregulierung 2017), S. 156. Vgl. hierzu und zu folgendem Satz Neisen, Martin; M'barki, Abdellah (CRR II 2017), S. 6.

1027 Vgl. PricewaterhouseCoopers (Überblick o. J.); Lindner, Stefanie (Änderungsentwurf 2016); Paulmeyer, Stefan (Commission 2016); PricewaterhouseCoopers (Changes 2016); Thelen-Pischke, Hiltrud (Entwürfe 2016).

1028 Vgl. Ausschuss für Wirtschaft und Währung (Bericht 2018), Art. 3 Abs. 2. Vgl. auch Laufenberg, Steffen (Liquiditätsanforderungen 2018), S. 400.

1029 Vgl. Deutsche Bundesbank (Anhang 2016), S. 23; Deutsche Bundesbank (Basel III-Monitoring 2016); Trettl, Max u. a. (NSFR 2016); Deutsche Bundesbank (Anhang 2017), S. 30–31.

1030 Vgl. Buschmeier, Andreas (Basel III 2013), S. 19; Gschrey, Gerhard (Basel III 2013), S. 54; Paul, Stephan; Lange, Marc (Finanzmarktregulierungen 2016), S. 65–66; Trettl, Max u. a. (NSFR 2016).

trieblichen Tätigkeit und gleichzeitig eine der Kernaufgaben der Kreditinstitute.[1031] Indem die Aktiva unter Berücksichtigung ihrer Liquidierbarkeit mit über einem Stresshorizont von einem Jahr hinaus bestehenden stabilen Mitteln refinanziert werden müssen, wird die Fristentransformation im kurzfristigen Bereich erschwert und in ihrem Ausmaß verringert,[1032] womit sich auch die Zinserträge aus der Fristentransformation reduzieren.[1033] Obgleich aktuell – bedingt durch die Niedrigzinsphase in Verbindung mit einer eher flachen Zinsstrukturkurve – die Möglichkeiten, Erfolgsbeiträge aus der Fristentransformation zu erzielen, stark beschränkt sind,[1034] wird

1031 Vgl. Heidorn, Thomas; Schmaltz, Christian; Schröter, Dirk (Liquiditätssteuerung 2011), S. I; Vetter, Hans-Jörg (Regulatorik 2012), S. 688; Thelen-Pischke, Hiltrud (Liquiditätsmeldewesen 2015); König, Philipp; Pothier, David (Liquiditätsregulierung 2016), S. 475; Cech, Christian (Basel III 2017), S. 74; Stern, Thomas (Liquiditätsregulierung 2017), S. 170.

1032 Vgl. Henk, Alexander; Müller, Florian (Ruhekissen 2011), S. 35; Macke, Hans-Theo (Regulatorik 2011), S. 1107; Götzl, Stephan (Basel III 2012), S. 42; Seifert, Markus (Liquiditätsrisiko-Rahmenvereinbarung 2012), S. 354; Vetter, Hans-Jörg (Regulatorik 2012), S. 688; Winter, Stephan; Schorlemer, Joachim von (Unternehmensfinanzierung 2012), S. 33; Gschrey, Gerhard (Basel III 2013), S. 54; Salm, Christian; Goodfellow, Christiane (Bankenaufsicht 2015), S. 89; Sarialtin, Mehmet (Basel III 2015), S. 57, S. 72.

1033 Vgl. Meller, Florian (Bankgeschäft 2013), S. 97; Brenken, Anke; Nawrath, Axel (Bank 2015), S. 408. Vgl. zu den letzten beiden Sätzen Arbeitsgemeinschaft Mittelstand (Jahresmittelstandsbericht 2011), S. 44; Hartmann-Wendels, Thomas (Banken 2011), S. 4, S. 6; Waschbusch, Gerd; Staub, Nadine; Luck, Pascal (Basel III 2012), S. 196. Im Rahmen der Fristentransformation nutzt die Bank die mit unterschiedlichen Laufzeiten und Zinsbindungsfristen verbundenen Zinsdifferenzen, um einen Erfolgsbeitrag zu erzielen. Beim Regelfall einer normalen Zinsstrukturkurve nehmen die Institute hierzu niedrig zu verzinsende kurzfristige Mittel auf und stellen sie langfristig zur Verfügung. Vgl. Spellmann, Frank (Banken 2002), S. 37; Heidorn, Thomas; Schmaltz, Christian; Schröter, Dirk (Liquiditätssteuerung 2011), S. I. Vgl. ausführlich Horsch, Andreas; Banh, Minh (Fristentransformationsbeitrag 2012), S. 576–577. Der so erzielte Erfolgsbeitrag wird als Strukturbeitrag oder Fristentransformationsbeitrag bezeichnet. Vgl. Weidmann, Otto (Strukturbeitrag o. J.); Horsch, Andreas; Banh, Minh (Fristentransformationsbeitrag 2012), S. 576; Rolfes, Bernd (Strukturbeitrag 2012), S. 1328.

1034 Vgl. Flesch, Johann; Gebauer, Burkhard (Nullzinspolitik 2015), S. 603–604; Hölscher, Reinhold; Kalhöfer, Christian; Helms, Nils (Finanzmarktkrise 2016); Kostiw-Obst, Anna; Mertsching, Johannes; Seiwald, Christian (Zinsrisken 2016), S. 2; Waschbusch, Gerd; Reinstädtler, Gabriela; Ruffing, Marie Sophie (Ertragslage 2018), S. 916. Vgl. zur aktuell flachen Zinsstrukturkurve Gimperlein, Thomas; Rottmeir, Dieter (Umdenken 2016), S. 32.

aufgrund der NSFR auch bei einer normalen Zinsstruktur die Bedeutung der Fristentransformation für den Erfolg der Kreditinstitute sinken.[1035]

Die negative Erfolgswirkung beruht hierbei in erster Linie auf erhöhten Refinanzierungskosten auf der Passivseite, da zukünftig – eine normale Zinsstrukturkurve vorausgesetzt – langfristige Aktiva über langfristige Passiva fristenkongruent zu entsprechend der längeren Laufzeit höheren Kosten zu refinanzieren sind.[1036] Bankseitig resultieren hieraus, abhängig davon, ob die erhöhten Refinanzierungskosten an die Kreditnehmer weitergeben werden, entweder eine geringere Eigenkapitalrentabilität oder aber negative Auswirkungen auf das Kerngeschäft der Kreditvergabe aufgrund der sich verschlechternden Konditionen.[1037]

Es sind jedoch nicht nur Reaktionen auf der Passivseite, sondern auch solche auf der Aktivseite denkbar.[1038] So könnte die langfristige Kreditvergabe seitens der Banken eingeschränkt werden, wodurch weniger stabile Refinanzierung erforderlich wäre.[1039] Hierbei können sich negative Auswirkungen einerseits aus der Reduzierung der Geschäftstätigkeit im Langfristbereich und der geringeren Verzinsung kurzfristiger Kredite ergeben,[1040] andererseits drohen angesichts der weniger langfristigen Mittelbereitstellung an die gewerblichen Kunden auch negative realwirt-

1035 Vgl. Richter, Frank (Einflussfaktoren 2014), S. 427. Vgl. zum letzten Halbsatz Schillai, Matthias; Kempf, Jens-Peter (Basel III 2011), S. 814; Kemmer, Michael (Basel III 2013), S. 21; Waschbusch, Gerd; Reinstädtler, Gabriela; Ruffing, Marie Sophie (Ertragslage 2018), S. 917; Waschbusch, Gerd; Rolle, Andrea; Berg, Susen Claire (Niedrigzinsumfeld 2018), S. 425–426.

1036 Vgl. Zentraler Kreditausschuss (Stellungnahme 2010), S. 3; Bundesverband deutscher Banken; Deutscher Industrie- und Handelskammertag (Basel III 2013), S. 11; Kemmer, Michael (Basel III 2013), S. 21; Brenken, Anke; Nawrath, Axel (Bank 2015), S. 408; Lange, Marc; Paul, Stephan (Effekte 2017), S. 8.

1037 Vgl. zu den letzten beiden Sätzen Seifert, Markus (Liquiditätsrisiko-Rahmenvereinbarung 2012), S. 354. Vgl. zur Verschlechterung der Konditionen durch die Berücksichtigung der erhöhten Refinanzierungskosten bei der Kreditkalkulation Bundesverband deutscher Banken; Deutscher Industrie- und Handelskammertag (Basel III 2013), S. 11.

1038 Vgl. hierzu und zu folgendem Satz Brenken, Anke; Nawrath, Axel (Bank 2015), S. 408.

1039 Vgl. Arbeitsgemeinschaft Mittelstand (Jahresmittelstandsbericht 2011), S. 44; Hartmann-Wendels, Thomas (Basel III 2012), S. 44; Gschrey, Gerhard (Basel III 2013), S. 54; Wieandt, Axel (Banken 2015), S. 29.

1040 Vgl. Zirkler, Bernd; Hofmann, Jonathan; Schmolz, Sandra (Unternehmenspraxis 2015), S. 29.

schaftliche Folgen mit entsprechenden Rückwirkungen auf die Kreditinstitute[1041]. Wird nämlich die im Bereich der gewerblichen Kunden gängige mittel- und langfristige Mittelbereitstellung aufgrund der neuen regulatorischen Vorschriften teurer oder schlechter verfügbar, so sind Unternehmen unter Umständen dazu gezwungen unter Übernahme des Zinsänderungs- und Prolongationsrisiko verstärkt kurzfristige Darlehen zur Refinanzierung ihrer Investitionen zu nutzen.[1042] In der Folge werden Unternehmen mit steigenden Kreditkosten, einem höheren Planungsaufwand und einer geringeren Stabilität konfrontiert, sodass negative Auswirkungen auf die Konjunktur im Sinne einer Verschärfung der Krise oder einer Behinderung des wirtschaftlichen Aufschwungs zu befürchten sind[1043]. Bankseitig führen solche negativen gesamtwirtschaftlichen Entwicklungen wiederum zu niedrigeren Gewinnen und beschränkten Möglichkeiten hinsichtlich des Aufbaus von dringend benötigtem zusätzlichen Eigenkapital.[1044]

Zusammenfassend müssen die vorhandenen Mittel angesichts der Verschärfung der Liquiditätsanforderungen durch die NSFR gezielter eingesetzt werden, was zu einem deutlichen Anstieg der Kosten oder zu einer Reduzierung der Geschäftsaktivitäten mit negativen Erfolgswirkungen führen kann.[1045] Im Ergebnis werden durch die NSFR wesentliche Ertragsquellen eines Kreditinstituts erheblich eingeschränkt und die Geschäftsmodelle der Institute müssen derart kalibriert werden, dass die Abhängigkeit des Erfolgs von diesen Ertragsquellen sinkt.[1046] Hier gilt es,

---

1041 Vgl. zum letzten Halbsatz Seifert, Markus (Liquiditätsrisiko-Rahmenvereinbarung 2012), S. 354–355; Bundesverband deutscher Banken; Deutscher Industrie- und Handelskammertag (Basel III 2013), S. 11.

1042 Vgl. hierzu und zu folgendem Satz Waschbusch, Gerd; Staub, Nadine; Luck, Pascal (Basel III 2012), S. 196–197; Bundesverband deutscher Banken; Deutscher Industrie- und Handelskammertag (Basel III 2013), S. 11. Vgl. zum letzten Halbsatz Hartmann-Wendels, Thomas (Banken 2011), S. 102.

1043 Vgl. zum letzten Halbsatz Seifert, Markus (Liquiditätsrisiko-Rahmenvereinbarung 2012), S. 354–355.

1044 Vgl. Buch, Claudia M. (Bankenregulierung 2009), S. 10.

1045 Vgl. Zirkler, Bernd; Hofmann, Jonathan; Schmolz, Sandra (Unternehmenspraxis 2015), S. 29.

1046 Vgl. Henk, Alexander; Müller, Florian (Ruhekissen 2011), S. 38; Müller, Thomas (Finanzmarktregulierung 2012), S. 5. Vgl. zu den letzten beiden Sätzen Salm, Christian; Goodfellow, Christiane (Bankenaufsicht 2015), S. 108–109; Voigt, Kai-Ingo; Fischer, Matthias (Genossenschaftsbanken 2016), S. 94; Lange, Marc; Paul, Stephan (Effekte 2017), S. 7. Vgl. zur Eigenschaft der Fristentransformation als wichtige Ertragsquelle für Kreditinstitute Stoklossa, Harald (Anforderungen 2013), S. 113.

eine der Marktsituation, den Kunden und dem Geschäftsmodell des einzelnen Instituts angepasste Strategie zu entwickeln.[1047] Viele Kreditgenossenschaften planen daher beispielsweise ein verstärktes Engagement in der Kreditvermittlung und im Provisionsgeschäft.[1048]

3.3.2.4. Neue Anforderungen hinsichtlich der Höchstverschuldung

Neben der teilweise unzureichenden Eigenmittel- und Liquiditätsausstattung der Institute trug zum Ausmaß der Finanz- und Wirtschaftskrise der Jahre 2007 ff. insbesondere die Tatsache bei, dass Banken eine enorme bilanzielle und außerbilanzielle Verschuldung aufbauen konnten,[1049] ohne dass die risikobasierten Eigenkapitalquoten eine erhebliche negative Entwicklung der Kapitalausstattung aufgezeigt hätten.[1050] Dieser Effekt

---

1047 Vgl. hierzu und zu folgendem Satz Müller, Georg (Basel III 2014), S. 55.

1048 Vgl. Zimpel, Ralf (Basel III 2014), S. 71–72.

1049 Vgl. Erwägungsgrund 90 der VO (EU) Nr. 575/2013; Deutsche Bundesbank (Basel III 2011), S. 28; Maier, Steffen (Finanzinstitute 2012), S. 44; Jessberger, Pascal (Basel III 2013), S. 29; Salomon, Roland (Leverage 2017), S. 139. Die Entstehung dieser enormen Verschuldung lässt sich insbesondere mit der Hebelwirkung des Fremdkapitals – dem sogenannten Leverage Effekt – begründen. Der Leverage Effekt besagt, dass die erwartete Eigenkapitalrendite linear zum Verschuldungsgrad ansteigt, sofern der Fremdkapitalzinssatz unterhalb der erwarteten Gesamtkapitalrentabilität liegt. Ist dies der Fall, kann eine Substitution von Eigenkapital durch Fremdkapital zu einer Steigerung der Eigenkapitalrendite führen. Vgl. Waschbusch, Gerd; Krämer, Gregor; Rolle, Andrea (Ratio 2011), S. 147. Eine sehr hohe bilanzielle sowie außerbilanzielle Verschuldung von Banken war auch bereits bei früheren Krisen, beispielsweise der Russlandkrise im Gefolge der Asienkrise in den Jahren 1997 ff., wesentlicher Auslöser. Vgl. Rose, Markus (Ratio 2014), S. 382.

1050 Vgl. Waschbusch, Gerd; Krämer, Gregor; Rolle, Andrea (Ratio 2011), S. 147; Lüders, Uwe; Manns, Thorsten; Schnall, Markus (Basel III 2012), S. 34; Basel Committee on Banking Supervision (Ratio 2014), S. 1; Rose, Markus (Ratio 2014), S. 382; Hartmann-Wendels, Thomas (Ratio 2016), S. 34; Periškić, Elma Sefer (Verschuldungsquote 2018), S. 364. Die Kernkapitalquote lag im Jahr 2010 bei den deutschen Großbanken um das Drei- bis Vierfache höher als die Leverage Ratio. Vgl. Schäfer, Dorothea (Banken 2011), S. 13. Auch drei Jahre später kamen Erhebungen noch zu dem Ergebnis, dass beispielsweise die Deutsche Bank über eine – sehr hohe – Kernkapitalquote von 15,1 % verfügte, jedoch ihre Leverage Ratio lediglich 1,6 % betrug. Vgl. Paul, Stephan; Stein, Stefan (Bankenregulierung 2013), S. 28; Wiebe, Frank; Köhler, Peter (Berechnung 2013), S. 28.

resultiert unter anderem daraus, dass bestimmte Forderungsklassen (beispielsweise Staatsanleihen von Mitgliedsstaaten der europäischen Union)[1051] nicht oder nur in geringem Umfang (z. B. nicht beurteilte Kreditinstitute dieser Mitgliedsstaaten)[1052] mit Eigenmitteln unterlegt werden müssen.[1053] Der mit Eigenmitteln zu unterlegende Gesamtrisikobetrag erhöht sich also durch solche Geschäfte nicht oder nur in geringem Umfang und die risikobasierten Eigenkapitalquoten, die einen bestimmten Prozentsatz des Gesamtrisikobetrags abdecken müssen, werden nicht belastet und stehen für den Aufbau weiterer Risikopositionen zur Disposition. Jedoch rechtfertigt nicht nur der aktuelle Blick auf Griechenland, Zypern oder Italien Skepsis gegenüber der Risikoeinschätzung bestimmter Forderungsklassen, sondern auch die Entwicklungen im Rahmen der Wirtschafts- und Finanzkrise hinsichtlich der Liquidität der Institute sorgen für erhebliche Zweifel an der Geeignetheit einer vorrangig auf den Risikogehalt bestimmter Geschäfte fokussierten Regulierung. Während der Krise war zu beobachten, dass der Geldmarkt im Falle plötzlicher krisenhafter Ereignisse sehr schnell austrocknen kann.[1054] Wenn Banken – zwecks Erzielung von Erfolgsbeträgen aus der Fristentransformation – beispielsweise langfristige Investitionen in Staatsanleihen kurzfristig refinanzieren, müssen die Refinanzierungskredite ständig prolongiert werden. Bei einer Austrocknung des Geldmarktes ist dies nicht oder nur sehr eingeschränkt möglich und der Bank droht – unabhängig vom Risikogewicht der Aktivposition – die Zahlungsunfähigkeit.[1055]

1051 Vgl. Art. 114 Abs. 4 VO (EU) Nr. 575/2013.

1052 Vgl. Art. 121 Abs. 1 VO (EU) Nr. 575/2013.

1053 Vgl. Schäfer, Dorothea (Banken 2011), S. 12. Ferner begünstigten auch niedrige Risikogewichte bestimmter Positionen im Rahmen der Verwendung interner Modelle zur Risikogewichtung diese Entwicklung. Vgl. Lindemann, Christoph; Schiele, Christian (Gesamtbanksteuerung 2011), S. 20. Eine niedrige Risikogewichtung bestimmter Positionen bedingt niedrigere notwendige Eigenkapitalsummen. Da somit unter Umständen die Eigenkapitalrentabilität mittels Leverage Effekt erhöht werden kann, besteht für das Management bei entsprechend ausgestalteten Bonisystemen ein ureigenes Interesse alle Möglichkeiten und Spielräume zum Zweck einer niedrigeren Risikogewichtung zu nutzen. Vgl. Schäfer, Dorothea (Banken 2011), S. 14.

1054 Vgl. hierzu und zu folgenden beiden Sätzen Schäfer, Dorothea (Banken 2011), S. 15–16.

1055 So gelang es beispielsweise der im Zuge der Wirtschafts- und Finanzkrise verstaatlichten Dexia-Bank im Verlauf der Krise nicht mehr, ihre langfristig vergebenen Kommunalanleihen über Kurzfristkredite von amerikanischen

Über diese Liquiditätsprobleme hinaus hat die Wirtschafts- und Finanzkrise auch gezeigt, dass die Gefahr systemischer Risiken durch eine übermäßige bilanzielle und außerbilanzielle Verschuldung der Kreditinstitute begünstigt wird.[1056] In der akuten Phase der Krise waren viele Kreditinstitute – sowohl marktseitig als auch zur Einhaltung der Eigenmittelanforderungen – dazu gezwungen, weite Teile ihrer Vermögenswerte aufgrund von Verlusten und Liquiditätsengpässen abzustoßen.[1057] Im Ergebnis führte diese Entwicklung zu einem Abwärtsdruck auf die Preise der entsprechenden Aktivpositionen.[1058] Insbesondere wurden Wertpapiere in erheblichem Umfang veräußert, wodurch die Preise für diese Vermögensgegenstände – noch verstärkt durch die angespannte Marktsituation – stark fielen, mit der Folge, dass auch andere Kreditinstitute Wertberichtigungen in ihren Wertpapierpositionen vornehmen mussten.[1059] Die aus diesen Wertberichtigungen resultierenden Verluste wiederum zwangen weitere Banken dazu, Wertpapiere zu veräußern, um die regulatorischen Eigenmittelanforderungen zu erfüllen, was wiederum zu fallenden Wertpapierpreisen und zusätzlichem Wertberichtigungsbedarf führte. Die beschriebene Negativspirale[1060] stellte die Kreditinstitute vor erhebliche Herausforderungen. Insbesondere verschärfte sie die Krise und erschwerte die wirtschaftliche Erholung, da die Banken ihren realwirtschaftlichen Aufgaben in Folge der verknappten Eigenmittelausstattung und der Not-

---

Geldmarktfonds zu finanzieren, da die Geldmarktfonds das Vertrauen in die Bestandsfestigkeit der Bank verloren hatten. Vgl. Schäfer, Dorothea (Banken 2011), S. 16.

1056 Vgl. Hartmann-Wendels, Thomas (Ratio 2016), S. 34.

1057 Vgl. Erwägungsgrund 90 der VO (EU) Nr. 575/2013; Jessberger, Pascal (Basel III 2013), S. 29; Basel Committee on Banking Supervision (Ratio 2014), S. 1; Salomon, Roland (Leverage 2017), S. 139. Vgl. hierzu und zu folgendem Satz Periškić, Elma Sefer (Verschuldungsquote 2018), S. 364.

1058 Vgl. Basler Ausschuss für Bankenaufsicht (Basel III 2011), S. 5; Deutsche Bundesbank (Basel III 2011), S. 28; Waschbusch, Gerd; Krämer, Gregor; Rolle, Andrea (Ratio 2011), S. 147.

1059 Vgl. hierzu und zu folgendem Satz Hartmann-Wendels, Thomas (Ratio 2016), S. 34–35; Salomon, Roland (Leverage 2017), S. 139–140.

1060 Vgl. auch Waschbusch, Gerd; Krämer, Gregor; Rolle, Andrea (Ratio 2011), S. 147; Füser, Karsten; Stetter, Thorsten; Wagner, Markus (Kapitalanforderungen 2012), S. 12; Maier, Steffen (Finanzinstitute 2012), S. 44–45; Waschbusch, Gerd; Staub, Nadine; Luck, Pascal (Basel III 2012), S. 194; Basel Committee on Banking Supervision (Ratio 2014), S. 1; Rose, Markus (Ratio 2014), S. 382; Bundesverband Öffentlicher Banken Deutschlands (Auswirkung 2017), S. 31.

wendigkeit zum Abbau risikoreicher Positionen nicht mehr im gewohnten Umfang nachkamen.[1061]

Die Leverage Ratio trägt als risikoungewichtete Höchstverschuldungsquote den dargestellten, während der Finanzkrise zutage getretenen regulatorischen Lücken Rechnung. Einerseits dient die Kennzahl als Ergänzung und Korrektiv zu den risikogewichteten Eigenkapitalmessgrößen und wirkt in dieser Funktion Messfehlern der risikobasierten Messung sowie Schwächen bankinterner Risikomodelle entgegen.[1062] Die Höchstverschuldungsquote soll somit als transparente, einfache und risikounabhängige Verschuldungsobergrenze zur Begegnung der Unzulänglichkeiten der risikogewichteten Eigenkapitalanforderungen fungieren.[1063] Anderseits soll mittels dieser Kennzahl der Aufbau einer übermäßigen bilanziellen und außerbilanziellen Verschuldung – und damit auch der Gefahr eines Verschuldungsabbauprozesses mit destabilisierenden Auswirkungen auf die wirtschaftliche Entwicklung und das Finanzsystem – begegnet werden.[1064] Dies wird dadurch erreicht, dass das maximal mögliche Geschäftsvolumen im Rahmen der Höchstverschuldungsquote lediglich vom vorhandenen Kernkapital des Instituts determiniert wird und nicht – wie im Rahmen der Eigenmittelunterlegung – vom gesetzgeberisch in Form von Risikogewichten festgelegten Risikogehalt der Geschäftsaktivitäten.[1065] Die Leverage Ratio limitiert somit insbesondere solche Geschäftsaktivitäten, die im Rahmen der Mindesteigenmittelanforderun-

1061 Vgl. Erwägungsgrund 90 der VO (EU) Nr. 575/2013.

1062 Vgl. Basler Ausschuss für Bankenaufsicht (Basel III 2011), S. 2, S. 5; Deutsche Bundesbank (Basel III 2011), S. 28; Füser, Karsten; Stetter, Thorsten; Wagner, Markus (Kapitalanforderungen 2012), S. 9; Rose, Markus (Ratio 2014), S. 382.

1063 Vgl. Basler Ausschuss für Bankenaufsicht (Basel III 2011), S. 5, S. 69. Vgl. hierzu und nachfolgend Waschbusch, Gerd; Krämer, Gregor; Rolle, Andrea (Ratio 2011), S. 147–148. Die gewünschte Einfachheit muss jedoch angesichts der im Rahmen des Gesetzgebungsverfahrens zunehmend anwachsenden Komplexität der Ermittlung der Leverage Ratio mehr als frommer Wunsch denn als gesetzgeberische Realität betrachtet werden. Vgl. Gaumert, Uwe; Massenberg, Hans-Joachim (Bankenaufsicht 2016), S. 60; Hartmann-Wendels, Thomas (Ratio 2016), S. 84.

1064 Vgl. Basler Ausschuss für Bankenaufsicht (Basel III 2011), S. 2, S. 5, S. 69; Deutsche Bundesbank (Basel III 2011), S. 28; Rose, Markus (Ratio 2014), S. 382; Deutsche Bundesbank (Monatsbericht 2018a), S. 92; Periškić, Elma Sefer (Verschuldungsquote 2018), S. 364.

1065 Vgl. hierzu und zu folgendem Satz Neisen, Martin; Schulte-Mattler, Herrmann (Zeiten 2018), S. 50.

gen mit einer niedrigen Risikogewichtung versehen oder anrechnungsfrei sind. In dieser Funktion als Auffanglinie – auch back-stop genannt – ergänzt die Kennzahl die risikogewichtete Eigenmittelunterlegung und begrenzt anhand des knappen regulatorischen Eigenkapitals das Bilanzwachstum der Kreditinstitute.[1066] Erklärtes Ziel dieses Vorgehens ist es, Banken stets zum Vorhalten eines gewissen Mindestmaßes an Eigenkapital zur Abdeckung von Verlusten in wirtschaftlich schwierigen Zeiten zu verpflichten.[1067] Auch sollen Banken ihre Verschuldung nicht mehr in solchem Umfang ausdehnen können, dass sie schon aufgrund ihrer dann erreichten Höhe der Bilanzsumme zu einem Risiko für die Finanzmarktstabilität werden.

In ihrer Funktion als Höchstverschuldungsquote errechnet sich die Leverage Ratio als Quotient aus der Kapitalmessgröße und der Gesamtrisikomessgröße eines Kreditinstituts und wird als Prozentsatz angegeben.[1068] Die Höchstverschuldungsquote bestimmt somit, wie groß der Anteil der Kapitalmessgröße im Verhältnis zur Gesamtrisikomessgröße mindestens sein muss, damit die Kennzahl erfüllt wird.[1069] Sowohl die Empfehlungen des Basler Ausschusses als auch die Vorschläge der europäischen Kommission sehen künftig eine verbindlich einzuhaltende aufaufsichtsrechtliche Verschuldungsquote in Höhe von mindestens 3 % vor,[1070] was einer Begrenzung des Geschäftsvolumens auf das 33,3-fache des Kernkapitals des Instituts entspricht[1071]. Bei einer höheren Verschul-

---

1066 Vgl. Schäfer, Dorothea (Banken 2011), S. 17.

1067 Vgl. zu den letzten beiden und zu folgendem Satz Rose, Markus (Ratio 2014), S. 383.

1068 Somit gilt: Leverage Ratio (in %)= $\frac{\text{Kapitalmessgröße}}{\text{Gesamtrisikomessgröße}}$. Vgl. Europäische Kommission (Vorschlag 2016), Art. 429, Abs. 2; Basel Committee on Banking Supervision (Finalising 2017), S. 140; Ausschuss für Wirtschaft und Währung (Bericht 2018), Art. 429, Abs. 2. Vgl. auch Art. 429 Abs. 2 VO (EU) Nr. 575/2013.

1069 Vgl. Waschbusch, Gerd; Krämer, Gregor; Rolle, Andrea (Ratio 2011), S. 148.

1070 Vgl. Europäische Kommission (Vorschlag 2016), Art. 92, Abs. 1 Buchstabe d); Basel Committee on Banking Supervision (Finalising 2017), S. 140; Ausschuss für Wirtschaft und Währung (Bericht 2018), Art. 92, Abs. 1 Buchstabe d). Vgl. auch Periškić, Elma Sefer (Verschuldungsquote 2018), S. 374–375.

1071 Vgl. zum letzten Halbsatz Knopp, Peter (Basel III 2011), S. 368; Schäfer, Dorothea (Banken 2011), S. 13; Trampe, Hans Peter (Finanzierung 2011), S. 291; Maier, Steffen (Finanzinstitute 2012), S. 48; Waschbusch, Gerd; Staub, Nadine; Luck, Pascal (Basel III 2012), S. 194; Zirkler, Bernd; Hofmann, Jodung – und damit einer niedrigeren Leverage Ratio – können übersehene oder nicht korrekt quantifizierte Risiken im Falle ihrer Realisation sehr schnell das Eigenkapital einer Bank aufzehren und das Kreditinstitut somit existenziell bedrohen. Zusätzlich zu diesen Mindestanforderungen in Höhe von 3 % empfiehlt der Basler Ausschuss für Bankenaufsicht die Einführung eines zusätzlichen Leverage Ratio-Puffers für global systemrelevante Institute.[1072] Auch die Änderungsanträge bezüglich der Überarbeitung der VO (EU) Nr. 575/2013 seitens des Ausschusses für Wirtschaft und Währung des Europäischen Parlaments sehen die Einführung eines entsprechenden Puffers vor.[1073] Die Höhe dieses sogenannten LR-Puffers richtet sich nach dem Ausmaß der Systemrelevanz der Bank und ist ebenfalls mit Kernkapital einzuhalten.[1074] Der zusätzliche Puffer beträgt 50 % des im Rahmen der Eigenmittelunterlegung einzuhaltenden risikobasierten G-SRI-Puffers.[1075] In Deutschland wäre hiervon aktuell nur die Deutsche Bank betroffen: Im Rahmen der Eigenmittelunterlegung muss die Deutsche Bank einen G-SRI-Puffer von 2 % bereithalten, womit sich ein zusätzlicher LR-Puffer in Höhe von 1 % ergibt.[1076] Insgesamt müsste die Deutsche Bank also eine Leverage Ratio in Höhe von mindestens 4 % erfüllen.[1077]

Die Kapitalmessgröße – der Zähler der Leverage Ratio – ist das Kernkapital des Kreditinstituts.[1078] Der Zähler der Höchstverschuldungsquote setzt sich somit aus dem harten und dem zusätzlichen Kernkapital der

---

nathan; Schmolz, Sandra (Unternehmenspraxis 2015), S. 12; Bundesverband Öffentlicher Banken Deutschlands (Auswirkung 2017), S. 32.

1072 Vgl. Basel Committee on Banking Supervision (Finalising 2017), S. 140–141. Auch im Rahmen des Gesetzgebungsvorschlags der Europäischen Kommission wird explizit auf die Möglichkeit zur Aufnahme des LR-Puffers in die Überarbeitung der VO (EU) Nr. 575/2013 hingewiesen. Vgl. Europäische Kommission (Vorschlag 2016), S. 21.

1073 Vgl. Ausschuss für Wirtschaft und Währung (Bericht 2018), Art. 92 Abs. 1 Buchstabe da).

1074 Vgl. Neisen, Martin; Schulte-Mattler, Herrmann (Zeiten 2018), S. 49–50.

1075 Vgl. Deutsche Bundesbank (Ratio o. J.); Basel Committee on Banking Supervision (Finalising 2017), S. 141; Ausschuss für Wirtschaft und Währung (Bericht 2018), Art. 92 Abs. 1 Buchstabe da).

1076 Vgl. Neisen, Martin; Schulte-Mattler, Herrmann (Zeiten 2018), S. 51.

1077 Vgl. auch Deutsche Bundesbank (Ratio o. J.)

1078 Vgl. Art. 429 Abs. 3 VO (EU) Nr. 575/2013; Europäische Kommission (Vorschlag 2016), Art. 429, Abs. 3; Ausschuss für Wirtschaft und Währung (Bericht 2018), Art. 429, Abs. 3.

Bank zusammen,[1079] wobei die Änderungsanträge bezüglich der Überarbeitung der VO (EU) Nr. 575/2013 seitens des Ausschusses für Wirtschaft und Währung des Europäischen Parlaments vorsehen, dass mindestens 50 % der Zählergröße aus hartem Kernkapital vorgehalten werden müssen[1080].

Die Gesamtrisikomessgröße – der Nenner der Leverage Ratio – ergibt sich aus der Summe der folgenden Positionen.[1081] Hierbei gilt es zu beachten, dass die aufgeführten Bestandteile teils nur unter bestimmten Voraussetzungen in die Leverage Ratio einbezogen werden und eine endgültige gesetzgeberische Definition noch nicht stattgefunden hat. Die Notwendigkeit zur vorliegenden differenzierten Betrachtung der einzelnen Komponenten mittels Inklusion bzw. Exklusion bestimmter Teilbereiche ergibt sich aus den variierenden Berechnungsmaßstäben für die einzelnen Bestandteile:[1082]

- Aktivpositionen, ausgenommen bestimmte Derivategeschäfte, Kreditderivate sowie Wertpapierfinanzierungsgeschäfte,[1083]
- bestimmte Derivategeschäfte und Kreditderivate, einschließlich außerbilanzieller Geschäfte und Kreditderivate,[1084]
- Aufschläge für das Gegenparteiausfallsrisiko von Wertpapierfinanzierungsgeschäften, einschließlich außerbilanzieller Wertpapierfinanzierungsgeschäfte,[1085]

1079 Vgl. Waschbusch, Gerd; Krämer, Gregor; Rolle, Andrea (Ratio 2011), S. 150. Vgl. zu diesen Eigenmittelkategorien Kapitel 3.3.2.2. sowie die Anlagen 24–25.

1080 Vgl. zum letzten Halbsatz Ausschuss für Wirtschaft und Währung (Bericht 2018), Art. 429 Abs. 3.

1081 Vgl. Europäische Kommission (Vorschlag 2016), Art. 429, Abs. 4; Ausschuss für Wirtschaft und Währung (Bericht 2018), Art. 429, Abs. 4.

1082 Vgl. zu folgender Aufzählung Europäische Kommission (Vorschlag 2016), Art. 429, Abs. 4; Ausschuss für Wirtschaft und Währung (Bericht 2018), Art. 429, Abs. 4.

1083 Vgl. Europäische Kommission (Vorschlag 2016), Art. 429, Abs. 4 Buchstabe a); Ausschuss für Wirtschaft und Währung (Bericht 2018), Art. 429, Abs. 4 Buchstabe a). Vgl. zur Berechnungssystematik Europäische Kommission (Vorschlag 2016), Art. 429b, Abs. 1; Ausschuss für Wirtschaft und Währung (Bericht 2018), Art. 429b, Abs. 1.

1084 Vgl. Europäische Kommission (Vorschlag 2016), Art. 429, Abs. 4 Buchstabe b); Ausschuss für Wirtschaft und Währung (Bericht 2018), Art. 429, Abs. 4 Buchstabe b). Vgl. zur Berechnungssystematik Europäische Kommission (Vorschlag 2016), Art. 429c, Art. 429d; Ausschuss für Wirtschaft und Währung (Bericht 2018), Art. 429c, Art. 429d.

- außerbilanzielle Positionen, ausgenommen bestimmte Derivategeschäfte, Kreditderivate, Wertpapierfinanzierungsgeschäfte sowie zur Abrechnung anstehende marktübliche Käufe und Verkäufe,[1086]
- zur Abrechnung anstehende marktübliche Käufe und Verkäufe.[1087]

Gegenüber der ursprünglichen Definition der Gesamtrisikomessgröße, die grundsätzlich die Summe der Risikopositionswerte aller Aktiva und außerbilanzieller Positionen umfasst,[1088] ergeben sich durch die geplanten Klarstellungen und Anpassungen weniger strenge Anforderungen an die Leverage Ratio.[1089] Insbesondere wird durch die Nachjustierung der Berechnungsbasis eine Doppelberücksichtigung von Risikopositionen vermieden und bestimmte Risiken, die das Kreditinstitut nicht unmittelbar betreffen,[1090] finden keine Berücksichtigung mehr im Rahmen der Berechnung der Kennzahl.[1091] Auch wird die Vergleichbarkeit zwischen verschiedenen Banken durch die Anpassungen erhöht.[1092]

1085 Vgl. Europäische Kommission (Vorschlag 2016), Art. 429, Abs. 4 Buchstabe c); Ausschuss für Wirtschaft und Währung (Bericht 2018); Art. 429, Abs. 4 Buchstabe c). Vgl. zur Berechnungssystematik Europäische Kommission (Vorschlag 2016), Art. 429e; Ausschuss für Wirtschaft und Währung (Bericht 2018), Art. 429e.

1086 Vgl. Europäische Kommission (Vorschlag 2016), Art. 429, Abs. 4 Buchstabe d); Ausschuss für Wirtschaft und Währung (Bericht 2018), Art. 429, Abs. 4 Buchstabe d). Vgl. zur Berechnungssystematik Europäische Kommission (Vorschlag 2016), Art. 429f; Ausschuss für Wirtschaft und Währung (Bericht 2018), Art. 429f.

1087 Vgl. Europäische Kommission (Vorschlag 2016), Art. 429, Abs. 4 Buchstabe e); Ausschuss für Wirtschaft und Währung (Bericht 2018), Art. 429, Abs. 4 Buchstabe e). Vgl. zur Berechnungssystematik Europäische Kommission (Vorschlag 2016), Art. 429g; Ausschuss für Wirtschaft und Währung (Bericht 2018), Art. 429g.

1088 Vgl. Art. 429, Abs. 4 VO (EU) Nr. 575/2013.

1089 Vgl. Baldo, Luca; Bucalossi, Annalisa; Scalia, Antonio (Ratio 2018), S. 30.

1090 So können beispielsweise garantierte Exportkredite oder durchgeleitete Förderkredite bei der Berechnung der Gesamtrisikomessgröße außer Acht gelassen werden. Vgl. Europäische Kommission (Vorschlag 2016), Art. 429a, Abs. 1 Buchstaben e)–f); Ausschuss für Wirtschaft und Währung (Bericht 2018), Art. 429a, Abs. 1 Buchstaben e)–f. Vgl. generell zu nicht im Rahmen der Berechnung der Gesamtrisikomessgröße zu berücksichtigenden Positionen Europäische Kommission (Vorschlag 2016), Art. 429a; Ausschuss für Wirtschaft und Währung (Bericht 2018), Art. 429a.

1091 Vgl. PricewaterhouseCoopers (Basel IV 2018), S. 2.

1092 Vgl. Baldo, Luca; Bucalossi, Annalisa; Scalia, Antonio (Ratio 2018), S. 30. Aufgrund der fehlenden finalen rechtlichen Ausgestaltung sowie den im Detail

Mit einer für alle Institute verbindlichen Geltung der Leverage Ratio ist nicht vor dem Jahr 2020 zu rechnen.[1093] Nach derzeitigem Stand des Gesetzgebungsvorhabens soll die Kennzahl mit Inkrafttreten der noch im Konsolidierungsprozess befindlichen Überarbeitung der VO (EU) Nr. 575/2013 als Mindestanforderung für alle Institute gelten.[1094] Die Höchstverschuldungsquote ist jedoch – mit einer im Detail abweichenden Berechnungsbasis – bereits seit dem 01.01.2014 den zuständigen Aufsichtsbehörden zu melden und seit dem 01.01.2015 auch im Rahmen des Offenlegungsberichts offenzulegen.[1095]

Angesichts der wahrscheinlichen baldigen Einführung ergeben sich erhebliche Herausforderungen aus der künftigen Verpflichtung zur Einhaltung der Höchstverschuldungsquote, da die Kennzahl im Rahmen der strategischen Ausrichtung der Institute Berücksichtigung finden muss[1096] und insbesondere bei europäischen Banken im internationalen

---

teilweise abweichenden Empfehlungen des Basler Ausschusses für Bankenaufsicht zur Ausgestaltung der Gesamtrisikomessgröße (vgl. Basel Committee on Banking Supervision (Finalising 2017), S. 143–154) soll bei folgender Analyse der Herausforderungen für die Bank durch die Leverage Ratio vereinfachend die Gesamtrisikomessgröße analog zur gültigen Definition in der VO (EU) Nr. 575/2013 als Summe der Risikopositionswerte aller Aktiva und außerbilanziellen Posten betrachtet werden. Vgl. zur Berechnung im Detail Gimbel, Julia (Verschuldungsquote 2018), S. 83–96.

1093 Vgl. Ausschuss für Wirtschaft und Währung (Bericht 2018), Art. 3 Abs. 2 Buchstabe a). Ursprünglich war eine Geltung ab dem 01.01.2019 vorgesehen. Vgl. Deloitte (CRR II 2017), S. 7; Bakry, Sascha; Cluse, Michael; Opher, Gil (Basel III 2018), S. 16; Gimbel, Julia (Verschuldungsquote 2018), S. 79–80.

1094 Vgl. Europäische Kommission (Vorschlag 2016), Art. 3, Abs. 2 Buchstabe a); Ausschuss für Wirtschaft und Währung (Bericht 2018), Art. 3 Abs. 2 Buchstabe a).

1095 Vgl. Art. 430 in Verbindung mit Art. 521 Abs. 1, Art. 451 Abs. 1 in Verbindung mit Art. 521 Abs. 2 Buchstabe a) VO (EU) Nr. 575/2013; Erwägungsgrund Nr. 1 Delegierte VO (EU) 2015/62; Lindemann, Christoph; Schiele, Christian (Gesamtbanksteuerung 2011), S. 20; European Banking Authority (Regulation 2015), S. 4; Periškić, Elma Sefer (Verschuldungsquote 2018), S. 364.

1096 Vgl. zur Notwendigkeit der Berücksichtigung im Rahmen der strategischen Ausrichtung eines Instituts Thelen-Pischke, Hiltrud; Sawahn, Wiebke (Agenda 2012), S. 65.

Vergleich erheblicher Nachholbedarf hinsichtlich der Einhaltung und der Höhe der Leverage Ratio besteht[1097].

Betrachtet man die Berechnungsgrundlage der Leverage Ratio, so sind grundsätzlich zwei Reaktionen – auch in Kombination – seitens der Banken auf die Höchstverschuldungsgrenze denkbar, die jedoch bankseitig erhebliche Anpassungen erfordern, das Risikomanagement der Banken vor Herausforderungen stellen und mit erheblichen wirtschaftlichen Auswirkungen für manche Institute einhergehen können:[1098]

- Die Erhöhung des harten und zusätzlichen Kernkapitals – der Zählergröße der Leverage Ratio – durch zusätzliches Eigenkapital, das die Anforderungen an diese Eigenmittelkategorien erfüllt, und
- der Abbau bilanzieller und außerbilanzieller Positionen der Banken und damit die Verringerung der Gesamtrisikomessgröße, also der Nennergröße der Leverage Ratio.

Wie bereits erläutert sind die Möglichkeiten zur Erhöhung der Zählergröße aufgrund der aktuell angespannten wirtschaftlichen Situation vieler Kreditinstitute stark eingeschränkt.[1099] Generell ist somit die alleinige Erhöhung des Kernkapitals für die meisten Institute kein gangbarer Weg zur Einhaltung der Leverage Ratio.[1100] Vielmehr bedarf es über Anstrengungen zur Erhöhung des Kernkapitals hinaus insbesondere des Abbaus bilanzieller und außerbilanzieller Positionen.

Jedoch ist auch diese Option nicht frei von Risiken. Bilanzverkürzungen zur Einhaltung der Leverage Ratio gehen tendenziell mit dem Abbau von Positionen mit einem geringen Risikogewicht oder einem Risikogewicht von Null einher.[1101] Dies ist darauf zurückzuführen, dass durch den erhöhten Anteil von Eigenkapital im Verhältnis zum Fremdkapital auf der Passivseite grundsätzlich ein höherer Gesamtkapitalkostensatz bedingt

---

1097 Vgl. zum letzten Halbsatz Frenkel, Michael; Rudolf, Markus (Ratio 2010), S. 17; Bremus, Franziska; Lambert, Claudia (Bankenregulierung 2014), S. 620–621.

1098 Vgl. Jessberger, Pascal (Basel III 2013), S. 7. Vgl. zu folgender Aufzählung Frenkel, Michael; Rudolf, Markus (Ratio 2010), S. 11–13; Zirkler, Bernd; Hofmann, Jonathan; Schmolz, Sandra (Unternehmenspraxis 2015), S. 13; Hartmann-Wendels, Thomas (Ratio 2016), S. 4, S. 101.

1099 Vgl. Kapitel 3.3.2.2.

1100 Vgl. Frenkel, Michael; Rudolf, Markus (Ratio 2010), S. 53; Zirkler, Bernd; Hofmann, Jonathan; Schmolz, Sandra (Unternehmenspraxis 2015), S. 13.

1101 Vgl. Goedeckemeyer, Karl-Heinz (Bankstrategie 2014), S. 141; Gaumert, Uwe; Massenberg, Hans-Joachim (Bankenaufsicht 2016), S. 62.

wird.[1102] Möchte das Kreditinstitut einen wirtschaftlichen Nachteil aufgrund des gestiegenen Gesamtkapitalkostensatzes vermeiden, so muss es entsprechend solche Positionen auf der Aktivseite forcieren, deren Rentabilität die prozentual gestiegenen Gesamtkapitalkosten zu kompensieren vermögen.[1103] Eine höhere Rentabilität bedingt aber – im Grundsatz – ein höheres aus der Position resultierendes Risiko und damit ein höheres Risikogewicht der Position.[1104] Somit werden tendenziell risikointensivere und renditestarke Geschäftsaktivitäten vergleichsweise sicheren, jedoch renditearmen, Geschäften vorgezogen,[1105] da letztere den Nenner der Leverage Ratio genauso stark ausweiten und bankseitig der wirtschaftliche Anreiz besteht, das limitierende Eigenkapital möglichst gewinnbringend zu verwenden.[1106] So stellte auch Sabine Lautenschläger-Peiter, ehemalige Vizepräsidentin der Deutschen Bundesbank und heutige stellvertretende Vorsitzende der EZB-Bankenaufsicht, anlässlich einer Anhörung im Deutschen Bundestag fest, dass man sehr deutlich beobachten könne, „dass Institute natürlich danach handeln, welche Kosten sie für bestimmte Geschäfte vorhalten und welche Gewinne sie machen können. Wenn sie letztendlich unter dem Gesichtspunkt der Eigenkapitalkosten für die besonders riskanten Geschäfte genauso viel Kapital vorhalten müssen, wie für risikoärmere Geschäfte – es gibt kaum risikolose –, dann gibt es letztendlich einen gewissen Anreiz, die risikoreicheren anzunehmen"[1107].

Letztlich entspricht die Leverage Ratio durch den mit ihr verbundenen Anreiz zur Aufnahme höherer Risiken nicht der mit Basel III verfolgten

1102 Vgl. Gaumert, Uwe; Massenberg, Hans-Joachim (Bankenaufsicht 2016), S. 62. Vgl. ausführlich zu den Auswirkungen einer höheren Eigenkapitalquote auf den Gesamtkapitalkostensatz Hartmann-Wendels, Thomas (Ratio 2016), S. 84–95.

1103 Vgl. Goedeckemeyer, Karl-Heinz (Bankstrategie 2014), S. 141.

1104 Vgl. zu den letzten beiden Sätzen Frenkel, Michael; Rudolf, Markus (Ratio 2010), S. 16.

1105 Vgl. Deutsche Bundesbank (Basel III 2011), S. 28; Waschbusch, Gerd; Krämer, Gregor; Rolle, Andrea (Ratio 2011), S. 162–163; Hartmann-Wendels, Thomas (Ratio 2016), S. II, S. VIII.

1106 Vgl. Maier, Steffen (Finanzinstitute 2012), S. 48; Goedeckemeyer, Karl-Heinz (Bankstrategie 2014), S. 140. Im Ergebnis steigt somit das Risiko des Gesamtportfolios der Banken, weil die verbleibenden Positionen nicht mehr durch vergleichsweise risikoarme Geschäfte diversifiziert werden. Vgl. Frenkel, Michael; Rudolf, Markus (Ratio 2010), S. 30.

1107 Lautenschläger-Peiter, Sabine, zitiert nach: Schick, Gerhard; Kern, Florian (Finanzmarktregulierung 2015), S. 511.

Zielsetzung der Schaffung eines sichereren Finanzsystems.[1108] Im Gegenteil hebelt die Höchstverschuldungsquote vielmehr einen wesentlichen Grundsatz bankenaufsichtsrechtlicher Regulierungsbestrebungen, wonach Geschäfte mit niedrigem Risiko durch niedrige Kapitalanforderungen belohnt sowie riskante Geschäfte mit hohen Kapitalanforderungen bestraft werden, aus.[1109] Durch diese mögliche regulatorische Benachteiligung risikoarmer Geschäfte[1110] stehen Banken vor der Herausforderung, ihre bestehenden Geschäftsfelder zu analysieren um strategisch unwichtige, oder unter Berücksichtigung der Wirkungen der Leverage Ratio unrentable,[1111] Bereiche abzubauen.[1112] Hierbei gilt es jedoch zu beachten, dass die Begrenzung oder Aufgabe bestimmter Geschäftsfelder die wirtschaftliche Situation des Instituts über einen langen Zeitraum beeinflussen kann und entsprechende Entscheidungen nur schwer zu revidieren sind.[1113] Demnach müssen derartige geschäftspolitische Einschränkungen stets auch mit Blick auf die langfristige Geschäftsstrategie und unter besonderer Berücksichtigung zukünftiger Entwicklungen der wettbewerbsintensiven Bankenbranche getroffen werden. Besonders betroffen von dieser Entwicklung sind Institute, deren Geschäftstätigkeit auf risikoarme Positionen gerichtet ist, wie beispielsweise Bausparkassen. Diese können aufgrund der Leverage Ratio im Ergebnis zu umfassenden Anpassungen und Restrukturierungen ihrer Geschäftsmodelle bis hin zur Übernahme eines höheren Risikos veranlasst sein.[1114]

1108 Vgl. Frenkel, Michael; Rudolf, Markus (Ratio 2010), S. 100; Zirkler, Bernd; Hofmann, Jonathan; Schmolz, Sandra (Unternehmenspraxis 2015), S. 13.

1109 Vgl. Deutsche Bundesbank (Basel III 2011), S. 28; Waschbusch, Gerd; Krämer, Gregor; Rolle, Andrea (Ratio 2011), S. 162; Zeitler, Franz-Christoph (Rules 2011), S. 8.

1110 Vgl. zur regulatorischen Benachteiligung risikoarmer Geschäfte Frenkel, Michael; Rudolf, Markus (Ratio 2010), S. 100.

1111 Vgl. Matysik, Norbert (Geschäftsmodelle 2014), S. 91.

1112 Vgl. Jessberger, Pascal (Basel III 2013), S. 41.

1113 Vgl. hierzu und zu folgendem Satz Goedeckemeyer, Karl-Heinz (Bankstrategie 2014), S. 143.

1114 Vgl. zu den letzten beiden Sätzen Goedeckemeyer, Karl-Heinz (Bankstrategie 2014), S. 139; Hartmann-Wendels, Thomas (Ratio 2016), S. 102–103. Vor ähnlichen Herausforderungen stehen Kreditinstitute, deren Tätigkeitsschwerpunkt auf der Kommunalfinanzierung liegt. Vgl. Schmitt, Christoph (Recht 2011), S. 2349; Waschbusch, Gerd; Staub, Nadine; Luck, Pascal (Basel III 2012), S. 194; Bundesverband Öffentlicher Banken Deutschlands (Auswirkung 2017), S. 40–41. Im Ergebnis werden risikoarme Geschäftsmodelle unter Umständen durch die neue Höchstverschuldungsquote diskriminiert. Vgl.

Über notwendige Anpassungen der Geschäftsstragie hinaus können sich Nachteile aus der Einführung der Leverage Ratio auch dann ergeben, wenn zur Reduzierung der Gesamtrisikomessgröße die Kreditvergabe eingeschränkt wird bzw. wenn Kreditengagements nicht verlängert werden.[1115] Betroffen hiervon wären – aufgrund der steigenden Gesamtkapitalkosten – wohl vorrangig risikoarme und entsprechend margenschwache Kreditnehmer.[1116] Eine solche Entwicklung könnte letztlich einen negativen Einfluss auf die Investitionen angeschlossener Marktteilnehmer und in der Folge auf die gesamtwirtschaftliche Konjunktur ausüben.[1117] Eine negative Konjunkturentwicklung wiederum führt bankseitig zu niedrigeren Gewinnen, was sich in stark eingeschränkten Möglichkeiten zum Aufbau von neuem Eigenkapital manifestiert und die notwendigen Konsolidierungsmaßnahmen somit erschwert und verlängert.[1118] Ähnliche Auswirkungen auf die Konjunktur und damit letztlich auch auf die Erfolgssituation der Banken können eintreten, wenn die Preise für risikoarme Produkte zwecks Kompensation der höheren Kapitalkosten nach oben hin angepasst werden.[1119]

3.3.2.5. Zwischenfazit

Aufgrund ihrer immensen Anforderungen gehört die Erfüllung der regulatorischen Begebenheiten zunehmend zu den für den nachhaltigen Erfolg

---

Gaumert, Uwe; Massenberg, Hans-Joachim (Bankenaufsicht 2016), S. 62. Vgl. ausführlich zu durch die Leverage Ratio diskriminierten Geschäftsmodellen Maier, Steffen (Finanzinstitute 2012), S. 48.

1115 Vgl. Gaumert, Uwe; Massenberg, Hans-Joachim (Bankenaufsicht 2016), S. 62.

1116 Vgl. Bundesverband Öffentlicher Banken Deutschlands (Auswirkung 2017), S. 41.

1117 Vgl. Edler, Lars; Moryson, Martin (Performance-Formel 2013), S. 9; George, Stephan; Moryson, Martin (Niedrigzinsen 2013), S. 74; Molterer, Wilhelm (Finanzierung 2014), S. 1232; Zeitler, Franz-Christoph (Bankenunion 2014), S. 19; Zirkler, Bernd; Hofmann, Jonathan; Schmolz, Sandra (Unternehmenspraxis 2015), S. 13–14; Keuschnigg, Christian; Kogler, Christian (Finanzplatz 2016), S. 1. Vgl. auch Frenkel, Michael; Rudolf, Markus (Ratio 2010), S. 22–23, S. 61.

1118 Vgl. Buch, Claudia M. (Bankenregulierung 2009), S. 10; Frenkel, Michael; Rudolf, Markus (Ratio 2010), S. 2.

1119 Vgl. grundlegend Gaumert, Uwe; Massenberg, Hans-Joachim (Bankenaufsicht 2016), S. 62.

der Banken wichtigsten Herausforderungen.[1120] Aus dem institutionellen Rahmen ergeben sich höhere Eigenkapital- und Liquiditätsanforderungen, die zunehmend einen Anstieg der Eigenkapitalkosten, eine Erschwerung der Kreditvergabe, eine Verlagerung der Bedeutung der Geschäftsbereiche sowie einen hohen Aufwand zur administrativen Steuerung bedingen.[1121]

Folgende Abbildung 17 veranschaulicht zusammenfassend die im Rahmen dieser Ausarbeitung wesentlichen regulatorischen Maßnahmen und ihre zentralen Auswirkungen.

Änderung	**Maßnahme**	**Auswirkung**
qualitativ und quantitativ erhöhte Eigenmitteldefinition	• strengere Anerkennungskriterien für die Eigenmittel • höhere (Kern-)Kapitalanforderungen, zusätzlich: Kapitalerhaltungspuffer, antizyklischer Puffer, Systemrisikopuffer, Puffer für systemrelevante Institute • Abzüge für Anteile an assoziierten Unternehmen, Goodwill, weitere immaterielle Vermögensgegenstände • teilweise höhere Risikogewichte	• regulatorisches Eigenkapital für viele Banken Engpass und Wachstumsbremse; Kapitalallokation und -planung stehen im Fokus • Erhöhung der Refinanzierungskosten aufgrund gestiegener Quantität und Qualität des Eigenkapitals sowie bedingt durch langfristigere Refinanzierung • neue Zielfunktion zur Bewertung von Geschäftsfeldern/ Produkten: Maximierung der Rendite auf das regulatorische Eigenkapital unter Berücksichtigung von Verschuldungsobergrenzen und Liquiditätsanforderungen
neue Verschuldungsobergrenze/ Leverage Ratio	• Beschränkung des Geschäftsvolumens mittels Verhältnis von Kernkapital zu Bilanzsumme sowie außerbilanziellen Positionen ≥ 3 % • Zusätzliche Einführung eines Leverage Ratio-Puffers für global systemrelevante Institute	
Liquiditätsquoten	• LCR: neue Liquiditätsquote auf Basis von Cashflows sowie Liquiditätszu- und -abflüssen • NSFR: Vergleich von stabiler Refinanzierung und erforderlicher Finanzierung	

Abbildung 17: Zusammenfassung der wesentlichen regulatorischen Maßnahmen und ihrer Auswirkungen[1122]

Die mit diesen Vorhaben verbundenen Kosten für die Institute sind beträchtlich.[1123] Die Kostenbelastung setzt sich im Wesentlichen aus der Implementierung und laufenden Erfüllung der zusätzlichen Eigenmittel- und Liquiditätsanforderungen sowie der damit einhergehenden Ressourcenbindung zusammen.[1124] Hierbei lassen sich je nach Art der regulato-

1120 Vgl. Zanthier, Ulrich von (Geschäftsmodellen 2015), S. 39.
1121 Vgl. Rehm, Hannes (Bankenstruktur 2016), S. 583.
1122 Modifiziert entnommen aus Lister, Michael (Kreditinstitute 2015), S. 19.
1123 Vgl. Wöhler, Jens (Regulierung 2015), S. 69.
1124 Vgl. Kohlhase, Thomas (Banken 2015), S. 11. Vgl. hierzu und zu folgenden beiden Sätzen KPMG (Anforderungen 2013), S. 3.

rischen Kosten direkte und indirekte Kosten unterscheiden.[1125] Zu den direkten Kosten, die bei den Regulierungsadressaten entstehen, gehören die Kosten für die Umsetzung,[1126] Einhaltung,[1127] Überprüfung und Anpassung[1128] der Maßnahmen. Bei den indirekten regulatorischen Kosten handelt es sich hingegen in erster Linie um Opportunitätskosten aufgrund der erhöhten Kapital- und Liquiditätsanforderungen.[1129]

Die Kosten für die unterschiedlichen Regulierungsmaßnahmen betrugen im Zeitraum zwischen 2010 und 2015 für die Gesamtheit der deutschen Kreditinstitute jährlich schätzungsweise 9 Mrd. Euro.[1130] Die direkten Kosten hiervon betrugen ungefähr 2 Mrd. Euro und setzten sich aus Kosten in Höhe von durchschnittlich 0,6 Mrd. Euro pro Jahr für die

---

1125 Vgl. hierzu und zu folgendem Satz Hackethal, Andreas; Inderst, Roman (Regulatorik 2015), S. 13–14. Vgl. auch Waschbusch, Gerd; Reinstädtler, Gabriela; Ruffing, Marie Sophie (Ertragslage 2018), S. 918.

1126 Unter den Umsetzungskosten sind insbesondere Kosten im Zusammenhang mit der Regulatorik für die Einarbeitung in neue Vorschriften, für Unternehmens- und Rechtsberatungsdienstleistungen, für die Schulung vorhandener und die Einstellung neuer Mitarbeiter, für die Anschaffung neuer und die Erweiterung bestehender Datenverarbeitungssysteme und Kosten für das Projektmanagement zu subsumieren. Vgl. Hackethal, Andreas; Inderst, Roman (Regulatorik 2015), S. 13.

1127 Unter den Kosten der Durchführung sind insbesondere die mit einer regulatorischen Maßnahme verbundenen Handlungspflichten des Regulierungsadressaten zu verstehen. Im Regelfall resultieren die entsprechenden Kosten in erster Linie aus Kooperations-, Informations-, Überwachungs-, Zahlungs- sowie Qualifikationspflichten. Vgl. Hackethal, Andreas; Inderst, Roman (Regulatorik 2015), S. 13.

1128 Überprüfungs- und Anpassungskosten entstehen, da die Prozesse dahingehend geprüft werden müssen, ob sie noch den regulatorischen Anforderungen entsprechen und daraus ein mit weiteren Kosten verbundener Anpassungsbedarf an die veränderten regulatorischen Vorgaben resultieren kann. Vgl. Hackethal, Andreas; Inderst, Roman (Regulatorik 2015), S. 13–14.

1129 Vgl. KPMG (Anforderungen 2013), S. 8; Bundesverband deutscher Banken (KPMG-Studie 2014); KPMG (Auswirkungen 2014), S. 5; Hirschmann, Stefan (Risikomanagement 2015), S. 30; Paul, Stephan; Lange, Marc (Finanzmarktregulierungen 2016), S. 1. Vgl. ausführlich zu den regulatorischen Opportunitätskosten Hackethal, Andreas; Inderst, Roman (Regulatorik 2015), S. 14.

1130 Vgl. Lister, Michael (Kreditinstitute 2015), S. 17; Zanthier, Ulrich von (Geschäftsmodellen 2015), S. 40. Vgl. hierzu und nachfolgend KPMG (Anforderungen 2013), S. 6–7; Bundesverband deutscher Banken (KPMG-Studie 2014); KPMG (Auswirkungen 2014), S. 4–5; Wöhler, Jens (Regulierung 2015), S. 69.

Bankenabgabe[1131] und 1,4 Mrd. Euro jährlich für Personal- und Sachressourcen zusammen. Insbesondere die Bereiche „Risikocontrolling und -management“, „Compliance“, „Interne Revision“ und „Rechnungswesen/Finanzen“ bedurften hoher Projektbudgets zur Erfüllung der regulatorischen Anforderungen.[1132] Auf den bedeutenderen Kostenblock der indirekten Kosten im Sinne der Opportunitätskosten wegen den erhöhten Eigenmittel- und Liquiditätsanforderungen entfielen ca. 7 Mrd. Euro jährlich. Insgesamt standen im Jahr 2015 schätzungsweise 30 % der Kosten der Kreditinstitute in direktem Zusammenhang mit neuen Regulierungsvorschriften. Diese hohen regulatorischen Kosten spiegeln sich auch in einem gesteigerten finanziellen Aufwand zur Umsetzung und laufenden Einhaltung der geltenden Vorschriften wieder.[1133] Betrachtet man die Auswirkungen der erhöhten Belastungen durch die Regulierungsmaßnahmen auf den Erfolg, so begründet dies für den beschriebenen Zeitraum ein Absinken der Eigenkapitalrentabilität von ungefähr 2,4 Prozentpunkten.[1134]

Wenngleich keine aktuelleren Zahlen für Deutschland zur Verfügung stehen, ist angesichts der nach wie vor hohen Frequenz neuer Regelungen davon auszugehen, dass die Banken weiterhin einen erheblich erhöhten Einsatz von Ressourcen zur Erfüllung der regulatorischen Vorschriften tätigen müssen und auch weiterhin in großem Umfang Opportunitätskosten entstehen, die sich zunehmend im Erfolg der Kreditinstitute niederschlagen werden.[1135] Bedingt durch die sich ungemindert fortsetzende Regulierungswelle im Banken- und Kapitalmarktaufsichtsrecht[1136] erhöht die Regulatorik somit tendenziell weiterhin die Aufwendungen und mindert die Erträge, was die Kreditinstitute teilweise an die Grenzen ihrer Leistungsfähigkeit führt.[1137] Für Banken wird angesichts dessen dem opti-

---

1131 Vgl. grundlegend zur Bankenabgabe Waschbusch, Gerd; Rolle, Andrea (Bankenabgabe 2015), S. 1034–1036.

1132 Vgl. Lister, Michael (Kreditinstitute 2015), S. 18; Sinn, Walter; Schmundt, Wilhelm (Banken 2015), S. 4.

1133 Vgl. Paul, Stephan; Lange, Marc (Finanzmarktregulierungen 2016), S. 1.

1134 Vgl. Wöhler, Jens (Regulierung 2015), S. 69.

1135 Vgl. Fehrenbach, Björn; Klauck, Kai-Oliver (Regulatory 2016), S. 31.

1136 Vgl. zur sich fortsetzenden Regulierungswelle Gurlit, Elke (Entwicklung 2016), S. 2057.

1137 Vgl. Schader, Stephan M.; Vongries, Dirk (Genossenschaftsbank 2012), S. 23; Kohlhase, Thomas (Banken 2015), S. 11; Lindenstädt, Simone (Chance 2016),

malen Einsatz der – bedingt durch den Kostendruck beschränkten – Ressourcen eine zentrale Bedeutung zukommen. Hierzu ist die bloße Reaktion auf aufsichtsrechtliche Veränderungen nicht ausreichend; vielmehr ist es notwendig, neue Themen proaktiv anzugehen und effizient und effektiv umzusetzen.[1138] Bei besonders stark betroffenen Banken wird gar eine grundlegende Überarbeitung ihres Geschäftsmodells notwendig sein, um eine sichere Zukunftsperspektive gewähren zu können.[1139] Denn bedingt durch die Regulierung wurden bestimmte Geschäftsfelder hinsichtlich ihrer wirtschaftlichen Attraktivität beeinträchtigt und es kann somit eine Neuverteilung der Geschäftsaktivitäten erforderlich sein.[1140] Gelingt jedoch eine optimale Anpassung an die regulatorischen Herausforderungen, so können hieraus sogar Wettbewerbsvorteile gegenüber anderen Instituten entstehen.[1141]

3.3.3. Der Vertrauensverlust

3.3.3.1. Vorbemerkungen

In Europa hat die Finanz- und Wirtschaftskrise der Jahre 2007 ff. jedoch nicht nur zu einer anhaltenden Regulierung der Banken geführt, vielmehr wurden in der Folge ebenso das Vertrauen der Menschen in die Kreditinstitute und das Vertrauen der Kreditinstitute untereinander schwer und vor allem nachhaltig erschüttert,[1142] sodass sich die Krise auch als Vertrauenskrise charakterisieren lässt.[1143] Obgleich nur das Fehlverhalten

---

S. 30; Voigt, Kai-Ingo; Fischer, Matthias (Genossenschaftsbanken 2016), S. 102.

1138 Vgl. Fehrenbach, Björn; Klauck, Kai-Oliver (Regulatory 2016), S. 33.

1139 Vgl. Hirschmann, Stefan (Margendruck 2016), S. 3.

1140 Insbesondere verlor der Eigenhandel der Kreditinstitute im Rahmen der regulatorischen Anpassungen an wirtschaftlicher Attraktivität, sodass sich einige Banken weg von diesem Geschäftsfeld und hin zum privaten und gewerblichen Kundengeschäft orientieren müssen. Vgl. ausführlich hierzu KPMG (Anforderungen 2013), S. 3; Zanthier, Ulrich von (Geschäftsmodellen 2015), S. 40.

1141 Vgl. Fehrenbach, Björn; Klauck, Kai-Oliver (Regulatory 2016), S. 33.

1142 Vgl. Köcher, Renate (Banken 2013), S. 1; Sulikova, Rozalia; Münstermann, Martin (Maßnahmen 2014), S. 16; Bortenlänger, Christine (Regulierung 2015), S. 13.

1143 Vgl. zur Charakterisierung als Vertrauenskrise Waschbusch, Gerd; Knoll, Jessica; Weyers de Vasconcelos, Daniel (Reputationsrisiken 2013), S. 397.

einzelner großer Banken für das Entstehen der Finanz- und Wirtschaftskrise mitursächlich war, ist ein Vertrauens- und Imageverlust in der Bevölkerung gegenüber den Banken in ihrer Gesamtheit zu beobachten.[1144]

Diese Entwicklung gibt Anlass zur Beunruhigung, denn gefestigtes Vertrauen in das Finanzsystem und in die Kreditinstitute bildet das Herz des Kreditgewerbes.[1145] Es ist eine wesentliche Voraussetzung für das Zustandekommen und das Aufrechterhalten von Finanzgeschäften[1146] und bildet die Basis für die langfristig erfolgreiche wirtschaftliche Entwicklung eines jeden Instituts.[1147] Der eingetretene und anhaltende Vertrauensverlust der Bankkunden stellt die Kreditinstitute demnach vor große Gefahren und Herausforderungen.[1148]

3.3.3.2. Definitorische und konzeptionelle Grundlagen des Vertrauens[1149]

3.3.3.2.1. Definition des Vertrauens

Bereits bei etymologischer Betrachtung des Begriffs „Kredit“ wird die herausragende Bedeutung des Vertrauens für die Bankenbranche augenscheinlich. Seinen Ursprung hat der Terminus in dem mit „vertrauen“ oder „glauben“ zu übersetzenden lateinischen Verb „credere“ bzw. dem Substantiv „creditum“, welches zu Deutsch „das auf Treu und Glauben Anver-

---

1144 Vgl. Waschbusch, Gerd (Zukunft 2013), S. 86; Sulikova, Rozalia; Münstermann, Martin (Maßnahmen 2014), S. 16, S. 20; Schäl, Ingo (Digitalisierung 2015), S. 15. Jedoch ist zu beobachten, dass die eigene Hausbank des jeweiligen Kunden meist weniger vom Vertrauensverlust betroffen ist als die Bankenbranche als Ganzes. Vgl. Waschbusch, Gerd; Staub, Nadine; Rolle, Andrea (Bank 2010), S. 33; Waschbusch, Gerd; Staub, Nadine; Rolle, Andrea (Finanzkrise 2010), S. 308; Bundesverband deutscher Banken (Vertrauen 2011), S. 1.

1145 Vgl. o. V. (Banker 2016), S. 8; Benkelberg, Swantje (Banken 2017), S. 22.

1146 Vgl. Haupt, Rudolf; Eberhardt, Tim (Kapital 2010), S. 38; Ott, Ulrich; Forthmann, Jörg (Vertrauen 2013), S. 34; Waschbusch, Gerd; Knoll, Jessica; Reinstädtler, Gabriela (Zukunft 2015), S. 33.

1147 Vgl. o. V. (Bank 2017), S. 9.

1148 Vgl. hierzu und zu folgendem Satz Steinmann, Thorsten (Vertrauen 2013), S. 2.

1149 Vgl. ausführlich und weiterführend zu den Ausführungen dieses Kapitels Waschbusch, Gerd; Schuster, Hannes; Berg, Susen Claire (Vertrauen 2018), S. 22–26, S. 33–42.

traute", bedeutet.[1150] Denn das Kreditgeschäft begründet – insbesondere aufgrund des eingegangenen Risikos seitens des Kreditgebers, der überdurchschnittlich langen Vertragslaufzeit und der zentralen Bedeutung für den Kreditnehmer – ein Vertrauensverhältnis zwischen Kunde und Kreditinstitut.

Obgleich dieser fundamentalen Bedeutung existiert bislang keine einheitliche Definition des Terminus „Vertrauen".[1151] Vielmehr erfolgt im Rahmen der bankbetrieblichen Forschung der Hinweis auf die Unabdingbarkeit des Vertrauens in der Kunde-Bank-Beziehung regelmäßig ohne genaue Kenntnis des Phänomens „Vertrauen" und seiner Wirkungszusammenhänge.[1152]

Untersucht man die bedeutendsten Definitionen der wissenschaftlichen Forschung zum Thema „Vertrauen", so lassen sich zwei unterschiedliche definitorische Ansätze erkennen: eine maßgeblich soziologisch und spieltheoretisch geprägte Sicht auf Vertrauen als sichtbares Verhalten des Vertrauensgebers[1153] einerseits[1154] und eine eher psychologisch geprägte

---

1150 Vgl. Duden (Kredit o. J.); Büttner, Hans-Peter (Kredit 2008); Sonius, David (Unternehmenskrisen 2016), S. 76.

1151 Vgl. Götz, Klaus (Vertrauen 2006), S. 61; Neubauer, Walter F.; Rosemann, Bernhard (Macht 2006), S. 115; Brühl, Rolf; Horch, Nils; Orth, Mathias (Vertrauen 2009), S. 97; Laeequddin, Mohammed (Trust 2010), S. 54. So formulieren Keen/Schrump/Chan passend: „What exactly is trust? It's so easy to talk about, so hard to pin down". Keen, Peter; Schrump, Steven; Chan, Sally (Electronic 1999), S. 4. Während Vertrauen in anderen akademischen Disziplinen wie der Theologie, der Soziologie und der Psychologie bereits häufig Gegenstand verschiedener Abhandlungen war, fehlen insbesondere in der Ökonomie grundlegende Untersuchungen zur Entstehung und zu den Determinanten von Vertrauen. Vgl. Ripperger, Tanja (Ökonomik 2003), S. VII. Vgl. für eine umfassende bibliographische Auswahl an Werken aus verschiedenen Bereichen der Psychologie Schweer, Martin K. W. (Vertrauen 1998), S. 17–207. Darüber hinaus liefern Hartmann/Offe eine Auswahl von Texten in der Soziologie und der politischen Theorie in Hartmann, Martin; Offe, Claus (Vertrauen 2001). Vgl. weiterführend zum Themenkomplex des Vertrauens in der Theologie Lassak, Andrea (Vertrauen 2015).

1152 Vgl. Schilli, Thomas; Wiedemann, Arndt (Vertrauen 2012), S. 40.

1153 Im Folgenden bezeichnet der Vertrauensgeber diejenige Person, die Vertrauen schenkt, während der Vertrauensnehmer diejenige Person oder dasjenige System darstellt, in die oder das Vertrauen gelegt wird.

1154 Der Verhaltensansatz der Vertrauensdefinition ist dadurch gekennzeichnet, dass die Vertrauenshandlung nicht durch situationsunabhängige, personale Faktoren bestimmt ist, sondern aus einer spezifischen Situation resultiert. Auf Basis eines rationalen Menschenbilds liegt hierbei die Annahme zugrunde,

Sicht auf Vertrauen als subjektive Einstellung bzw. Erwartungshaltung des Vertrauensgebers andererseits[1155].[1156] Analysiert man diese Ansätze tiefergehend in ihrer Gesamtheit, so lässt sich ein gewisser Konsens hinsichtlich

---

dass ein Individuum in einer konkreten Situation stets versucht, optimale Entscheidungen auf der Grundlage von umfassenden Abwägungsprozessen potenzieller positiver sowie negativer Konsequenzen einer Handlung zu treffen. Vgl. Bruckner, Beatrice K. (Vertrauen 2016), S. 16. Vertrauen geht in diesem Kontext stets mit einer Erhöhung der eigenen Verwundbarkeit bzw. mit der Bereitschaft zur Erhöhung der eigenen Verwundbarkeit einher. Vgl. Deutsch, Morton (Trust 1962), S. 276; Zand, Dale E. (Trust 1972), S. 230. Die beschriebene Unterscheidung zwischen bloßer Bereitschaft zur Erhöhung der eigenen Verwundbarkeit und tatsächlicher Erhöhung der eigener Verwundbarkeit ermöglicht eine weitere Differenzierung des Verhaltensansatzes in eine verhaltensabsichtsorientierte sowie eine verhaltensorientierte Komponente. Vgl. zur verhaltensabsichtsorientierten Komponente Zand, Dale E. (Trust 1972), S. 230; Steinmann, Thorsten (Vertrauen 2013), S. 24–25. Vgl. zur verhaltensorientierten Komponente Deutsch, Morton (Trust 1962), S. 276; Steinmann, Thorsten (Vertrauen 2013), S. 24.

1155 Der weit verbreitete einstellungsorientierte Ansatz der Vertrauensforschung stellt auf die individuelle Sozialisierung, die persönliche Entwicklung und die persönlichen Eigenschaften des Vertrauensgebers ab. Vgl. grundlegend hierzu Rotter, Julian B. (Trust 1967); Steinmann, Thorsten (Vertrauen 2013), S. 25. Der einstellungsorientierte Ansatz postuliert, dass ein Individuum im Laufe seiner individuellen sozialen Entwicklung ein Gespür für die Vertrauenswürdigkeit des Gegenübers entwickelt und somit eine Vertrauensdisposition ausbildet. Vgl. Bruckner, Beatrice K. (Vertrauen 2016), S. 15. Nach diesem Ansatz stellt Vertrauen ein erlernbares Verhalten dar, das simultan als ein Persönlichkeitsmerkmal des Vertrauensgebers aufgefasst werden kann. Vgl. Rotter, Julian B. (Trust 1967), S. 651; Bruckner, Beatrice K. (Vertrauen 2016), S. 15. Abhängig von den Ursprüngen des Verhaltens kann im einstellungsorientierten Ansatz Vertrauen weiterhin in eine kognitive und eine affektive Komponente aufgespalten werden. Vgl. hierzu insbesondere Lewis, David J.; Weigert, Andrew (Trust 1985), S. 970–972. Die kognitive Vertrauensbildung beruht maßgeblich auf der rationalen Einschätzung der Leistungsfähigkeit sowie der Leistungsbereitschaft des Vertrauensnehmers. Vgl. Jeffries, Frank L.; Reed, Richard (Trust 2000), S. 875. Der affektiven Vertrauensbildung liegen hingegen sowohl Emotionen als auch die gefühlsmäßige Einschätzung des Vertrauensnehmers zugrunde. Vgl. Narowski, Claus (Vertrauen 1974), S. 168.

1156 Vgl. Lewis, David J.; Weigert, Andrew (Trust 1985), S. 975; Moorman, Christine; Zaltman, Gerald; Deshpandé, Rohit (Market 1992), S. 315; Moorman, Christine; Deshpandé, Rohit; Zaltman, Gerald (Trust 1993), S. 82; Ripperger, Tanja (Ökonomik 2003), S. 6; Pielken, Adrian (Vertrauen 2017), S. 24.

der wesentlichen und wichtigsten Charakteristika des Vertrauenskonstrukts abstrahieren. Abbildung 18 veranschaulicht diese Merkmale:[1157]

Wesensmerkmale des Vertrauens	
Wesensmerkmal	**Erläuterung**
Zukunftsorientierung	Vertrauenshandlungen sind in die Zukunft gerichtet. Zwischen der Handlung des Vertrauensgebers und der Vertrauensbestätigung klafft eine zeitliche Lücke.
Erwartung und Handlung	Der Vertrauensgeber bildet sich in Bezug auf das Verhalten des Vertrauensnehmers eine positive Erwartungshaltung. Auf Basis dieser Erwartung trifft er seine Vertrauensentscheidung, die sich in der Vertrauenshandlung manifestiert.
Freiwilligkeit	Vertrauensgeber und Vertrauensnehmer können frei über ihre Strategien entscheiden. Der Vertrauensgeber unterliegt keinen Zwängen bei der Entscheidung, Vertrauen zu platzieren, genau wie der Vertrauensnehmer freie Wahl zwischen den Alternativen „Vertrauensbestätigung“ oder „Vertrauensbruch“ hat.
fehlende Kontrolle	Der Vertrauensgeber verzichtet zumindest teilweise auf Maßnahmen der Kontrolle oder besitzt nur eingeschränkte Möglichkeiten, die Handlungen des Vertrauensnehmers zu überwachen.
Verletzbarkeit/Risiko	Der Vertrauensgeber setzt sich durch seine Handlung der Möglichkeit eines Vertrauensbruchs aus. Daraus entsteht für ihn ein Verlustrisiko.
Glaubenssprung	Bei der Vertrauenshandlung bezieht sich der Vertrauensgeber auf gute Gründe, geht dabei jedoch ein Stück über objektive Tatsachen hinaus und setzt zu einem „Glaubenssprung“ an, indem er so handelt, als ob Unsicherheit für ihn nicht bestünde.

Abbildung 18: Die Wesensmerkmale des Vertrauens[1158]

1157 Vgl. hierzu und weiterführend Schoen, Matthias (Vertrauen 2013), S. 32–33; Müller-Wienbergen, Imke (Vertrauenswürdigkeit 2016), S. 33.

1158 Geringfügig modifiziert entnommen aus Waschbusch, Gerd; Schuster, Hannes; Berg, Susen Claire (Vertrauen 2018), S. 26. Vgl. auch Kenning, Peter (Trust 2002), S. 11–12; Schoen, Matthias (Vertrauen 2013), S. 32–33. Vgl. hierzu sowie weiterführend zum Aspekt der Zukunftsorientierung Coleman, James S. (Theory 1994), S. 98; Luhmann, Niklas (Vertrauen 2014), S. 23. Vgl. zum Aspekt der Erwartung und Handlung Ripperger, Tanja (Ökonomik 2003),

Unter Berücksichtigung sowohl der verschiedenen definitorischen Ansätze als auch der dargestellten Wesensmerkmale des Vertrauens lässt sich Vertrauen im wirtschaftswissenschaftlichen Kontext somit als psychologischer Zustand (Vertrauenserwartung) eines Entscheidungsträgers (Vertrauensgeber) beschreiben, der eine positive Erwartung in die Absichten, das Verhalten oder in die Funktionsfähigkeit von Personen oder Systemen (Vertrauensnehmer) ausdrückt und den Vertrauensnehmer somit zu einer freiwilligen Erbringung einer risikobehafteten Vorleistung (Vertrauenshandlung), unter einem zumindest teilweisen Verzicht auf Sicherungs- und Kontrollmaßnahmen gegen das Abweichen des Vertrauensnehmers von explizit oder implizit geschlossenen Vereinbarungen, veranlasst.[1159]

Die Basis der Entstehung von Vertrauenshandlungen bildet dieser Definition folgend die Vertrauenserwartung des Vertrauensgebers.[1160] Die Grundlage seiner Vertrauenserwartung und damit die entscheidende Determinante hinsichtlich der Entstehung einer Vertrauensbeziehung ist die wahrgenommene Vertrauenswürdigkeit[1161] des Vertrauensnehmers. Mit

---

S. 43–46; Luhmann, Niklas (Vertrauen 2014), S. 28. Vgl. zum Aspekt der Freiwilligkeit Schottlaender, Rudolf (Theorie 1957), S. 21; Coleman, James S. (Theory 1994), S. 98; Ripperger, Tanja (Ökonomik 2003), S. 45. Vgl. zum Aspekt der fehlenden Kontrolle Zand, Dale E. (Trust 1972), S. 230; Ripperger, Tanja (Ökonomik 2003), S. 45; Pelzmann, Linda (Vertrauen 2005), S. 218. Vgl. zu den Aspekten der Verletzbarkeit und des Risikos Deutsch, Morton (Trust 1962), S. 276; Zand, Dale E. (Trust 1972), S. 230. Vgl. zum Aspekt des Glaubenssprungs Lewis, David J.; Weigert, Andrew (Trust 1985), S. 970; Staub, Torsten Tristan (Vertrauen 2005), S. 116; Gilbert, Dirk Ulrich (Vertrauen 2007), S. 75; Luhmann, Niklas (Vertrauen 2014), S. 31.

1159 Vgl. Waschbusch, Gerd; Schuster, Hannes; Berg, Susen Claire (Vertrauen 2018), S. 29. Vgl. auch Rousseau, Denise M. u. a. (Trust 1998), S. 395; Ripperger, Tanja (Ökonomik 2003), S. 45; Jammal, Elias; Leistikow, Melanie (Vertrauen 2011), S. 148.

1160 Vgl. Das, T. K.; Teng, Bing-Sheng (Trust 2004), S. 107–109; Schoen, Matthias (Vertrauen 2013), S. 44.

1161 Wenngleich in der wissenschaftlichen Literatur kein Konsens bezüglich der Komponenten der Vertrauenswürdigkeit besteht, lassen sich jedoch bestimmte Tendenzen zur Verdichtung dieser Komponenten ableiten. Vgl. Müller-Wienbergen, Imke (Vertrauenswürdigkeit 2016), S. 47. Während beispielsweise Schindler/Thomas Integrität, Kompetenz, Konsistenz, Loyalität und Offenheit als zentrale Faktoren der Vertrauenswürdigkeit konstatieren, sieht Butler die Faktoren Verfügbarkeit, Kompetenz, Konsistenz, Verschwiegenheit, Fairness, Integrität, Loyalität, Offenheit, Zuverlässigkeit und Empfänglichkeit des Vertrauensnehmers als wesentliche Determinanten der Vertrauenswürdigkeit an. Vgl. Butler, John K. (Trust 1991), S. 648; Schindler, Paul L.; Thomas,

dem Ziel der Schaffung eines Vertrauensverhältnisses als Voraussetzung einer erfolgreichen und langfristigen Kooperationsbeziehung hat der Vertrauensnehmer demzufolge ein ureigenes Interesse daran, dem Vertrauensgeber – der im Normalfall keine vollständige Information über die tatsächliche Vertrauenswürdigkeit des Vertrauensnehmers besitzt –[1162] seine Vertrauenswürdigkeit zu kommunizieren, um hierdurch dessen Vertrauenserwartung positiv zu beeinflussen.[1163] Hierbei kann sich der Aspekt der Kommunikation der eigenen Vertrauenswürdigkeit durch den Vertrauensnehmer mithin als problematisch erweisen.[1164] Zwar besteht im Grundsatz ein positiver Einfluss der Kommunikation der eigenen Vertrauenswürdigkeit auf den Prozess der Vertrauensbildung,[1165] derweil kann eine übermäßige aktive Kommunikation jedoch auch zu Misstrauen und Vorsicht beim Vertrauensgeber führen, da eine solche als Versuch aufgefasst werden kann, in Wirklichkeit geringe oder fehlende Vertrauenswürdigkeit zu kaschieren und den Vertrauensgeber in seiner Entscheidung zu manipulieren.[1166]

Cher C. (Trust 1993), S. 563–573. Suchanek wiederum sieht die Komponenten „Nicht-Opportunismus", „Rechtschaffenheit" und „Kompetenz" als entscheidend für die Vertrauenswürdigkeit an und Caldwell/Clapham postulieren acht Komponenten der Vertrauenswürdigkeit: „Kompetenz", „Qualitätssicherung", „Wohlwollen in Interaktionen", „prozedurale Fairness", „Verantwortung", „ausreichende Information von Stakeholdern" sowie „Beachtung von Gesetzen" und „finanzielle Balance". Vgl. Caldwell, Cam; Clapham, Stephen E. (Trustworthiness 2003), S. 352–353; Suchanek, Andreas (Vertrauen 2012), S. 57–58. Mayer/Davis/Schoorman fassen hingegen „Fähigkeit", „Wohlwollen" und „Integrität" als wesentliche Faktoren der Vertrauenswürdigkeit auf. Vgl. Mayer, Roger C.; Davis, James H.; Schoorman, F. David (Trust 1995), S. 717–718. Vgl. weiterführend zu den verschiedenen Auffassungen, deren Zusammenhang und Entwicklung Späth, Julia F. (Vertrauen 2008), S. 92–100.

1162 Vgl. Kramer, Roderick (Trust 2006), S. 69.

1163 Vgl. Beckert, Jens (Vertrauen 2002), S. 39–40.

1164 Vgl. Sáez, Marcos (Vertrauen 2012), S. 32.

1165 Vgl. Mukherjee, Avinandan; Nath, Prithwiraj (Trust 2003), S. 7; Ball, Dwayne; Coelho, Pedro; Machas, Alexandra (Trust 2004), S. 1279, S. 1282; Leslie, Christopher (Trust 2004), S. 538.

1166 Vgl. Sáez, Marcos (Vertrauen 2012), S. 32.

3.3.3.2.2. Systemvertrauen und personales Vertrauen

Im Hinblick auf die zu differenzierenden Vertrauensarten findet sich eine Vielzahl divergierender Auffassungen in der wissenschaftlichen Literatur.[1167] Im bankbetrieblichen Kontext und insbesondere vor dem Hintergrund des Vertrauensverlusts im Kontext der Finanz- und Wirtschaftskrise der Jahre 2007 ff. kommt jedoch insbesondere der Differenzierung des Vertrauens anhand der Gestalt des Vertrauensnehmers in Systemvertrauen und personales Vertrauen besondere Bedeutung zu.[1168]

Das Systemvertrauen ist dadurch charakterisiert, dass Vertrauen in die Zuverlässigkeit und Funktionsfähigkeit von sogenannten abstrakten Systemen sowie in die Einhaltung der durch das System gegebenen Konventionen[1169] gesetzt wird.[1170] In der Bankenbranche kommt insbesondere den Expertensystemen als eine Unterform der abstrakten Systeme

1167 Vgl. Müller-Wienbergen, Imke (Vertrauenswürdigkeit 2016), S. 35. Vgl. zu unterschiedlichen Auffassungen der Systematisierung der Vertrauensarten beispielsweise Shapiro, Debra. L.; Sheppard, Blair H.; Cheraskin, Lisa (Handshake 1992), S. 366–374; Ring, Peter Smith (Trust 1996), S. 151–157; Rousseau, Denise M. u. a. (Trust 1998), S. 399; Nooteboom, Bart (Trust 2005), S. 40–41; Storz, Cornelia (Vertrauen 2005), S. 238; Gilbert, Dirk Ulrich (Vertrauen 2007), S. 87–92; Beierlein, Constanze (Kurzskala 2012), S. 7; Covey, Stephen M. R.; Merrill, Rebecca (Vertrauen 2014), S. 50–52; Kury, Max (Rechenschaft 2014), S. 23–25; Suchanek, Andreas (Vertrauen 2015), S. 81.

1168 Diese Untergliederung erfolgt analog zur Unterscheidung zwischen Trust und Confidence in der englischen Sprache. Confidence bezieht sich dabei auf die Erwartung einer zuverlässigen und reibungslosen Funktionsweise eines Systems (z. B. des Finanzsystems) und ist daher mit dem Phänomen des Systemvertrauens gleichzusetzen. Demgegenüber spiegelt Trust das Vertrauen in einen menschlichen Kooperationspartner wider und entspricht somit der Kategorie des personalen Vertrauens. Vgl. Ott, Ulrich; Forthmann, Jörg (Vertrauen 2013), S. 34.

1169 Die Konventionen eines Systems können hierbei unterschiedlicher Natur sein. Hinsichtlich der Bankenbranche können mögliche Konventionen beispielsweise in den durch staatliche Institutionen obligatorisch einzuhaltenden Vorschriften oder aber in den zur Überprüfung der Einhaltung dieser Vorschriften erforderlichen Kontrollmechanismen beispielsweise der Bankenaufsicht gesehen werden.

1170 Vgl. Ferber, Marco (Vertrauen 2004), S. 24–25; Gilbert, Dirk Ulrich (Vertrauen 2007), S. 90; Luhmann, Niklas (Vertrauen 2014), S. 64. Vgl. weiterführend zum Systemvertrauen beispielsweise Zucker, Lynne G. (Trust 1986); Shapiro, Susan P. (Trust 1987).

eine besondere Bedeutung zu.[1171] Expertensysteme im bankbetrieblichen Kontext sind institutionelle Ordnungen, in denen sich technische Fähigkeiten oder spezifische Sachkenntnisse auf die Vertrauensentscheidungen der Vertrauensgeber auswirken.[1172] Solche Systeme integrieren das Wissen von Experten, denen die Vertrauensgeber vertrauen, ohne dass die Vertrauensgeber hierbei im Stande wären, das angewandte Expertenwissen vollständig zu kontrollieren. Im Ergebnis wird aus dem Bewusstsein heraus, dass auch andere Vertrauensgeber dem Expertensystem vertrauen und sich alle Akteure dieses Vertrauens bewusst sind, ohne genaueres Verständnis der Systemzusammenhänge reflexiv vertraut.[1173] Demzufolge wird Systemvertrauen – oftmals außerhalb des Bewusstseins des Vertrauensgebers – durch sich selbst bestätigende Erfahrungen aufgebaut und verstärkt.[1174] Obwohl auch Systemvertrauen beispielsweise aufgrund von Skepsis gegenüber der Zuverlässigkeit oder der Funktionsfähigkeit des Systems widerrufbar ist,[1175] stellt es sich dennoch weitaus persistenter als personales Vertrauen dar.[1176]

Im Unterschied zum Systemvertrauen ist der Vertrauensnehmer beim personalen Vertrauen ein Mensch.[1177] Das personale Vertrauen entwickelt sich somit auf Basis individueller Kennzeichen, Bedingungen, Einflussfaktoren und Auswirkungen zwischenmenschlichen Vertrauens in unterschiedlichen lebensbereichsspezifischen Kontexten.[1178] Obgleich personales Vertrauen und Systemvertrauen somit aufgrund der Verschiedenartigkeit der Gestalt des Vertrauensnehmers in beiden Fällen zunächst miteinander unvereinbar erscheinen, stehen sie dennoch in einer engen Korrelation zueinander.[1179] Grundsätzlich reduzieren abstrakte Systeme

1171 Eine weitere Unterkategorie der abstrakten Systeme sind die sogenannte symbolischen Zeichen. Symbolische Zeichen beschreiben Medien, wie z. B. Sprache oder Geld, in die die Vertrauensgeber ihr Vertrauen setzen und die der Gewährleistung des Austausches innerhalb sozialer Systeme dienen. Vgl. Giddens, Anthony (Moderne 1999), S. 103.

1172 Vgl. hierzu und zu folgendem Satz Gilbert, Dirk Ulrich (Vertrauen 2007), S. 90.

1173 Vgl. Morison, David E.; Firmstone, Julie (Trust 2000), S. 602.

1174 Vgl. Beckemper, Katharina (Vertrauen 2011), S. 321.

1175 Vgl. Gilbert, Dirk Ulrich (Vertrauen 2007), S. 92.

1176 Vgl. Bentele, Günter (Vertrauen 1994), S. 144; Möller, Antje (Vertrauen 2004), S. 17.

1177 Vgl. Sommerlatte, Tom; Fallou, Jean-Luc (Vertrauensbildung 2012), S. 25.

1178 Vgl. Bruckner, Beatrice K. (Vertrauen 2016), S. 25.

1179 Vgl. Sommerlatte, Tom; Fallou, Jean-Luc (Vertrauensbildung 2012), S. 26.

den Bedarf an personalem Vertrauen, da auf die Vertreter des Systems das mit dem System assoziierte Vertrauen ohne eigenes Zutun projiziert und übertragen wird; dennoch vermögen solche Systeme nicht den Bedarf an personalem Vertrauen vollständig zu substituieren.[1180] Vielmehr ist für das Systemvertrauen eine Integration in persönliche Kontakte mit eben jenen Repräsentanten des Systems unabkömmlich.[1181] Denn obwohl „jeder weiß, dass sich der eigentliche Sitz des Vertrauens im Inneren des abstrakten Systems und nicht in den Einzelpersonen befindet, die das System in spezifischen Zusammenhängen ‚vertreten', wird an Zugangspunkten daran erinnert, dass es (potentiell fehlbare) Menschen aus Fleisch und Blut sind, die das System in Betrieb halten."[1182] Personales Vertrauen und Systemvertrauen bedingen sich somit gegenseitig, denn Systemvertrauen basiert nicht zuletzt auch auf den Systemrepräsentanten, die die Verbindung zwischen Systemvertrauen und individuellen Akteuren knüpfen und somit das Fundament für die Vertrauenswürdigkeit von Institutionen und Systemen bereiten.[1183]

3.3.3.3. Status Quo des Vertrauens in der Bankenbranche

Bei Bankgeschäften handelt es sich regelmäßig um komplexe und häufig risikoreiche Transaktionen, sodass die Kunden zu einer Bindung an eine – aus ihrer Sicht – vertrauenswürdige Bank tendieren.[1184] Darüber hinaus sind Bankdienstleistungen in aller Regel ihrem Wesen nach abstrakte, immaterielle und für den Kunden besonders bedeutsame Leistungen und somit stark erklärungsbedürftig und vertrauensempfindlich.[1185] Vertrauenswürdigkeit ist hierbei folglich eine notwendige Voraussetzung für die

1180 Vgl. Gilbert, Dirk Ulrich (Vertrauen 2007), S. 92.
1181 Vgl. Bruckner, Beatrice K. (Vertrauen 2016), S. 26.
1182 Giddens, Anthony (Moderne 1999), S. 109–110.
1183 Vgl. Gilbert, Dirk Ulrich (Vertrauen 2007), S. 92–93.
1184 Vgl. Söllner, Albrecht (Kundenbindung 2007), S. 1025.
1185 Vgl. Friedrichs, Stephanie (Kreditinstituten 2000), S. 19; Waschbusch, Gerd; Knoll, Jessica; Weyers de Vasconcelos, Daniel (Reputationsrisiken 2013), S. 396; Weber, Frank (Bankenregulierung 2015), S. 521. Die Erklärungsbedürftigkeit resultiert neben der Abstraktheit auch aus der häufig komplexen rechtlichen Ausgestaltung der Vertragsbeziehung. Die Vertrauensempfindlichkeit ergibt sich hingegen aus dem Leistungsgegenstand, meist die Zurverfügungstellung von Geld, und der längeren Vertragslaufzeit. Vgl. Fischer, Olaf (Bankbetriebswirtschaft 2014), S. 197.

Loyalität der Kunden gegenüber dem Kreditinstitut und für den Aufbau und den Erhalt von Geschäftsbeziehungen.[1186] Die erfolgreiche Gestaltung dieser Geschäftsbeziehungen im Bankensektor wirkt sich letztlich unmittelbar auch auf die wirtschaftliche Situation eines Kreditinstituts aus.[1187] Vertrauen gilt ferner auch als Fundament für Wettbewerbsvorteile,[1188] es kann Unsicherheit vermindern und somit Transaktionskosten reduzieren[1189] und verbessert die Kommunikation zwischen einer Bank und ihren Kunden. Sowohl der Aufbau als auch die Pflege von Vertrauensverhältnissen ist somit von grundlegender Bedeutung für die erfolgreiche Durchführung von Bankgeschäften.[1190]

Angesichts dieser hohen Bedeutung gehen aktuelle Erhebungen, die zu dem Ergebnis kommen, dass lediglich 38 % der Bürger Vertrauen in die Finanzbranche besitzen,[1191] mit starker Beunruhigung einher.[1192] Insgesamt betrachtet gehört die Finanzbranche momentan mit zu den Wirtschaftszweigen, denen die Deutschen am wenigsten vertrauen.[1193] Dieser Vertrauensverlust beruht nur in Teilen unmittelbar auf der Finanz- und Wirtschaftskrise der Jahre 2007 ff. Die Krise wirkte jedoch auch bei den schon vorher vorliegenden Misstrauensursachen verstärkend als Katalysa-

---

1186 Vgl. Waschbusch, Gerd; Knoll, Jessica; Reinstädtler, Gabriela (Zukunft 2015), S. 33. Vgl. zur grundlegenden Bedeutung von Vertrauen für Geschäftsbeziehungen jeder Art Leichsenring, Hansjörg (Loyal 2013).

1187 Vgl. Aurier, Philippe; N'Goala, Gilles (Trust 2010), S. 303. Vgl. hierzu und zu den beiden folgenden Sätzen Steinmann, Thorsten (Vertrauen 2013), S. 2.

1188 Vgl. ausführlich Barney, Jay B.; Hansen, Mark H. (Advantage 1994), S. 175, S. 182–188.

1189 Vgl. zur vertrauensbedingten Reduktion von Unsicherheiten und Transaktionskosten Anderson, James C.; Narus James A. (Partnerships 1990), S. 45. Unsicherheit bewegt die Geschäftsparteien dazu, verstärkt nach Informationen zu suchen, um sich gegen mögliche negative Folgen eines Geschäftsabschlusses abzusichern und die Transaktionen verstärkt zu kontrollieren. Solche Maßnahmen führen zu erhöhten Transaktionskosten. Vertrauen hingegen reduziert die Unsicherheit und senkt somit die Transaktionskosten. Vgl. Steinmann, Thorsten (Vertrauen 2013), S. 68.

1190 Vgl. Knights, David u. a. (Shadows 2001), S. 318.

1191 Vgl. Edelman (Trust 2018), S. 22. Im globalen Vergleich geben durchschnittlich 54 % der Menschen an, Vertrauen in die Finanzbranche zu haben. Deutschland liegt mit 38 % auf dem vorletzten Platz, lediglich in Irland haben die Bürger noch weniger Vertrauen in die Finanzindustrie (29 %). Vgl. Edelman (Trust 2018), S. 22.

1192 Vgl. Statista (Bankenbranche 2016).

1193 Vgl. Gesellschaft der führenden PR- und Kommunikationsagenturen in Deutschland (GPRA-Vertrauensindex 2016).

lysator für den Vertrauensschwund.[1194] Folgende Abbildung 19 zeigt die wichtigsten Gründe auf, warum das Vertrauen in die Kreditinstitute abgenommen hat.

Demnach sind exorbitante Boniausschüttungen in Zeiten der globalen Finanzkrise (38 %), kundenseitige Zweifel an der Sicherheit der Einlagen (36 %) sowie die Unzufriedenheit mit der Qualität der Beratung und den angebotenen Finanzprodukten (30 %) die zentralen Treiber dieses Vertrauensverlusts. Diese Ursachen sollen im Folgenden näher hinsichtlich der daraus resultierenden Herausforderungen für die Banken untersucht werden. Die makroökonomischen Gründe (17 %) für den Vertrauensverlust, die insbesondere in den hohen Kosten der Bankenrettung für die Staatshaushalte, den realwirtschaftlichen Kosten der sich abschwächenden wirtschaftlichen Entwicklung, dem Anstieg der Arbeitslosigkeit in Europa sowie der niedrigen Realverzinsung in Zusammenhang mit dem Niedrigzinsumfeld zu sehen sind, sollen mangels hieraus unmittelbar resultierender Herausforderungen auf Institutsebene nicht näher betrachtet werden.[1195]

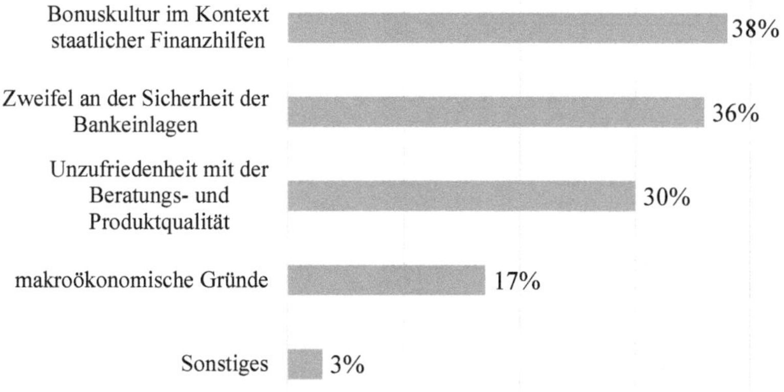

Abbildung 19: Gründe für gesunkenes Vertrauen von Kunden in die Bankenbranche[1196]

1194 Vgl. Leichsenring, Hansjörg (Loyal 2013).

1195 Vgl. zu den makroökonomischen Gründen Sixt, Elfriede (Schwarmökonomie 2014), S. 45; Lenz, Rainer (Banking 2015), S. 519.

1196 Modifiziert entnommen aus Statista (Bankenbranche 2016). Mehrfachnennungen waren möglich.

3.3.3.4. Ausgewählte Gründe für den Vertrauensverlust

3.3.3.4.1. Bonuskultur im Kontext staatlicher Finanzhilfen

Die teils enormen Bonizahlungen von Kreditinstituten an ihre Führungskräfte und Vorstände wurden und werden angesichts der wirtschaftlich prekären Situation mancher Banken als im höchsten Maße unredlich und unangemessen empfunden. Schlagzeilen in Zeitungen und Sendungstiteln von öffentlich-rechtlichen Fernsehsendern wie beispielsweise „Boni-Bänker: 22 Millionen trotz Staatshilfe“[1197], „Millionen-Boni für Manager der Krisenbank“[1198] sowie „Die Gier der Bankster ist zurück – Banken zahlen Boni aus Staatshilfe!“[1199] führen in Verbindung mit Nachrichten wie „die Finanzkrise wird deutsche Steuerzahler wohl mehr als 68 Milliarden Euro kosten“[1200] dazu, dass die Banken in der öffentlichen Wahrnehmung einen Großteil des Vertrauens bei ihren Kunden verloren haben.[1201] Als Rechtfertigung für die teils immensen variablen Vergütungen der Unternehmensführung und der Führungskräfte im Bereich Investmentbanking wird seitens der Verantwortlichen regelmäßig die Sorge vor dem Abwandern der gut ausgebildeten und erfahrenen Mitarbeiter in diesen Unternehmensbereichen zu konkurrierenden Unternehmen angeführt.[1202] „Dass ein Arbeitgeber sich jedoch von diesen Mitarbeitern quasi erpressen lässt – ‚Geld her, oder ich gehe‘ –, ist ein verheerendes Zeichen. Eher sollte er erwidern: ‚Dann geh’ doch.‘ Das würde mittelfristig sicher die bodenständigeren und loyaleren Mitarbeiter anziehen – und gerade die brauchen die Banken“[1203] konstatiert Luttmer richtigerweise. Rekurriert man auf die Determinanten der Vertrauenswürdigkeit – insbesondere auf Integrität, Loyalität und Nicht-Opportunismus – so wird deutlich, dass Personen, die auch als Systemrepräsentanten fungieren, untragbar sind, sofern ihre Verbindung zu dem jeweiligen Unternehmen lediglich auf monetären Überlegungen beruht und die somit nicht die Werte verkörpern

1197 König, Michael (Krisenbank 2010).
1198 o. V. (Boni-Bänker o. J.).
1199 Ernst, Stefan (Bankster 2009).
1200 Krapp, Catiana (Finanzkrise 2018).
1201 Vgl. Kohrs, Uwe A. (GPRA-Vertrauensindex 2010), S. B10; Korndörffer, Sven H. (Banken 2010), S. 25.
1202 Vgl. Reiche, Lutz (Milliardenboni 2018).
1203 Luttmer, Nina (Banker-Regeln 2018).

und die Eigenschaften besitzen, die letztlich zum Aufbau und Erhalt von Vertrauen notwendig sind.

Aus der aktuell teilweise beobachtbaren exzessiven Bonipolitik mancher Banken entstand teilweise der für die gesellschaftliche Akzeptanz des Bankensystems fatale Eindruck, Gewinne der Kreditinstitute würden in Form von Dividenden und hohen Boniausschüttungen privatisiert; schlagend werdende Risiken hingegen in Form von staatlichen Rettungsmaßnahmen mit Steuergeldern sozialisiert.[1204] Das bankseitig über Jahrzehnte aufgebaute Bild von Institutionen, die für Vertrauen und Sicherheit stehen, weicht teilweise in der öffentlichen Meinung dem von arroganten und gierigen Geldhäusern und insbesondere Bankmanagern, die sich auf Kosten des Kunden und der Allgemeinheit bereichern wollen.[1205] Teilweise werden bedeutende Banken hinsichtlich ihrer Boniausschüttungen gar als „Selbstbedienungsläden" für Führungskräfte und Investmentbanker betitelt.[1206] Hierbei spielt weder die Sinnhaftigkeit und Richtigkeit der einzelnen Aussagen eine entscheidende Rolle,[1207] noch die Tatsache, dass nur vereinzelte Banken durch ihr Verhalten für die Finanz- und Wirtschaftskrise der Jahre 2007 ff. mitverantwortlich sind und auch nur vereinzelt exorbitant hohe Boni-Zahlungen seitens der Kreditinstitute geleistet wurden.[1208] Vielmehr übertragen viele Kunden negative Meldungen über einzelne Banken gedanklich auf die Bankenbranche als Ganzes.[1209] Dies mag teilweise auf die für viele Kunden kaum differenzierbaren Leistungsspektren und Geschäftsmodelle vieler Banken zurückzuführen sein, ergibt sich jedoch auch unmittelbar aus dem Konzept des Systemvertrauens. Negative Berichterstattungen über bedeutende Banken, die als Systemrepräsentanten letztlich auch das Bankensystem verkörpern, wirken sich auf die weiteren Teilnehmer dieses Systems ebenfalls vertrauensmindernd aus. In Teilen der öffentlichen Meinung werden somit alle Institute

---

1204 Vgl. Klaus, Michael (Banken 2012), S. 60; Rehm, Hannes (Banken 2012), S. 474; Schweinsberg, Klaus (Geleitwort 2016), S. VIII.

1205 Vgl. Hagemann, Jens (Vermögensverwalter 2012), S. 135; Schmidt, Karl Matthäus (Honorarberatung 2012), S. 118.

1206 Vgl. Lange, Kai (Banker-Boni 2018).

1207 Vgl. Burghof, Hans-Peter; Rudolph, Bernd (Bankenaufsicht 1996), S. 20–21.

1208 Vgl. Sulikova, Rozalia; Münstermann, Martin (Maßnahmen 2014), S. 16.

1209 Vgl. Schäl, Ingo (Digitalisierung 2015), S. 15. Vgl. hierzu und zu dem folgenden Satz Kohrs, Uwe A. (GPRA-Vertrauensindex 2010), S. B10; Wolf, Norbert (Banking 2012), S. 393.

unter Generalverdacht gestellt,[1210] wobei Sparkassen und Kreditgenossenschaften weniger stark von dem aus dieser Pauschalisierung resultierenden Vertrauensverlust betroffen sind als Groß- und Investmentbanken[1211]. Die allgegenwärtige und meist negativ geprägte Medienberichterstattung schadet dem Ansehen der Banken und ist ein wesentlicher Faktor für den Verlust des Vertrauens der Bankkunden.[1212] Hierbei formulierten die Medien zwar teilweise polemisch, vereinfachend und überspitzt, dennoch im Kern zutreffend über die subjektiv wahrgenommenen jeweiligen Missstände in den betreffenden Kreditinstituten.[1213] Das Problem liegt somit nicht ausschließlich in einer ungerechtfertigten Medienberichterstattung, sondern in der kundenseitigen Übertragung der Berichterstattung über einzelne Institute auf das Bankwesen in seiner Allgemeinheit. Um dem zu entkommen, sollte sich die einzelne Bank in der öffentlichen Wahrnehmung abgrenzen und ihre Individualität und ihre Alleinstellungsmerkmale hervorheben, sodass der Kunde sie nicht mehr als eine austauschbare Institution unter „den Banken", sondern als etwas Besonderes wahrnimmt, und folglich nicht mehr alle negativen Meldungen unmittelbar auf die Bank projiziert.[1214] Als Anknüpfungspunkt für eine Differenzierung kann beispielsweise die Marke einer Bank genutzt werden.[1215] Eine starke Marke, deren Besonderheiten positiv wahrgenommen werden und die positive Assoziationen bei den Kunden weckt, kann in der Lage sein, die eigene Bank von den Wettbewerbern abzugrenzen.[1216] Die Basis einer erfolgreichen Marke bilden dabei vor allem glaubwürdige und überzeugende Werte, die über lange Zeit in der Bank gelebt und nach außen kommuniziert werden. Um diese Grundlagen zu bereiten, werden manche Banken zu angemessenen Vergütungssystemen für das Management sowie den Bereich

1210 Vgl. Korndörffer, Sven H. (Banken 2010), S. 25; Bockolt, Jürgen (Politik 2011), S. 24–25; Friedrich, Kai (Beratung 2012), S. 25; Waschbusch, Gerd (Zukunft 2013), S. 86.

1211 Vgl. zum letzten Halbsatz Waschbusch, Gerd; Staub, Nadine; Rolle, Andrea (Bank 2010), S. 34.

1212 Vgl. Waschbusch, Gerd; Staub, Nadine; Rolle, Andrea (Bank 2010), S. 34.

1213 Vgl. Marten, Eckhard (Banken 2016), S. 39.

1214 Vgl. Böhnke, Werner (Finanzkrise 2010), S. 112; Mündel, Markus; Kräh, Hans-Jürgen (Kundenloyalität 2013), S. 41.

1215 Vgl. Krowarz, Sebastian (Krise 2012), S. 31.

1216 Vgl. hierzu und zu folgendem Satz Dobe, Carolin (Erscheinungsbild 2016), S. 10, S. 13.

„Investmentbanking“[1217] und zu realistischeren Renditevorstellungen zurückkehren müssen.[1218] „Schreibt ein Unternehmen einen Verlust, sollte es definitiv keine Boni zahlen. Wo kein Geld erwirtschaftet wird, kann auch keines zusätzlich verteilt werden“[1219], konstatiert Luttmer in diesem Kontext richtigerweise.

Der entsprechende Weg hin zu überzeugenden Werten sollte nach außen konkret, transparent und nachprüfbar aufgezeigt werden und sich keinesfalls auf bloße Werbebotschaften im Sinne von leeren Versprechungen beschränken.[1220] Generell liegt hier eine Herausforderung für das Marketing eines Instituts, das beispielsweise durch den Aufbau einer starken Marke oder anderer geeigneter Maßnahmen einen Beitrag zu Vertrauen und Reputation leisten sollte.[1221]

3.3.3.4.2. Zweifel an der Sicherheit der Bankeinlagen

Ein weiterer bedeutsamer Grund für den Vertrauensverlust sind kundenseitige Zweifel an der Sicherheit ihrer Einlagen.[1222] Ein wesentlicher Teil des Vertrauens der Bankkunden bezieht sich auf den sorgsamen Umgang und die vertragsgemäße Rückzahlung der anvertrauten Einlagen.[1223] Das Vertrauen in deren Sicherheit bildet hierbei die Grundlage für funktionierende Finanzierungskreisläufe und trägt wesentlich zur Stabilität der

---

1217 Vgl. ausführlich zu den Grundsätzen und Ausgestaltungsmöglichkeiten angemessener Vergütungssysteme Sulikova, Rozalia; Münstermann, Martin (Maßnahmen 2014), S. 17–20. Viele Banken halten jedoch an den hohen Bonus- und Tantiemenzahlungen an ihre Vorstände, Manager und Investmentbanker fest, sparen jedoch im Gegenzug an der monetären Vergütung ihrer „einfachen“ Mitarbeiter.

1218 Vgl. Waschbusch, Gerd; Staub, Nadine; Rolle, Andrea (Bank 2010), S. 35. Diese Anforderung darf nicht unterschätzt werden. Bei manchen großen Banken kommt die Forderung nach angemessenen Vergütungssystemen und realistischen Renditevorstellungen einem umfassenden Kulturwandel gleich. Vgl. Kasten, Jörg (Banker-Boni 2013), S. 13; Festge, Reinhold (Banken 2014), S. 36.

1219 Luttmer, Nina (Banker-Regeln 2018).

1220 Vgl. Rüther, Markus; Nitsche, Ulrich (Banken-Image 2012), S. 19.

1221 Vgl. Waschbusch, Gerd; Staub, Nadine; Rolle, Andrea (Bank 2010), S. 35; Waschbusch, Gerd; Staub, Nadine; Rolle, Andrea (Finanzkrise 2010), S. 310.

1222 Vgl. Statista (Bankenbranche 2016).

1223 Vgl. Leusmann, Klaus (Kulturwandel 2013), S. 5.

Finanzmärkte bei.[1224] Medienberichte über milliardenschwere Spekulationsverluste bedeutender Kreditinstitute während der Finanz- und Wirtschaftskrise der Jahre 2007 ff. verunsichern die Bankkunden demnach nachhaltig und schüren Zweifel an der ordnungsgemäßen Verwahrung der Kundengelder.[1225] Solche negativen Nachrichten können – selbst wenn es sich lediglich um Gerüchte handelt – zu einem Verlust des Vertrauens der Kunden in die Leistungsfähigkeit eines Kreditinstituts führen.[1226] Ziehen die Kunden als Reaktion hierauf ihre Einlagen ab, so kann es zu einem Bankenrun[1227] mit erheblichen Folgen für das Kreditgewerbe und die gesamte Wirtschaft kommen.[1228] Der befürchtete krisenbedingte Bankenrun blieb bisher aus,[1229] dennoch ist die Verunsicherung der Kunden nach wie vor spürbar. Dies führt in der Reaktion unter anderem dazu, dass selbst große, global tätige Finanzkonzerne mit bekannten Namen nicht mehr grundsätzlich stabiler als neue Anbieter angesehen werden.[1230] Viele Kunden reagieren hierauf mit einer Diversifikation des Risikos und nutzen

---

1224 Vgl. Schuppan, Norbert (Euro-Krise 2014), S. 177; Fahrenschon, Georg (Einlagensicherung 2016), S. 636.

1225 Vgl. Waschbusch, Gerd; Staub, Nadine; Rolle, Andrea (Bank 2010), S. 32.

1226 Vgl. Burghof, Hans-Peter; Rudolph, Bernd (Bankenaufsicht 1996), S. 20–21.

1227 Bei erheblichen negativen Informationen über das eigene Kreditinstitut neigen die Gläubiger dieser Bank dazu, ihre Einlagen rasch, und häufig für das Institut unerwartet, abzuziehen (= begrenzter Run). Durch einen massiven und teilweise vorfristigen Einlagenabzug können selbst an sich liquide Banken zahlungsunfähig werden. Diese oder ähnliche Informationen über ein beliebiges Institut können bei Einlegern anderer Institute dazu führen, dass diese ihrerseits über ihre Einlagen verfügen und so die Krise auf zuvor nicht betroffene Banken übertragen, so dass deren Zahlungsfähigkeit hierdurch ebenfalls gefährdet wird (= allgemeiner Run). Der Verdacht einer mangelnden Liquidität eines Kreditinstituts kann somit jederzeit die Existenz einzelner oder mehrerer Institute gefährden. Vgl. Krämer, Gregor (Bankenaufsicht 2000), S. 58–63; Fest, Alexander (Banken 2008), S. 59–60; Ramke, Thomas (Risikomanagement 2012), S. 231–232. Vgl. allgemeiner hierzu Schöning, Stephan (Bank Run o. J.). Zusammenfassend und pointiert formuliert Lutz Raettig, Sprecher des Präsidiums von Frankfurt Main Finance und Aufsichtsratsvorsitzender der Morgan Stanley Bank: „Das Schlimmste, was passieren kann, ist, wenn […] [einer Bank; Anmerkung der Verfasser] das Vertrauen entzogen wird". Raettig, Lutz (Bankenkrise 2009), S. 5.

1228 Vgl. Waschbusch, Gerd; Staub, Nadine; Rolle, Andrea (Bank 2010), S. 32; Waschbusch, Gerd (Gläubigerrun 2012), S 658.

1229 Vgl. Otto, Philipp (Grat 2010), S. 944; o. V. (Gestalter 2015), S. 4.

1230 Vgl. Lempka, Robert; Winkler, Thomas; Bernegger, Marc P. (Megatrend 2013), S. 6.

beispielsweise mehrere Bankverbindungen simultan.[1231] Dies wiederum intensiviert den ohnehin durch eine Reihe von neuen Marktteilnehmern verstärkten dynamischen Wettbewerb im Zahlungsverkehrsmarkt und zieht eine Erhöhung des Preisdrucks sowie ein Abschmelzen der Gewinnmargen nach sich.[1232] Für die Banken ist es somit von großer Bedeutung, den Zweifeln der Kunden bedeutungsgerecht zu begegnen und ihnen wieder ein Gefühl der Sicherheit bezüglich ihrer Einlagen zu vermitteln.

3.3.3.4.3. Unzufriedenheit mit der Beratungs- und Produktqualität

Aber nicht nur aus gesamtwirtschaftlicher Perspektive wird das Verhalten der Banken in Frage gestellt.[1233] Auch die Kunden im Mengengeschäft legen eine zunehmende Verunsicherung und Skepsis gegenüber ihren Hausbanken an den Tag. Dies ist darauf zurückzuführen, dass, entgegen ihres häufig propagierten Selbstverständnisses,[1234] nicht bei allen Kreditinstituten stets das Wohl des Kunden im Mittelpunkt der Beratung und des Vertriebs steht.[1235] Vielmehr führen häufig Provisionsinteressen und andere wirtschaftliche Überlegungen seitens der Bank oder des Beraters zu einer verminderten Berücksichtigung der Kundeninteressen.[1236] Viele Bankkunden sehen die Kreditinstitute infolgedessen nicht mehr als verlässliche Sachwalter der ihnen anvertrauten Kundengelder an: Der Bankangestellte ist in der öffentlichen Wahrnehmung teilweise vom Berater

1231 Vgl. Sinn, Walter u. a. (Bankkunden 2012), S. 13; Lingel, Marcus (Zeiten 2014), S. 40; Meyer, Klaus-Georg (Kundenerlebnis 2014), S. 203.

1232 Vgl. Eder, Daniela (Zukunft 2015), S. 34. Vgl. zum erhöhten Preisdruck aufgrund neuer Wettbewerber Waschbusch, Gerd; Knoll, Jessica; Reinstädtler, Gabriela (Zukunft 2015), S. 36.

1233 Vgl. Rehm, Hannes (Banken 2012), S. 475.

1234 Vgl. Praeg, Claus-Peter; Schmidt, Carsten (Trendstudie 2015), S. 10.

1235 Vgl. Rehm, Hannes (Bankenstruktur 2016), S. 584. Beispielsweise wurden Fälle bekannt, in denen Banken ihren Kunden Produkte mit hohen Renditeerwartungen angeboten haben und gleichzeitig seitens der Bank Sicherungsgeschäfte auf Grundlage dieser Offerten abgeschlossen wurden, sodass die Bank gerade dann wirtschaftlichen Erfolg hat, wenn der Anleger mit der Empfehlung einen wirtschaftlichen Verlust erleidet. Vgl. Rehm, Hannes (Banken 2012), S. 474.

1236 Vgl. Peterreins, Hannes; Märtin, Doris; Beetz, Maud (Vertrauen 2010), S. 69; Braun, Werner (Vertriebsmanagement 2016), S. 78.

zum Verkäufer mutiert, der den Kunden weniger als einen Partner, sondern mehr als ein Anlageobjekt betrachtet.[1237] Daneben empfinden Kunden, dass die Kompetenz der Bankmitarbeiter häufig nicht ausreichend ist, ihre Bedürfnisse nur ungenügend erkannt werden und in der Beratung nicht auf ihre individuelle Situation eingegangen wird.[1238] Diese Wahrnehmungen führen, in Verbindung mit der gesteigerten Mündigkeit der Kunden, die in der heutigen Zeit informierter und selbstbewusster denn je auftreten, zu einer Abnahme der Loyalität gegenüber der eigenen Bank, einer stark erhöhten Wechselbereitschaft[1239] und einem Trend hin zum unpersönlichen Bankgeschäft.[1240] Klassische Argumente für die Filialbanken, wie eine gute und persönliche Beratung, ein guter Service und die räumliche Nähe zum Kunden werden hingegen kundenseitig immer weniger honoriert.[1241] Entsprechend löst sich die traditionelle Anbieterbindung immer weiter auf und Kunden informieren sich vor dem Kauf von Finanzprodukten häufig bei mehreren Anbietern.[1242] Ein solches Umfeld erleichtert es auch FinTechs und Direktbanken, Anleger von kostengünstigen und teils unabhängigen Anlagestrategien zu überzeugen und somit vom Vertrauensverlust der klassischen Bank zu profitieren und ihre Wettbewerbsposition zu verbessern.[1243] Möchten die Banken dem entgegenwirken, so stehen sie vor der Herausforderung, ihre Kunden seriös, kompetent, individuell und fair über Jahre hinweg zu begleiten und zu

1237 Vgl. Reifner, Udo (Geld 2007), S. 126; Lochmaier, Lothar (Bank 2010), S. 2–3.

1238 Vgl. Sinn, Walter u. a. (Bankkunden 2012), S. 15–16.

1239 Vgl. zur verbesserten Informationslage und der erhöhten Wechselbereitschaft der Kunden Loeper, Nicolas von (Beratung 2013), S. 233; Waschbusch, Gerd; Knoll, Jessica; Reinstädtler, Gabriela (Zukunft 2015), S. 34.

1240 Vgl. Waschbusch, Gerd; Knoll, Jessica (Bankmarketing 2012), S. 166; Lingel, Marcus (Zeiten 2014), S. 40; Quitt, Birte; Schmoll, Anton (Innovationen 2014), S. 36.

1241 Vgl. Bay, Lukas (Banker 2014). Dies liegt nicht zuletzt auch an den in jüngster Vergangenheit – bankseitig notwendigen – Veränderungen. Die zunehmende Schließung von Filialen und damit einhergehende (teils mehrmalige) Beraterwechsel und die Erhöhung von Preisen sind hier von besonderer Bedeutung. Die Kunden haben oftmals das Gefühl, wesentlich mehr Geld für eine verminderte Gegenleistung der Banken zu bezahlen.

1242 Vgl. Wendt, Carsten C.; Baston, Jörg (Besten 2013), S. 75.

1243 Vgl. Buschbeck, Peter (Lernen 2014), S. 356; Fischer, Bettina; Arz, Christopher (Markterfolg 2015), S. 34; Laube, Marcus (Aufklärung 2015), S. 15–16; Schäl, Ingo (Digitalisierung 2015), S. 15; Scholz, Peter (FinTechs 2017), S. 6.

beraten und somit letztlich Erfahrungsvertrauen[1244] – die Basis für ein ertragsstarkes Kundengeschäft – zu schaffen.[1245] Dies kann insbesondere eine Veränderung hin zu mehr offener und transparenter Kommunikation mit den Kunden und eine Anpassung der Prozesse bei der Produkt- und Serviceentwicklung erfordern.[1246] Einer kundenorientierten und kompetenten Beratung und Produktgestaltung sowie einer ehrlichen und verständlichen Aufklärung über die jeweiligen Risiken kommt hierbei höchste Bedeutung zu.[1247] Generell ist der regelmäßige Kontakt zwischen Kunde und Bank in diesem Zusammenhang besonders wichtig für den Vertrauensaufbau und -erhalt, sodass auch unterschiedliche Kommunikationswege, beispielsweise über die sozialen Medien, verstärkt zum Austausch mit den Kunden genutzt werden können und sollten.[1248] Hierbei gilt es, die oben beschriebene Restriktion zu beachten: Zwar besteht grundsätzlich ein positiver Einfluss von Kommunikation auf den Prozess der Vertrauensbildung,[1249] jedoch kann übermäßige aktive Kommunikation von den Kunden auch als Versuch aufgefasst werden, geringe oder fehlende Vertrauenswürdigkeit zu kaschieren und den Vertrauensgeber in seiner Entscheidung manipulieren zu wollen. Die Kommunikation sollte also zielgerichtet und in angemessenem Umfang erfolgen.

1244 Erfahrungsvertrauen entsteht basierend auf situationsabhängigen Erfahrungen des Vertrauensgebers mit dem Vertrauensnehmer. Vgl. Kenning, Peter (Trust 2002), S. 15, S. 17. Kommt es im Rahmen der Vertrauensbeziehung wiederholt zu einer Bestätigung des entgegengebrachten Vertrauens, so wird Erfahrungsvertrauen seitens des Vertrauensgebers aufgebaut. Vgl. Kiehling, Hartmut (Vertrauen 2013), S. 18. Gefestigte Beziehungen basieren daher vorwiegend auf Erfahrungsvertrauen, was die hohe Bedeutung des Erfahrungsvertrauens für langfristige und erfolgreiche Geschäftsbeziehungen unterstreicht. Vgl. Kenning, Peter (Trust 2002), S. 17; Haupt, Rudolf; Eberhardt, Tim (Kapital 2010), S. 40; Waschbusch, Gerd; Schuster, Hannes; Berg, Susen Claire (Vertrauen 2018), S. 41–42.

1245 Vgl. Sinn, Walter u. a. (Bankkunden 2012), S. 16.

1246 Vgl. Eckstein, Clemens; Teuber, Bruno (Kunden-Community 2015), S. 33.

1247 Vgl. Waschbusch, Gerd; Staub, Nadine; Rolle, Andrea (Bank 2010), S. 35; Waschbusch, Gerd; Staub, Nadine; Rolle, Andrea (Finanzkrise 2010), S. 310.

1248 Vgl. Piermeier, Heinrich, zitiert nach: Everling Advisory Services (System 2015); Waschbusch, Gerd; Knoll, Jessica; Reinstädtler, Gabriela (Zukunft 2015), S. 33.

1249 Vgl. Mukherjee, Avinandan; Nath, Prithwiraj (Trust 2003), S. 7; Ball, Dwayne; Coelho, Pedro; Machas, Alexandra (Trust 2004), S. 1279, S. 1282; Leslie, Christopher (Trust 2004), S. 538.

Bei allen Maßnahmen gilt, dass sie anhaltender Bemühungen bedürfen, da der Aufbau von Vertrauen ein langwieriger Prozess ist.[1250] Thomas John Watson, der ehemalige Vorstandsvorsitzende von IBM, formulierte diesbezüglich treffend: „Die besondere Macht von Vertrauen besteht darin, dass es sehr schwierig aufzubauen und sehr leicht zu zerstören ist“[1251]. Es gilt insgesamt die Bedürfnisse und Wünsche der eigenen Kunden zu kennen und das eigene Angebot und Handeln daran auszurichten. Einige Banken haben dies jedoch noch immer nicht erkannt. In diesen Banken werden die Strukturen und das vermeintlich kundenbezogene Handeln oftmals von den subjektiven Einschätzungen einzelner Personen bestimmt, die zwar glauben, genau zu wissen, was die Kunden wollen, die Resultate aber von den tatsächlichen Kundenwünschen häufig sehr weit entfernt sind. Diese Institute werden daher in Zukunft vermehrt Probleme haben, sich am Markt zu behaupten.

3.3.3.5. Zwischenfazit

Wie sich die Wahrnehmung der Privatkunden hinsichtlich der Banken im Laufe der Zeit gewandelt hat und welche Meinung heute vorherrscht, beschreibt Peter Rensch, Chefredakteur der Fachzeitschrift „Bankmagazin“, zusammenfassend und pointiert und bettet gleichzeitig die hausgemachte Malaise des Kreditgewerbes[1252] in einen historischen Kontext ein: „Es war einmal eine Welt, in der Sparkassen, Volksbanken und zwei bis drei private Banken die Kunden untereinander aufteilten. Statt Derivaten gab es Sparbriefe. Automation und Vertriebsdruck waren Fremdwörter. Dann entdeckten ausländische Institute den größten europäischen Binnenmarkt. Plötzlich entstand Kostendruck. Einige Banken stürzten sich auf Investmentbanking und bastelten hochkomplizierte Finanzprodukte, andere wollten die ‚nervigen‘ Privatkunden loswerden [...]. Aus Geldhütern wur-

---

1250 Vgl. Schüller, Anne M. (Funken 2010), S. 71. Vgl. hierzu und zu folgendem Satz Leichsenring, Hansjörg (Loyal 2013).

1251 Watson, Thomas John, zitiert nach: Leichsenring, Hansjörg (Loyal 2013).

1252 Vgl. zur hausgemachten Malaise des Kreditgewerbes Waschbusch, Gerd (Zukunft 2013), S. 86.

den Zocker […]. Berater mussten verkaufen, Kunden wurden gelockt, Boni verteilt und Krisen verursacht"[1253].

Angesichts dieser öffentlichen Wahrnehmung kann der eingetretene Vertrauensverlust der Kunden kaum verwundern. Und auch die staatlichen Regulierungsmaßnahmen können, obgleich sie auch darauf gerichtet sind, das Vertrauen der Kunden in die Banken sowie der Banken untereinander zurückzugewinnen,[1254] als staatliche Eingriffe lediglich die Symptome einer Krise behandeln und die Auswirkungen zukünftiger Krisen begrenzen.[1255] Die Ursachen des Vertrauensverlusts können hingegen bei manchen Banken nur durch ein grundsätzliches Umdenken in der Unternehmenskultur bekämpft werden. Hierbei kann sich beispielsweise eine Hinwendung zum Konzept des Prudent Banking als sinnvoll erweisen, wonach die Banken ihre Geschäfte vorausschauend, klug und vorsichtig betreiben und somit gesetzliche Regulierungen zumindest teilweise überflüssig machen.[1256] Die häufig gelebte Kultur, wonach alles erlaubt ist, was nicht explizit gesetzlich verboten wurde, muss demnach der Vergangenheit angehören.[1257] Oder, um es mit dem mehr als 2.000 Jahren alten Bonmot Senecas zu formulieren: „Was das Gesetz nicht verbietet, verbietet [mithin vielleicht; Anmerkung der Verfasser] der Anstand."[1258]

Eine wesentliche Komponente des Prudent Banking besteht darüber hinaus darin, dass die Banken gegenüber den Kunden ein offenes und transparentes Geschäftsgebaren an den Tag legen und bankbetriebliche Entscheidungen am Leitbild des ehrbaren Kaufmanns gemessen werden.[1259] Der ehrbare Kaufmann verkörpert dabei gewissermaßen den Gegenentwurf zum momentan in Teilen der öffentlichen Wahrnehmung

---

1253 Rensch, Peter (Vorbei 2011), S. 1. Vgl. hierzu auch Marten, Eckhard (Banken 2016), S. 39.

1254 Vgl. Pfisterer, Pascal (Regelungen 2016), S. 5.

1255 Vgl. hierzu und zu folgendem Satz Weber, Frank (Bankenregulierung 2015), S. 529.

1256 Vgl. Waschbusch, Gerd (Prudent-Banking 2012), S. 1132; Waschbusch, Gerd (Zukunft 2013), S. 88; Waschbusch, Gerd; Rolle, Andrea; Biewer, Johannes (Zweckadäquanz 2017), S. 220.

1257 Vgl. Dombret, Andreas (Kultur 2014), S. 1181.

1258 Seneca, Lucius Annaeus, zitiert nach: Dombret, Andreas (Kultur 2014), S. 1181.

1259 Vgl. Wollschläger, Joachim (Saar-Professor 2013), S. 8.

propagierten Bild des arroganten und gierigen Bankers.[1260] Unter dem ehrbaren Kaufmann ist hierbei eine Persönlichkeit zu verstehen, die neben einer humanistischen Grundbildung auch über eine solide kaufmännische Ausbildung verfügt und sich bei ihren Entscheidungen von Werten wie Mäßigung, Ehrlichkeit, Aufrichtigkeit, Weitblick, Vorsicht, Integrität und Redlichkeit leiten lässt.[1261] Hierbei ist sie sich der gesellschaftlichen Auswirkungen ihres Tuns bewusst und trägt die Verantwortung für ihr Handeln.[1262]

Im Ergebnis sind für den ehrbaren Kaufmann Moral und Wirtschaftlichkeit keine Gegensätze,[1263] sondern ein Spannungsverhältnis zwischen gesellschaftlichem Nutzen und eigenem Geschäftsvorteil, das es nach seinem inneren Ehrgefühl auszuloten gilt.[1264] Unternehmerisches Handeln bedeutet somit gewinnorientiert zu wirtschaften, jedoch dabei die Risiken ausreichend zu verstehen und zu berücksichtigen und somit zum erfolgreichen Fortbestand des eigenen Unternehmens und zum Wohle von Kunden, Mitarbeitern und der Gesellschaft beizutragen.[1265] Ein ehrbarer Bankkaufmann tätigt seine Geschäfte vorsichtig, mit Bedacht, vorsorgend, vorausschauend sowie aus der eigenen Lebenserfahrung heraus klug.[1266] Sein Persönlichkeitsbild ist darüber hinaus unteilbar von gesellschaftlicher Verantwortung geprägt und durch die Gesellschaft erfolgt eine Begleitung und Kontrolle seines wirtschaftlichen und sozialen Tuns.[1267]

Es sind die Einstellungen, die Werte und die Ansichten des ehrbaren Kaufmanns, die der Bank das Fundament aus Verbundenheit, Verlässlich-

---

1260 Vgl. Brüggestrat, Reiner; Melis, Heidi (Verantwortung 2015), S. 57.

1261 Vgl. Giersberg, Georg (Moral 2009), S. 14; Ruter, Rudolf X.; Rosken, Anne (Aufsichtsrat 2011), S. 1124. Vgl. hierzu und zu weiteren Werten eines ehrbaren Kaufmanns Schwalbach, Joachim; Klink, Daniel (Kaufmann 2012), S. 220.

1262 Vgl. Kleinfeld, Annette; Henze, Birthe (Maßstab 2010), S. 53. Vgl. zu den letzten beiden Sätzen Waschbusch, Gerd (Kaufmann 2012), S. 423; Waschbusch, Gerd (Zukunft 2013), S. 86.

1263 Vgl. Meyer, Ulfried (Sparkassenforum 2009), S. 7.

1264 Vgl. Ruter, Rudolf X.; Rosken, Anne (Aufsichtsrat 2011), S. 1124.

1265 Vgl. zu den letzten beiden Sätzen Brüggestrat, Reiner; Melis, Heidi (Verantwortung 2015), S. 57.

1266 Vgl. Waschbusch, Gerd (Zukunft 2013), S. 88.

1267 Vgl. Brüggestrat, Reiner; Melis, Heidi (Verantwortung 2015), S. 57. Vgl. ausführlich zu den Eigenschaften und Werten des ehrbaren Kaufmanns sowie zur Herleitung dieser Schwalbach, Joachim; Klink, Daniel (Kaufmann 2012), S. 221–222, S. 229–232. Einen Überblick über die wesentlichen Wirkungsebenen des ehrbaren Kaufmanns vermittelt Anlage 30.

keit und Glaubwürdigkeit verleihen und somit letztlich Vertrauenswürdigkeit, die Grundlage für das in der Finanzbranche unerlässliche Vertrauen, bereiten.[1268] Die Rückbesinnung auf diese Kernwerte eröffnet den Banken im aktuellen Umfeld die Chance, verantwortliches Unternehmertum und vernünftiges Wirtschaften als Zukunftsmodell und Wettbewerbsfaktor für das Bankgewerbe zu positionieren und das Vertrauen der Anspruchsgruppen zurückzugewinnen.[1269] Das hierzu notwendige Umdenken und die vielfach notwendige grundlegende Einstellungsveränderung stellt eine zentrale Herausforderung für viele, die im Kreditgewerbe Verantwortung tragen, vielleicht sogar für ganze Institute bzw. Institutsgruppen, dar.[1270]

1268 Vgl. Böhnke, Werner (Finanzkrise 2010), S. 106; Ruckriegel, Karlheinz, zitiert nach: Wickel, Horst Peter (Glücklicher 2012), S. 2. Vgl. allgemeiner hierzu Kruse, Oliver; Krimphove, Dieter (Umsetzung 2014).

1269 Vgl. Cyriax, Hans-Ulrich (Markenland 2010), S. 36–37; Korndörffer, Sven H. (Banken 2010), S. 26.

1270 Vgl. Waschbusch, Gerd (Zukunft 2013), S. 88. Vgl. am Beispiel der Deutschen Bank Achleitner, Paul, zitiert nach: Esterhazy, Yvonne; Welp, Cornelius (Dritte 2012), S. 50; o. V. (Kulturwandel 2012), S. A7. Vgl. zum Erfordernis der grundlegenden Einstellungsänderung Ruter, Rudolf X.; Rosken, Anne (Aufsichtsrat 2011), S. 1124.

4. Fazit

Angesichts der nun aufgezeigten Vielzahl von Entwicklungen und Trends gehen manche Autoren davon aus, dass das Bankgewerbe noch nie vor einer derartigen Vielzahl von Herausforderungen stand wie heute.[1271] Im Hinblick auf die Tatsache, dass die Vorläufer der heutigen modernen Banken bis in das zweite Jahrhundert vor Christus zurückreichen,[1272] scheint eine derartige Aussage kaum verifizierbar zu sein. Es kann jedoch festgehalten werden, dass sich der Wandel heute auch aufgrund der fortgeschrittenen Informations- und Kommunikationstechnologien schneller als früher vollzieht und er von immer mehr verschiedenen Tendenzen überlagert und beeinflusst wird, sodass der Wandel des Bankgewerbes tendenziell komplexer ist und zügigerer Anpassungen bedarf als dies in früheren Zeiten der Fall war.[1273] Lässt man auch nur die keinesfalls abschließenden zentralen Herausforderungen dieser Ausarbeitung Revue passieren, so zeichnet sich das Bild einer äußerst komplexen und vielschichtigen Gesamtentwicklung: Die wohl auch in nächster Zukunft noch anhaltende Niedrigzinsphase lässt die Erträge der Banken aus dem Einlagen- und Kreditgeschäft sowie der Fristentransformation sinken und der Gesetzgeber belegt die Banken mit immer neuen regulatorischen Vorschriften, die mit einem hohen Aufwand einhergehen, ohne dabei einen unmittelbaren Nutzen auf der Ertragsseite der Kreditinstitute zu stiften.[1274] Gleichzeitig verändern sich angesichts der Digitalisierung die Bedürfnisse und das Verhalten der Kunden rasant, wodurch eine Anpassung der Vertriebswege und Kommunikationsmöglichkeiten erforderlich wird.[1275] Daneben treten neue Wettbewerber, insbesondere die FinTechs, in unmittelbare Konkurrenz zu den traditionellen Instituten und erlangen mittels innovativer Geschäftsmodelle in fokussierten – und von Banken in der Vergangenheit teils stark ver-

---

1271 Vgl. Dahmen, Marcus; Kurrent, Corinna (Effizienz 2017), S. 30.
1272 Vgl. Alt, Rainer; Puschmann, Thomas (Finanzindustrie 2016), S. 9.
1273 Vgl. Kießler, Birgit; Dahms, Rainer; Rogge-Strang, Carsten (Einführung 2013), S. 9; Rogge-Strang, Carsten (Wandel 2016), S. 14.
1274 Vgl. Dahmen, Marcus; Kurrent, Corinna (Effizienz 2017), S. 30.
1275 Vgl. Waschbusch, Gerd (Zukunft 2013), S. 88.

nachlässigten – Segmenten Marktanteile.[1276] Angesichts der veralteten und komplexen Datenverarbeitungsstrukturen – und einer damit oftmals einhergehenden schlechten Datenqualität – fällt es den Instituten zudem schwer, auf die äußerst dynamischen Entwicklungen in diesem Bereich zu reagieren.[1277] Der anhaltende Vertrauensverlust der Kunden in die Kreditinstitute erleichtert hierbei neuen Anbietern den Zugang zum Markt und zu den Kunden und zieht eine verschärfte Wettbewerbssituation mit einer Erhöhung des Preisdrucks sowie einem Abschmelzen der Gewinnmargen nach sich.[1278] Auch die Anzahl ausländischer Konkurrenten steigt bedingt durch die Globalisierung und die zunehmende Internationalisierung der Wirtschaft zwingt manche Institute dazu, auch außerhalb der Grenzen Deutschlands verstärkt zu agieren.[1279] Parallel hierzu vollzieht sich ein grundlegender gesellschaftlicher Wandel: Ein starker Trend ist die Individualisierung, die bewirkt, dass viele gut gebildete Menschen ihre persönlichen Ansprüche stärker ausleben als früher.[1280] Gesellschaftlich etablierte Strukturen brechen auf, die tradierten Geschlechterrollen werden überholt, neue Lebensstile und Handlungsweisen finden Einzug in den Alltag. Nachhaltigkeit und gesellschaftliche Verantwortung werden von vielen Menschen gelebt und von den Banken gefordert.[1281] Und die Begleitmusik zu diesen Entwicklungen spielt der demografische Wandel, der neben Fragen hinsichtlich der Finanzierung von und des Umgangs mit einer alternden Gesellschaft auch teils notwendige Anpassungen der Produkt-

---

1276 Vgl. Groche, Clemens; Leichtweiß, Christoph (Videomarketing 2016), S. 40; Kotzbauer, Michael (Mittelstand 2016), S. 18; Ruf, Stefan; Herda, Nils (Mensch 2016). Vgl. hierzu und zu folgendem Satz Dahmen, Marcus; Kurrent, Corinna (Effizienz 2017), S. 30.

1277 Vgl. zu den Anpassungsschwierigkeiten aufgrund der veralteten und komplexen Datenverarbeitungsstrukturen der Banken Bartz, Chris (Kundenbedürfnisse 2015), S. 1159; Korschinowski, Sven (Zahlungsverkehr 2015), S. 18; Appel, Christian; Milanese, Andreas (Herz 2016), S. 658, S. 660–661; Waschbusch, Gerd; Reinstädtler, Gabriela; Ruffing, Marie Sophie (Ertragslage 2018), S. 917.

1278 Vgl. Eder, Daniela (Zukunft 2015), S. 34. Vgl. zum erhöhten Preisdruck aufgrund neuer Wettbewerber Waschbusch, Gerd; Knoll, Jessica; Reinstädtler, Gabriela (Zukunft 2015), S. 36.

1279 Vgl. Görgen, Frank u. a. (Wachstums 2012), S. 33.

1280 Vgl. hierzu und zu den beiden folgenden Sätzen Kießler, Birgit; Dahms, Rainer; Rogge-Strang, Carsten (Einführung 2013), S. 9.

1281 Vgl. Leisse, Oliver (Prepared 2014), S. 134; Leonhardt, Fabian; Wiedemann, Arnd (Nachhaltigkeit 2014), S. 30.

strukturen und personalpolitische Herausforderungen für die Institute bereithält.[1282]

Aufgrund der Vielzahl von Herausforderungen und der teils schwierigen wirtschaftlichen Lage der Institute blicken viele Banken pessimistisch in die Zukunft.[1283] „Hier muss sich etwas drastisch ändern. [...] So, wie es heute ist, kann es ganz einfach nicht weitergehen“[1284] bewertete der ehemalige stellvertretende Vorstandsvorsitzende der Deutschen Bank und damaliger Präsident des Bundesverbands deutscher Banken, Jürgen Fitschen, die generelle Situation der Banken im Jahr 2014 mit Blick auf die Ertragslage.[1285] Auch Andreas Dombret, ehemaliges Vorstandsmitglied der Deutschen Bundesbank, betont: „Bei der Ertragskraft der Banken steht die Ampel auf Dunkelgelb mit der Gefahr, auf Rot umzuschalten"[1286], „es ist an der Zeit, dass die deutschen Banken ihre Geschäftsmodelle noch einmal auf den Prüfstand stellen“[1287].

Die Vielzahl und Komplexität der Herausforderungen stellt einige Banken tatsächlich vor die grundlegende Aufgabe, zukunftsfähige Geschäftsmodelle, die den veränderten Rahmenbedingungen Rechnung tragen, zu entwickeln und zu pflegen.[1288]

Ein Zielkonflikt kann hier unter anderem zwischen der Befriedigung der veränderten Kundenbedürfnisse durch besseren Kundenservice und -komfort und der in Anbetracht der wirtschaftlichen Situation notwendigen Reduzierung der Betriebskosten entstehen.[1289] Die Verringerung der Betriebskosten wird in der weiteren Reduzierung der Filialanzahl münden.[1290] Von etwas mehr als 30.000 Zweigstellen Ende des Jahres 2017[1291]

1282 Vgl. zu den personalpolitischen Herausforderungen Singer, Maren; Hasebrook, Joachim Paul; Lau, Viktor (Zukunft 2015).

1283 Vgl. Praeg, Claus-Peter; Schmidt, Carsten (Trendstudie 2016), S. 20.

1284 Fitschen, Jürgen, zitiert nach: Jost, Sebastian; Kunz, Anne-Christine (Großbanken 2014), S. 20.

1285 Vgl. Jost, Sebastian; Kunz, Anne-Christine (Großbanken 2014), S. 20. Vgl. hierzu und zu folgendem Satz Henk, Alexander; Holthaus, Jens-Uwe (Herausforderungen 2015), S. 67.

1286 Dombret, Andreas, zitiert nach: Deutsche Bundesbank (Finanzstabilitätsbericht 2016).

1287 Dombret, Andreas, zitiert nach: Henk, Alexander; Holthaus, Jens-Uwe (Herausforderungen 2015), S. 67.

1288 Vgl. Waschbusch, Gerd (Zukunft 2013), S. 88.

1289 Vgl. Waschbusch, Gerd (Zukunft 2013), S. 88.

1290 Vgl. Mihm, Oliver; Frank, Björn (Filiale 2016), S. 36.

1291 Vgl. zu der Anzahl an Zweigstellen im Jahr 2017 Deutsche Bundesbank (Bankstellenentwicklung 2018).

werden schätzungsweise im Jahr 2025 nur noch etwa 20.000 bestehen bleiben.[1292] Angesichts dieses Filialabbaus und der fortschreitenden Digitalisierung ist eine Beschränkung auf die Filiale als einzigen Vertriebskanal, wie es in der Expansionsphase bis in die Phase der Globalisierung- und Kapitalmarktorientierung hinein betrieben wurde, nicht mehr zeitgemäß.[1293] Und obgleich der Kunde vermehrt Onlinekanäle nutzt, möchte er weiterhin eine persönliche Beratung in der Filiale in Anspruch nehmen können – allerdings nur dann, wenn und wofür er es möchte.[1294] Eine Möglichkeit, den Kundenservice und -komfort trotz notwendiger Filialschließungen aufrechtzuerhalten, stellt die bedeutungsgerechte Umsetzung eines Multi- bzw. Omnikanalvertriebskonzepts dar.[1295] Hierbei wird es dem Kunden ermöglicht, aus einem von der Bank bestimmten Mix aus verschiedenen Vertriebs- und Zugangswegen Kontakt mit dem Kreditinstitut aufzunehmen und Geschäfte abzuschließen.[1296] Neben der Filiale sind hierbei insbesondere das Internet, die sozialen Medien sowie das Mobile-, Telefon- und Onlinebanking mögliche Kontaktpunkte.[1297] Kunden haben so den Komfort einer großen Wahlmöglichkeit, was wiederum einen positiven Beitrag zur Kundenbindung leisten kann.[1298] Dieser Beitrag zur Kundenbindung wird jedoch dadurch gefährdet, dass die einzelnen Kanäle oftmals noch abgeschottet voneinander existieren und der Kunde während des Beratungs- und Verkaufsprozesses beim Wechsel auf einen anderen Kanal bereits durchlaufene Prozessschritte wiederholen muss, weil die zuvor gesammelten Daten auf dem Kanal des Prozessstarts verbleiben und somit nach dem Kanalwechsel nicht mehr zur Verfügung stehen.[1299] Die Bemühungen eines Kreditinstituts dürfen sich demnach nicht lediglich auf das reine Hinzufügen weiterer Kanäle beschränken,[1300] es ist vielmehr von Bedeutung eine systematische und konsistente Kanalabstimmung zwischen den verschiedenen Kanälen und auch einen jederzeitigen Kanal-

---

1292 Vgl. Kanning, Tim (Banken 2016).

1293 Vgl. Brock, Harald (Zukunft 2015), S. 52. Dennoch gelingt es vielen Banken nicht, sich umfassend auf diese notwendigen Veränderungen einzulassen.

1294 Vgl. Waschbusch, Gerd; Blaß, Robin; Berg, Susen Claire (Bankfiliale 2016), S. 31.

1295 Vgl. Nees, Franz (Videoberatung 2014), S. 191.

1296 Vgl. hierzu und zu folgendem Satz Knoll, Jessica (Banking 2012), S. 1000.

1297 Vgl. Mihm, Oliver (Vertriebswege-Mix 2012), S. 40; Mihm, Oliver (Multikanalmanagement 2013), S. B10.

1298 Vgl. Brost, Heike Christina (Management 2012), S. 1000.

1299 Vgl. Brunner, Wolfgang L. (Banken 2014), S. 28.

1300 Vgl. Bieberstein, Ingo (Theorie 2015), S. 26.

wechsel zu ermöglichen.[1301] Gelingt es, die Kanäle lückenlos zu vernetzen, so liegt ein Omnikanalansatz vor.[1302] Diese Synchronisation sämtlicher Kanäle kann das Kundenerlebnis steigern, indem bei einem Wechsel auf einen anderen Kanal sämtliche zuvor aufgenommenen Daten und Informationen zur Verfügung stehen.[1303] Hierzu müssen insbesondere die gesammelten Daten kanalunabhängig gespeichert und verwaltet werden, sodass von jedem beliebigen Kanal darauf zugegriffen werden kann. Ferner muss gewährleistet werden, dass jeder Kanal das gesamte Dienstleistungsspektrum abdeckt und die Kunden in allen Kanälen eine gleichbleibende Dienstleistungsqualität erhalten.[1304] Im Ergebnis soll der Kunde die unterschiedlichen Kanäle als eine Einheit wahrnehmen und selbst bei einem Kanalwechsel während des Geschäftsprozesses optimal und nahtlos an den Startkanal anknüpfend betreut werden können.[1305] Die Filiale wird hierbei wertschöpfend im Rahmen intelligenter Omnikanalstrategien vernetzt und kann ihre Stärken, die in persönlichen Ansprechpartnern, qualifizierter Beratung und kompetenter Problemlösung liegen, auch in Zukunft voll ausspielen.[1306] Durch die im Rahmen eines Omnikanalansatzes bedarfsgerecht gewählten Filialtypen, die den Standortbedingungen und den Kundenbedürfnissen entsprechen, kann sodann trotz einer Ausdünnung des Filialnetzes eine gezielte und wertschöpfende Kundenansprache bei gleichzeitiger deutlicher Kostenreduktion erfolgen.[1307] Die negativen Effekte notwendiger Filialstraffungen können hierbei durch die gezielte Umsetzung von Omnikanalstrategien zumindest abgemildert werden.[1308] Daneben entsteht stufenweise ein Geschäftsmodell, das den Erwartungen und

1301 Vgl. Stalla, Claudia (Multikanalstrategie 2015), S. 215; Waschbusch, Gerd; Blaß, Robin; Berg, Susen Claire (Bankfiliale 2016), S. 31. Eine Übersicht über die verschiedenen Phasen der Implementierung eines erfolgreichen Multi- und Omnikanalansatzes vermittelt Anlage 31.

1302 Vgl. hierzu und zu folgenden beiden Sätzen Bieberstein, Ingo (Theorie 2015), S. 26.

1303 Vgl. Henk, Alexander; Holthaus, Jens-Uwe (Herausforderungen 2015), S. 70. Vgl. hierzu und zu folgendem Satz Brunner, Wolfgang L. (Banken 2014), S. 29.

1304 Vgl. hierzu und zu folgendem Satz Hientzsch, Ralph; Bocken, Ralf (Erfolgsfaktor 2013), S. 69.

1305 Vgl. Ursprung, Gerhard (Digitalbank 2017), S. 29–30.

1306 Vgl. Mihm, Oliver (Vertriebswege-Mix 2012), S. 43.

1307 Vgl. Waschbusch, Gerd; Blaß, Robin; Berg, Susen Claire (Bankfiliale 2016), S. 32.

1308 Vgl. Bacher, Urban (Filiale 2008), S. 32.

Bedürfnissen der Kunden im digitalen Zeitalter Rechnung trägt und es ihnen ermöglicht, orts- und zeitunabhängig mit ihrer Bank zu interagieren und dabei auf sämtlichen Zugangswegen Zugriff auf alle relevanten Informationen zu haben.[1309] Ein solches Angebot wirkt positiv auf die Zufriedenheit der Kunden und schafft eine gute Grundlage, um mit hoher Qualität und unter Nutzung modernster Technologie in allen Zugangswegen der Bank zu überzeugen, Kunden langfristig zu binden und zusätzliche Ertragspotenziale zu generieren. Banken sollten demzufolge zur Auflösung des aufgezeigten Dilemmas verstärkt in Omnikanalstrategien investieren und diese integrieren, ausbauen und verbessern.[1310] Insbesondere müssen entsprechende Infrastrukturen und Prozesse geschaffen werden und die Mitarbeiter müssen für die veränderten Anforderungen, die mit der Implementierung und dem Betrieb eines Omnikanalansatzes einhergehen, geschult werden. Auch der bedeutungsgerechten Kommunikation der Vorteile eines Omnikanalansatzes nach innen und außen kommt eine große Bedeutung zu. Derzeit besteht hier bei vielen Banken noch ein erheblicher Nachholbedarf.[1311]

Die Hinwendung zum Omnikanalansatz steht stellvertretend für eine Vielzahl von möglichen Anpassungen, die angesichts der komplexen Herausforderungen getroffen werden sollten. Generell gilt hierbei, dass der Kunde im Mittelpunkt des Handelns der Bank stehen sollte und ihm gegenüber Wettbewerbsvorteile insbesondere im Hinblick auf den Preis, die Qualität und die Verfügbarkeit von Bankdienstleistungen und -produkten zu erringen sind.[1312] Es ist sodann Aufgabe der Mitarbeiter als Repräsentanten eines Kreditinstituts durch Kompetenz, Einfühlungsvermögen und Motivation die Bedürfnisse der Kunden zu verstehen, diese zu befriedigen und somit letztlich zufriedene Kunden zu schaffen. Diese zufriedenen Kunden sind wiederum eine wesentliche Grundlage für den langfristigen Erfolg eines Kreditinstituts.[1313] Es sei jedoch an dieser Stelle nochmals eindringlich darauf hingewiesen, dass nur zufriedene, sich wertgeschätzt gefühlte Mitarbeiter dazu in der Lage und gegebenfalls auch Willens sind, diese Aufgaben zu übernehmen. Daher ist es nicht nur zwingend erforder-

1309 Vgl. Bergmann, Markus; Vater, Dirk (Loyalität 2015), S. 13.

1310 Vgl. Mihm, Oliver (Multikanalmanagement 2013), S. B10; Brunner, Wolfgang L. (Banken 2014), S. 32.

1311 Vgl. Brühl, Volker (Banking 2017), S. 179.

1312 Vgl. hierzu und zu folgendem Satz Waschbusch, Gerd (Zukunft 2013), S. 88–89.

1313 Vgl. Janik, Jürgen (Kundenberater 2014), S. 5.

lich, die Kundenbedürfnisse zu erkennen und das eigene Handeln daran auszurichten, sondern auch die Mitarbeiter frühzeitig in Veränderungen mit einzubeziehen. Auch hier haben viele Institute noch einen langen Weg vor sich.

Bei aller Problematik der Gestaltung zukünftiger Geschäftsmodelle ist zu beachten, dass im Ergebnis ein wertorientiertes Arbeiten möglich sein muss, das aber auch einen volkswirtschaftlichen Nutzen stiftet und im Einklang mit dem Gemeinwohl steht.[1314] Ein langfristiger „Erfolg ist für ein Unternehmen nur möglich, wenn eigener Vorteil, Kundennutzen und gesellschaftliche Akzeptanz Hand in Hand gehen"[1315]. Gelingt es den Banken, diese Dimensionen ausreichend zu berücksichtigen, so können sie deutlich machen, dass sie nicht gierig, zügellos und unmoralisch sind, und das Vertrauen ihrer Stakeholder verdienen.

Wie die einzelne Bank mit den aktuellen Entwicklungen und zukünftigen Herausforderungen umgeht, muss individuell und unter Berücksichtigung aller konkreten Umstände und Begebenheiten evaluiert werden. Nur ein Überblick über die komplexe Gesamtentwicklung, die exemplarischen Handlungsmöglichkeiten und die wesentlichen Bedingungen bei der hieraus resultierenden Anpassung der Geschäftsmodelle konnte im Rahmen dieser Ausführungen gegeben werden. Nur Banken, denen es gelingt, auf die Vielzahl der komplexen Herausforderungen die passenden Antworten zu finden, werden in Zukunft erfolgreich sein.[1316] Untätigkeit ist hierbei vielleicht eine bequeme, aber keinesfalls eine gangbare Alternative; vielmehr gilt es, sich möglichst frühzeitig auf die Zukunft auszurichten.[1317] Welches jedoch letztlich die passenden Antworten für eine erfolgreiche Zukunft sind, muss jede Bank für sich individuell bestimmen. Ein Patentrezept hierzu besteht in den meisten Bereichen nicht.

Das Ende dieser Ausführungen stellt somit gleichzeitig den Ausgangspunkt und die Grundlage für die Entwicklung zukünftig erfolgreicher und an die Herausforderungen angepasster Geschäftsmodelle dar. Es ist an den Banken, auf Basis der Herausforderungen die passenden Antworten zu finden.

1314 Vgl. hierzu und zu folgenden beiden Sätzen Waschbusch, Gerd (Zukunft 2013), S. 89.

1315 Fitschen, Jürgen (Finanzindustrie 2012), S. 10.

1316 Vgl. Waschbusch, Gerd (Zukunft 2013), S. 89.

1317 Vgl. Waschbusch, Gerd; Reinstädtler, Gabriela; Ruffing, Marie Sophie (Ertragslage 2018), S. 921.

Anhang

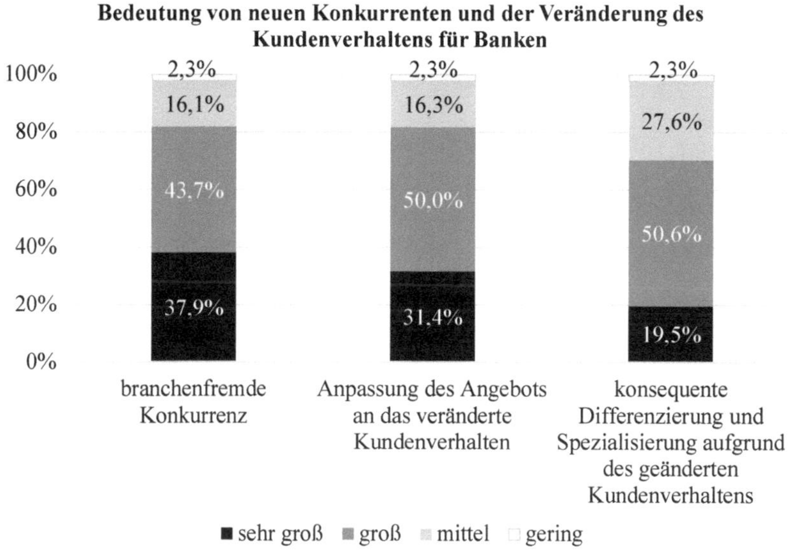

Anlage 1: Gewichtung der Einflüsse neuer Konkurrenten und der Veränderung des Kundenverhaltens aus Bankensicht[1318]

1318 Modifiziert entnommen aus Wings, Heinz; Kleine, Jens (Banking 2015), S. 5.

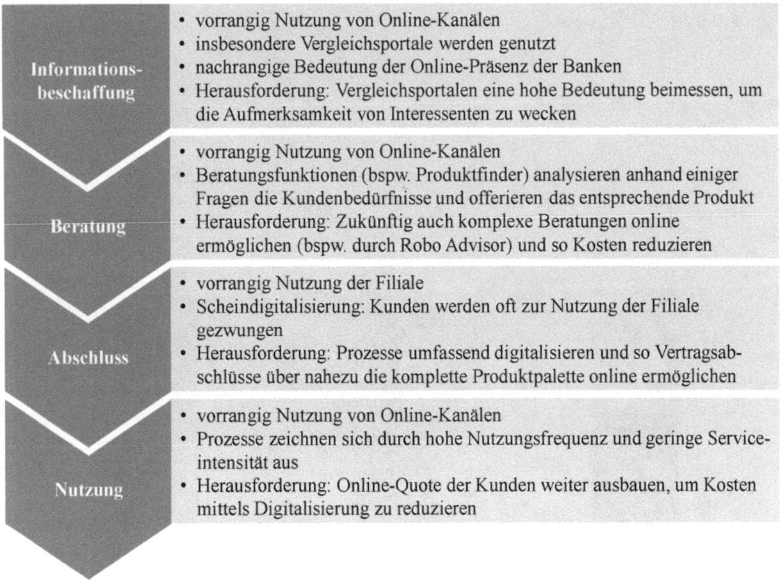

Anlage 2: Prozessphasen der Beschaffung und Inanspruchnahme von Bankdienstleistungen[1319]

1319 Eigene Darstellung in Anlehnung an Graupner, Enrico; Mädche, Alexander; Simon, Henrik (Kundenorientierung 2016), S. 37–39.

Anlage 3: Übersicht über Produkte und Dienstleistungen mit zunehmender Bedeutung bis zum Jahr 2020[1320]

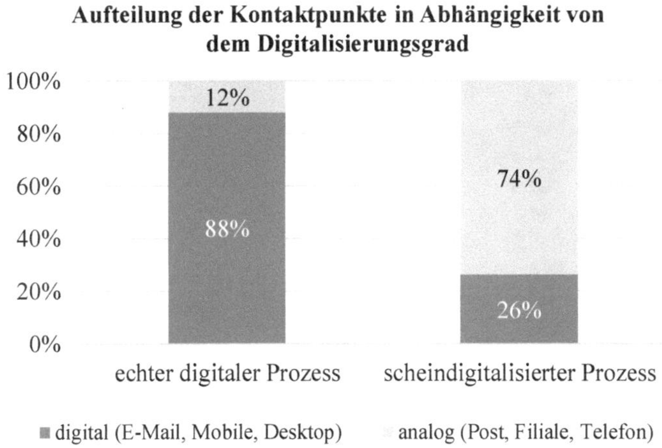

Anlage 4: Aufteilung der Kontaktpunkte im Rahmen von echt digitalisierten und scheindigitalisierten Prozessen bei Banken[1321]

1320 Modifiziert entnommen aus Niebudek, Marcus (Banken 2016), S. 47.
1321 Eigene Darstellung in Anlehnung an Bitzer, Matthias (Bankkunde 2016), S. 75.

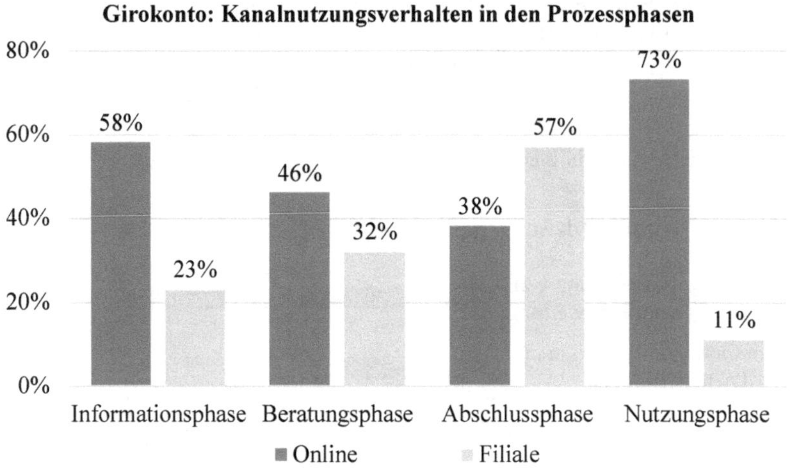

Anlage 5: Kanalnutzungsverhalten der Kunden je Prozessphase (Girokonto)[1322]

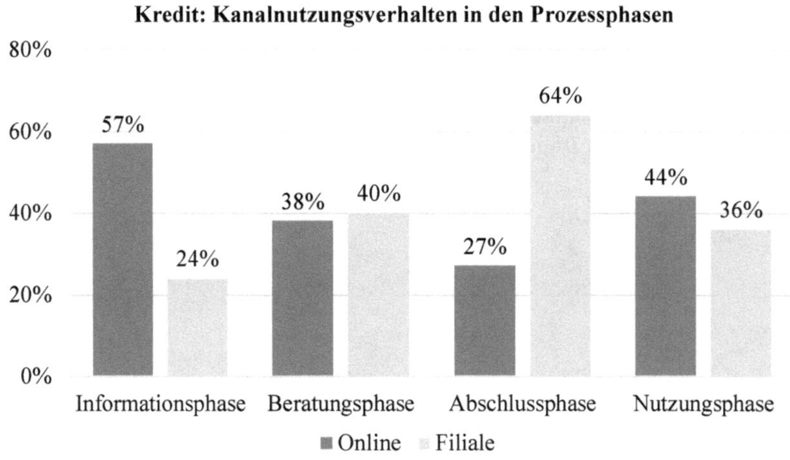

Anlage 6: Kanalnutzungsverhalten der Kunden je Prozessphase (Kredit)[1323]

1322 Modifiziert entnommen aus Graupner, Enrico; Mädche, Alexander; Simon, Henrik (Kundenorientierung 2016), S. 38. Die Differenzen zu 100 % sind auf weniger bedeutsame, nachgeordnete Kanäle wie Telefon und Post zurückzuführen. Vgl. Graupner, Enrico; Mädche, Alexander; Simon, Henrik (Kundenorientierung 2016), S. 37.

1323 Modifiziert entnommen aus Graupner, Enrico; Mädche, Alexander; Simon, Henrik (Kundenorientierung 2016), S. 38. Die Differenzen zu 100 % sind auf weniger be-

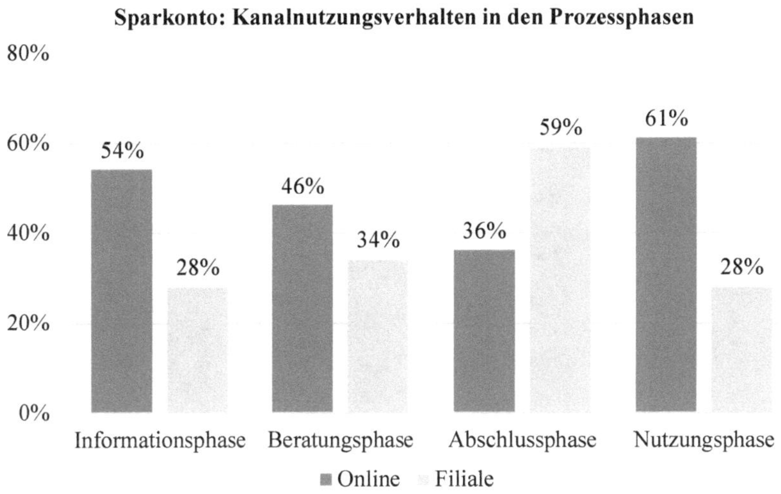

Anlage 7: Kanalnutzungsverhalten der Kunden je Prozessphase (Sparkonto)[1324]

deutsame, nachgeordnete Kanäle wie Telefon und Post zurückzuführen. Vgl. Graupner, Enrico; Mädche, Alexander; Simon, Henrik (Kundenorientierung 2016), S. 37.

1324 Modifiziert entnommen aus Graupner, Enrico; Mädche, Alexander; Simon, Henrik (Kundenorientierung 2016), S. 38. Die Differenzen zu 100 % sind auf weniger bedeutsame, nachgeordnete Kanäle wie Telefon und Post zurückzuführen. Vgl. Graupner, Enrico; Mädche, Alexander; Simon, Henrik (Kundenorientierung 2016), S. 37.

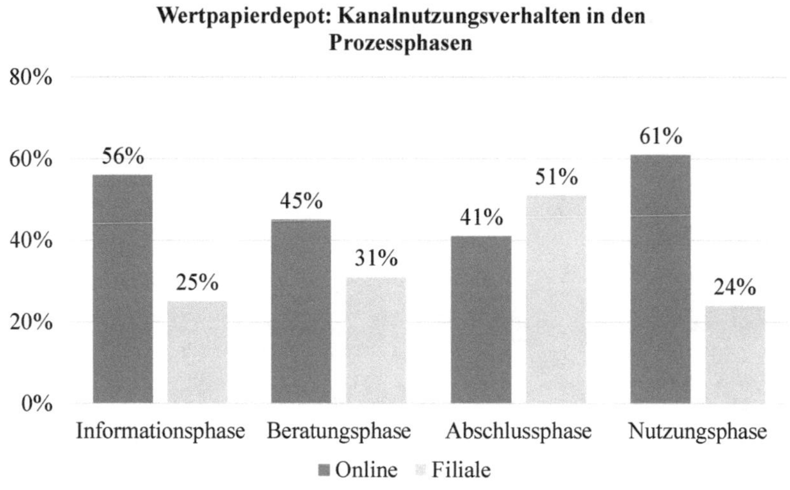

Anlage 8: Kanalnutzungsverhalten der Kunden je Prozessphase (Wertpapierdepot)[1325]

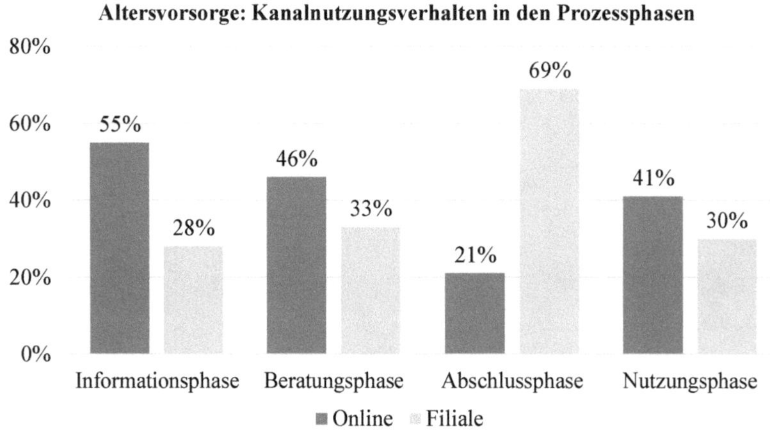

Anlage 9: Kanalnutzungsverhalten der Kunden je Prozessphase (Altersvorsorge)[1326]

1325 Modifiziert entnommen aus Graupner, Enrico; Mädche, Alexander; Simon, Henrik (Kundenorientierung 2016), S. 38. Die Differenzen zu 100 % sind auf weniger bedeutsame, nachgeordnete Kanäle wie Telefon und Post zurückzuführen. Vgl. Graupner, Enrico; Mädche, Alexander; Simon, Henrik (Kundenorientierung 2016), S. 37.

1326 Modifiziert entnommen aus Graupner, Enrico; Mädche, Alexander; Simon, Henrik (Kundenorientierung 2016), S. 38. Die Differenzen zu 100 % sind auf weniger bedeutsame, nachgeordnete Kanäle wie Telefon und Post zurückzuführen. Vgl.

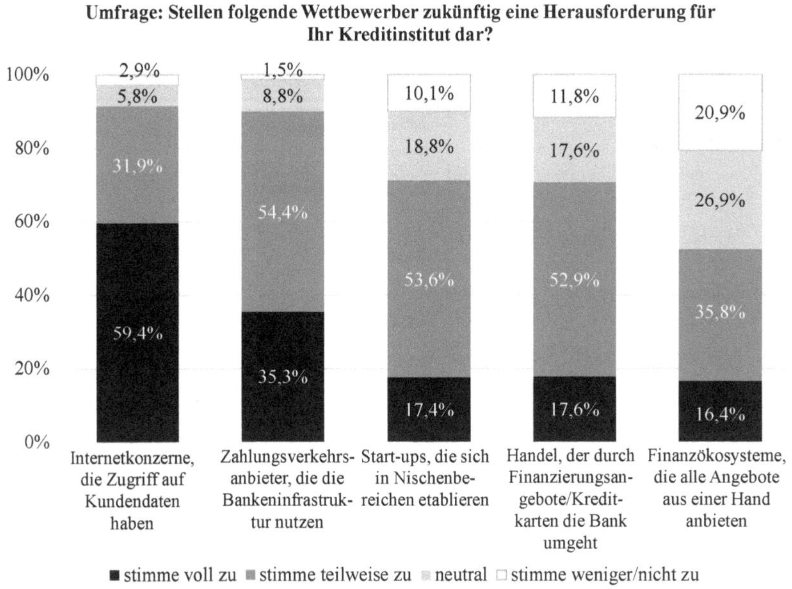

Anlage 10: Bankseitige Einschätzung der Herausforderungen durch neue Wettbewerber[1327]

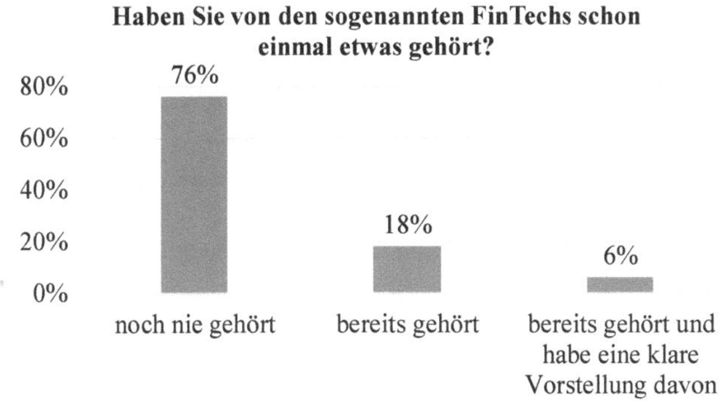

Anlage 11: Bekanntheitsgrad des Begriffs „FinTech“[1328]

Graupner, Enrico; Mädche, Alexander; Simon, Henrik (Kundenorientierung 2016), S. 37.

1327 Modifiziert entnommen aus Wings, Heinz; Kleine, Jens (Banking 2015), S. 11. Differenzen zu 100 % sind rundungsbedingt.

1328 Geringfügig modifiziert entnommen Statista (Fintechs 2016).

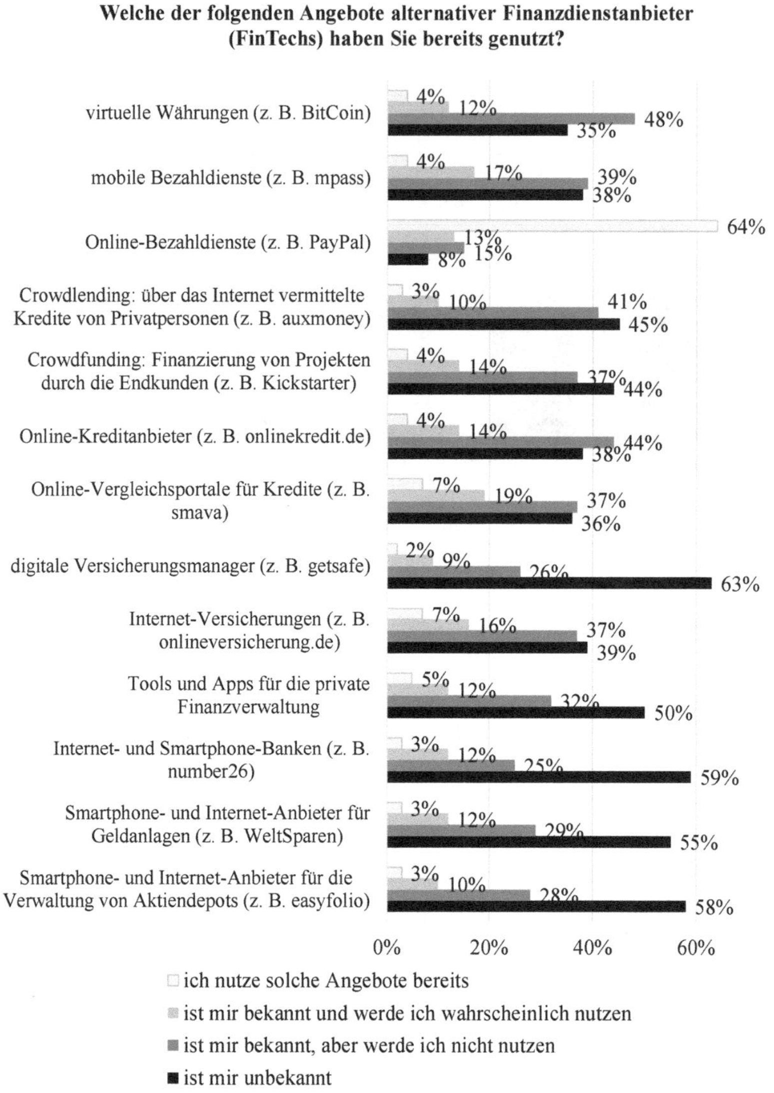

Anlage 12: Angebote von FinTechs – Bekanntheitsgrad und Nutzung[1329]

1329 Eigene Darstellung in Anlehnung an Statista (Finanzdienstanbieter 2016). Etwaige Differenzen zu 100 % sind rundungsbedingt.

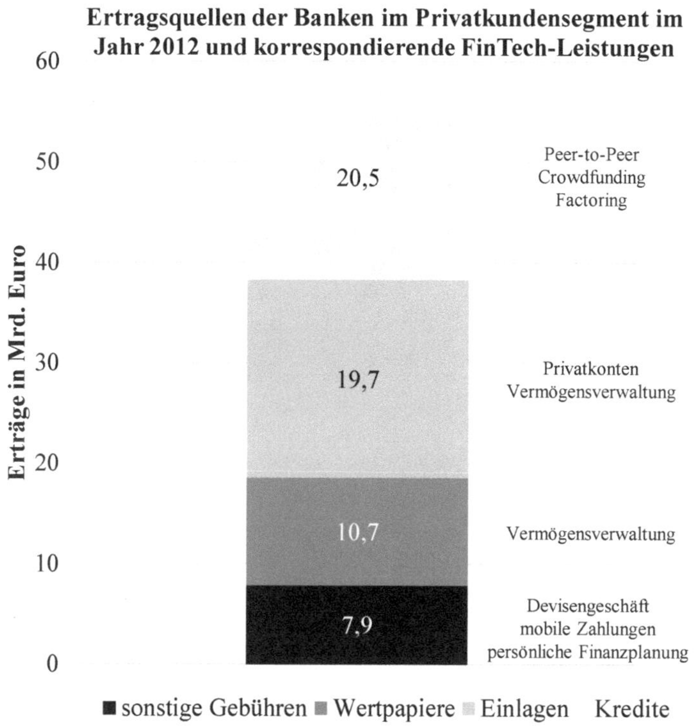

Anlage 13: Ertragsquellen der Geschäftsbanken und korrespondierende FinTech-Leistungen[1330]

1330 Modifiziert entnommen aus Kipker, Ingo (FinTechs 2014), S. 3. Das Balkendiagramm zeigt die Erträge aus den Geschäftsbereichen der Banken und die sonstigen Gebühren. Die nebenstehenden FinTech-Leistungen könnten diese substituieren und die entsprechenden Erträge schmälern.

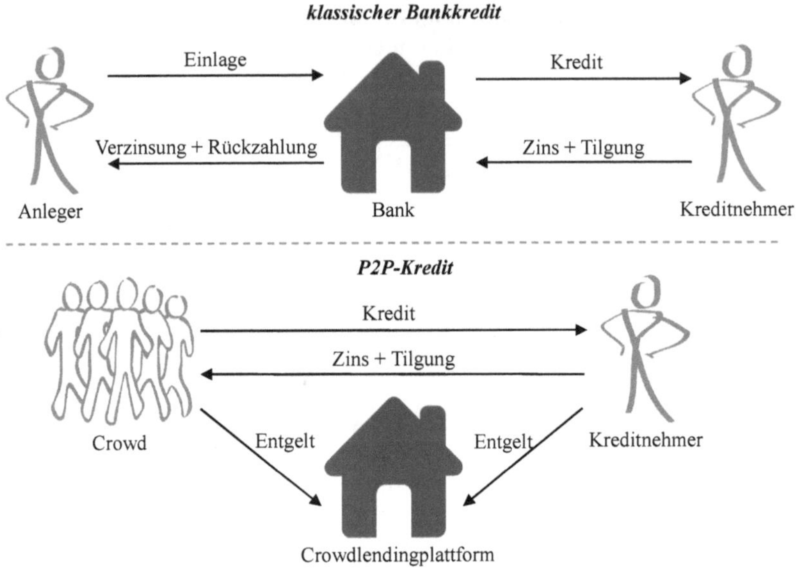

Anlage 14: FinTechs ersetzen Banken als Finanzintermediär[1331]

KMU-Definition der EU-Kommission				
Unternehmenskategorie	Mitarbeiter	Umsatz		Bilanzsumme
Kleinstunternehmen	≤ 9	≤ 2 Mio. EUR	oder	≤ 2 Mio. EUR
kleines Unternehmen	≤ 49	≤ 10 Mio. EUR	oder	≤ 10 Mio. EUR
mittleres Unternehmen	≤ 249	≤ 50 Mio. EUR	oder	≤ 43 Mio. EUR

KMU-Definition des IfM Bonn		
Unternehmenskategorie	Mitarbeiter	Umsatz
Kleinstunternehmen	≤ 9	≤ 2 Mio. EUR
kleines Unternehmen	≤ 49	≤ 10 Mio. EUR
mittleres Unternehmen	≤ 499	≤ 50 Mio. EUR

Anlage 15: KMU-Definitionen im Vergleich[1332]

1331 Entnommen aus Hastenteufel, Jessica (Gründungsfinanzierung 2016), S. 357. Vgl. auch Frerichs, Arne; Schumann, Matthias (Banking 2008), S. 7.

1332 Eigene Darstellung in Anlehnung an Institut für Mittelstandsforschung Bonn (KMU-Definition o. J.); Amt für Veröffentlichungen der Europäischen Union

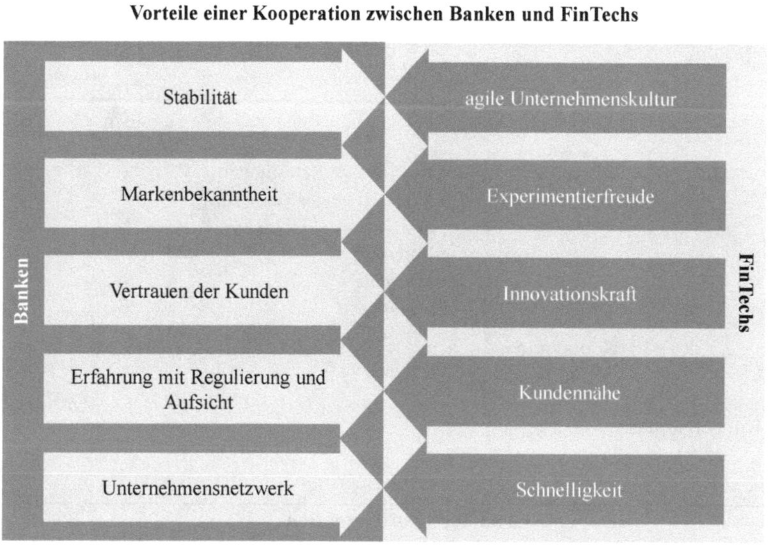

Anlage 16: Vorteile einer Kooperation zwischen Banken und FinTechs[1333]

(KMU 2015), S. 11. Vgl. auch Hastenteufel, Jessica (Gründungsfinanzierung 2016), S. 497.

1333 Geringfügig modifiziert entnommen aus Kern, Andreas (Kooperation 2015), S. 36.

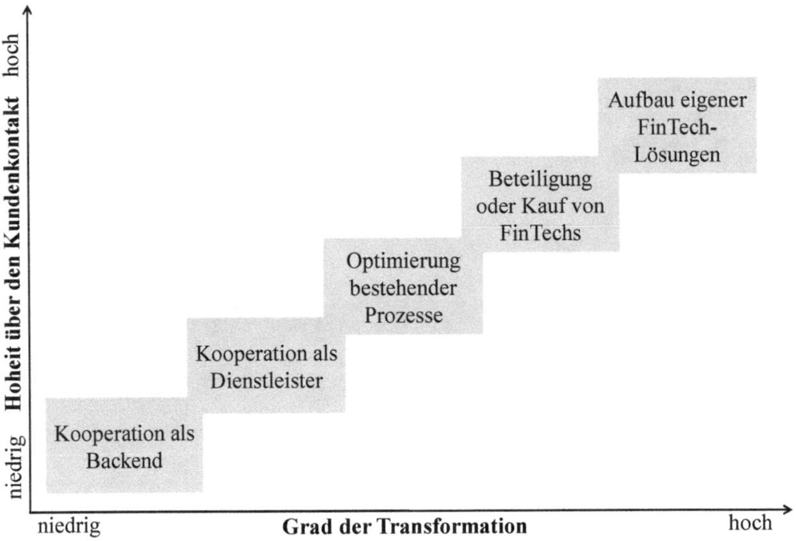

Anlage 17: Strategische Optionen für die Zusammenarbeit zwischen Banken und FinTechs[1334]

1334 Geringfügig modifiziert entnommen aus Kern, Andreas (Kooperation 2015), S. 35.

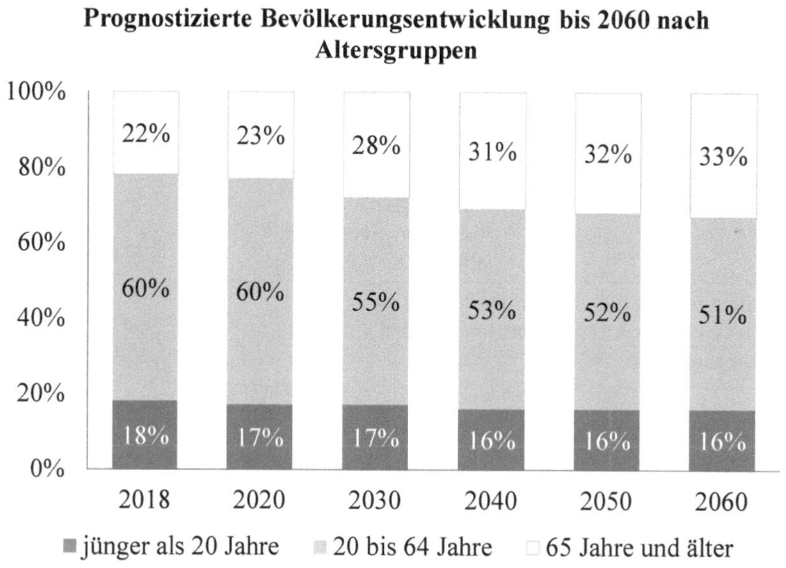

Anlage 18: Prognostizierte Bevölkerungsentwicklung bis 2060 nach Altersgruppen[1335]

1335 Eigene Darstellung in Anlehnung an Statistisches Bundesamt (Bevölkerungsvorausberechnung 2018). Die Werte wurden teilweise gerundet und ihnen liegt die Annahme einer Kontinuität bei sich abschwächender Zuwanderung zugrunde.

Einfluss des demografischen Wandels auf die gewerblichen Kunden

Auswirkungen auf die gewerbliche Kunden

Rückgang der Kaufkraft und der Nachfrage in den betroffenen Gebieten

Rückgang des Arbeitskräftepotenzials
- Fachkräftemangel
- Nachfolgeproblematik
- alternde Belegschaften

- **sinkende Unternehmenswerte**
- **Lücken in der Altersversorgung bei den Unternehmern**

Folgen für das gewerbliche Kundengeschäft

- Rückgang des Geschäftsvolumens im klassischen Mittelstandsgeschäft
- steigende Kreditrisiken durch Wertverfall bei Gewerbeimmobilien und damit der Sicherheiten
- sinkende Unternehmens- und Praxiswerte

Handlungsoptionen für die Banken

Stärkung der regionalen Wirtschaft
- Wertschöpfung in der Region halten
- Existenzgründer fördern
- Vernetzung der regionalen Wirtschaft fördern

gewerbliche Kunden stärken
- Organisation von Seminaren und Schulungen
- spezielle Modelle der Altersvorsorge zur Mitarbeiterbindung anbieten

Bankstruktur anpassen
- Fusionen zur Erreichung der kritischen Betriebsgröße
- Kompetenzaus- und -aufbau zur Bedienung größerer Mittelständler

Anlage 19: Einfluss des demografischen Wandels auf gewerbliche Kunden[1336]

1336 Leicht modifiziert entnommen aus Meuche, Thomas (Hilfe 2012), S. 26.

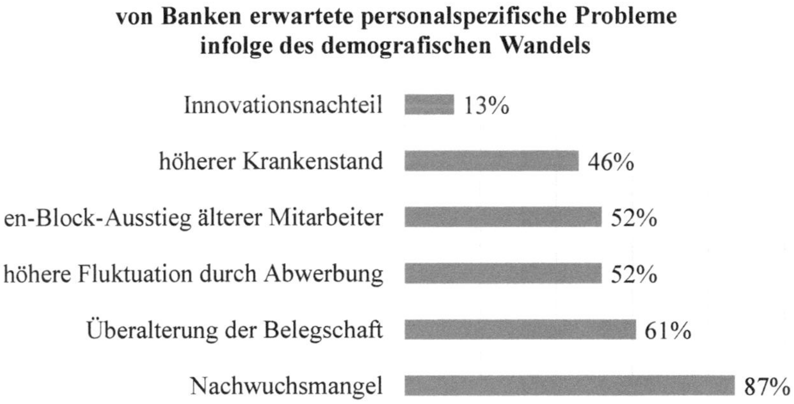

Anlage 20: Von Banken erwartete personalspezifische Probleme infolge des demografischen Wandels[1337]

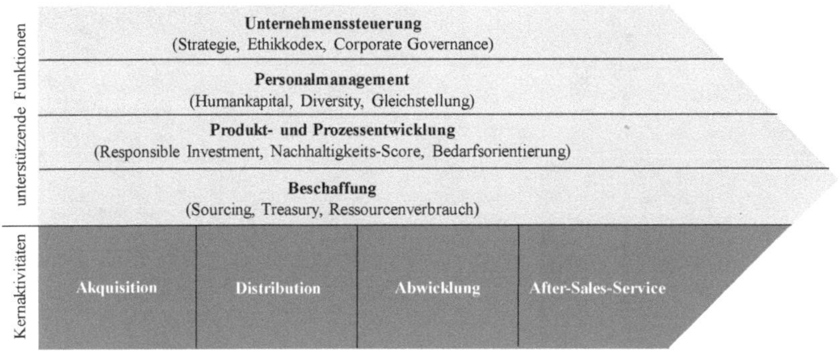

Anlage 21: Nachhaltigkeit im Rahmen der unterstützenden Funktionen in der Wertschöpfungskette einer Bank[1338]

1337 Modifiziert entnommen aus Organomics; Felfe, Jörg (Bankenbranche 2012), S. 6. Vgl. o. V. (Deutschland 2013). Im Rahmen der Umfrage waren Mehrfachnennungen möglich.

1338 Modifiziert entnommen aus Leonhardt, Fabian; Wiedemann, Arnd (Nachhaltigkeit 2014), S. 32. Anhand der unterstützenden Funktionen kann die Implementierung und Verankerung der Nachhaltigkeit besonders gut aufgezeigt werden, jedoch kann die Nachhaltigkeit gleichermaßen in die Kernaktivitäten integriert werden. Vgl. hierzu sowie ausführlich zur Integration der Nachhaltigkeit in die bankbetriebliche Wertschöpfungskette Leonhardt, Fabian; Wiedemann, Arnd (Nachhaltigkeit 2014), S. 32–34.

Dimensionen und ausgewählte Handlungsfelder der Nachhaltigkeit

Corporate Governance	Einhaltung des Deutschen Corporate Governance Codex, UN Global Compact, Antikorruption
Compliance	Einhaltung von Gesetzen, (freiwilligen) Richtlinien und Kodizes
ökonomische Dimension	Gewinnerwirtschaftung, Wertschöpfung, Liquiditätssteigerung, Neukundengeschäft, faire Konditionen für Kunden, transparente Vergütung, Verzicht auf unmoralische Produkte
ökologische Dimension	Umweltmanagement, Ressourcenreduktion, Klimaschutz, Green IT, nachhaltige „grüne" Geldanlagen und Produkte, ökologisches Kreditscreening, UNEP-Erklärung, Äquator-Prinzipien
soziale Dimension	intern: Mitarbeiterverantwortung, Gleichstellung, Diversity, Gesundheitsförderung, Work-Life-Balance extern: Sponsoring, Spenden, Stiftungen, Gemeinwohlunterstützung

Anlage 22: Dimensionen und ausgewählte Handlungsfelder der Nachhaltigkeit[1339]

1339 Modifiziert entnommen aus Fabisch, Nicole u. a. (Handlungsfelder 2015), S. 20.

Ausprägungen nachhaltiger Geldanlagen	
Anlageform	**Kurzinformation**
Spareinlagen (Girokonten, Sparbücher, Tagesgeld)	Hauptsächliche Form der privaten Geldanlage in Deutschland. Die Einlagen dienen der Kreditvergabe an nachhaltige Projekte.
Aktien	Spekulative Form der nachhaltigen Geldanlage, ermöglicht aber die Finanzierung von besonders nachhaltigen Konzepten (bspw. bei Innovatoren).
Investmentfonds	Möglichkeit der Investition in den gewünschten Nachhaltigkeitsbereich durch vorherige Nachhaltigkeitsanalyse beim Portfolio des gewählten Fonds.
Anleihen	Klassische Anleihen, bei denen der Emittent einer Nachhaltigkeitsanalyse unterzogen wurde.
Zertifikate	Index-, Basket- oder auch Themenzertifikate können nachhaltige Indizes abbilden bzw. aus nachhaltigen Anlageprodukten bestehen.
Altersvorsorge	Mittlerweile existieren verschiedene Anbieter, die sowohl die betriebliche als auch die private Altersvorsorge durch nachhaltige Produkte ermöglichen.
Beteiligungen (geschlossene Fonds)	Beziehen sich in der Regel auf erneuerbare Energien bzw. Energieeffizienz. Neuerdings existieren auch verschiedene Möglichkeiten des Social Investing.
Hedgefonds	Es existieren Hedgefonds mit bestimmten Ausschlusskriterien, die allerdings durch die ethischen Vorbehalte gegen den spekulativen Charakter der Anlageform an sich nicht immer als nachhaltig angesehen werden können.
Stiftungen	Stiftungen sind fundamental wichtig für das gesellschaftliche Engagement und repräsentieren den Nachhaltigkeitsgedanken in unterschiedlichen Ausprägungen. In ihrem Anlageverhalten gibt es bei Stiftungen bzgl. nachhaltiger Investments dennoch Optimierungsbedarf.

Anlage 23: Ausprägungen nachhaltiger Geldanlagen[1340]

1340 Geringfügig modifiziert entnommen aus Weber, Volker (Marktüberblick 2013), S. 16–17.

Aufbringung	• vom Institut direkt begeben und eingezahlt
Fristigkeit	• unbefristet
Rückzahlung	• Verringerung des Kapitalbetrags nur zulässig - bei Liquidation des Instituts - nach vorheriger Erlaubnis der BaFin zur Verringerung, Rückzahlung oder zum Rückkauf der Instrumente • Institut muss Rückzahlung verweigern können
Verlustteilnahme	• die Instrumente tragen, gemessen an allen vom Institut begebenen Kapitalinstrumenten, bei Auftreten von Verlusten deren ersten und proportional größten Teil, und • jedes Instrument trägt Verluste im gleichen Grad wie alle anderen Instrumente des harten Kernkapitals
Nachrangigkeit	• bei Insolvenz und Liquidation des Instituts sind die Instrumente nachrangig gegenüber allen anderen Ansprüchen
Ausschüttungen	• keine vertragliche Ausschüttungspflicht des Instituts • durch Streichung von Ausschüttungen werden dem Institut keine Beschränkungen auferlegt
bilanzielle Wirkung	• gilt als Eigenkapital • eindeutige und gesonderte Offenlegung in der Bilanz

Anlage 24: Ausgewählte Bedingungen für die Anerkennung von Instrumenten des harten Kernkapitals nach Art. 28 und 29 CRR[1341]

1341 Geringfügig modifiziert entnommen aus Waschbusch, Gerd; Rolle, Andrea (Qualität 2014), S. 88.

Aufbringung	• ausgegeben und eingezahlt
Fristigkeit	• unbefristet
Kündigung	• Kündigungsmöglichkeit kann nur nach Ermessen des Instituts ausgeübt werden • Tilgungsanreize sind nicht zulässig
Rückzahlung	• Verringerung des Kapitalbetrags nur zulässig - nach vorheriger Erlaubnis der BaFin und - wenn das Emissionsdatum mindestens fünf Jahre zurückliegt
Verlustteilnahme	• Verlustteilnahme wird nicht explizit gefordert
Nachrangigkeit	• bei Insolvenz und Liquidation des Instituts sind die Instrumente nachrangig gegenüber Instrumenten des Ergänzungskapitals
Ausschüttungen	Voraussetzungen für Ausschüttungen auf die Instrumente: • Höhe der Ausschüttungen wird nicht aufgrund der Bonität des Instituts oder seines Mutterunternehmens angepasst - Recht des Instituts, Ausschüttungen auf die Instrumente jederzeit nach eigenem Ermessen für unbefristete Zeit ausfallen zu lassen - durch Ausfall von Ausschüttungen werden dem Institut keine Beschränkungen auferlegt

Anlage 25: Ausgewählte Bedingungen für die Anerkennung von Instrumenten des zusätzlichen Kernkapitals gemäß Art. 52 Abs. 1 CRR[1342]

1342 Geringfügig modifiziert entnommen aus Waschbusch, Gerd; Rolle, Andrea (Qualität 2014), S. 89.

Aufbringung	• begeben bzw. aufgenommen und voll eingezahlt
Fristigkeit	• Ursprungslaufzeit mindestens fünf Jahre • zeitanteilige Amortisation bei einer Restlaufzeit von weniger als fünf Jahren
Kündigung	• Kündigungsmöglichkeit kann nur nach Ermessen des Instituts ausgeübt werden • Tilgungsanreize sind nicht zulässig
Rückzahlung	• Kündigung, Rückzahlung, Rückkauf der Instrumente nur zulässig - nach vorheriger Erlaubnis der BaFin und - wenn das Emissionsdatum mindestens fünf Jahre zurückliegt
Verlustteilnahme	• Verlustteilnahme wird nicht explizit gefordert
Nachrangigkeit	• Ansprüche auf den Kapitalbetrag sind den Ansprüchen aller nicht nachrangigen Gläubiger vollständig nachrangig
Ausschüttungen	Voraussetzungen für Ausschüttungen auf die Instrumente: • Höhe der Ausschüttungen wird nicht aufgrund der Bonität des Instituts oder seines Mutterunternehmens angepasst

Anlage 26: Ausgewählte Bedingungen für die Anerkennung von Instrumenten des Ergänzungskapitals gemäß Art. 63 CRR[1343]

1343 Geringfügig modifiziert entnommen aus Waschbusch, Gerd; Rolle, Andrea (Qualität 2014), S. 90.

Level 1: Bargeld, Zentralbankguthaben und Aktiva äußerst hoher Liquidität und Qualität	+	**Level 2a:** Aktiva hoher Liquidität und Qualität	+	**Level 2b:** Aktiva hoher Liquidität und Qualität
• Bargeld/Notenbankreserve • Wertpapiere mit Risikogewicht 0 % von Staaten, Zentralnotenbanken • Forderungen gegen Staaten, Zentralnotenbanken • gedeckte Schuldverschreibungen (Bonitätsstufe 1)		• Wertpapiere mit Risikogewicht 20 % von Staaten, Zentralnotenbanken • Schuldtitel an Nichtfinanzunternehmen (Bonitätsstufe 1) • bestimmte gedeckte Schuldverschreibungen (Bonitätsstufe 2)		• Schuldtitel an Nichtfinanzunternehmen (Bonitätsstufen 2 und 3) • bestimmte Aktien • bestimmte Liquiditätsfazilitäten von Zentralnotenbanken • bestimmte Verbriefungen
Ansatz: 100 %		**Ansatz: 85 %**		**Ansatz: 50 % bis 75 %**

LCR = (Zähler: Summe der obigen Aktiva) / (Nenner: Zahlungsmittelabflüsse − Zahlungsmittelzuflüsse)

wesentliche Zahlungsmittelabflüsse (30 Tage)	−	**wesentliche Zahlungsmittelzuflüsse (30 Tage)**
• Einlagen von Privaten und KMU • unbesicherte Mittel von Großkunden • fällige Repogeschäfte • gewährte Kreditlinien • fällige Eigenemissionen • fällige Refinanzierungen am Interbankenmarkt		• fällige Kreditforderungen • fällige nicht hochliquide Wertpapiere • fällige Zinszahlungen • fällige Reverse Repos • fällige Einlagen des Instituts bei anderen KI

Anlage 27: Überblick über wesentliche Bestandteile der LCR

ASF-Faktor	Position
100 %	• Regulatorisches Eigenkapital (ohne Ergänzungskapital mit einer Restlaufzeit von weniger als einem Jahr) • sonstige Eigenkapitalinstrumente und Verbindlichkeiten mit einer effektiven Restlaufzeit von einem Jahr oder mehr
95 %	• stabile Einlagen von Privatkunden/KMU und Termineinlagen mit einer Restlaufzeit von weniger als einem Jahr
90 %	- weniger stabile Einlagen von Privatkunden/KMU und Termineinlagen mit einer Restlaufzeit von weniger als einem Jahr
50 %	• Refinanzierungsinstrumente von Nichtfinanzunternehmen mit einer Restlaufzeit von weniger als einem Jahr • operative Einlagen • Refinanzierungsinstrumente von Staaten, sonstigen öffentlichen Stellen und multilateralen bzw. nationalen Entwicklungsbanken mit einer Restlaufzeit von weniger als einem Jahr • sonstige Refinanzierungsinstrumente, die nicht in den vorstehenden Kategorien enthalten sind und eine Restlaufzeit von mindestens sechs Monaten und weniger als einem Jahr aufweisen, einschließlich Refinanzierungsinstrumente von Zentralbanken und Finanzinstitutionen
0 %	• sämtliche sonstige Verbindlichkeiten und Eigenkapitalinstrumente, die nicht in den vorstehenden Kategorien enthalten sind, einschließlich Verbindlichkeiten ohne feste Laufzeit (Ausnahmen für latente Steuerverbindlichkeiten und andere Minderheitsbeteiligungen) • Derivateverbindlichkeiten (aufgerechnet mit den Derivateforderungen), wenn die Verbindlichkeiten größer als die Forderungen sind • Handelstag-Verbindlichkeiten, die durch den Erwerb von Fremdwährungen, Finanzinstrumenten und Rohwaren entstehen

Anlage 28: Überblick über die ASF-Faktoren der NSFR für einzelne Positionen[1344]

1344 Geringfügig modifiziert entnommen aus Laufenberg, Steffen (Liquiditätsanforderungen 2018), S. 400–401. Vgl. auch Basel Committee on Banking Supervision (Funding 2014), S. 6. Obgleich eine finale gesetzliche Fixierung der Anrechnungsfaktoren noch nicht stattgefunden hat, ist davon auszugehen, dass der Europäische Gesetzgeber sich im Rahmen der Übernahme der NSFR in die endgültige Fassung der überarbeiteten Version der CRR eng an den dargestellten Vorschlägen des Basler Ausschusses für Bankenaufsicht orientieren wird. Vgl. Laufenberg, Steffen (Liquiditätsanforderungen 2018), S. 401.

RSF-Faktor	Position
0 %	• Münzen, Banknoten und sämtliche Zentralbankguthaben • Forderungen an Zentralbanken mit einer Restlaufzeit unter sechs Monaten • Handelstag-Forderungen, die durch den Erwerb von Fremdwährungen, Finanzinstrumenten und Rohwaren entstehen
5 %	• unbelastete Aktiva der Stufe 1
10 %	• unbelastete, durch Aktiva der Stufe 1 besicherte Kredite an Banken mit einer Restlaufzeit von weniger als sechs Monaten
15 %	• unbelastete Kredite an Banken mit einer Restlaufzeit von weniger als sechs Monaten • unbelastete Aktiva der Stufe 2A
50 %	• unbelastete Aktiva der Stufe 2B • belastete hochliquide Aktiva mit einer Belastungsdauer zwischen sechs Monaten und weniger als einem Jahr • Kredite an Banken und Zentralbanken mit einer Restlaufzeit zwischen sechs Monaten und weniger als einem Jahr • Einlagen, die für operative Zwecke bei anderen Finanzinstituten gehalten werden • sämtliche anderen Aktiva, die nicht in den vorstehenden Kategorien enthalten sind und eine Restlaufzeit von weniger als einem Jahr aufweisen, einschließlich Kredite an Nichtfinanzunternehmen, Privatkunden und KMU sowie Staaten, Zentralbanken und sonstige öffentliche Stellen
65 %	• unbelastete Wohnimmobilienhypotheken mit einer Restlaufzeit von einem Jahr und mehr und einem Risikogewicht von 35 % oder weniger • sonstige unbelastete Kredite, die nicht in den vorstehenden Kategorien enthalten sind, ohne Kredite an Finanzinstitute, mit einer Restlaufzeit von einem Jahr oder mehr und einem Risikogewicht von 35 % oder weniger

Anlage 29: Überblick über die RSF-Faktoren der NSFR für einzelne Positionen[1345]

1345 Geringfügig modifiziert entnommen aus Laufenberg, Steffen (Liquiditätsanforderungen 2018), S. 401–402. Vgl. auch Basel Committee on Banking Supervision (Funding 2014), S. 11. Obgleich eine finale gesetzliche Fixierung der Anrechnungsfaktoren noch nicht stattgefunden hat, ist davon auszugehen, dass sich der europäische Gesetzgeber im Rahmen der Übernahme der NSFR in die endgültige Fassung der überarbeiteten Version der CRR eng an den dargestellten Vorschlägen des Basler Ausschusses für Bankenaufsicht orientieren wird. Vgl. Laufenberg, Steffen (Liquiditätsanforderungen 2018), S. 401.

RSF-Faktor	Position
85 %	• Initial Margin für Derivategeschäft und Beiträge für den Ausfallfonds von zentralen Kontrahenten • sonstige unbelastete, nicht notleidende Kredite mit einem Risikogewicht von mehr als 35 % und einer Restlaufzeit von einem Jahr oder mehr, ohne Kredite an Finanzinstitute • unbelastete Wertpapiere, die nicht notleidend sind, nicht als hochliquide Aktiva zulässig sind und mit einer Restlaufzeit von einem Jahr oder mehr, einschließlich börsengehandelter Aktien • physische Rohstoffe, die gehandelt werden, einschließlich Gold
100 %	• sämtliche Aktiva, die für ein Jahr oder länger belastet sind • Derivateforderungen ohne Derivateverbindlichkeiten, wenn die Forderungen größer als die Verbindlichkeiten sind • 20 % der Derivativverbindlichkeiten • sämtliche anderen Aktiva, die nicht in den vorstehenden Kategorien enthalten sind

Anlage 29: Überblick über die RSF-Faktoren der NSFR für einzelne Positionen (Fortsetzung)

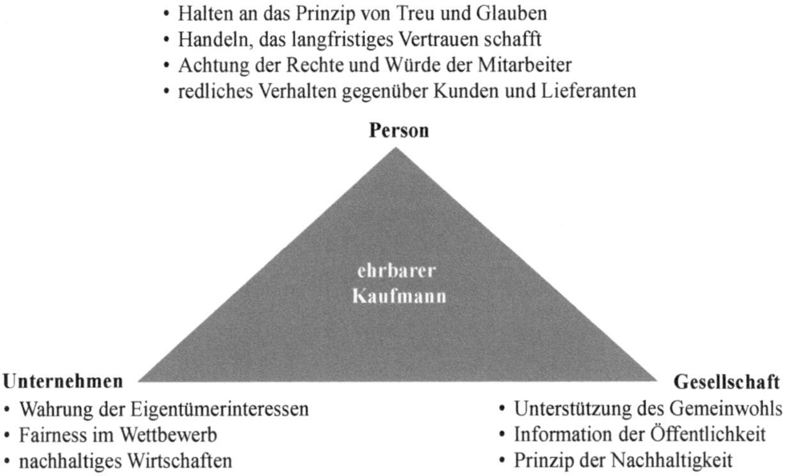

Anlage 30: Überblick über die wesentlichen Wirkungsebenen des ehrbaren Kaufmanns[1346]

1346 Geringfügig modifiziert entnommen aus Brüggestrat, Reiner (Banking 2013), S. 24.

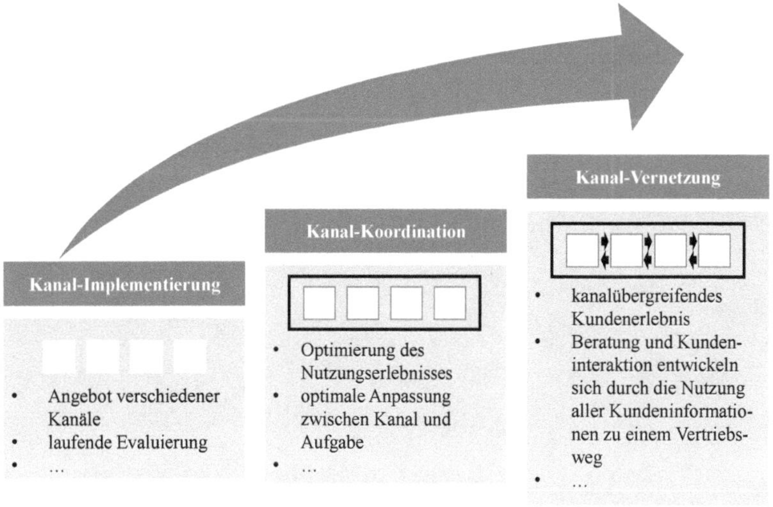

Anlage 31: Überblick über die Phasen der Implementierung eines erfolgreichen Multikanalansatzes[1347]

1347 Geringfügig modifiziert entnommen aus Hientzsch, Ralph; Bocken, Ralf (Erfolgsfaktor 2013), S. 68.

Literaturverzeichnis

A

Acharya, Viral V.; Steffen, Sascha (Bankensystem 2014): Ein Stresstest für das europäische Bankensystem, in: Die Bank, 6/2014, S. 14–17.

Achleitner, Ann-Kristin (Inkubator o. J.): Stichwort „Inkubator", in: Gabler Wirtschaftslexikon online, http://wirtschaftslexikon.gabler.de/Archiv/9756/inkubator-v8.html, Abruf: 18.11.2018.

Ackermann, Josef (Geschäftsstrategien 2006): Geschäftsstrategien im globalen Wettbewerb, in: Die Bank, 5/2006, S. 38–45.

Ahrens, Ralf (Zinsprognosen 2000): Marktbasierte Zinsprognosen mit Regime-Switching-Modellen, Berlin 2000.

Alberts, Volker (Standortverhaltens 1987): Neuere Tendenzen des Standortverhaltens von Großbanken, Wiesbaden 1987.

Allen & Overy (Fintech 2017): Fintech Deutschland, http://www.allenovery.com/SiteCollectionDocuments/Fintech%20Deutschland%20(email).pdf, Abruf: 18.11.2018.

Alt, Rainer; Puschmann, Thomas (Finanzindustrie 2016): Digitalisierung der Finanzindustrie – Grundlagen der Fintech-Evolution, Berlin/Heidelberg 2016.

Amt für Veröffentlichungen der Europäischen Union (KMU 2015): Benutzerleitfaden zur Definition von KMU, http://ec.europa.eu/DocsRoom/documents/15582/attachments/1/translations/de/renditions/native, Abruf: 18.11.2018.

Anderson, James C.; Narus, James A. (Partnerships 1990): A Model of Distributor Firm and Manufacturer Firm Working Partnerships, in: Journal of Marketing, 1/1990, S. 42–58.

Apfelbacher, Gabriele; Kopp, Thomas (Kernkapital 2011): Pflichtwandelanleihen als sonstiges (hybrides) Kernkapital, in: Corporate Finance law, 1/2011, S. 21–30.

Appel, Christian; Milanese, Andreas (Herz 2016): Das altersschwache Herz der IT – eine Gefahr für wichtige Projekte bei Privatbanken, in: Zeitschrift für das gesamte Kreditwesen, 13/2016, S. 658–661.

Arbeitgeberverband des privaten Bankgewerbes (Alterstruktur 2016): Altersstruktur der Beschäftigten im privaten Bankgewerbe 2015, https://www.agvbanken.de/AGVBanken/Statistik/_Beschaeftigung/2016_Statistik_Altersstruktur.pdf, Abruf: 18.11.2018.

Arbeitsgemeinschaft Mittelstand (Jahresmittelstandsbericht 2011): Jahresmittelstandsbericht 2011 – Aufschwung sichern, Mittelstand stärken, https://www.arbeitsgemeinschaft-mittelstand.de/content/Berichte/JMB-2011.pdf, Abruf: 18.11.2018.

Artopoeus, Wolfgang (Banken 2001): Anforderungen an eine globale Aufsicht international tätiger Banken, in: Globalisierung der Finanzindustrie – Beiträge zum Duisburger Banken-Symposium, hrsg. von Hans Tietmeyer und Bernd Rolfes, Wiesbaden 2001, S. 23–35.

AT Kearney (Radar 2017): The 2017 Retail Banking Radar – The Tide of Change Shifts All Banks, http://www.fondsprofessionell.at/content/fpim/uploads/news/a/5/8/1499074211_atkearneyretailbankingradar.pdf, Abruf: 18.11.2018.

Aurier, Philippe; N'Goala, Gilles (Trust 2010): The differing and mediating roles of trust and relationship commitment in service relationship maintenance and development, in: Academy of Marketing Science, 38/2010, S. 303–325.

Ausschuss für Finanzstabilität (Finanzstabilität 2015): Zweiter Bericht an den Deutschen Bundestag zur Finanzstabilität in Deutschland – Juni 2015, https://www.bundesbank.de/Redaktion/DE/Pressemitteilungen/BBK/2015/2015_06_30_afs_bericht.pdf?__blob=publicationFile, Abruf: 18.11.2018.

Ausschuss für Finanzstabilität (Finanzstabilität 2016): Dritter Bericht an den Deutschen Bundestag zur Finanzstabilität in Deutschland – Juni 2016, http://www.bundesfinanzministerium.de/Content/DE/Standardartikel/Themen/Internationales_Finanzmarkt/Finanzmarktpolitik/2016-06-30-finanzstabilitaet-jahresbericht.pdf?__blob=publicationFile&v=2, Abruf: 18.11.2018.

Ausschuss für Wirtschaft und Währung (Bericht 2018): Bericht über den Vorschlag für eine Verordnung des Europäischen Parlaments und des Rates zur Änderung der Verordnung (EU) Nr. 575/2013 in Bezug auf die Verschuldungsquote, die strukturelle Liquiditätsquote, Anforderungen an Eigenmittel und berücksichtigungsfähige Verbindlichkeiten, das Gegenparteiausfallrisiko, das Marktrisiko, Risikopositionen gegenüber zentralen Gegenparteien, Risikopositionen gegenüber Organismen für gemeinsame Anlagen, Großkredite, Melde- und Offenlegungspflichten und zur Änderung der Verordnung (EU) Nr. 648/2012 (COM(2016)0850 – C8-0480/2016 – 2016/0360A(COD)), http://www.europarl.europa.eu/sides/getDoc.do?pubRef=-//EP//NONSGML+REPORT+A8-2018-0242+0+DOC+PDF+V0//DE, Abruf: 18.11.2018.

B

Bacher, Urban (Filiale 2008): Wem nützt die Filiale?, in: Bank und Markt, 5/2008, S. 28–32.

Bachstädt, Karl-Heinz; Pietrzak, Michael (Entwicklungstendenzen 2015): Entwicklungstendenzen im Firmenkundengeschäft, in: Bank und Markt, 6/2015, S. 32–35.

Baden-Württembergischer Genossenschaftsverband (Auswirkungen 2016): Auswirkungen der Wohnimmobilienrichtlinie, https://www.wir-leben-genossenschaft.de/files/BWGV-Umfrage-Wohnimmobilienkreditrichtlinie.pdf, Abruf: 18.11.2018.

Badura, Karl-Heinz (Nachhaltigkeit 2010): Nachhaltigkeit ist die Brücke zu Vertrauen, Wachstum, mehr Wohlstand und Vermögenssicherheit, in: Vermögen & Steuern, 4/2010, S. 4.

Bakry, Sascha; Cluse, Michael; Opher, Gil (Basel III 2018): Die Welt nach Basel III – Die Beschlüsse zur Finalisierung der Basel-III-Reform im Überblick, https://www2.deloitte.com/content/dam/Deloitte/de/Documents/financial-services/Deloitte_WP_Basel_IV.pdf, Abruf: 18.11.2018.

Baldo, Luca; Bucalossi, Annalisa; Scalia, Antonio (Ratio 2018): Leverage Ratio and Central Bank Operations in the Euro Area, in: Economic Notes by Banca Monte dei Paschi di Siena SpA, 1/2018, S. 21–68.

Ball, Dwayne; Coelho, Pedro; Machas, Alexandra (Trust 2004): The Role of Communication and Trust in Explaining Consumer Loyalty: An Extension to the ECSI Model, in: European Journal of Marketing, 9+10/2004, S. 1272–1293.

Bankhaus Lampe (Geschäftsbericht 2014): Geschäftsbericht 2014, https://www.bankhaus-lampe.de/sites/default/files/dokumente/bankhaus-lampe-geschaeftsbericht-2014-de.pdf, Abruf: 18.11.2018.

Bardt, Hubertus u. a. (Unsicherheit 2016): Eskalierende Unsicherheit lähmt Investitionen – IW-Konjunkturprognose Herbst 2016, in: Vierteljahresschrift zur empirischen Wirtschaftsforschung aus dem Institut der deutschen Wirtschaft Köln, 4/2016, S. 3–45.

Barney, Jay B.; Hansen, Mark H. (Advantage 1994): Trustworthiness as a Source of Competitive Advantage, in: Strategic Management Journal – Special Issue: Competitive Organizational Behavior, 1994, S. 175–190.

Bartmann, Dieter; Nirschl, Marco; Peters, Anja (Banking 2011): Retail Banking – Zukunftsorientierte Strategien im Privatkundengeschäft, 2. Aufl., Frankfurt am Main 2011.

Bartz, Chris (Kundenbedürfnisse 2015): Alle Kundenbedürfnisse kann weder ein einzelnes Start-up noch ein traditioneller Anbieter ideal erfüllen, in: Zeitschrift für das gesamte Kreditwesen, 23/2015, S. 1158–1159.

Basel Committee on Banking Supervision (Crisis 2010): The Basel Committee's response to the financial crisis – report to the G20, http://www.bis.org/publ/bcbs179.pdf, Abruf: 18.11.2018.

Basel Committee on Banking Supervision (Ratio 2014): Basel III leverage ratio framework and disclosure requirements, https://www.bis.org/publ/bcbs270.pdf, Abruf: 18.11.2018.

Basel Committee on Banking Supervision (Funding 2014): Basel III – the net stable funding ratio, https://www.bis.org/bcbs/publ/d295.pdf, Abruf: 18.11.2018.

Basel Committee on Banking Supervision (Finalising 2017): Basel III – Finalising post-crisis reforms, https://www.bis.org/bcbs/publ/d424.pdf, Abruf: 18.11.2018.

Basler Ausschuss für Bankenaufsicht (Basel III 2010): Basel III – Internationale Rahmenvereinbarung über Messung, Standards und Überwachung in Bezug auf das Liquiditätsrisiko, http://www.bis.org/publ/bcbs188_de.pdf, Abruf: 18.11.2018.

Basler Ausschuss für Bankenaufsicht (Basel III 2011): Basel III – Ein globaler Regulierungsrahmen für widerstandsfähigere Banken und Bankensysteme, https://www.bis.org/publ/bcbs189_de.pdf, Abruf: 18.11.2018.

Basler Ausschuss für Bankenaufsicht (Basel III 2013): Basel III – Mindestliquiditätsquote und Instrumente zur Überwachung des Liquiditätsrisikos, http://www.bis.org/publ/bcbs238_de.pdf, Abruf: 18.11.2018.

Bauer, Denise A.; Schuster, Gunnar (Nachhaltigkeit 2016): Nachhaltigkeit im Wandel, in: Nachhaltigkeit im Bankensektor – Konzepte, Rechtsfragen, Kulturwandel, hrsg. von Denise A. Bauer und Gunnar Schuster, Köln 2016, S. 1–4.

Bauer, Denise A.; Stegmaier, Martina (Nachhaltigkeit 2016): Nachhaltigkeit als (Regulierungs-)Konzept im Bankensektor, in: Nachhaltigkeit im Bankensektor – Konzepte, Rechtsfragen, Kulturwandel, hrsg. von Denise A. Bauer und Gunnar Schuster, Köln 2016, S. 5–37.

Bauer, Wolfgang u. a. (Digitalisierung 2014): Digitalisierung – Achillesferse der deutschen Wirtschaft? – Wege in die digitale Zukunft, http://www.tns-infratest.com/Wissensforum/Studien/pdf/Zukunftsstudie_MUENCHNER_KREIS_2014.pdf, Abruf: 18.11.2018.

Baxter, Mike; Vater, Dirk (Zukunft 2014): Auf dem Weg zur Bank der Zukunft, http://www.bain.de/Images/140707_Bain%20Brief_Auf%20dem%20Weg%20zur%20Retail-Bank%20der%20Zukunft_Final.pdf, Abruf: 18.11.2018.

Bay, Lukas (Banker 2014): Vertraue keinem Banker, in: Handelsblatt online, http://www.handelsblatt.com/unternehmen/banken-versicherungen/bankenstudie-vertraue-keinem-banker/9734090.html, Abruf: 18.11.2018.

Beck, Anne (Eigenkapital 2017): Steuernachteile von Eigenkapital abbauen und Risiken senken, https://www.unisg.ch/~/media/internet/content/dateien/instituteundcenters/fgn/nextgeneration/hsg%20fn16_steuernbankeneigenkapital.pdf, Abruf: 18.11.2018.

Beckemper, Katharina (Vertrauen 2011): Das Rechtsgut „Vertrauen in die Funktionsfähigkeit der Märkte", in: Zeitschrift für Internationale Strafrechtsdogmatik, 5/2011, S. 318–323.

Becker, Erik (Zukunft 2014): Optimistisch in die Zukunft, in: Bankinformation, 6/2014, S. 34–35.

Becker, Erik (Onlinepotenzial 2016): Onlinepotenzial nutzen, in: Bankinformation, 7/2016, S. B1.

Beckert, Jens (Vertrauen 2002): Vertrauen und die performative Konstruktion von Märkten, in: Zeitschrift für Soziologie, 1/2002, S. 27–43.

Behrends, Martin; Kratzer, Christoph (Zukunft 2011): Die Zukunft gestalten – Für die Vertriebschance Nachhaltigkeit wird die Zeit knapp, in: Betriebswirtschaftliche Blätter, 8/2011, S. 428–433.

Beierlein, Constanze (Kurzskala 2012): Kurzskala zur Messung des zwischenmenschlichen Vertrauens: Die Kurzskala Interpersonales Vertrauen (KUSIV3), in: GESIS-Working Papers, 22/2012, S. 1–26.

Beinhauer, Wolfgang (Digitalisierungsinitiativen 2016): Vernunft und Unvernunft von Digitalisierungsinitiativen, https://blog.iao.fraunhofer.de/vernunft-und-unvernunft-von-digitalisierungsinitiativen/, Abruf: 18.11.2018.

Beitel, Patrick; Leukert, Peter; Walter, Cornelius (Industrialisierung 2005): Die Industrialisierung des Bankbetriebs – ein Weg aus der Komplexitätsfalle, in: Handbuch Industrialisierung der Finanzwirtschaft – Strategien, Management und Methoden für die Bank der Zukunft, hrsg. von Zbynek Sokolovsky und Sven Löschenkohl, Wiesbaden 2005, S. 809–818.

Belke, Ansgar (Zentralbank 2014): Europäische Zentralbank – kontraproduktive unkonventionelle Geldpolitik und der Euro-Wechselkurs, in: ORDO – Jahrbuch für die Ordnung von Wirtschaft und Gesellschaft, hrsg. von Hans Otto Lenel u. a., Bd. 65, Stuttgart 2014, S. 117–132.

Bellavite-Hövermann, Yvette (Bankrechnungslegung 2004): Konsistenzprobleme der Bankrechnungslegung, in: Bankenrating – Kreditinstitute auf dem Prüfstand, hrsg. von Oliver Everling und Karl-Heinz Goedeckemeyer, Wiesbaden 2004, S. 163–204.

Bendel, Oliver (Big Data o. J.): Stichwort „Big Data", in: Gabler Wirtschaftslexikon online, https://wirtschaftslexikon.gabler.de/definition/big-data-54101/version-277155, Abruf: 18.11.2018.

Bendel, Oliver (Medien o. J.): Stichwort „Soziale Medien", in: Gabler Wirtschaftslexikon online, http://wirtschaftslexikon.gabler.de/Archiv/569839/soziale-medien-v7.html, Abruf: 18.11.2018.

Bendel, Oliver (Wearables o. J.): Stichwort „Wearables", in: Gabler Wirtschaftslexikon online, http://wirtschaftslexikon.gabler.de/Archiv/-2046631402/wearable-v3.html, Abruf: 18.11.2018.

Benkelberg, Swantje (Interchange-Regulierung 2015): Interchange-Regulierung – Rezepte für Emittenten?, in: cards, 1/2015, S. 23–24.

Benkelberg, Swantje (Banken 2017): Daten bei Banken und Versicherern – doch nicht in guten Händen?, in: Bank und Markt, 3/2017, S. 22–24.

Bentele, Günter (Vertrauen 1994): Öffentliches Vertrauen – normative und soziale Grundlage für Public Relations, in: Normative Aspekte der Public Relations: Grundlegende Fragen und Perspektiven – Eine Einführung, hrsg. von Wolfgang Armbrecht, Opladen 1994, S. 131–158.

Berg, Susen Claire (Berücksichtigung 2019): Zur aufsichtsrechtlichen Berücksichtigung des Kreditrisikos – Eine Analyse gegenwärtiger und möglicher künftiger Regulierungsvorhaben, Wiesbaden 2019.

Bergmann, Markus; Vater, Dirk (Loyalität 2015): Loyalität im Privatkundengeschäft – Erfolgsmodell Omnikanal, http://www.bain.de/Images/Bain-Studie_Kundenloyalit%C3%A4t%20im%20Privatkundengesch%C3%A4ft_final.pdf, Abruf: 18.11.2018.

Bergmans, Bernhard (Firmenkundenmarketing 2007): Banken-Handbuch Firmenkundenmarketing – Erfolgreiche Vermarktungs- und Vertriebskonzepte für Kreditinstitute, Berlin 2007.

Bernhardt, Kristin; Schwartz, Michael (Banken 2014): Filialnetz von Deutschlands Banken lichtet sich, https://www.kfw.de/PDF/Download-Center/Konzernthemen/Research/PDF-Dokumente-Fokus-Volkswirtschaft/Fokus-Nr.-49-M%C3%A4rz-2014.pdf, Abruf: 18.11.2018.

Bertschek, Irene (Industrie 2015): Industrie 4.0 – Digitale Wirtschaft – Herausforderung und Chance für Unternehmen und Arbeitswelt, in: ifo Schnelldienst, 10/2015, S. 3.

Betsch, Oskar; Schloten, Peter (Kreditwirtschaft 2005): Industrialisierung der Kreditwirtschaft – Informationstechnologie und Managementkonzepte, Wiesbaden 2005.

Bieberstein, Ingo (Theorie 2015): Theorie – Besonderheiten der Distribution von Finanzdienstleistungen, in: Multi- und Omnichannel-Management in Banken und Sparkassen – Wege in eine erfolgreiche Zukunft, hrsg. von Harald Brock und Ingo Bieberstein, Wiesbaden 2015, S. 3–27.

Bieg, Hartmut (Betriebswirtschaftslehre 1992): Betriebswirtschaftslehre der Banken, in: Betriebswirtschaftslehre heute – Für die Aufgaben der Praxis, hrsg. von Karl-Heinz Küting und Axel Schnorbus, Frankfurt am Main 1992, S. 29–31.

Bieg, Hartmut (Finanzmarktkrise 2009): Die Finanzmarktkrise – Ursachen, Verlauf, Erkenntnisse und Lösungsversuche, in: der Steuerberater, 3/2009, S. 66–75.

Bieg, Hartmut; Krämer, Gregor; Waschbusch, Gerd (Bankenaufsicht 2011): Bankenaufsicht in Theorie und Praxis, 4. Aufl., Frankfurt am Main 2011.

Bieg, Hartmut; Kußmaul, Heinz; Waschbusch, Gerd (Finanzierung 2016): Finanzierung, 3. Aufl., München 2016.

Bieg, Hartmut; Waschbusch, Gerd (Vorsorgereserven 2005): Stille und offene Vorsorgereserven gemäß den §§ 340f und 340g HGB – Bestandteile der Risikovorsorge eines Kreditinstituts, in: Zeitschrift für das gesamte Kreditwesen, 3/2005, S. 145–147.

Bieg, Hartmut; Waschbusch, Gerd (Bankbilanzierung 2017): Bankbilanzierung nach HGB und IFRS, 3. Aufl., München 2017.

Bieg, Hartmut; Waschbusch, Gerd (Bilanzierung 2018): B 900 Bilanzierung von Kreditinstituten und Finanzdienstleistungsinstituten, in: Beck'sches Handbuch der Rechnungslegung – HGB und IFRS, hrsg. von Hans-Joachim Böcking u. a., Bd. II, München 1986 ff., Neufassung der Kommentierung: Januar 2018 (55. Ergänzungslieferung, April 2018), S. 1–191.

Bieg, Hartmut u. a. (Rechnungslegung 2006): Handbuch der Rechnungslegung nach IFRS – Grundlagen und praktische Anwendung, Düsseldorf 2006.

Biewer, Johannes; Follert, Florian (Bankbewertung 2016): Bankbewertung zwischen Modell und Wirklichkeit – Anmerkungen zum Beitrag von Schwetzler, CF 2015, S. 458 (467), in: Corporate Finance, 5/2016, S. 170–172.

Bitkom (Smartphone-Markt 2018): Smartphone-Markt – Konjunktur und Trends, https://www.bitkom.org/Presse/Anhaenge-an-PIs/2018/Bitkom-Pressekonferenz-Smartphone-Markt-22-02-2018-Praesentation-final.pdf, Abruf: 18.11.2018.

Bitz, Michael u. a. (Jahresabschluss 2014): Der Jahresabschluss – Nationale und internationale Rechtsvorschriften, Analyse und Politik, 6. Aufl., München 2014.

Bitzer, Matthias (Bankkunde 2016): Bankkunde werden – Hürden in digitalen Zeiten, in: Die Bank, 10/2016, S. 74–77.

Bley, Andreas (Kreditvergabe 2015): Perspektiven der Kreditvergabe, in: Zeitschrift für das gesamte Kreditwesen, 11/2015, S. 72–75.

Bocken, Ralf; Dölker, Sascha; Hientzsch, Ralph (Beratungssegment 2016): Unentdecktes Beratungssegment im digitalen Zeitalter, in: Die Bank, 8/2016, S. 66–69.

Bockolt, Jürgen (Politik 2011): Die Politik sollte stärker differenzieren, in: Bank und Markt, 5/2011, S. 24–27.

Bocks, Barbara (Goliath 2016): Wenn David und Goliath kooperieren, in: Bankmagazin, 9/2016, S. 46–48.

Böhmler, Christian u. a. (Banking 2011): Multi Channel Banking 2020, in: Die Bank, 9/2011, S. 36–40.

Böhnke, Werner (Finanzkrise 2010): Genossenschaftsbanken im Lichte der Finanzkrise – warum Bank nicht gleich Bank ist, in: Zeitschrift für das gesamte Genossenschaftswesen, 2/2010, S. 104–112.

Bolder, Markus; Wargers, Matthias (Währungsrisiken 2011): Management von Währungsrisiken – warum Dollar-Funding deutschen Banken zunehmend Stress bereitet, in: Zeitschrift für das gesamte Kreditwesen, 9/2011, S. 438–433.

Boller, Juliane (Eurokrise 2015): Infrastrukturinvestitionen während der Eurokrise – PPP in Italien, Spanien und Portugal – Eine Bestandsaufnahme, in: Aspekte der Baubetriebslehre in Forschung und Praxis – Festschrift zum 60. Geburtstag von Univ.-Prof. Dr.-Ing. Dipl.-Kfm. Dieter Jacob, hrsg. von Tanja Kessel u. a., Wiesbaden 2015, S. 469–484.

Börner, Christoph J. (Eigenkapitalqualität 2015): Beurteilung der Eigenkapitalqualität von Banken, in: Bankenrating – Normative Bankenordnung in der Finanzmarktkrise, hrsg. von Oliver Everling und Karl-Heinz Goedeckemeyer, 2. Aufl., Wiesbaden 2015, S. 249–266.

Börner, Christoph J. (Zukunftssicherung 2015): Zukunftssicherung – Viele Einflüsse bewältigen, in: Bankinformation, 1/2015, S. 18–22.

Börner, Christoph J.; Schlösser, Tanja (Kreditinstitute 2011): Kreditinstitute im Spannungsfeld von Finanzintermediation und Regulierung – Auswirkungen von Basel III auf die Mittelstandsfinanzierung, in: Finanzkommunikation – Chancen durch Kreditintermediation, hrsg. von Frank Armbruster, Oliver Everling und Rainer Langen, Köln 2011, S. 81–100.

Bortenlänger, Christine (Regulierung 2015): Regulierung ohne Nebenwirkungen, in: Die Bank, 11/2015, S. 13–16.

Boschan, Christoph (Primärmarkt 2012): Stichwort „Primärmarkt“, in: Gabler Banklexikon – Bank, Börse, Finanzierung, hrsg. von Ludwig Gramlich u. a., 14. Aufl., Wiesbaden 2012, S. 1119.

Boschan, Christoph (Sekundärmarkt 2012): Stichwort „Sekundärmarkt“, in: Gabler Banklexikon – Bank, Börse, Finanzierung, hrsg. von Ludwig Gramlich u. a., 14. Aufl., Wiesbaden 2012, S. 1236.

Botsis, Dionysios u. a. (Kennzahlen 2015): Kennzahlen und Kennzahlensysteme für Banken, Wiesbaden 2015.

Brakensiek, Thomas; Zimmer, Klaus (Banken 2006): Marketingcontrolling bei Banken, in: Handbuch Marketingcontrolling, hrsg. von Sven Reinecke und Torsten Tomczak, 2. Aufl., Wiesbaden 2006, S. 1078–1102.

Brand, Tobias (Zukunft 2016): Mit Co-Creation die Zukunft gestalten, in: Bankinformation, 10/2016, S. 28–31.

Braun, Dietmar (Revolution 2016): Digitale Revolution im Banken-Alltag, in: Finanzwelt online, http://finanzwelt.de/digitale-revolution-im-banken-alltag/, Abruf: 18.11.2018.

Braun, Werner (Vertriebsmanagement 2016): Qualitatives Vertriebsmanagement stellt Kunden in den Mittelpunkt, in: Handbuch Bankvertrieb, hrsg. von Detlef Hellenkamp und Kai Fürderer, Wiesbaden 2016, S. 77–97.

Brauneberger, Gerald (Niedrigzins 2017): Deutsche Banken leiden besonders unter Niedrigzins, in: Frankfurter Allgemeine Zeitung, Nr. 28 vom 02.02.2017, S. 23.

Bremus, Franziska; Lambert, Claudia (Bankenregulierung 2014): Bankenunion und Bankenregulierung – Stabilität des Bankensektors in Europa, in: DIW Wochenbericht, 26/2014, S. 614–625.

Brendel, Ulrike (Geldanlage 2014): Private Geldanlagen für die Energiewende aus Verbraucherschutzsicht, in: Bank und Markt, 2/2014, S. 25–27.

Brenken, Anke; Nawrath, Axel (Bank 2015): Exkurs – Der öffentliche Kredit aus Sicht der Bank, in: Öffentliche Finanzwirtschaft in der Staatspraxis, hrsg. von Werner Gatzer und Tilmann Schweisfurth, Berlin 2015, S. 403–415.

Breuer, Manfred; Arndt, Franz-Josef (Modethema 2011): Mehr als ein Modethema, in: Die Bank, 10/2011, S. 34–38.

Brock, Harald (Zukunft 2015): Vom Mono- zum Multichannel-Management – Nur wer die Vergangenheit kennt, kann die Zukunft erfolgreich gestalten, in: Multi- und Omnichannel-Management in Banken und Sparkassen – Wege in eine erfolgreiche Zukunft, hrsg. von Harald Brock und Ingo Bieberstein, Wiesbaden 2015, S. 29–57.

Brock, Harald; Dümmler, Michael; Steinhoff, Volker (Prozessgestaltung 2016): Die Lösung liegt in der Prozessgestaltung, in: Bankmagazin, 1/2016, S. 38–40.

Brost, Heike Christina (Management 2012): Stichwort „Multi Channel Management“, in: Gabler Banklexikon – Bank, Börse, Finanzierung, hrsg. von Ludwig Gramlich u. a., 14. Aufl., Wiesbaden 2012, S. 1000.

Bruckner, Beatrice K. (Vertrauen 2016): Organisationales Vertrauen initiieren – Determinanten des intraorganisationalen Vertrauens von Beschäftigten in Großunternehmen, Wiesbaden 2016.

Brüggestrat, Reiner (Banking 2013): Ehrbares Banking zwischen Staatsvertrauen und Marktversagen, in: Corporate Social Responsibility and Women's Entrepreneurship around the Mare Balticum, hrsg. von Max Hogeforster und Philipp Jarke, Hamburg 2013, S. 21–29.

Brüggestrat, Reiner; Melis, Heidi (Verantwortung 2015): Verantwortung zeigen, in: Bankinformation, 6/2015, S. 56–61.

Brühl, Rolf; Horch, Nils; Orth, Mathias (Vertrauen 2009): Vertrauen und Controlling – Ein Spannungsverhältnis im Spiegel der Forschung, in: Perspektiven des strategischen Controllings – Festschrift für Professor Dr. Ulrich Krystek, hrsg. von Marko Reimer und Stefanie Fiege, Wiesbaden 2009, S. 97–116.

Brühl, Volker (Banking 2017): Banking 4.0 – Strategische Herausforderungen im digitalen Zeitalter, in: Zeitschrift für das gesamte Kreditwesen, 4/2017, S. 177–181.

Brunner, Fabian (Bankgeschäft 2009): Wertstiftende Strategien im Bankgeschäft, Heidelberg 2009.

Brunner, Wolfgang L. (Banken 2014): Banken in Deutschland – Der Blick nach vorne, in: Trends im Firmenkundengeschäft in Kreditinstituten, hrsg. von Wolfgang L. Brunner, Köln 2014, S. 11–42.

Buch, Claudia M. (Bankenregulierung 2009): Zur Bankenregulierung in der Finanzkrise, http://www.coll.mpg.de/sites/www/files/text/wissenschaftlicher_beirat_230109.pdf, Abruf: 18.11.2018.

Buchmüller, Patrik u. a. (Eigenmittelregulierung 2018): § 7 Eigenmittelregulierung, in: Handbuch Bankenaufsichtsrecht, hrsg. von Jens-Hinrich Binder, Alexander Glos und Jan Riepe, Köln 2018, S. 267–362.

Buck-Heeb, Petra; Siedler, Rainer (Kreditwürdigkeitsprüfung 2018): Kreditwürdigkeitsprüfung nach der Immobiliar-Kreditwürdigkeitsprüfungsleitlinien-Verordnung (Immo-KWPLV), in: Zeitschrift für Bank- und Kapitalmarktrecht, 7/2018, S. 269–276.

Budzinski, Florian (Zinsstrukturkurve o. J.): Stichwort „Zinsstrukturkurve", in: Gabler Wirtschaftslexikon online, http://wirtschaftslexikon.gabler.de/Archiv/11257/zinsstrukturkurve-v7.html, Abruf: 18.11.2018.

Bundesanstalt für Finanzdienstleistungsaufsicht (CRD IV 2013): CRD IV – Capital Requirements Directive IV, https://www.bafin.de/SharedDocs/Veroeffentlichungen/DE/Fachartikel/2013/fa_bj_2013_05_crd_iv.html, Abruf: 18.11.2018.

Bundesanstalt für Finanzdienstleistungsaufsicht (Rundschreiben 2016): Rundschreiben 04/2016 (GW) – Videoidentifizierungsverfahren, https://www.bafin.de/SharedDocs/Veroeffentlichungen/DE/Rundschreiben/2016/rs_1604_gw_videoident.html, Abruf: 18.11.2018.

Bundesanstalt für Finanzdienstleistungsaufsicht (Institute 2017): Anderweitig systemrelevante Institute, https://www.bafin.de/SharedDocs/Downloads/DE/Eigenmittel_BA/dl_asri_institute_ba.pdf?__blob=publicationFile&v=6, Abruf: 18.11.2018.

Bundesinstitut für Bau-, Stadt- und Raumforschung (Durchschnittsalter o. J.): Übersicht – Durchschnittsalter der Bevölkerung, 2012 bis 2035 (Kreise und kreisfreie Städte), http://www.bbsr.bund.de/BBSR/DE/Raumbeobachtung/UeberRaumbeobachtung/Komponenten/Raumordnungsprognose/Download_ROP2035/Bev_Krs_DurchAlt_2012_2035.xlsx?__blob=publicationFile&v=2, Abruf: 18.11.2018.

Bundesinstitut für Bau-, Stadt- und Raumforschung (Veränderung o. J.): Übersicht – Veränderung der Bevölkerung, insgesamt und über 80-jährige, 2012 bis 2035 (Kreise und kreisfreie Städte), http://www.bbsr.bund.de/BBSR/DE/Raumbeobachtung/UeberRaumbeobachtung/Komponenten/Raumordnungsprognose/Download_ROP2035/Bev_Krs_Veraend_2012_2035.xlsx?__blob=publicationFile&v=3, Abruf: 18.11.2018.

Bundesministerium der Finanzen (Finanzsystem o. J.): Das Finanzsystem insgesamt krisenfester machen, http://www.bundesfinanzministerium.de/Web/DE/Themen/Internationales_Finanzmarkt/Finanzmarktpolitik/Systemstabilitaet/systemstabilitaet.html, Abruf: 18.11.2018.

Bundesministerium der Finanzen (Haftung o. J.): Der Haftung wieder Geltung verschaffen, http://www.bundesfinanzministerium.de/Web/DE/Themen/Internationales_Finanzmarkt/Finanzmarktpolitik/Haftung/haftung.html, Abruf: 18.11.2018.

Bundesministerium der Finanzen (Aufsicht o. J.): Die Aufsicht durchsetzungsstärker machen, http://www.bundesfinanzministerium.de/Web/DE/Themen/Internationales_Finanzmarkt/Finanzmarktpolitik/Aufsicht/aufsicht.html, Abruf: 18.11.2018.

Bundesministerium der Finanzen (Transparenz o. J.): Die Transparenz der Märkte und Produkte erhöhen, http://www.bundesfinanzministerium.de/Web/DE/Themen/Internationales_Finanzmarkt/Finanzmarktpolitik/Transparenz/transparenz.html, Abruf: 18.11.2018.

Bundesministerium der Finanzen (Verursacher o. J.): Die Verursacher an den Kosten der Krise beteiligen, http://www.bundesfinanzministerium.de/Web/DE/Themen/Internationales_Finanzmarkt/Finanzmarktpolitik/Gerechtigkeit/gerechtigkeit.html, Abruf: 18.11.2018.

Bundesministerium der Finanzen (Finanzmarktpolitik o. J.): Finanzmarktpolitik, http://www.bundesfinanzministerium.de/Web/DE/Themen/Internationales_Finanzmarkt/Finanzmarktpolitik/finanzmarktpolitik.html, Abruf: 18.11.2018.

Bundesministerium der Finanzen (Lehman 2013): 5 Jahre nach Lehman – EU-Parlament macht Weg frei für neue Europäische Bankenaufsicht, http://www.bundesfinanzministerium.de/Content/DE/Pressemitteilungen/Finanzpolitik/2013/09/2013-09-12-PM66.html?nn=15190&view=pdf, Abruf: 18.11.2018.

Bundesministerium der Finanzen (Bankenunion 2014): Aktuelle Entwicklung der Europäischen Bankenunion – Plädoyer für ein glaubwürdiges Bail-in, http://www.bundesfinanzministerium.de/Content/DE/Monatsberichte/2014/06/Inhalte/Kapitel-3-Analysen/3-3-bankenunion-bail-in.html?nn=14404&view=pdf, Abruf: 18.11.2018.

Bundesverband deutscher Banken (Vertrauen 2011): Vertrauen in Banken – Zufriedenheit der Bankkunden, https://bankenverband.de/media/files/Umfrageergebnis_zooI3aY.pdf, Abruf: 18.11.2018.

Bundesverband deutscher Banken (KPMG-Studie 2014): KPMG-Studie – Bankenregulierung entfaltet Wirkung, https://bankenverband.de/newsroom/presse-infos/kpmg-studie-bankenregulierung-entfaltet-wirkung/, Abruf: 18.11.2018.

Bundesverband deutscher Banken (Nachhaltigkeitsmanagement 2014): Nachhaltigkeitsmanagement – Impulse der privaten Banken, https://bankenverband.de/media/files/Impulspapier-Nachhaltigkeitsmanagement_jttuQ5O.pdf, Abruf: 18.11.2018.

Bundesverband deutscher Banken (Positionspapier 2015): Positionspapier des Bankenverbandes zur Regulierung von FinTech-Unternehmen, https://bankenverband.de/media/files/2015-05-26_FinTech_Regulierung_Positionspapier_final.pdf, Abruf: 18.11.2018.

Bundesverband deutscher Banken (Bankwechsel 2017): Bankwechsel und Inanspruchnahme einer Kontowechselhilfe – Ergebnisse einer repräsentativen Umfrage im Auftrag des Bankenverbands, https://bankenverband.de/media/files/bankenwechsel_kontenwechselhilfe.pdf, Abruf: 18.11.2018.

Bundesverband deutscher Banken (Deutschland 2018): Online-Banking in Deutschland – Bevölkerungsrepräsentative Umfrage im Auftrag des Bundesverbands deutscher Banken, https://bankenverband.de/media/files/2018_06_19_Charts_OLB-final.pdf, Abruf: 18.11.2018.

Bundesverband deutscher Banken; Deutscher Industrie- und Handelskammertag (Basel III 2013): Basel III – die Folgen für den Mittelstand, http://www.aschaffenburg.ihk.de/blob/abihk24/existenzgruendung/downloads/2512168/9eb9a5ec21a75faae458eb6532b58116/Broschuere_Basel_III_DIHK-data.pdf, Abruf: 18.11.2018.

Bundesverband Öffentlicher Banken Deutschlands (Auswirkung 2017): Auswirkung der Leverage Ratio auf die Finanzierung der Kommunen, Berlin 2017, https://www.voeb.de/download/studie-leverage-ratio, Abruf: 18.11.2018.

Burger, Andreas; Frohmüller, Klaus Peter; Moormann, Jürgen (Produktivität 2008): Produktivität in Banken – Warum das CIR in die Irre führt, http://www.frankfurt-school.de/dms/processlab/Publikationen/Oeba-Artikel-AB-KPF-JM.pdf, Abruf: 18.11.2018.

Burghof, Hans-Peter; Rudolph, Bernd (Bankenaufsicht 1996): Bankenaufsicht – Theorie und Praxis der Regulierung, Wiesbaden 1996.

Burgstaller, Johann (Banks 2012): Banks in disadvantaged areas, in: Kredit und Kapital, 1/2012, S. 51–78.

Burmeister, Klaus (Wandel 2011): Allein der Wandel ist konstant – Sparkassen im Umbruch – Zukunft knüpft an Traditionen an, in: Die Sparkassenzeitung, Nr. 47 vom 25.11.2011, S. 15.

Buschbeck, Peter (Lernen 2014): Lernen von Apple – Plädoyer für den smarten Wandel im Privatkundengeschäft der Banken, in: Zeitschrift für das gesamte Kreditwesen, 7/2014, S. 355–357.

Büschgen, Hans Egon (Entwicklungsphasen 1989): Entwicklungsphasen des internationalen Bankgeschäfts, in: Handbuch des internationalen Bankgeschäfts, hrsg. von Hans Egon Büschgen und Kurt Richolt, Wiesbaden 1989, S. 1–23.

Buschmeier, Andreas (Basel III 2013): Basel III – Was ändert sich wirklich?, in: Basel III – Auswirkungen des neuen Bankenaufsichtsrechts auf den Mittelstand, hrsg. von Oliver Everling und Rainer Langen, Köln 2013, S. 13–24.

Butler, John K. (Trust 1991): Toward Understanding and Measuring Conditions of Trust: Evolution of a Condition of Trust Inventory, in: Journal of Management, 3/1991, S. 643–663.

Büttner, Hans-Peter (Kredit 2008): Kredit, Kapital und Krise – Von der Überakkumulation des Kapitals zur aktuellen Krise des Geldes, http://www.trend.Infopartisan.net/trd1008/t131008.html, Abruf: 18.11.2018.

C

Caldwell, Cam; Clapham, Stephen E. (Trustworthiness 2003): Organizational Trustworthiness – An International Perspective, in: Journal of Business Ethics, 4/2003, S. 349–364.

Carl, Reinhard; Brößel, Mario (Profil 2011): Das Profil schärfen, in: Die Bank, 10/2011, S. 8–11.

Cech, Christian (Basel III 2017): Eigenmittel- und Liquiditätsanforderungen nach Basel III – eine Übersicht, in: Meldewesen für Finanzinstitute – Was bringt die neue europäische Aufsicht, hrsg. von Christian Cech und Silvia Helmreich, Wiesbaden 2017, S. 47–82.

Cengiz, Cetin-Behzet; Braun, Dirk; Nitzsch, Rüdiger von (Gewissen 2010): Alpha-Vehikel oder Preis für das gute Gewissen? – Eine Performanceanalyse ethischer Investments, in: Corporate Finance biz, 4/2010, S. 263–271.

CHECK24 (Konto o. J.): Konto & Kredit, https://www.check24.de/konto-kredit, Abruf: 18.11.2018.

Claus, Kai-Christian (Herausforderungen 2010): Strategische Herausforderungen im Private Banking – Trends, Thesen, Lösungsansätze, https://www.innovalue.de/publikationen/Strategische_Herausforderungen_im_Private_Banking.pdf, Abruf: 18.11.2018.

Cluse, Michael; Farruggio, Christian; Leonhardt, Anne (Verordnung 2015): Delegierte Verordnung zur LCR – Finalisierung der EU-weiten Liquiditätsanforderungen, https://www.deloitte.com/content/dam/Deloitte/de/Documents/financialservices/FSI_WhitePaper_No64.pdf, Abruf: 18.11.2018.

Coenenberg, Adolf Gerhard; Haller, Axel; Schultze, Wolfgang (Jahresabschluss 2018): Jahresabschluss und Jahresabschlussanalyse – Betriebswirtschaftliche, handelsrechtliche, steuerrechtliche und internationale Grundlagen – HGB, IAS/IFRS, US-GAAP, DRS, 25. Aufl., Stuttgart 2018.

Coleman, James S. (Theory 1994): Foundations of Social Theory, 2. Aufl., Cambridge 1994.

Comdirect (FinTechs 2017): 700 FinTechs – Das Wachstum geht weiter, https://www.comdirect.de/cms/ueberuns/media/comdirect_Fintech-Studie_2017_Berichtsband.pdf, Abruf: 18.11.2018.

Commerzbank (Banking o. J.): Das Banking der Zukunft gestalten, https://www.commerzbank.de/de/nachhaltigkeit/markt___kunden/mittelstand/main_incubator/main_incubator.html, Abruf: 18.11.2018.

Commerzbank (Geschäftsbericht 2017): Geschäftsbericht 2016, https://www.commerzbank.de/media/aktionaere/service/archive/konzern/2017/Geschaeftsbericht_2016_Konzern_DE.pdf, Abruf: 18.11.2018.

Commerzbank (Geschäftsbericht 2018): Geschäftsbericht 2017, https://www.commerzbank.de/media/de/aktionaere/service/archive/konzern/2018_2/Geschaeftsbericht_2017_Konzern_EN.pdf, Abruf: 18.11.2018.

Confidum (Niedrigzinsphase 2013): Herausforderungen und Strategien in der Niedrigzinsphase, http://www.confidum.com/fileadmin/user_upload/pdf/aktuelles/PP_11_2013_Herausforderungen_und_Strategien_in_der_Niedrigzinsphase_zweispaltig21.pdf, Abruf: 18.11.2018.

Conrad, Alexander (Banking 2010): Banking in schrumpfenden Regionen – Auswirkungen von Alterung und Abwanderung auf Regionalbanken unter besonderer Berücksichtigung der Sparkassen, Hamburg 2010.

Conrads, Rudolf; Walter, Karl-Friedrich (Bank 2014): Gefährlicher Glaube an die Bank, in: Bank und Markt, 12/2014, S. 21–23.

Cosimano, Thomas F.; Hakura, Dalia S. (Basel III 2011): Bank Behavior in Response to Basel III – A Cross-Country Analysis, https://www.imf.org/external/pubs/ft/wp/2011/wp11119.pdf, Abruf: 18.11.2018.

Covey, Stephen M. R.; Merrill, Rebecca (Vertrauen 2014): Schnelligkeit durch Vertrauen – Die unterschätzte ökonomische Macht, 5. Aufl., Offenbach 2014.

Cyriax, Hans-Ulrich (Markenland 2010): Ist Markenland bald abgebrannt?, in: Bank und Markt, 4/2010, S. 34–37.

D

Dahmen, Marcus; Kurrent, Corinna (Effizienz 2017): Effizienz hoch drei, in: Die Bank, 1/2017, S. 30–33.

Danker, Wiebke (FinTechs 2016): FinTechs – Junge IT-Unternehmen auf dem Finanzmarkt, in: Bafin Journal, 1/2016, S. 16–19, http://www.bafin.de/SharedDocs/Downloads/DE/BaFinJournal/2016/bj_1601.pdf?__blob=publicationFile&v=1, Abruf: 18.11.2018.

Danwerth, Christopher (Payment 2015): Mobile Payment – Innovation des Zahlungsverkehrs oder unkalkulierbares Risiko?, in: Zeitschrift für Bankrecht und Bankwirtschaft, 2/2015, S. 119–136.

Danzmayr, Jürgen (Kundenvertrauen 2014): Kundenvertrauen nachhaltig aufbauen – Instrumente und Methoden, in: Trends im Private Banking 2014, hrsg. von Klaus Fleischer, Köln 2014, S. 67–82.

Das, T. K.; Teng, Bing-Sheng (Trust 2004): The Risk-Based View of Trust: A Conceptual Framework, in: Journal of Business and Psychology, 1/2004, S. 85–116.

Delegierte Verordnung (EU) 2015/61 der Kommission vom 10. Oktober 2014 zur Ergänzung der Verordnung (EU) Nr. 575/2013 des Europäischen Parlaments und des Rates in Bezug auf die Liquiditätsdeckungsanforderung an Kreditinstitute, in: Amtsblatt der Europäischen Union vom 17. Januar 2015, Reihe L 11, S. 1–36.

Delegierte Verordnung (EU) 2015/62 der Kommission vom 10. Oktober 2014 zur Änderung der Verordnung (EU) Nr. 575/2013 des Europäischen Parlaments und des Rates im Hinblick auf die Verschuldungsquote, in: Amtsblatt der Europäischen Union vom 17. Januar 2015, Reihe L 11, S. 37–43.

Deloitte (CRR II 2017): Link and Learn CRR II/CRD V – Overview and update on the new regulatory package, https://www2.deloitte.com/content/dam/Deloitte/ie/Documents/FinancialServices/investmentmanagement/CRR%20II.pdf, Abruf: 18.11.2018.

Demary, Markus (Bevorzugung 2016): Regulatorische Bevorzugung von Staatsanleihen, in: Die Bank, 10/2016, S. 22–25.

Deutsch, Morton (Trust 1962): Cooperation and trust: some theoretical notes, in: Nebraska Symposiums on Motivation, hrsg. von Marshall R. Jones, 2. Aufl., Nebraska 1962, S. 275–319.

Deutsche Bank (Geschäftsbericht 2016): Geschäftsbericht 2015 – Leistung aus Leidenschaft, https://www.db.com/ir/de/download/Deutsche_Bank_Geschaeftsbericht_2015.pdf, Abruf: 18.11.2018.

Deutsche Bank (Geschäftsbericht 2017): Geschäftsbericht 2016, https://www.db.com/ir/de/download/Deutsche_Bank_Geschaeftsbericht_2016.pdf, Abruf: 18.11.2018.

Deutsche Bank (Geschäftsbericht 2018): Geschäftsbericht 2017, https://www.db.com/ir/de/download/Deutsche_Bank_Geschaeftsbericht_2017.pdf, Abruf: 18.11.2018.

Deutsche Bundesbank (Deleveraging o. J.): Deleveraging – Glossar, https://www.bundesbank.de/Navigation/DE/Service/Glossar/_functions/glossar.html?lv2=32026&lv3=62378, Abruf: 18.11.2018.

Deutsche Bundesbank (Genossenschaftsbank o. J.): Genossenschaftsbank – Glossar, https://www.bundesbank.de/Redaktion/DE/Glossareintraege/G/genossenschaftsbank.html, Abruf: 18.11.2018.

Deutsche Bundesbank (GuV-Statistik o. J.): GuV-Statistik (Statistik der Gewinn- und Verlustrechnungen der Banken) – Glossar, https://www.bundesbank.de/Redaktion/DE/Downloads/Statistiken/Banken_Und_Andere_Finanzielle_Institute/Banken/glossar_guv_statistik.pdf?__blob=publicationFile, Abruf: 18.11.2018.

Deutsche Bundesbank (Kreditbank o. J.): Kreditbank – Glossar, https://www.bundesbank.de/Navigation/DE/Service/Glossar/_functions/glossar.html?lv2=32038&lv3=62114, Abruf: 18.11.2018.

Deutsche Bundesbank (Ratio o. J.): Leverage Ratio, https://www.bundesbank.de/Navigation/DE/Aufgaben/Bankenaufsicht/Einzelaspekte/Leverage_Ratio/leverage_ratio.html, Abruf: 18.11.2018.

Deutsche Bundesbank (Sparkasse o. J.): Sparkasse – Glossar, https://www.bundesbank.de/Navigation/DE/Service/Glossar/_functions/glossar.html?lv2=32052&lv3=61868, Abruf: 18.11.2018.

Deutsche Bundesbank (Umlaufrendite o. J.): Umlaufrendite – Glossar, https://www.bundesbank.de/Navigation/DE/Service/Glossar/_functions/glossar.html?lv2=32056&lv3=163684, Abruf: 18.11.2018.

Deutsche Bundesbank (Monatsbericht 1996): Monatsbericht November 1996, in: Deutsche Bundesbank – Monatsbericht, 11/1996, https://www.bundesbank.de/Redaktion/DE/Downloads/Veroeffentlichungen/Monatsberichte/1996/1996_11_monatsbericht.pdf?__blob=publicationFile, Abruf: 18.11.2018.

Deutsche Bundesbank (Monatsbericht 1998): Monatsbericht März 1998, in: Deutsche Bundesbank – Monatsbericht, 3/1998, https://www.bundesbank.de/Redaktion/DE/Downloads/Veroeffentlichungen/Monatsberichte/1998/1998_03_monatsbericht.pdf?__blob=publicationFile, Abruf: 18.11.2018.

Deutsche Bundesbank (Monatsbericht 2002): Monatsbericht September 2002, in: Deutsche Bundesbank – Monatsbericht, 9/2002, https://www.bundesbank.de/Redaktion/DE/Downloads/Veroeffentlichungen/Monatsberichte/2002/2002_09_monatsbericht.pdf?__blob=publicationFile, Abruf: 18.11.2018.

Deutsche Bundesbank (Monatsbericht 2006): Monatsbericht September 2006, in: Deutsche Bundesbank – Monatsbericht, 9/2006, https://www.bundesbank.de/Redaktion/DE/Downloads/Veroeffentlichungen/Monatsberichte/2006/2006_09_monatsbericht.pdf?__blob=publicationFile, Abruf: 18.11.2018.

Deutsche Bundesbank (Bankenstatistik 2008): Bankenstatistik – März 2008, https://www.bundesbank.de/Redaktion/DE/Downloads/Veroeffentlichungen/Statistische_Beihefte_1/2008/2008_03_bankenstatistik.pdf?__blob=publicationFile, Abruf: 18.11.2018.

Deutsche Bundesbank (Monatsbericht 2009): Monatsbericht September 2009, in: Deutsche Bundesbank – Monatsbericht, 9/2009, https://www.bundesbank.de/Redaktion/DE/Downloads/Veroeffentlichungen/Monatsberichte/2009/2009_09_monatsbericht.pdf?__blob=publicationFile, Abruf: 18.11.2018.

Deutsche Bundesbank (Finanzstabilitätsbericht 2010): Finanzstabilitätsbericht 2010, https://www.bundesbank.de/Redaktion/DE/Downloads/Veroeffentlichungen/Finanzstabilitaetsberichte/2010_finanzstabilitaetsbericht.pdf?__blob=publicationFile, Abruf: 18.11.2018.

Deutsche Bundesbank (Basel III 2011): Basel III – Leitfaden zu den neuen Eigenkapital- und Liquiditätsregeln für Banken, https://www.bundesbank.de/Redaktion/DE/Downloads/Veroeffentlichungen/Bundesbank/basel3_leitfaden.pdf?__blob=publicationFile, Abruf: 18.11.2018.

Deutsche Bundesbank (Monatsbericht 2012): Monatsbericht September 2012, in: Deutsche Bundesbank – Monatsbericht, 9/2012, https://www.bundesbank.de/Redaktion/DE/Downloads/Veroeffentlichungen/Monatsberichte/2012/2012_09_monatsbericht.pdf?__blob=publicationFile, Abruf: 18.11.2018.

Deutsche Bundesbank (Finanzstabilitätsbericht 2013): Finanzstabilitätsbericht 2013, https://www.bundesbank.de/Redaktion/DE/Downloads/Veroeffentlichungen/Finanzstabilitaetsberichte/2010_finanzstabilitaetsbericht.pdf?__blob=publicationFile, Abruf: 18.11.2018.

Deutsche Bundesbank (Monatsbericht 2013a): Monatsbericht Juni 2013, in: Deutsche Bundesbank – Monatsbericht, 6/2013, https://www.bundesbank.de/Redaktion/DE/Downloads/Veroeffentlichungen/Monatsberichte/2013/2013_06_monatsbericht.pdf?__blob=publicationFile, Abruf: 18.11.2018.

Deutsche Bundesbank (Monatsbericht 2013b): Monatsbericht September 2013, in: Deutsche Bundesbank – Monatsbericht, 9/2013, https://www.bundesbank.de/Redaktion/DE/Downloads/Veroeffentlichungen/Monatsberichte/2013/2013_09_monatsbericht.pdf?__blob=publicationFile, Abruf: 18.11.2018.

Deutsche Bundesbank (Monatsbericht 2014): Monatsbericht September 2014, in: Deutsche Bundesbank – Monatsbericht, 9/2014, https://www.bundesbank.de/Redaktion/DE/Downloads/Veroeffentlichungen/Monatsberichte/2014/2014_09_monatsbericht.pdf?__blob=publicationFile, Abruf: 18.11.2018.

Deutsche Bundesbank (Niedrigzinsumfeld 2015): Ergebnisse der Umfrage zur Ertragslage und Widerstandsfähigkeit deutscher Kreditinstitute im Niedrigzinsumfeld, http://www.bundesbank.de/Redaktion/DE/Pressemitteilungen/BBK/2015/2015_09_18_bafin_bbk.html, Abruf: 18.11.2018.

Deutsche Bundesbank (Monatsbericht 2015a): Monatsbericht April 2015, in: Deutsche Bundesbank – Monatsbericht, 4/2015, https://www.bundesbank.de/Redaktion/DE/Downloads/Veroeffentlichungen/Monatsberichte/2015/2015_04_monatsbericht.pdf?__blob=publicationFile, Abruf: 18.11.2018.

Deutsche Bundesbank (Monatsbericht 2015b): Monatsbericht Juni 2015, in: Deutsche Bundesbank – Monatsbericht, 6/2015, https://www.bundesbank.de/Redaktion/DE/Downloads/Veroeffentlichungen/Monatsberichte/2015/2015_06_monatsbericht.pdf?__blob=publicationFile, Abruf: 18.11.2018.

Deutsche Bundesbank (Monatsbericht 2015c): Monatsbericht September 2015, in: Deutsche Bundesbank – Monatsbericht, 9/2015, https://www.bundesbank.de/Redaktion/DE/Downloads/Veroeffentlichungen/Monatsberichte/2015/2015_09_monatsbericht.pdf?__blob=publicationFile, Abruf: 18.11.2018.

Deutsche Bundesbank (Basel III-Monitoring 2016): Basel III-Monitoring, https://www.bundesbank.de/Navigation/DE/Aufgaben/Bankenaufsicht/Basel3/Basel3_Monitoring/basel3_monitoring.html, Abruf: 18.11.2018.

Deutsche Bundesbank (Ergebnisse 2016): Ergebnisse des Basel III-Monitoring für deutsche Institute zum Stichtag 31. Dezember 2015, https://www.bundesbank.de/Redaktion/DE/Pressemitteilungen/BBK/2016/2016_09_29_basel_3.html, Abruf: 18.11.2018.

Deutsche Bundesbank (Finanzstabilitätsbericht 2016): Finanzstabilitätsbericht 2016 – Pressekonferenz, https://www.bundesbank.de/Redaktion/DE/Themen/2016/2016_11_16_finanzstabilitaetsbericht.html?nsc=true&nn=157264, Abruf: 18.11.2018.

Deutsche Bundesbank (Leverage 2016): Leverage Ratio, https://www.bundesbank.de/Navigation/DE/Aufgaben/Bankenaufsicht/Leverage_Ratio/leverage_ratio.html, Abruf: 18.11.2018.

Deutsche Bundesbank (Monatsbericht 2016): Monatsbericht September 2016, in: Deutsche Bundesbank – Monatsbericht, 9/2016, https://www.bundesbank.de/Redaktion/DE/Downloads/Veroeffentlichungen/Monatsberichte/2016/2016_09_monatsbericht.pdf?__blob=publicationFile, Abruf: 18.11.2018.

Deutsche Bundesbank (Anhang 2016): Statistischer Anhang zum Basel III-Monitoring für deutsche Institute – Stichtag 31. Dezember 2015, https://www.bundesbank.de/Redaktion/DE/Downloads/Aufgaben/Bankenaufsicht/Basel/2015_12_basel3_monitoring_deutsche_institute.pdf?__blob=publicationFile, Abruf: 18.11.2018.

Deutsche Bundesbank (Bankstellenbericht 2017): Bankstellenbericht 2016 – Entwicklung des Bankstellennetzes im Jahr 2016, https://www.bundesbank.de/Redaktion/DE/Downloads/Aufgaben/Bankenaufsicht/Bankstellenstatistik/bankstellenbericht_2016.pdf?__blob=publicationFile, Abruf: 18.11.2018.

Deutsche Bundesbank (Anhang 2017): Statistischer Anhang zum Basel III-Monitoring für deutsche Institute – Stichtag 30. Juni 2017, https://www.bundesbank.de/Redaktion/DE/Downloads/Aufgaben/Bankenaufsicht/Basel/2017_06_basel3_monitoring_deutsche_institute.pdf?__blob=publicationFile, Abruf: 18.11.2018.

Deutsche Bundesbank (Bankenstatistik 2018): Bankenstatistik – August 2018, https://www.bundesbank.de/Redaktion/DE/Downloads/Veroeffentlichungen/Statistische_Beihefte_1/2018/2018_08_bankenstatistik.pdf?__blob=publicationFile, Abruf: 18.11.2018.

Deutsche Bundesbank (Bankstellenentwicklung 2018): Bankstellenentwicklung im Jahr 2017, https://www.bundesbank.de/Redaktion/DE/Pressemitteilungen/BBK/2018/2018_05_17_bankstellenbericht_anlage.pdf?__blob=publicationFile, Abruf: 18.11.2018.

Deutsche Bundesbank (Relation 2018): Die Ertragslage der deutschen Kreditinstitute – September 2018 – Tabelle Nr. 04: Aufwand/Ertrag-Relation nach Bankengruppen, https://www.bundesbank.de/Redaktion/DE/Downloads/Statistiken/Banken_Und_Andere_Finanzielle_Institute/Banken/GuV_Statistik/guv_tab4.pdf?__blob=publicationFile, Abruf: 18.11.2018.

Deutsche Bundesbank (Eigenkapitalrentabilität 2018): Die Ertragslage der deutschen Kreditinstitute – September 2018 – Tabelle Nr. 06: Eigenkapitalrentabilität einzelner Bankengruppen, https://www.bundesbank.de/Redaktion/DE/Downloads/Statistiken/Banken_Und_Andere_Finanzielle_Institute/Banken/GuV_Statistik/guv_tab6.pdf?__blob=publicationFile, Abruf: 18.11.2018.

Deutsche Bundesbank (Komponenten 2018): Die Ertragslage der deutschen Kreditinstitute – September 2018 – Tabelle Nr. 07: Wichtige Komponenten der Gewinn- und Verlustrechnungen nach Bankengruppen, https://www.bundesbank.de/Redaktion/DE/Downloads/Statistiken/Banken_Und_Andere_Finanzielle_Institute/Banken/GuV_Statistik/guv_tab7.pdf?__blob=publicationFile, Abruf: 18.11.2018.

Deutsche Bundesbank (Monatsbericht 2018a): Monatsbericht Januar 2018, in: Deutsche Bundesbank – Monatsbericht, 1/2018, https://www.bundesbank.de/Redaktion/DE/Downloads/Veroeffentlichungen/Monatsberichte/2018/2018_01_monatsbericht.pdf?__blob=publicationFile, Abruf: 18.11.2018.

Deutsche Bundesbank (Monatsbericht 2018b): Monatsbericht September 2018, in: Deutsche Bundesbank – Monatsbericht, 9/2018, https://www.bundesbank.de/Redaktion/DE/Downloads/Veroeffentlichungen/Monatsberichte/2018/2018_09_monatsbericht.pdf?__blob=publicationFile, Abruf: 18.11.2018.

Deutsche Finance Group (Megatrends 2017): Short Facts Megatrends, München 2017.

Deutsche Post (Postident o. J.): Postident durch Postfiliale, https://www.deutschepost.de/de/p/postident/identifizierungsverfahren/verfahren-postfiliale.html, Abruf: 18.11.2018.

Deutscher Bundestag (Unterrichtung 2014): Unterrichtung durch die Bundesregierung – Jahresgutachten 2014/2015 des Sachverständigenrates zur Begutachtung der gesamtwirtschaftlichen Entwicklung – Drucksache 18/3265, http://dip21.bundestag.de/dip21/btd/18/032/1803265.pdf, Abruf: 18.11.2018.

Deutscher Sparkassen und Giroverband (Geschichte 2010): Zur Geschichte der Sparkassen in Deutschland, in: Fakten, Analysen, Positionen, 45/2010, https://www.dsgv.de/_down load_gallery/FAP/FAP_45_Sparkassengeschichte.pdf, Abruf: 18.11.2018.

Dickamp, Ulrich; Grimmer, Lars (Kosten 2015): IT-Benchmarking – Sinnvoll Kosten managen, in: Bankinformation, 10/2015, S. 18–20.

Diener, Dieter (Komplexität 2016): Komplexität beherrschbar machen, in: Bankinformation, 12/2016, S. 28–32.

Dieter, Heribert (Kollateralschäden 2015): Kollateralschäden der EZB-Strategie, in: Stiftung Wissenschaft und Politik – Aktuell, 2/2015, S. 1–8, https://www.swp-berlin.org/file admin/contents/products/aktuell/2015A02_dtr.pdf, Abruf: 18.11.2018.

Dieterich, Tobias (Geschäftsmodelle 2013): Scharfe Regulierung beeinflusst Geschäftsmodelle der Banken, http://www.rmrg.de/?p=3852, Abruf: 18.11.2018.

Dietz, Miklos; Moon, Jared; Radnai, Miklos (Fintechs 2016): Fintechs can help incumbents, not just disrupt them, in: FinTechnicolor – The New Picture in Finance, hrsg. von McKinsey & Company, S. 24–25, http://www.mckinsey.com/~/media/mckinsey/industries/financial%20services/our%20insights/bracing%20for%20seven%20critical%20changes%20as%20fintech%20matures/fintechnicolor-the-new-picture-in-finance.ashx, Abruf: 18.11.2018.

Dietz, Miklos u. a. (Technology 2016): Cutting through the noise around financial technology, http://www.mckinsey.com/industries/financial-services/our-insights/cutting-through-the-noise-around-financial-technology, Abruf: 18.11.2018.

Disselkamp, Markus; Schüler, Ralf (Lieferantenrating 2004): Lieferantenrating – Instrumente, Kriterien, Checklisten, Wiesbaden 2004.

Dobe, Carolin (Erscheinungsbild 2016): Einheitliches Erscheinungsbild, in: Bankinformation, 6/2016, S. 10–13.

Dohms, Heinz-Roger (Fintechs 2016): Fintechs – Revoluzzer ohne Geschäftsmodell, in: Capital online, http://www.capital.de/dasmagazin/fintechs-revoluzzer-ohne-geschaefts modell.html, Abruf: 18.11.2018.

Dombret, Andreas (Kultur 2014): „Eine Kultur, in der alles erlaubt ist, was nicht explizit verboten ist, darf nicht die Zukunft sein“, in: Zeitschrift für das gesamte Kreditwesen, 23/2014, S. 1179–1181.

Dombret, Andreas (Zinsen 2015): Die Auswirkungen niedriger Zinsen – Ergebnisse einer Umfrage unter deutschen Banken, https://www.bundesbank.de/Redaktion/DE/Reden/2015/2015_09_18_dombret.html, Abruf: 18.11.2018.

Dombret, Andreas; Röseler, Raimund (Niedrigzinsumfeld 2015): Ertragslage und Widerstandsfähigkeit deutscher Kreditinstitute im Niedrigzinsumfeld – Pressegespräch mit A. Dombret und R. Röseler am 18. September 2015, https://www.bundesbank.de/Redaktion/DE/Downloads/Presse/Pressenotizen/2015/2015_09_18_bafin_bbk.pdf?__blob=publicationFile, Abruf: 18.11.2018.

Domikowsky, Christian; Hesse, Frederik; Pfingsten, Andreas (Basel III 2012): Die neuen Eigenkapitalvorschriften nach Basel III – Was deutsche Kreditgenossenschaften erwartet, in: Zeitschrift für das gesamte Genossenschaftswesen, 2/2012, S. 89–102.

Dorffmeister, Ludwig (Wohnimmobilienkreditrichtlinie 2017): Die europäische Wohnimmobilienkreditrichtlinie, in: ifo Schnelldienst, 1/2017, S. 41–44.

Döring, Tobias (Banker 2012): Jeder vierte Deutsche hält Banker für „äußerst kriminell", in: Handelsblatt online, http://www.handelsblatt.com/unternehmen/banken-versicherungen/zinsskandal-jeder-vierte-deutsche-haelt-banker-fuer-aeusserst-kriminell/6870464.html, Abruf: 18.11.2018.

Dowen, Jonas (Tech-Banker 2016): Der Tech-Banker, in: Die Bank, 10/2016, S. 92–93.

Dowideit, Martin (Filialsterben 2015): DZ Bank warnt vor massivem Filialsterben, in: Handelsblatt online, http://www.handelsblatt.com/unternehmen/banken-versicherungen/banken-zweigstellen-dz-bank-warnt-vor-massivem-filialsterben/11825408.html, Abruf: 18.11.2018.

Drummer, Daniel u. a. (Fintech 2016): FinTech – Herausforderung und Chance – Wie die Digitalisierung den Finanzsektor verändert, https://www.mckinsey.de/files/160425_fintechs.pdf, Abruf: 18.11.2018.

Dückert, Simon (Führungskraft 2016): Leitbild der digitalen Führungskraft, in: Digital Leadership – Erfolgreiches Führen in Zeiten der Digital Economy, hrsg. von Thorsten Petry, Freiburg 2016, S. 115–125.

Duden (Kredit o. J.): Kredit, http://www.duden.de/rechtschreibung/Kredit_Finanzierung_Anleihe, Abruf: 18.11.2018.

Dutu, Stéphane; Gatto, Jérémy; Ielpo, Florian (Steuerung 2016): Steuerung politischer Risiken, in: Die Bank, 12/2016, S. 40–43.

E

Ebert, Bernhard (Bank 2013): Best Practice bei der Bethmann Bank, in: Die Bank, 7/2013, S. 37–40.

Ebner, Alois; Kampik, Artur (Change 2012): Managing Global Change – Die effiziente Vermögensverwaltung für Stiftungen in Zeiten wandelnder Kapitalmärkte, in: Trends im Private Banking, hrsg. von Klaus Fleischer, Köln 2012, S. 231–250.

Ebner, Elke; Müller, Wolfgang (Arbeitgebermarke 2014): Weg zur attraktiven Arbeitgebermarke, in: Bankinformation, 12/2014, S. 26–28.

Eckstein, Clemens; Teuber, Bruno (Kunden-Community 2015): Kunden-Community – Dialog mit allen Zielgruppen, in: Bank und Markt, 9/2015, S. 33–35.

Edelman (Trust 2018): 2018 Edelman Trust Barometer – Financial Services Edition, http://cms.edelman.com/sites/default/files/201803/Edelman_Trust_Barometer_Financial_Services_2018.pdf, Abruf: 18.11.2018.

Eder, Daniela (Zukunft 2015): Investition in die Zukunft, in: Die Bank, 3/2015, S. 34–35.

Edler, Lars; Moryson, Martin (Performance-Formel 2013): Die Performance-Formel – Mehr Alpha, weniger Beta, in: Die Bank, 7/2013, S. 8–12.

Eggers, Holger; Hortmann, Steffen (Basel III 2011): Auswirkungen von Basel III auf das Geschäftsmodell von Kreditinstituten, in: Bestbanking, 183/2011, S. 50–52.

Eilenberger, Guido (Bankbetriebswirtschaftslehre 2012): Bankbetriebswirtschaftslehre – Grundlagen, Internationale Bankleistungen, Bank-Management, 8. Aufl., München 2012.

Eisenhofer, Alexis (Eigenhandel 2012): Stichwort „Eigenhandel“, in: Gabler Banklexikon – Bank, Börse, Finanzierung, hrsg. von Ludwig Gramlich u. a., 14. Aufl., Wiesbaden 2012, S. 425.

Eisenhofer, Alexis (Umbruch 2015): Finanzmärkte im Umbruch, in: Marktplätze im Umbruch – Digitale Strategien für Services im Mobilen Internet, hrsg. von Claudia Linnhoff-Popien, Michael Zaddach und Andreas Grahl, Berlin/Heidelberg 2015, S. 723–730.

Engerer, Hella; Schrooten, Mechthild (Bankensektor 2004): Deutscher Bankensektor im Umbruch – Sparkassen und Genossenschaftsbanken relativ gut positioniert, http://www.diw.de/de/diw_01.c.31181.de/wb_24/04_deutscher_bankensektor_im_umbruch_sparkassen_und_genossenschaftsbanken_relativ_gut_positioniert.html#FN1, Abruf: 18.11.2018.

Engstler, Martin; Praeg, Claus-Peter; Vocke, Christian (Ausblick 2008): Ausblick 2015, in: Innovationen und Konzepte für die Bank der Zukunft – Mit modernen Vertriebslösungen und optimierten Wertschöpfungsprozessen künftigen Herausforderungen begegnen, hrsg. von Dieter Spath, Wilhelm Bauer und Martin Engstler, Wiesbaden 2008, S. 271–285.

Engstler, Martin; Vocke, Christian (Trendstudie 2005): Trendstudie Bank & Zukunft 2005 – Trends und Entwicklung im Front- und Back-Office von Banken in Deutschland, Stuttgart 2005.

Ernst, Stefan (Bankster 2009): Die Gier der Bankster ist zurück – Banken zahlen Boni aus Staatshilfe!, in: BILD online, http://www.bild.de/politik/wirtschaft/banken-zahlen-boni-aus-staatshilfe-9225706.bild.html, Abruf: 18.11.2018.

Esterhazy, Yvonne; Welp, Cornelius (Dritte 2012): Der unsichtbare Dritte, in: WirtschaftsWoche, Nr. 37 vom 10.09.2012, S. 48–53.

EthikBank (Startseite o. J.): Startseite, https://www.ethikbank.de/, Abruf: 18.11.2018.

Europäische Kommission (Verantwortung 2001): Europäische Rahmenbedingungen für die soziale Verantwortung der Unternehmen – Grünbuch, http://www.csrgermany.de/www/csr_cms_relaunch.nsf/id/E111744E17E6050EC12577FF00373E36/$file/greenpaper_de.pdf?open, Abruf: 18.11.2018.

Europäische Kommission (Vorschlag 2016): Vorschlag für eine Verordnung des europäischen Parlaments und des Rates zur Änderung der Verordnung (EU) Nr. 575/2013 in Bezug auf die Verschuldungsquote, die strukturelle Liquiditätsquote, Anforderungen an Eigenmittel und berücksichtigungsfähige Verbindlichkeiten, das Gegenparteiausfallrisiko, das Marktrisiko, Risikopositionen gegenüber zentralen Gegenparteien, Risikopositionen gegenüber Organismen für gemeinsame Anlagen, Großkredite, Melde- und Offenlegungspflichten und zur Änderung der Verordnung (EU) Nr. 648/2012, https://ec.europa.eu/transparency/regdoc/rep/1/2016/DE/COM-2016-850-F1-DE-MAIN-PART-1.PDF, Abruf: 18.11.2018.

Europäische Zentralbank (Eurosystems 2015): Von Experten des Eurosystems erstellte gesamtwirtschaftliche Projektionen für das Eurowährungsgebiet vom Dezember 2015, https://www.ecb.europa.eu/pub/pdf/other/eurosystemstaffprojections201512.de.pdf?afe3857ab66729a57cd567407a2b1126, Abruf: 18.11.2018.

European Banking Authority (Regulation 2015): EBA final draft Implementing Technical Standards amending Commission Implementing Regulation (EU) No 680/2014 (ITS on supervisory reporting) with regard to the Leverage Ratio (LR) following the EC´s Delegated Act on the LR, http://www.eba.europa.eu/documents/10180/1113844/EBA-ITS-2015-03+Final+Draft+ITS+amend ing+ITS+on+LR+Reporting.pdf, Abruf: 18.11.2018.

European Systemic Risk Board (Rates 2018): Announced CCyB rates, https://www.esrb.europa.eu/national_policy/ccb/all_rates/html/index.en.html, Abruf: 18.11.2018.

Everling Advisory Services (System 2015): Hausbank degeneriert zur App, in: Everling Internet Newsletter, 1/2015.

F

Fabian, Gerhard W. (Genossenschaftsbanker 2016): Genossenschaftsbanker – besonders loyal und engagiert, in: Bankinformation, 9/2016, S. 14–17.

Fabisch, Nicole u. a. (Handlungsfelder 2015): Handlungsfelder der CSR, in: Bank und Markt, 4/2015, S. 19–24.

Fahrenschon, Georg (Einlagensicherung 2016): Für eine europäische Einlagensicherung der Eigenverantwortung, nicht der Zwangsvergemeinschaftung, in: Zeitschrift für das gesamte Kreditwesen, 13/2016, S. 636–637.

Fahrenschon, Georg (Kreditwirtschaft 2016): Niemand in der deutschen Kreditwirtschaft trägt die Digitalisierung so in die Breite wie die Sparkassen, in: Zeitschrift für das gesamte Kreditwesen, 8/2016, S. 362–367.

Fahrenschon, Georg (Digitalisierung 2016): Zwischen Niedrigzinsen, Regulierung und Digitalisierung – Wie die Sparkassen-Finanzgruppe die Nummer 1 beim Kunden bleibt, in: Die neue Welt der Banken – Münsteraner Bankentage 2015, hrsg. von Andreas Pfingsten, Wiesbaden 2016, S. 1–13.

Faust, Martin (Eigenkapitalkosten 2002): Bestimmung der Eigenkapitalkosten im Rahmen der wertorientierten Unternehmenssteuerung von Kreditinstituten, Marburg 2002.

Fehling, Christoph; Leymann, Frank (Cloud o. J.): Stichwort „Cloud Computing", in: Gabler Wirtschaftslexikon online, http://wirtschaftslexikon.gabler.de/Archiv/1020864/cloud-computing-v9.html, Abruf: 18.11.2018.

Fehrenbach, Björn; Klauck, Kai-Oliver (Regulatory 2016): Regulatory – Vom Berichtgeber zur strategischen Stütze, in: Die Bank, 12/2016, S. 31–33.

Ferber, Marco (Vertrauen 2004): Vertrauen in der Anlageentscheidung institutioneller Investoren, Frankfurt am Main u. a. 2004.

Fest, Alexander (Banken 2008): Zwecke, Ansätze und Effizienz der Regulierung von Banken, Berlin 2008.

Festge, Reinhold (Banken 2014): Industrie und Banken – Stimmen die Rahmenbedingungen?, in: Zeitschrift für das gesamte Kreditwesen, 1/2014, S. 34–36.

Financial Stability Board (List 2017): 2017 list of global systemically important banks (G-SIBs), http://www.fsb.org/wp-content/uploads/P211117-1.pdf, Abruf: 18.11.2018.

Finanzmarktstabilitätsgremium (Aufsicht o. J.): Instrumente der makroprudenziellen Aufsicht – Unterscheidung nach Wirkungsweise, https://www.fmsg.at/makroprudenziellen-aufsicht/instrumente.html, Abruf: 18.11.2018.

Finke, Renate (Zukunft 2010): Zukunft des Bankgeschäftes in Zeiten demografischen Wandels, in: Demographic Banking – Demografische Entwicklung als Herausforderung für Kreditinstitute, hrsg. von Klaus Juncker und Bernhard Nietert, Frankfurt am Main 2010, S. 11–26.

Fischer, Bettina; Arz, Christopher (Markterfolg 2015): Corporate Entrepreneurship erzeugt nachhaltigen Markterfolg, in: Bank und Markt, 11/2015, S. 31–34.

Fischer, Olaf (Bankbetriebswirtschaft 2014): Allgemeine Bankbetriebswirtschaft – Sicher durch die Zwischen- und Abschlussprüfung zum geprüften Bankfachwirt, 7. Aufl., Wiesbaden 2014.

Fitschen, Jürgen (Produktinnovation 2008): Produktinnovation als Schlüssel für Wachstum, in: Die Bank, 1/2008, S. 32–40.

Fitschen, Jürgen (Finanzindustrie 2012): Die Finanzindustrie hat gesündigt, in: Handelsblatt, Nr. 100 vom 24.05.2012, S. 10–11.

Flasshoff, Christian u. a. (Technologie 2018): Distributed-Ledger-Technologie – Die Blockchain als Basis für IT-Sicherheit, in: BaFin Perspektiven, 1/2018, S. 33–47.

Fleischer, Klaus (Vorwort 2014): Vorwort, in: Trends im Private Banking 2014, hrsg. von Klaus Fleischer, Köln 2014, S. 9–11.

Fleischer, Klaus (Fintech 2015): Fintech 2.0 und Robo Advisor – Drohpotenzial oder sinnige Ergänzung?, in: Zeitschrift für das gesamte Kreditwesen, 24/2015, S. 1221–1224.

Flesch, Johann; Gebauer, Burkhard (Nullzinspolitik 2015): Nullzinspolitik der EZB – Existenzbedrohung für die Banken, in: Zeitschrift für das gesamte Kreditwesen, 12/2015, S. 603–605.

Flesch, Johann; Sievi, Christian (Bank 2014): Strategieüberlegungen für die Bank der Zukunft – einfach, aber nicht 08/15, in: Zeitschrift für das gesamte Kreditwesen, 9/2014, S. 439–441.

Flores, Alfredo (Differenzierung 2008): Kunst der Differenzierung – Markenstrategie der Deutschen Bank, in: Bank und Markt, 12/2008, S. 25–28.

Flötotto, Max; Koch, Philipp (Trends 2016): Von Trends profitieren, in: Bankinformation, 7/2016, S. 12–14.

Flotow, Paschen von (Klimakompetenz 2010): Herausforderung Klimakompetenz – Kundenerwartungen an Finanzdienstleister – Ergebnisse einer Befragung von Privat- und Geschäftskunden, http://www.cfi21.org/fileadmin/user_upload/Herausforderung_Klima kompetenz.pdf, Abruf: 18.11.2018.

Fohrer, Heinz (Herausforderungen 2016): Aktuelle Herausforderungen im bankbetrieblichen Umfeld aus genossenschaftlicher Bankensicht, in: Handbuch Bankvertrieb, hrsg. von Detlef Hellenkamp und Kai Fürderer, Wiesbaden 2016, S. 58–74.

Forum nachhaltige Geldanlagen (Marktbericht 2018): Marktbericht Nachhaltige Geldanlagen 2018 – Deutschland, Österreich und die Schweiz, https://www.forum-ng.org/images/stories/Publikationen/fng-marktbericht_2018-online.pdf, Abruf: 18.11.2018.

Franke, Hartmut (Bankensystem 1974): Das Bankensystem – Wesen, Arten, Funktionen, Veränderungen, Diss. Universität Mainz, Mainz 1974.

Fratzscher, Marcel; König, Philipp; Lambert, Claudia (Liquiditätsmanagement 2013): Liquiditätsmanagement des Eurosystems im Zeichen der Krise, in: DIW Wochenbericht, 44/2013, S. 3–17.

Freese, Thomas (Kundenbeziehung 2016): Der Berater bleibt Dreh- und Angelpunkt der Kundenbeziehung, in: Bank und Markt, 5/2016, S. 27–29.

Freiberger, Thorsten; Sträter, Jens (Entwicklungstendenzen 2012): Entwicklungstendenzen im Firmenkundengeschäft – Zukunftsfähigkeit sichern über prozessorientierte Strategie, in: Betriebswirtschaftliche Blätter, 3/2012, S. 168–171.

Frenkel, Michael; Rudolf, Markus (Ratio 2010): Die Auswirkungen der Einführung einer Leverage Ratio als zusätzliche aufsichtsrechtliche Beschränkung der Geschäftstätigkeiten von Banken, https://opus4.kobv.de/opus4-whu/files/540/Die+Auswirkungen+der+Einfuehrung+einer+Leverage-Ratio+2010.pdf, Abruf: 18.11.2018.

Frère, Eric; Reuse, Svend; Svoboda, Martin (Bankensektor 2008): Aktuelle Probleme im deutschen Bankensektor – eine kritische Analyse und mögliche Lösungsansätze, Essen 2008.

Frerichs, Arne; Schumann, Matthias (Banking 2008): Peer to Peer Banking – State of the Art, Göttingen 2008, http://webdoc.sub.gwdg.de/ebook/serien/lm/arbeitsberichte_wi2/2008_02.pdf, Abruf: 18.11.2018.

Friedrich, Kai (Beratung 2012): Beratung ist nicht gleich Beratung, in: Bank und Markt, 10/2012, S. 25–26.

Friedrichs, Stephanie (Kreditinstituten 2000): Marketingstrategien im Privatkundengeschäft von Kreditinstituten, http://www.sofia-darmstadt.de/fileadmin/Dokumente/Studien/2000/00-2.pdf, Abruf: 18.11.2018.

Fröhlich, Uwe (Eigenkapital 2010): Wie viel Eigenkapital brauchen Banken wirklich?, in: Zeitschrift für das gesamte Kreditwesen, 1/2010, S. 20–28.

Fuchs, Rudolf; Heuer, Manfred (Kunden 2009): Der Kunde ist kritischer geworden, in: Bank und Markt, 11/2009, S. 26–27.

Fuchs, Stephan; Pfitzer, Jürgen C. (Trennbankendebatte 2014): Die Trennbankendebatte – Herausforderungen für das Private Banking, in: Trends im Private Banking 2014, hrsg. von Klaus Fleischer, Köln 2014, S. 39–64.

Fuest, Clemens; Prinzler, Julian (Bankenstresstest 2014): Bankenstresstest in Europa – Eigenkapitalausstattung ist nach wie vor zu gering, http://www.zew.de/de/presse/presse archiv/bankenstresstest-in-europa-eigenkapitalausstattung-ist-nach-wie-vor-zu-gering/, Abruf: 18.11.2018.

Füser, Karsten; Stetter, Thorsten; Wagner, Markus (Kapitalanforderungen 2012): Neue Kapitalanforderungen im Spiegel der Finanzmarktkrise, in: Risikomanager – Jahrbuch 2012/2013, hrsg. von Roland Franz Erben, Köln 2012, S. 8–17.

G

Gabriel, Klaus (Publikumsfonds 2013): Gütesiegel für nachhaltige Publikumsfonds – Damit drin ist, was draufsteht, in: Socially Responsible Investments in Banken – Markt, Bedingungen, Praxiserfahrungen, hrsg. von Stefan Ziermann, Köln 2013, S. 91–101.

Gates, Bill (Business 1999): Business @ the speed of thought – using a digital nervous system, New York 1999.

Gaumert, Uwe; Massenberg, Hans-Joachim (Bankenaufsicht 2016): Die Leverage Ratio in der Bankenaufsicht – ein Irrweg, in: Frankfurter Institut für Risikomanagement und Regulierung – Jahrbuch 2016, hrsg. von Wolfgang Hartmann, Frankfurt am Main 2016, S. 60–63.

Gawlik, Helmut; Rathmann, Birgit (Internetvertrieb 2008): Regionalprinzip und Internetvertrieb – kein Widerspruch, in: Bank und Markt, 9/2008, S. 18–22.

Geissmann, Daniel; Holländer, Dirk; Mrusek, Frank (Bankenmanagement 2015): Erfolgreiches strategisches Bankenmanagement in turbulenten Zeiten – Shareholder Value Generierung im Spannungsfeld zwischen Werttreibern und regulatorischen Restriktionen, in: Bankenrating – Normative Bankenordnung in der Finanzmarktkrise, hrsg. von Oliver Everling und Karl-Heinz Goedeckemeyer, 2. Aufl., Wiesbaden 2015, S. 100–112.

Genoni, Maurizio A. M. (Vermögensverwaltung 1991): Rechtsprobleme der externen Vermögensverwaltung, in: Schweizerische Zeitschrift für Wirtschaftsrecht, 1/1991, S. 19–29.

Gent, Andreas (Zukunft 2009): Bunte Zukunft der privaten Krankenversicherung, in: Geschäftsmodell Systempartnerschaften – die digitale Industrialisierung der Medizin, hrsg. von Heinz Lohmann und Uwe Preusker, Heidelberg u. a. 2009, S. 31–45.

George, Stephan; Moryson, Martin (Niedrigzinsen 2013): Normalzustand Niedrigzinsen – Tipps für die Kapitalanlage inmitten finanzieller Repression, in: Die Stiftung, 4/2013, S. 74–75, https://www.oppenheim.de/assets/document/2013-07-30_ps_diesti.pdf, Abruf: 18.11.2018.

Gesellschaft der führenden PR- und Kommunikationsagenturen in Deutschland (GPRA-Vertrauensindex 2016): GPRA-Vertrauensindex April 2016 – Automobilbranche weiterhin auf Talfahrt – Großes Misstrauen gegenüber Führungseliten, http://www.gpra.de/gpra-vertrauensindex-april-2016/, Abruf: 18.11.2018.

Gesetz zur Stärkung der betrieblichen Altersversorgung und zur Änderung anderer Gesetze (Betriebsrentenstärkungsgesetz) vom 17. August 2017 (BGBl. I S. 3214).

Giddens, Anthony (Moderne 1999): Konsequenzen der Moderne, 3. Aufl., Frankfurt am Main 1999.

Giersberg, Georg (Moral 2009): Gegen die Rendite zieht die Moral den Kürzeren – Die Eigenschaften des Ehrbaren Kaufmanns gelten zwar noch immer als Ideal – sie werden aber selten umgesetzt, in: Frankfurter Allgemeine Zeitung, Nr. 242 vom 19.10.2009, S. 14.

Gilbert, Dirk Ulrich (Vertrauen 2007): Vertrauen als Gegenstand der ökonomischen Theorie – Ausgewählte theoretische Perspektiven, empirische Einsichten und neue Erkenntnisse, in: Zeitschrift für Management, 1/2007, S. 60–107.

Gimbel, Julia (Verschuldungsquote 2018): Liquiditätskennziffern und Verschuldungsquote – Zur Einhaltung und zum Gestaltungspotenzial aufsichtsrechtlicher Kennzahlen, Wiesbaden 2018.

Gimperlein, Thomas; Rottmeir, Dieter (Umdenken 2016): Umdenken notwendig, Bankinformation, 8/2016, S. 32–35.

Gischer, Horst; Richter, Toni (Performancemessung 2009): Performancemessung von Banken im internationalen Vergleich, in: Wirtschaftswissenschaftliches Studium, 11/2009, S. 565–572.

Gissel, Ralf (Banking 2008): Quo vadis Transaction Banking in Deutschland?, in: Bank und Markt, 11/2008, S. 33–35.

GLS Bank (Startseite o. J.): Startseite, https://www.gls.de/privatkunden/, Abruf: 18.11.2018.

Goebel, Lars (Auszubildenden 2013): Prozessuale Effizienz und Effektivität bei der Gewinnung von Auszubildenden, in: Wechsel auf die Zukunft – Demografischer, gesellschaftlicher und technologischer Wandel – Worauf sich die Personalarbeit in Banken einstellen muss, hrsg. von Birgit Kießler, Rainer Dahms und Carsten Rogge-Strang, Köln 2013, S. 55–62.

Goedeckemeyer, Karl-Heinz (Bankstrategie 2014): Leverage Ratio beeinflusst die Bankstrategie, in: Aspekte moderner Bankenregulierung, hrsg. von Wilhelm Niehoff und Stefan Hirschmann, Köln 2014, S. 139–144.

Goedeckemeyer, Karl-Heinz (Banken 2015): Banken profitieren von neuem Ertragsmix, in: Die Bank, 9/2015, S. 8–10.

Gomez, Isabel; Nissen, Madeleine (Banken 2014): Die Banken unterschätzen die Gefahr durch Fintechs, in: The Wall Street Journal online, http://www.wsj.de/nachrichten/SB10235264033994764657504580189831028208968, Abruf: 18.11.2018.

Gooßens, Ludger; Mesterom, Ernst-Josef (Firmenkundengeschäft 2013): Das internationale Firmenkundengeschäft der Sparkassen, in: Zeitschrift für das gesamte Kreditwesen, 24/2013, S. 1244–1246.

Görgen, Frank u. a. (Wachstums 2012): Der Reiz des schnellen Wachstums, in: Die Bank, 12/2012, S. 30–33.

Gottschalk, Helmut (Vertriebsmanagement 2016): Vertriebsmanagement – Aus Sicht des Kunden denken!, in: Handbuch Bankvertrieb, hrsg. von Detlef Hellenkamp und Kai Fürderer, Wiesbaden 2016, S. 99–109.

Götz, Klaus (Vertrauen 2006): Vertrauen als funktionale Systemeigenschaft, in: Vertrauen in Organisationen – Managementkonzepte, hrsg. von Klaus Götz, München/Mering 2006, S. 59–72.

Götzl, Stephan (Basel III 2012): Basel III gefährdet Mittelstandsfinanzierung, in: Vermögen & Steuern, 1/2012, S. 42.

Graband, Theophil; Wand, Karina (Banking 2003): Outsourcingstrategien im Retail Banking, in: Outsourcing in Banken – Mit zahlreichen aktuellen Praxisbeispielen, hrsg. von Berthold Kaib, Wiesbaden 2003, S. 54–73.

Grabner, Constantin; Tiwari, Rajnish; Buse, Stephan (Perspektiven 2016): Perspektiven des Mobile Banking in Deutschland – Implikationen auf Basis einer Untersuchung von Angebot, Nutzern und Umfeld, Wiesbaden 2016.

Grahl, Andreas (Banken 2011): Web 2.0 und Social Media für Banken – Risiko oder strategische Chance?, in: Web 2.0 und Social Media für Banken – Risiko oder strategische Chance? – Handlungsoptionen für die Zukunftsperspektive von Kreditinstituten, hrsg. von Andreas Grahl, Köln 2011, S. 11–35.

Grasshoff, Gerold u. a. (Global 2013): Global Risk 2013–2014 – Breaching the next banking barrier, http://www.bcg.de/documents/file149277.pdf, Abruf: 18.11.2018.

Graupner, Enrico (Digitization 2015): Digitization and visibility of processes – Multiple studies in the service industry, Diss. Universität Mannheim, Mannheim 2015.

Graupner, Enrico; Mädche, Alexander; Simon, Henrik (Kundenorientierung 2016): Durch Kundenorientierung Online-Quoten steigern, in: Die Bank, 12/2016, S. 36–39.

Groche, Clemens; Leichtweiß, Christoph (Videomarketing 2016): Videomarketing wird häufig noch unterschätzt, in: Bank und Markt, 6/2016, S. 40–42.

Grol, Thomas; Meyer-Romloch, Dorothea; Eicke, Christian (Eigenkapital 2011): Eigenkapital – neue Anforderungen nach Basel III, in: Bankenaufsicht nach der Finanzmarktkrise, hrsg. von Simon G. Grieser und Manfred Heemann, Frankfurt am Main 2011, S. 39–67.

Gros, Jürgen (Verhältnismäßigkeit 2016): Zeit überreif für mehr Verhältnismäßigkeit, in: Zeitschrift für das gesamte Kreditwesen, 20/2016, S. 991–992.

Grosse Osterhues, Thomas (Kreditgewerbe 2008): Automatisierung von Prozessen im Kreditgewerbe – Konzept anpassen, in: Die Sparkassenzeitung, Nr. 4 vom 25.01.2008, S. B11.

Groth, Detlef (Kreditgeschäft 2013): Kreditgeschäft – Vom Anbieter zum Vermittler, in: Bank und Markt, 10/2013, S. 30–31.

Grothkopf, Marie Rike (Finanzkrise 2009): Die Finanzkrise und ihre Auswirkungen auf die deutsche Versicherungswirtschaft – Theoretisches Modell und empirische Erkenntnisse, Karlsruhe 2009.

Gschrey, Gerhard (Basel III 2013): Basel III – Auswirkungen auf Genossenschaftsbanken und den Mittelstand, in: Basel III – Auswirkungen des neuen Bankenaufsichtsrechts auf den Mittelstand, hrsg. von Oliver Everling und Rainer Langen, Köln 2013, S. 49–56.

Güldner, Jens (Zielkonflikt 2013): Ethisch-Nachhaltiges Investment im Zielkonflikt – Praxisbericht Stiftung, in: Socially Responsible Investments in Banken – Markt, Bedingungen, Praxiserfahrungen, hrsg. von Stefan Ziermann, Köln 2013, S. 15–27.

Gurlit, Elke (Bankenaufsicht 2015): Instrumente makroprudenzieller Bankenaufsicht unter besonderer Berücksichtigung zusätzlicher Kapitalanforderungen – Teil II, in: Zeitschrift für Wirtschafts- und Bankrecht, 27/2015, S. 1257–1264.

Gurlit, Elke (Entwicklung 2016): Die Entwicklung des Banken- und Kapitalmarktaufsichtsrechts in den Jahren 2015/16, in: Zeitschrift für Wirtschafts- und Bankrecht, 43/2016, S. 2053–2063.

Gutzwiller, Peter Christoph (Vermögensverwaltung 2008): Rechtsfragen der Vermögensverwaltung, Zürich/Basel/Genf 2008.

H

Haas, Hans-Dieter (Glokalisierung o. J.): Stichwort „Glokalisierung", in: Gabler Wirtschaftslexikon online, http://wirtschaftslexikon.gabler.de/Archiv/6405/glokalisierung-v6.html, Abruf: 18.11.2018.

Haasis, Heinrich (Ausblick 2001): Ausblick – Zukunft der Sparkasse – Sparkasse der Zukunft, in: Die Sparkassenzeitung, Nr. 19 vom 18.05.2001, S. 5.

Haasis, Heinrich (Selbstzweck 2009): Banken können und dürfen kein Selbstzweck sein, in: Die Sparkassenzeitung, Nr. 25 vom 19.06.2009, S. 4.

Haasis, Heinrich (Kapitalmarktkommunikation 2010): Die Finanz- und Kapitalmarktkommunikation der S-Finanzgruppe – Rolle und Bedeutung des Ratings, in: Zeitschrift für das gesamte Kreditwesen, 18/2010, S. 955–958.

Haberhauer, Stefanie; Lüdke, Inés (Basel III 2013): Auswirkungen von Basel III auf die Exportfinanzierung, in: Basel III – Auswirkungen des neuen Bankenaufsichtsrechts auf den Mittelstand, hrsg. von Oliver Everling und Rainer Langen, Köln 2013, S. 83–100.

Hach, Wolfgang; Steger, Sebastian; Möbus, Dirk (Zukunftssicherung 2016): Zukunftssicherung durch End-to-End-Digitalisierung, in: Die Bank, 6/2016, S. 36–40.

Hackethal, Andreas; Inderst, Roman (Regulatorik 2015): Auswirkungen der Regulatorik auf kleinere und mittlere Banken am Beispiel der deutschen Genossenschaftsbanken – Gutachten im Auftrag des Bundesverbandes der Deutschen Volksbanken und Raiffeisenbanken, https://www.bvr.de/p.nsf/0/9E961A8C21A26B1BC1257ED100309950/$file/GUTACHTEN-BVR2015.pdf, Abruf: 18.11.2018.

Hafner, Philipp (Bankkunden 2016): Das Ringen um die Gunst des Bankkunden, in: Bank und Markt, 8/2016, S. 12–13.

Hagemann, Jens (Vermögensverwalter 2012): Trend zu unabhängigen Vermögensverwaltern – Eine „stille Revolution", in: Trends im Private Banking, hrsg. von Klaus Fleischer, Köln 2012, S. 127–149.

Hagen, Louis; Götzl, Stephan; Aberger, Alexander (Liquiditätskennzahlen 2014): Liquiditätskennzahlen nach Basel III – Die neuen Herausforderungen für Depot A-Management und Refinanzierungsstruktur, in: Zeitschrift für das gesamte Genossenschaftswesen, 3/2014, S. 231–243.

Hahlbrock, Klaus (Mensch 2013): Natur und Mensch – Der lange Weg zum ökosozialen Bewusstsein, München 2013.

Hamacher, Eli (FinTechs 2016): Von FinTechs lernen, in: Die Bank, 2/2016, S. 30–31.

Hamacher, Eli (Kaninchen 2016): Wie das Kaninchen vor der Schlange, in: Die Bank, 5/2016, S. 64–67.

Handelsgesetzbuch (HGB) in der im Bundesgesetzblatt Teil III, Gliederungsnummer 4100-1, veröffentlichten bereinigten Fassung, das zuletzt durch Artikel 3 des Gesetzes vom 10. Juli 2018 (BGBl. I S. 1102) geändert worden ist.

Handler, Heinz (Rezession 2015): Wirtschaftspolitik zwischen Spekulation und Rezession – Von der Finanzkrise zur Krise der Realwirtschaft, in: Banken, Finanzen und Wirtschaft im Kontext europäischer und globaler Krisen, hrsg. von Michael Gehler, Marcus Gonschor und Hinnerk Meyer, Hildesheim 2015, S. 341–403.

Harms, Olaf (Factoring 2013): Factoring – Was ändert sich durch Basel III, in: Basel III – Auswirkungen des neuen Bankenaufsichtsrechts auf den Mittelstand, hrsg. von Oliver Everling und Rainer Langen, Köln 2013, S. 139–145.

Harrschar, Philipp; Scheu, Daniel (Bankenbranche 2016): Das Ende der traditionellen Bankenbranche, in: Handelsblatt Journal, Sonderveröffentlichung „Banking der Zukunft", 2016, S. 6–7.

Hartmann, Martin; Offe, Claus (Vertrauen 2001): Vertrauen – Die Grundlage des sozialen Zusammenhalts, Frankfurt am Main/New York 2001.

Hartmann-Wendels, Thomas (Basel III 2011): Basel III – Auswirkungen auf Banken und Finanzmärkte, https://www.wiwi.uni-muenster.de/fcm/downloads/praxis/schmalenbach/tagung_2011-03-25/Hartmann-Wendels.pdf, Abruf: 18.11.2018.

Hartmann-Wendels, Thomas (Banken 2011): Reform der Bankenaufsicht und Auswirkungen auf die Kreditvergabe der Banken, Sparkassen und genossenschaftlichen Kreditinstitute, https://www.familienunternehmer.eu/uploads/tx_wfmedienpr/gutachten_basel_III.pdf, Abruf: 18.11.2018.

Hartmann-Wendels, Thomas (Basel III 2012): Umsetzung von Basel III in europäisches Recht, in: Die Bank, 7/2012, S. 38–44.

Hartmann-Wendels, Thomas (Ratio 2016): Die Leverage Ratio – Ausgestaltung, aufsichtliche Ziele, Auswirkungen auf die Geschäftspolitik der Banken, https://die-dk.de/media/files/Gutachten_Leverage_Ratio.pdf, Abruf: 18.11.2018.

Hartmann-Wendels, Thomas; Hellwig, Martin; Jäger-Ambrozewciz, Manfred (Bankenaufsicht 2010): Arbeitsweise der Bankenaufsicht vor dem Hintergrund der Finanzmarktkrise, Köln 2010.

Hartmann-Wendels, Thomas; Pfingsten, Andreas; Weber, Martin (Bankbetriebslehre 2015): Bankbetriebslehre, 6. Aufl., Berlin/Heidelberg 2015.

Hasebrook, Joachim Paul; Singer, Maren (Erfolgsgarant 2016): Personalmanagement als Erfolgsgarant, in: Bank und Markt, 2/2016, S. 31–34.

Hastenteufel, Jessica (Gründungsfinanzierung 2016): Gründungsfinanzierung im Wandel – Eine Betrachtung unterschiedlicher Finanzierungsmöglichkeiten für Existenzgründer unter besonderer Berücksichtigung von Mikrofinanzierung und Crowdfunding, Baden-Baden 2016.

Haupt, Rudolf; Eberhardt, Tim (Kapital 2010): Das wichtigste Kapital der Banken, in: Die Bank, 5/2010, S. 38–40.

Heidorn, Thomas; Schmaltz, Christian; Schröter, Dirk (Liquiditätssteuerung 2011): Auswirkungen der neuen Basel-III-Kennzahlen auf die Liquiditätssteuerung – Net Stable Funding Ratio, http://www.kreditwesen.de/sites/default/files/content/articledownloads/2015/33/auswirkungen_der_neuen_basel-iii-kennzahlen_auf_die_liquiditaetssteuerung_net_stable_funding_ratio.pdf, Abruf: 18.11.2018.

Heldt, Cordula (Banking o. J.): Stichwort „Investment Banking", in: Gabler Wirtschaftslexikon online, http://wirtschaftslexikon.gabler.de/Archiv/5016/investment-banking-v9.html, Abruf: 18.11.2018.

Heldt, Cordula (Kassageschäfte o. J.): Stichwort „Kassageschäfte", in: Gabler Wirtschaftslexikon online, http://wirtschaftslexikon.gabler.de/Archiv/5131/kassageschaefte-v7.html, Abruf: 18.11.2018.

Heldt, Cordula (Primärmarkt o. J.): Stichwort „Primärmarkt", in: Gabler Wirtschaftslexikon online, http://wirtschaftslexikon.gabler.de/Archiv/14525/primaermarkt-v8.html, Abruf: 18.11.2018.

Heldt, Cordula (Sekundärmarkt o. J.): Stichwort „Sekundärmarkt", in: Gabler Wirtschaftslexikon online, http://wirtschaftslexikon.gabler.de/Archiv/14524/sekundaermarkt-v8.html, Abruf: 18.11.2018.

Heldt, Cordula (Termingeschäfte o. J.): Stichwort „Termingeschäfte", in: Gabler Wirtschaftslexikon online, http://wirtschaftslexikon.gabler.de/Archiv/756/termingeschaefte-v8.html, Abruf: 18.11.2018.

Heldt, Cordula (Zins- und Währungsswap o. J.): Stichwort „Zins- und Währungsswap", in: Gabler Wirtschaftslexikon online, http://wirtschaftslexikon.gabler.de/Archiv/5119/zins-und-waehrungsswap-v8.html, Abruf: 18.11.2018.

Hellenkamp, Detlef (Bankvertrieb 2006): Bankvertrieb – Privatkundengeschäft der Kreditinstitute im Wandel, Lohmar/Köln 2006.

Hellenkamp, Detlef (Auswirkungen 2013): Regulatorische Auswirkungen in der Bankberatung, in: Die Bank, 9/2013, S. 41–43.

Hellenkamp, Detlef (Digitalisierung 2014): Zwischen Digitalisierung und Kunden – Renaissance der Filiale?, in: Bank und Markt, 9/2014, S. 36–37.

Hellenkamp, Detlef (Bankwirtschaft 2018): Bankwirtschaft, 2. Aufl., Wiesbaden 2018.

Hellerforth, Michaela (Marketing 2012): Marketing für Immobilienverwalter, Freiburg 2012.

Helmreich, Silvia (Eigenmittel 2017): Meldung über Eigenmittel und Eigenmittelanforderungen, in: Meldewesen für Finanzinstitute – Was bringt die neue europäische Aufsicht, hrsg. von Christian Cech und Silvia Helmreich, Wiesbaden 2017, S. 83–106.

Henk, Alexander; Holthaus, Jens-Uwe (Herausforderungen 2015): Herausforderungen – Zukunftsorientierte Neuausrichtung des Vertriebs von Banken und Sparkasse, in: Multi- und Omnichannel-Management in Banken und Sparkassen – Wege in eine erfolgreiche Zukunft, hrsg. von Harald Brock und Ingo Bieberstein, Wiesbaden 2015, S. 61–73.

Henk, Alexander; Müller, Florian (Ruhekissen 2011): Kein verlässliches Ruhekissen – Abhängigkeit von Fristentransformation reduzieren, in: Bankinformation, 4/2011, S. 35–38.

Herr, Joachim (Scheindigitalisierung 2016): Praxistest hält Banken Scheindigitalisierung vor – Für Kontoeröffnung viele Schritte auf dem Postweg, in: Börsenzeitung, Nr. 132 vom 13.07.2016, S. 3.

Hessami, Gian (Moderne 2015): Moderne verdrängt Tradition, in: Handelsblatt, Nr. 212 vom 03.11.2015, S. 44.

Hetzel, Arno (Banking 2013): Kerngeschäftsfelder im Private Banking – Eine Analyse von individueller Vermögensverwaltung und aktivem Wertpapiermanagement, Hamburg 2013.

Hientzsch, Ralph; Bocken, Ralf (Erfolgsfaktor 2013): Erfolgsfaktor Multi-Channel-Management 2015, in: Die Bank, 11/2013, S. 66–69.

Hientzsch, Ralph; Bocken, Ralf (Geschäftsmodelle 2016): Geschäftsmodelle zukunftsfähig machen, in: Die Bank, 4/2016, S. 36–37.

Hinze, Jörg; Leschus, Leon (Eurorettung 2012): Expansive Geldpolitik der EZB zur Eurorettung – mit ungewissem Ende, in: ifo Schnelldienst, 65/2012, S. 12–15.

Hirschmann, Stefan (Risikomanagement 2015): Zehn Thesen zum Risikomanagement der Zukunft, in: Die Bank, 2/2015, S. 24–30.

Hirschmann, Stefan (Margendruck 2016): Margendruck, in: Die Bank, 8/2016, S. 3.

Hoffmann, Michael (Banken 2015): Banken müssen die Chancen des digitalen Bankings richtig nutzen, in: Bank und Markt, 8/2015, S. 32–35.

Hofmann, Gerhard (Liquiditätsrisiko 2010): Liquiditätsrisiko – alter Wein in neuen Schläuchen? – Lehren aus der Finanzmarktkrise und die Baseler Papiere, in: Bankinformation, 9/2010, S. 32–33.

Hofmann, Jonathan; Schmolz, Sandra (Controlling 2014): Controlling und Basel III in der Unternehmenspraxis – Strategien zur Bewältigung erhöhter Bonitätsanforderungen, Wiesbaden 2014.

Hofstetter, Karl (Kurzfristigkeit 2012): Kurzfristigkeit – Ein zentrales Problem für die Corporate Governance?, in: GoingPublic Magazin, Sonderausgabe Kapitalmarkt Schweiz, 2012, S. 27–31.

Holländer, Dirk u. a. (Trouble 2015): Double Trouble, in: Die Bank, 3/2015, S. 8–12.

Hölscher, Reinhold (Bankregel o. J.): Stichwort „Goldene Bankregel", in: Gabler Wirtschaftslexikon online, http://wirtschaftslexikon.gabler.de/Archiv/336/goldene-bankregel-v7.html, Abruf: 18.11.2018.

Hölscher, Reinhold; Kalhöfer, Christian; Helms, Nils (Finanzmarktkrise 2016): Ergebnisstruktur und Ergebnisentwicklung von Genossenschaftsbanken und Sparkassen vor dem Hintergrund der Finanzmarktkrise, in: Zeitschrift für das gesamte Genossenschaftswesen, 3/2016, S. 176–194.

Homburg, Stefan (Staatsschuldenkrise 2014): Staatsschuldenkrise – Zeitbombe für die Währungsunion?, in: ifo Schnelldienst, 15/2014, S. 3–6.

Hoppenstedt, Dietrich Hermann (Konsequenzen 2010): Konsequenzen nach der Finanzkrise, in: Zeitschrift für das gesamte Kreditwesen, 8/2010, S. 387–392.

Horsch, Andreas; Banh, Minh (Fristentransformationsbeitrag 2012): Stichwort „Fristentransformationsbeitrag", in: Gabler Banklexikon – Bank, Börse, Finanzierung, hrsg. von Ludwig Gramlich u. a., 14. Aufl., Wiesbaden 2012, S. 576–577.

Horsch, Andreas; Hundt, Steffen (M&A 2012): Stichwort „Mergers & Acquisitions (M&A)", in: Gabler Banklexikon – Bank, Börse, Finanzierung, hrsg. von Ludwig Gramlich u. a., 14. Aufl., Wiesbaden 2012, S. 969.

Horvath, Michael (Sparquote o. J.): Stichwort „Sparquote der privaten Haushalte", in: Gabler Wirtschaftslexikon online, http://wirtschaftslexikon.gabler.de/Definition/sparquote-der-privaten-haushalte.html, Abruf: 18.11.2018.

Hufeld, Felix (Banken 2016): Es zahlt sich für die Banken ökonomisch aus, wenn sie sich nicht nur rechtskonform, sondern anständig verhalten, in: Zeitschrift für das gesamte Kreditwesen, 23/2016, S. 1152–1155.

Hüfner, Martin (Geldpolitik 2014): Warum die EZB die Geldpolitik nicht mehr lockern sollte, in: Zeitschrift für das gesamte Kreditwesen, 10/2014, S. 476–477.

Hugel, Joachim; Jäger, Lars (Video-Banking 2016): Video-Banking – was will der Kunde?, in: Bank und Markt, 9/2016, S. 27–30.

Hundt, Steffen (M&A-Advisor 2012): Stichwort „M&A-Advisor", in: Gabler Banklexikon – Bank, Börse, Finanzierung, hrsg. von Ludwig Gramlich u. a., 14. Aufl., Wiesbaden 2012, S. 943.

Hüther, Michael (Krisenpolitik 2012): Krisenpolitik 2012 – Obligatorische Rekapitalisierung der systemrelevanten Banken in der Eurozone, http://www.iwkoeln.de/_storage/asset/63312/storage/master/file/365258/download/Krisenpolitik%202012-4.pdf, Abruf: 18.11.2018.

Hüther, Michael (Investitionen 2015): Investitionen, Zinsen, Konjunktur – Stimmen die Zusammenhänge noch?, in: Zeitschrift für das gesamte Kreditwesen, 1/2015, S. 35–39.

I

Immobiliar-Kreditwürdigkeitsprüfungsleitlinien-Verordnung vom 24. April 2018 (BGBl. I S. 529).

Initiative D21 (D21-Digital-Index 2017): D21 Digital Index 2017/2018 – Jährliches Lagebild zur Digitalen Gesellschaft, https://initiatived21.de/app/uploads/2018/01/d21-digital-index_2017_2018.pdf, Abruf: 18.11.2018.

Institut der deutschen Wirtschaft Köln (Niedrigzinsumfeld 2014): Das aktuelle Niedrigzinsumfeld – Ursachen, Wirkungen und Auswege, http://www.gdv.de/wp-content/uploads/2014/06/IW-Studie-Niedrigzinsen-2014.pdf, Abruf: 18.11.2018.

Institut für Mittelstandsforschung Bonn (KMU-Definition o. J.): KMU-Definition des IfM Bonn, http://www.ifm-bonn.org/definitionen/kmu-definition-des-ifm-bonn/, Abruf: 18.11.2018.

Investors Marketing (Trendstudie 2017): IM-Trendstudie 2017 – Banken 2025 – Zukunftsszenarien und Strategiealternativen für das Privat- und Firmenkundengeschäft, Frankfurt am Main 2017.

J

Jacob, Adolf-Friedrich (Bankgeschäft 1984): Wie sieht das Bankgeschäft 1994 aus?, in: Bank und Markt, 4/1984, S. 6–10.

Jacobi, Carsten (Wachstum 2015): Profitables Wachstum sicherstellen, in: Die Bank, 1/2015, S. 14–17.

Jaekel, Michael (Geschäftsmodelle 2015): Die Anatomie digitaler Geschäftsmodelle, Wiesbaden 2015.

Jakob, Ralph; Nickel, Hans (Privatkundengeschäft 2013): Anlageberatung im Privatkundengeschäft von Kreditinstituten, in: Praxis der modernen Anlageberatung, hrsg. von Rolf Tilmes, Ralph Jakob und Hans Nickel, Köln 2013, S. 19–67.

Jammal, Elias; Leistikow, Melanie (Vertrauen 2011): Vertrauen und Gender im interkulturellen Kontext, in: Perspektiven interkultureller Kompetenz, hrsg. von Wilfried Dreyer und Ulrich Hößler, Göttingen 2011, S. 147–162.

Janik, Jürgen (Kundenberater 2014): Das Herz der Kundenberater gewinnen, in: Die Sparkassenzeitung, Nr. 19 vom 09.05.2014, S. 5.

Jasper, Jörg (Geldpolitik o. J.): Stichwort „Geldpolitik", in: Gabler Wirtschaftslexikon online, http://wirtschaftslexikon.gabler.de/Archiv/54312/geldpolitik-v9.html, Abruf: 18.11.2018.

Jeffries, Frank L.; Reed, Richard (Trust 2000): Trust and Adaptation in Relational Contracting, in: The Academy of Management Review, 4/2000, S. 873–882.

Jendrzey, Gerhard (Kiosksysteme 2002): Kiosksysteme – Chancen und Herausforderungen für Kreditinstitute, 2. Aufl., Stuttgart 2002.

Jentsch, Steffen A. (Banken-Technologie 2016): Banken-Technologie – Anforderungen an die Bank der Zukunft, in: Handbuch Bankvertrieb, hrsg. von Detlef Hellenkamp und Kai Fürderer, Wiesbaden 2016, S. 369–380.

Jessberger, Pascal (Basel III 2013): Auswirkungen von Basel III auf Risikomanagement und Risikocontrolling – Chancen, Risiken, Schlussfolgerungen für mittelständische Banken, Wiesbaden 2013.

Johannsen, Otto (Fintechs 2016): Was deutsche Banken von Fintechs lernen müssen – Digitalisierung der Finanzbranche, in: Finanzierung, Leasing, Factoring, 6/2016, S. 262–264.

John, Klaus Dieter (Geldpolitik 2012): Stichwort „Geldpolitik des ESZB", in: Gabler Banklexikon – Bank, Börse, Finanzierung, hrsg. von Ludwig Gramlich u. a., 14. Aufl., Wiesbaden 2012, S. 604–605.

John, Klaus Dieter (Sparquote 2012): Stichwort „Sparquote", in: Gabler Banklexikon – Bank, Börse, Finanzierung, hrsg. von Ludwig Gramlich u. a., 14. Aufl., Wiesbaden 2012, S. 1286.

Jonietz, Christiane; Peters, Anja (Kunden 2017): Den Kunden besser kennen, in: Die Bank, 6/2017, S. 58–61.

Jost, Sebastian; Kunz, Anne-Christine (Großbanken 2014): Großbanken haben zu viel Personal – BdB-Präsident Fitschen beklagt schlechte Ertragslage der Institute, in: Welt Kompakt, Nr. 218 vom 11.11.2014, S. 20.

Judt, Ewald; Klausegger, Claudia (Customer 2015): Customer Journey, in: Bank und Markt, 1/2015, S. 45–46.

Judt, Ewald; Klausegger, Claudia (Megatrends 2016): Megatrends, in: Bank und Markt, 4/2016, S. 45–46.

Jurgeit, Ludwig; Tröger, Martin (Banking 2011): Social Banking wird massentauglich, in: Bank und Markt, 3/2011, S. 21–24.

K

Kanning, Tim (Banken 2016): Banken in der Zwickmühle – Mit weniger Filialen wollen Kreditinstitute Geld sparen – doch die Banken stecken in einer Zwickmühle, in: Frankfurter Allgemeine Zeitung online, http://www.faz.net/aktuell/finanzen/meine-finanzen/sparen-und-geld-anlegen/banken-wollen-mit-schliessung-der-filialen-geld-sparen-14348187.html, Abruf: 18.11.2018.

Kary, Horst (Vertriebsaktivität 2007): Internationales Geschäft in Vertriebsaktivität integrieren, in: Die Sparkassenzeitung, Nr. 16 vom 20.04.2007.

Kasten, Jörg (Banker-Boni 2013): Banker-Boni – Sind die fetten Jahre vorbei?, in: Bank und Markt, 4/2013, S. 12–13.

Keen, Peter; Schrump, Steven; Chan, Sally (Electronic 1999): Electronic Commerce Relationships – trust by design, Upper Saddle River 1999.

Kemmer, Michael (Basel III 2013): Basel III – Das Rating wird wichtiger, in: Bank und Markt, 8/2013, S. 20–23.

Kenning, Peter (Trust 2002): Customer Trust Management – Ein Beitrag zum Vertrauensmanagement im Lebensmitteleinzelhandel, Wiesbaden 2002.

Kerler, Hermann (Bestandteil 2016): Integraler Bestandteil, in: Bankinformation, 5/2016, S. 73–76.

Kern, Andreas (Kooperation 2015): Konkurrenz oder Kooperation?, in: Die Bank, 7/2015, S. 33–37.

Kernbauer, Johann (Liquiditätshilfe 2011): Liquiditätshilfe in der Krise – die Oesterreichische Clearingbank AG (2008 bis 2011), in: Zeitschrift für das gesamte Kreditwesen, 18/2011, S. 966–970.

Keuschnigg, Christian; Kogler, Christian (Finanzplatz 2016): Finanzplatz Österreich – Eine Strategie für Wachstum und Stabilität, http://www.wpz-fgn.com/wp-content/uploads/WPZ-Studie-Finanzplatz%C3%9620160720.pdf, Abruf: 18.11.2018.

Kiehling, Hartmut (Vertrauen 2013): Kontrolle ist gut, Vertrauen ist besser, in: Die Bank, 7/2013, S. 18–23.

Kießler, Birgit; Dahms, Rainer; Rogge-Strang, Carsten (Einführung 2013): Einführung – Neue Herausforderungen in der Personalarbeit, in: Wechsel auf die Zukunft – Demografischer, gesellschaftlicher und technologischer Wandel – Worauf sich die Personalarbeit in Banken einstellen muss, hrsg. von Birgit Kießler, Rainer Dahms und Carsten Rogge-Strang, Köln 2013, S. 9–12.

King, Brett (Banks 2014): Breaking Banks – Weshalb Banken der Vergangenheit angehören – und wer in Zukunft unser Geld verwaltet, Kulmbach 2014.

Kipker, Ingo (FinTechs 2014): FinTechs – Angriff auf die Geschäftsmodelle von Banken – Game Changer oder nächste Internet-Blase, https://www.horvath-partners.com/file admin/horvath-partners.com/assets/05_Media_Center/PDFs/deutsch/2014_07_17_Studie -FinTechs_Attack_on_Banking_final.pdf, Abruf: 18.11.2018.

Kirchhoff, Ulrich (Globalisierung 2008): Auswirkungen der Globalisierung auf die öffentlichen Banken – Beispiel der Internationalisierung des Firmenkundengeschäfts, in: Auswirkungen der Globalisierung auf die öffentlichen Banken – Trennung von Infrastruktur und Betrieb, hrsg. von Gesellschaft für öffentliche Wirtschaft, S. 9–20, http://www.bvoed.de/assets/files/downloads/Beitraege/Heft_26.pdf, Abruf: 18.11.2018.

Kirsch, Wolfgang (Finanzintermediär 2014): Die digitale Revolution rüttelt an der Rolle der Banken als Finanzintermediär, in: Zeitschrift für das gesamte Kreditwesen, 23/2014, S. 1182–1186.

Kirschberger, Axel; Umbach, Christian (Nachhaltigkeitsstrategie 2013): Mischfonds als Bestandteil einer Nachhaltigkeitsstrategie – Der Volksbank Gütersloh Nachhaltigkeitsinvest, in: Socially Responsible Investments in Banken – Markt, Bedingungen, Praxiserfahrungen, hrsg. von Stefan Ziermann, Köln 2013, S. 189–201.

Klaus, Kerstin (Banken 2007): Banken und Erlebnisorientierung – Verhaltenswirkungen aus umweltpsychologischer Perspektive, Wiesbaden 2007.

Klaus, Michael (Banken 2012): Banken brauchen Orientierung, in: Die Bank, 10/2012, S. 60–63.

Klein, David (DSGVO 2018): Die DSGVO im digitalen Bankgeschäft, in: Bank und Markt, 8/2018, S. 24–27.

Klein, Sebastian (Strategien 1993): Strategien der Großbanken in den neuen Bundesländern, Wiesbaden 1993.

Kleine, Jens; Seibert, Helmut (Initialzündung 2012): Initialzündung – Nachhaltigkeit – Chance für Genossenschaftsbanken, in: Bankinformation, 4/2012, S. 46–47.

Kleinfeld, Annette; Henze, Birthe (Maßstab 2010): Wenn der Maßstab fehlt – oder wann ist CSR (unternehmens)ethisch vertretbar?, in: Corporate Social Responsibility in der Wirtschaftskrise – Reichweiten der Verantwortung, hrsg. von Michael S. Aßländer und Albert Löhr, München/Mering 2010, S. 49–71.

Kleinow, Jacob (Finanzinstitute 2016): Systemrelevante Finanzinstitute – Systemrisiko und Regulierung im europäischen Kontext, Wiesbaden 2016.

Klos, Manuela (Nachhaltigkeitsbanken 2016): Produktmanagement und Kunden von Nachhaltigkeitsbanken, in: Nachhaltigkeit im Bankensektor – Konzepte, Rechtsfragen, Kulturwandel, hrsg. von Denise A. Bauer und Gunnar Schuster, Köln 2016, S. 289–322.

Klüh, Ulrich (Wandel 2012): Demografischer Wandel und Personalentwicklung in der Kreditwirtschaft, in: Zeitschrift für das gesamte Kreditwesen, 20/2012, S. 1045–1048.

Knights, David u. a. (Shadows 2001): Chasing Shadows – Control, Virtuality and the Production of Trust, in: Organization Studies, 2/2001, S. 311–336.

Knoll, Jessica (Betrugsrisiken 2011): Management von Betrugsrisiken in Versicherungsunternehmen, Baden-Baden 2011.

Knoll, Jessica (Bankloyalität 2012): Stichwort „Bankloyalität“, in: Gabler Banklexikon – Bank, Börse, Finanzierung, hrsg. von Ludwig Gramlich u. a., 14. Aufl., Wiesbaden 2012, S. 165.

Knoll, Jessica (Cross Selling 2012): Stichwort „Cross Selling“, in: Gabler Banklexikon – Bank, Börse, Finanzierung, hrsg. von Ludwig Gramlich u. a., 14. Aufl., Wiesbaden 2012, S. 334.

Knoll, Jessica (Hausbank 2012): Stichwort „Hausbank“, in: Gabler Banklexikon – Bank, Börse, Finanzierung, hrsg. von Ludwig Gramlich u. a., 14. Aufl., Wiesbaden 2012, S. 701.

Knoll, Jessica (Kundenloyalität 2012): Stichwort „Kundenloyalität“, in: Gabler Banklexikon – Bank, Börse, Finanzierung, hrsg. von Ludwig Gramlich u. a., 14. Aufl., Wiesbaden 2012, S. 899–900.

Knoll, Jessica (Kundenzufriedenheit 2012): Stichwort „Kundenzufriedenheit“, in: Gabler Banklexikon – Bank, Börse, Finanzierung, hrsg. von Ludwig Gramlich u. a., 14. Aufl., Wiesbaden 2012, S. 901.

Knoll, Jessica (Mobilebanking 2012): Stichwort „Mobilebanking“, in: Gabler Banklexikon – Bank, Börse, Finanzierung, hrsg. von Ludwig Gramlich u. a., 14. Aufl., Wiesbaden 2012, S. 989.

Knoll, Jessica (Banking 2012): Stichwort „Multi Channel Banking“, in: Gabler Banklexikon – Bank, Börse, Finanzierung, hrsg. von Ludwig Gramlich u. a., 14. Aufl., Wiesbaden 2012, S. 1000.

Knoll, Jessica; Waschbusch, Gerd (Social Media 2012): Stichwort „Social Media“, in: Gabler Banklexikon – Bank, Börse, Finanzierung, hrsg. von Ludwig Gramlich u. a., 14. Aufl., Wiesbaden 2012, S. 1265–1267.

Knopp, Peter (Basel III 2011): Basel III – Wird der Aufschwung ausgebremst? Immobilien & Finanzierung, 11/2011, S. 368–369.

Knothe, Robert (Bankkunde 1967): Der neue Bankkunde – wie bemühen sich die Kreditbanken um den "Kleinen Mann"?, Wiesbaden 1967.

Knüfermann, Markus; Wings, Heinz (Geschäftsmodell 2011): Geschäftsmodell optimieren – Baufinanzierungen: Standardisiertes Privatkundengeschäft im 21. Jahrhundert, in: Bankinformation, 2/2011, S. 55–58.

Knüppel, Hartmut (Regulierung 2013): Wir brauchen nicht mehr, sondern bessere Regulierung – Spielregeln für den Finanzmarkt dürfen nicht so eng sein, dass sie die wirtschaftlichen Aktivitäten erdrosseln, in: Börsenzeitung, Sonderbeilage vom 27.02.2013, S. B10.

Koch, Philipp u. a. (Road 2016): The road ahead – Perspectives on German banking, München 2016.

Köcher, Renate (Banken 2013): Banken in der öffentlichen Wahrnehmung, https://bankenverband.de/media/files/Umfrage-_Banken_in_der_oeffentlichen_Wahrnehmung_csuPGSz_kR8usTP.pdf, Abruf: 18.11.2018.

Kohlhase, Thomas (Banken 2015): Die Bonitätsbeurteilung von Banken – Ein Analyseleitfaden für Praktiker, in: Analyse von Bank- und Versicherungsbilanzen, hrsg. von Thomas Kohlhase und Viktor Heese, Heidelberg 2015, S. 7–171.

Kohlleppel, Laurenz (Niedrigzinsphase 2017): Die Niedrigzinsphase und ihre disruptive Wirkung auf das Bankgeschäft, in: Zeitschrift für das gesamte Kreditwesen, 3/2017, S. 126–129.

Kohrs, Uwe A. (GPRA-Vertrauensindex 2010): GPRA-Vertrauensindex – Finanzbranche auf dem letzten Platz, in: Die Sparkassenzeitung, Nr. 18 vom 07.05.2010, S. B10.

Kollmann, David (Kooperation 2016): Kooperation statt Konfrontation, in: Betriebswirtschaftliche Blätter vom 13.05.2016.

König, Michael (Krisenbank 2010): Millionen-Boni für Manager der Krisenbank, in: Süddeutsche Zeitung online, http://www.sueddeutsche.de/geld/hypo-real-estate-millionen-boni-fuer-topmanager-der-krisenbank-1.1001909, Abruf: 18.11.2018.

König, Philipp; Pothier, David (Liquiditätsregulierung 2016): Die neue Basler Liquiditätsregulierung – Ausgestaltung und Fallstricke, in: DIW Wochenbericht, 21/2016, S. 475–484.

Korndörffer, Sven H. (Banken 2010): Wie Banken nach der Finanzmarktkrise kommunizieren sollten, in: Bank und Markt, 4/2010, S. 25–26.

Körner, Kevin; Schattenberg, Marc; Heymann, Eric (Wirtschaft 2018): Digitale Wirtschaft – Wie künstliche Intelligenz und Robotik unsere Arbeit und unser Leben verändern, https://www.dbresearch.de/PROD/RPS_DE-PROD/PROD0000000000468838/Digitale_Wirtschaft%3A_Wie_k%C3%BCnstliche_Intelligenz_un.PDF, Abruf: 18.11.2018.

Korschinowski, Sven (Zahlungsverkehr 2015): Zahlungsverkehr aus Bankensicht – den Anschluss nicht verlieren, in: cards, 4/2015, S. 17–19.

Kostiw-Obst, Anna; Mertsching, Johannes; Seiwald, Christian (Zinsrisken 2016): Zinsrisiken im Anlagebuch (IRRBB) – EBA- und finalisierte BCBS-Anforderungen, https://www2.deloitte.com/content/dam/Deloitte/de/Documents/financial-services/White-Paper-No.70-Zins%C3%A4nderungsrisiken-im-Anlagebuch.pdf, Abruf: 18.11.2018.

Kotzbauer, Michael (Mittelstand 2016): Der Mittelstand wird digital – was heißt das für Banken?, in: Bank und Markt, 9/2016, S. 16–20.

KPMG (Anforderungen 2013): Auswirkungen regulatorischer Anforderungen – Studie, http://docplayer.org/10440460-Auswirkungen-regulatorischer-anforderungen.html, Abruf: 18.11.2018.

KPMG (Auswirkungen 2014): Auswirkungen regulatorischer Anforderungen – Studie (Vorstellung der Ergebnisse), http://www.housingfinance2014.org/fileadmin/2014/Praesentationen_Deutsch/3_3_Ulrich_von_Zanthier_Deutsch.pdf, Abruf: 18.11.2018.

KPMG; Bundesverband deutscher Banken; Bundesverband Öffentlicher Banken Deutschlands (Bankenregulierung 2013): Bankenregulierung entfaltet Wirkung – Eigenkapital und Liquidität gestärkt – Wachstum im Firmenkunden- und Privatkundengeschäft, https://bankenverband.de/media/files/Presse-Info_als_kBqoaQP.pdf, Abruf: 18.11.2018.

Krall, Markus (Aufsicht 2015): Gefangen zwischen Aufsicht und Geldpolitik, in: Die Bank, 3/2015, S. 22–27.

Krall, Markus (Wertschöpfung 2015): Höhere Wertschöpfung im Kreditgeschäft, in: Die Bank, 6/2015, S. 34–39.

Krall, Markus (Wachstum 2015): Wachstum durch Innovation, in: Die Bank, 9/2015, S. 36–41.

Krämer, Gregor (Bankenaufsicht 2000): Ziele, Adressaten und Risiken der Bankenaufsicht, Aachen 2000.

Krämer, Gregor (Bankenaufsicht 2012): Nationale und internationale Bankenaufsicht, in: Kompendium Management in Banking & Finance – Grundlagen der strategischen Positionierung, hrsg. von Udo Steffens und Markus Gerhard, Bd. 1, 8. Aufl., Frankfurt am Main 2012, S. 307–405.

Krämer, Gregor (Antizyklischer Kapitalpuffer 2012): Stichwort „Antizyklischer Kapitalpuffer“, in: Gabler Banklexikon – Bank, Börse, Finanzierung, hrsg. von Ludwig Gramlich u. a., 14. Aufl., Wiesbaden 2012, S. 75.

Krämer, Gregor (Kapitalerhaltungspuffer 2012): Stichwort „Kapitalerhaltungspuffer“, in: Gabler Banklexikon – Bank, Börse, Finanzierung, hrsg. von Ludwig Gramlich u. a., 14. Aufl., Wiesbaden 2012, S. 815.

Krämer, Gregor (Fail 2012): Stichwort „Too Big to Fail“, in: Gabler Banklexikon – Bank, Börse, Finanzierung, hrsg. von Ludwig Gramlich u. a., 14. Aufl., Wiesbaden 2012, S. 1362.

Krämer, Gregor; Waschbusch, Gerd; Rolle, Andrea (Leverage 2011): Einführung einer Leverage Ratio in CRD IV, in: Recht der Finanzinstrumente, 6/2011, S. 390–397.

Kramer, Roderick (Trust 2006): Trust as Situated Cognition: An Ecological Perspective on Trust Decisions, in: Handbook of Trust Research, hrsg. von Reinhard Bachmann und Akbar Zaheer, Cheltenham u. a. 2006, S. 68–84.

Krapp, Catiana (Finanzkrise 2018): Die Finanzkrise wird deutsche Steuerzahler wohl mehr als 68 Milliarden Euro kosten, in: Handelsblatt online, https://www.handelsblatt.com/finanzen/banken-versicherungen/steuerlast-die-finanzkrise-wird-deutsche-steuerzahler-wohl-mehr-als-68-milliarden-euro-kosten/23060292.html?ticket=ST-9834291-UYT0cDb9xnoBQ73ddDDu-ap3, Abruf: 18.11.2018.

Kraus, Anja (Gesucht 2014): Gesucht – der "Superbanker", in: Die Bank, 11/2014, S. 82.

Kraus, Tilo; Schröder, Jörg; Schnutenhaus, Dennis (Finanzierungslandschaft 2014): Finanzierungslandschaft im Umbruch – neue Finanzierungsstrategien für den Mittelstand, in: Corporate Finance, 4/2014, S. 192–200.

Krautscheid, Andreas (Treiber 2015): Der Blick über den Tellerrand ist ein starker wirtschaftlicher Treiber, in: Bank und Markt, 4/2015, S. 16–18.

Kreditanstalt für Wiederaufbau (Kreditgewerbe 2005): Das deutsche Kreditgewerbe im internationalen Vergleich – Betriebswirtschaftlich wenig rentabel, volkswirtschaftlich hoch produktiv, https://www.kfw.de/Download-Center/Konzernthemen/Research/PDF-Dokumente-MakroScope/MakroScope_17.pdf, Abruf: 18.11.2018.

Kreditwesengesetz (KWG) in der Fassung der Bekanntmachung vom 9. September 1998 (BGBl. I S. 2776), das zuletzt durch Artikel 8 des Gesetzes vom 10. Juli 2018 (BGBl. I S. 1102) geändert worden ist.

Kring, Thorn (Bankentrends-Diskussion 2010): Bankentrends-Diskussion – Ergebnisse der ADG-Trendstudie 2010/Teil 1: Vertrieb – Vertriebspotenzial Vernetzung, in: Bankinformation, 8/2010, S. 16–17.

Kröger, Jörgen (Koordination 2011): Herausforderungen an die wirtschaftliche Koordination – die Auswirkungen der Finanzkrise und Anpassungsnotwendigkeiten in der Währungsunion, in: Zukunftsfähige Wirtschaftspolitik für Deutschland und Europa, hrsg. von Paul J. J. Welfens, Berlin/Heidelberg 2011, S. 101–114.

Krowarz, Sebastian (Krise 2012): In der Krise nicht an Werbung sparen, in: Bank und Markt, 9/2012, S. 30–31.

Krüger, Markus (Umbruch 2015): Und immer wieder Umbruch, in: Bankinformation, 10/2015, S. 14–17.

Krüger, Markus (Scheindigitalisierung 2016): Scheindigitalisierung, in: Bankinformation, 8/2016, S. 4.

Krüger, Markus (Strukturfragen 2016): Strukturfragen, in: Bankinformation, 10/2016, S. 6–7.

Krumnow, Jürgen u. a. (Rechnungslegung 2004): Rechnungslegung der Kreditinstitute – Kommentar, 2. Aufl., Stuttgart 2004.

Krupp, Walter; Pick, Doreén (Potenzial 2016): Disruptives Potenzial, in: Bankinformation, 8/2016, S. 66–69.

Kruse, Olaf; Horsch, Andreas (Swap 2012): Stichwort „Cross Currency Interest Rate Swap“, in: Gabler Banklexikon – Bank, Börse, Finanzierung, hrsg. von Ludwig Gramlich u. a., 14. Aufl., Wiesbaden 2012, S. 333.

Kruse, Oliver; Krimphove, Dieter (Umsetzung 2014): Neue Regeln vor Umsetzung, in: Betriebswirtschaftliche Blätter vom 07.11.2014.

Kuhles, Birgit (Management 2002): Interkulturelles Management westlicher Banken in Südostasien – Analyse und Konzept am Beispiel von Singapur, Malaysia und Vietnam, Wiesbaden 2002.

Kühlwein, Anna-Joy; Burkert, Uwe (Bankanalyse 2015): Bankanalyse – wachsende Bedeutung seit der Finanzkrise, in: Bankenrating – Normative Bankenordnung in der Finanzmarktkrise, hrsg. von Oliver Everling und Karl-Heinz Goedeckemeyer, 2. Aufl., Wiesbaden 2015, S. 157–184.

Kuhn, Wolfgang (Nachhaltigkeit 2015): Nachhaltigkeit – Herausforderung und Chance für Banken, in: Bank und Markt, 4/2015, S. 29–30.

Kuhn, Wolfgang (Banken 2016): Die kluge Kombination von Mensch und Maschine bestimmt den Erfolg der Banken – Heute kommt es darauf an, beide Welten im Sinne der Kunden zu verknüpfen, in: Börsenzeitung, Sonderbeilage vom 09.04.2016, S. 6.

Kühner, Anja (Kunden 2016): Kunden schätzen Standardlösungen, in: Bankmagazin, 5/2016, S. 40–43.

Kühner, Anja; Mosch, Anita (PostIdent 2012): Schluss mit PostIdent für Online-Verträge?, in: Bankmagazin, 4/2012, S. 38–40.

Kumpan, Christoph (Reputation 2016): Reputation im Unternehmensrecht, in: Nachhaltigkeit im Bankensektor – Konzepte, Rechtsfragen, Kulturwandel, hrsg. von Denise A. Bauer und Gunnar Schuster, Köln 2016, S. 323–346.

Kunze, Frederik; Windels, Torsten; Dill, Steffen (Basel III 2015): Basel III und die Risikotragfähigkeit von Banken nach der Finanzkrise, in: Bankenrating – Normative Bankenordnung in der Finanzmarktkrise, hrsg. von Oliver Everling und Karl-Heinz Goedeckemeyer, 2. Aufl., Wiesbaden 2015, S. 291–321.

Kury, Max (Rechenschaft 2014): Abgabe von Rechenschaft zum Wiederaufbau von Vertrauen – Eine empirische Untersuchung der Berichterstattung von Banken, Lohmar/Köln 2014.

Kußmaul, Heinz (Investment Banking 2012): Stichwort „Investment Banking", in: Gabler Banklexikon – Bank, Börse, Finanzierung, hrsg. von Ludwig Gramlich u. a., 14. Aufl., Wiesbaden 2012, S. 780.

Kußmaul, Heinz (Retail Banking 2012): Stichwort „Retail Banking", in: Gabler Banklexikon – Bank, Börse, Finanzierung, hrsg. von Ludwig Gramlich u. a., 14. Aufl., Wiesbaden 2012, S. 1173.

Kuttler, Hans-Jörg (Zahlungsmittel 2016): Smartphone mutiert zum Zahlungsmittel, in: Betriebswirtschaftliche Blätter vom 08.02.2016.

Kutzer, Hermann (Wirtschaftsordnung 2011): Eine neue Wirtschaftsordnung, in: AssCompact, 11/2011, S. 72.

L

Laeequddin, Mohammed (Trust 2010): Measuring trust in supply chain partners' relationships, in: Measuring Business Excellence, 3/2010, S. 53–69.

Lang, Sebastian; Spremann, Klaus (Finanzierungsverhalten 2016): Dynamisches Finanzierungsverhalten von Unternehmen und Folgen für Geschäfts- und Zentralbanken, in: Zeitschrift für das gesamte Kreditwesen, 5/2016, S. 229–234.

Lange, Kai (Banker-Boni 2018): Banker-Boni zehnmal so hoch wie Dividende der Deutschen Bank, in: Manager Magazin online, http://www.manager-magazin.de/unternehmen/banken/deutsche-bank-zahlt-2-3-milliarden-euro-boni-a-1198400.html, Abruf: 18.11.2018.

Lange, Marc; Paul, Stephan (Effekte 2017): Kumulative Effekte beachten, in: Bankinformation, 1/2017, S. 6–9.

Lassak, Andrea (Vertrauen 2015): Grundloses Vertrauen – Eine theologische Studie zum Verhältnis von Grund- und Gottvertrauen, Tübingen 2015.

Lau, Viktor (Eignungsdiagnostik 2016): Evidenzbasierte Eignungsdiagnostik, in: Die Bank, 2/2016, S. 68–71.

Laube, Marcus (Aufklärung 2015): Für den Durchbruch braucht es vor allem Aufklärung, in: cards, 4/2015, S. 14–16.

Laufenberg, Steffen (Liquiditätsanforderungen 2018): § 9 Liquiditätsanforderungen, in: Handbuch Bankenaufsichtsrecht, hrsg. von Jens-Hinrich Binder, Alexander Glos und Jan Riepe, Köln 2018, S. 377–410.

Laumann, Janko (Risikokommunikation 2016): Das Risiko der Risikokommunikation, in: Die Bank, 7/2016, S. 52–55.

Lehmann, Ingmar (Fintechs 2015): Fintechs – Kooperation statt Konfrontation, in: Die Sparkassenzeitung, Nr. 51 vom 18.12.2015, S. 10.

Leichsenring, Hansjörg (Loyal 2013): Loyal frustriert?!, in: Betriebswirtschaftliche Blätter vom 08.03.2013.

Leichsenring, Hansjörg (Banking 2015): Banking in der Cloud – Aktuelle Studie zu Technologien im Banking, https://www.der-bank-blog.de/banking-in-der-cloud/studien/technologie-finance/15666/, Abruf: 18.11.2018.

Leichsenring, Hansjörg (Technologietrends 2018): Studie – Fünf bedeutende Technologietrends für Banken, https://www.der-bank-blog.de/fuenf-technologietrends-banking/studien/technologie-finance/33801/, Abruf: 18.11.2018.

Leisse, Oliver (Prepared 2014): Be prepared – 30 Trends für das Business von morgen, 2. Aufl., Freiburg 2014.

Lempka, Robert; Winkler, Thomas; Bernegger, Marc P. (Megatrend 2013): Megatrend Next Generation Finance, in: Finanzdienstleister der nächsten Generation – Die neue digitale Macht der Kunden, hrsg. von Oliver Everling und Robert Lempka, Frankfurt am Main 2013, S. 3–14.

Lenhart, Martin (Marktfolge-Turbo 2017): Der Marktfolge-Turbo, in: Die Bank, 5/2017, S. 26–27.

Lenz, Rainer (Banking 2015): Banking 2025 – Die Bank der Zukunft, in: Betriebswirtschaftliche Forschung und Praxis, 5/2015, S. 509–529.

Leonhardt, Fabian; Wiedemann, Arnd (Nachhaltigkeit 2014): Push und Pull der Nachhaltigkeit, in: Die Bank, 12/2014, S. 30–34.

Lepold, Oliver (Fintechs 2016): Fintechs – „Kill the middleman" ist eine geschickte Strategie, http://www.dasinvestment.com/19-finanzebs-forum-fintechs-kill-the-middleman-ist-eine-geschickte-strategie/, Abruf: 18.11.2018.

Leslie, Christopher (Trust 2004): Trust, Distrust, and Antitrust, in: Texas Law Review, 3/2004, S. 515–680.

Leusmann, Klaus (Kulturwandel 2013): Kulturwandel bei den Banken – Wege zu Ethik und Verantwortung im Kreditgewerbe, Wiesbaden 2013.

Leutner, Bernd u. a. (Entwicklung 2011): Demografischer Wandel und Entwicklung des Immobilienmarkts in peripheren ländlichen Regionen Ostdeutschlands – Kurzfassung, http://www.beauftragte-neue-laender.de/BNL/Redaktion/DE/Downloads/Anlagen/demografischer_wandel_entwicklung_immobilienmarkt.pdf?__blob=publicationFile&v=3, Abruf: 18.11.2018.

Lewis, David J.; Weigert, Andrew (Trust 1985): Trust as a Social Reality, in: Social Forces, 4/1985, S. 967–985.

Lieberknecht, Jürgen (Digitalisierung 2016): Digitalisierung und Regulierung – Katalysatoren eines sich wandelnden Bankgeschäftes, in: Handbuch Bankvertrieb, hrsg. von Detlef Hellenkamp und Kai Fürderer, Wiesbaden 2016, S. 77–97.

Lindemann, Christoph; Schiele, Christian (Gesamtbanksteuerung 2011): Herausforderung für die Weiterentwicklung der Gesamtbanksteuerung, in: Zeitschrift für das gesamte Kreditwesen – Ausgabe Technik, 1/2011, S. 17–21.

Lindenstädt, Simone (Chance 2016): Digitalisierung als Chance, in: Bankinformation, 7/2016, S. 30–31.

Lindenstädt, Simone (Veränderungsbereit 2016): Erfolgreich und veränderungsbereit, in: Bankinformation, 7/2016, S. 18–21.

Lindenstädt, Simone (Mitbestimmung 2016): Mitbestimmung, in: Bankinformation, 11/2016, S. 47.

Lindner, Stefanie (Änderungsentwurf 2016): Europäische Kommission legt den finalen Änderungsentwurf für Kapitalvorschriften CRR und CRD IV vor, https://www.finbridge.de /aktuelles/2016/11/24/nderungen-der-kapitalvorschriften-auf-europischer-ebene, Abruf: 18.11.2018.

Lingel, Marcus (Zeiten 2014): Klassisches Bankgeschäft in turbulenten Zeiten, in: Die Bank, 9/2014, S. 38–41.

Lipphardt, Ulf; Mihm, Oliver (Spagat 2016): Der Spagat, in: Bankinformation, 8/2016, S. 14–19.

Lister, Michael (Kreditinstitute 2015): Die Perspektiven deutscher Kreditinstitute unter dem Druck von Niedrigzinsen, Regulierung und Digitalisierung, http://zeb-bs.de/pdf/banken symposium2015_lister.pdf, Abruf: 18.11.2018.

Lister, Michael; Menninghaus, Wilhelm; Pohl, Michael (Kreditinstitute 2016): Perspektiven deutscher Kreditinstitute 2016, in: Die Bank, 1/2016, S. 26–31.

Löbbecke, Fabian von (BRSG 2018): BRSG – Die nächste Evolutionsstufe der betrieblichen Altersversorgung, in: AssCompact, 5/2018, S. 32.

Lochmaier, Lothar (Bank 2010): Die Bank sind wir – Chancen und Perspektiven von Social Banking, Hannover 2010.

Loeper, Nicolas von (Beratung 2013): Herausforderungen an die Beratung in der privaten Vermögensverwaltung, in: Zeitschrift für das gesamte Kreditwesen, 5/2013, S. 233–235.

Loeper, Nicolas von (Privatbanken 2014): Privatbanken unter Veränderungsdruck, in: Trends im Private Banking 2014, hrsg. von Klaus Fleischer, Köln 2014, S. 93–104.

Löhndorf, Katja (Ertragssicherung 2016): Nachhaltige Ertragssicherung, in: Bankinformation, 3/2016, S. 54–59.

Lossin, Martin; Knüsel, Daniel (Regulatorik 2015): Besonderheiten der Bewertung von Banken nach dem Ertragswertverfahren im Umfeld verstärkter Regulatorik, in: Bankenrating – Normative Bankenordnung in der Finanzmarktkrise, hrsg. von Oliver Everling und Karl-Heinz Goedeckemeyer, 2. Aufl., Wiesbaden 2015, S. 113–140.

Lubig, Dirk; Wandhöfer, Olaf (Margenstark 2012): Margenstark, risikoarm, kundennah, in: Die Bank, 2/2012, S. 48–52.

Lüders, Uwe; Manns, Thorsten; Schnall, Markus (Basel III 2012): Beyond Basel III: Aufsichtliche Änderungen im Überblick, in: Risikomanager – Jahrbuch 2012/2013, hrsg. von Roland Franz Erben, Köln 2012, S. 30–41.

Luft, Stefan (Flüchtlingskrise 2017): Die Flüchtlingskrise – Ursachen, Konflikte, Folgen, 2. Aufl., München 2017.

Luhmann, Niklas (Vertrauen 2014): Vertrauen – Ein Mechanismus der Reduktion sozialer Komplexität, 5. Aufl., Konstanz/München 2014.

Lukas, Tobias (Vertrieb 2008): Emotionalisierung im Vertrieb – Chance zur Differenzierung, in: Innovationen und Konzepte für die Bank der Zukunft – Mit modernen Vertriebslösungen und optimierten Wertschöpfungsprozessen künftigen Herausforderungen begegnen, hrsg. von Dieter Spath, Wilhelm Bauer und Martin Engstler, Wiesbaden 2008, S. 73–78.

Luttmer, Nina (Banker-Regeln 2018): Merkwürdige Banker-Regeln, in: Frankfurter Rundschau online, http://www.fr.de/politik/meinung/kommentare/deutsche-bank-merkwuer dige-banker-regeln-a-1440068?utm_campaign=Echobox, Abruf: 18.11.2018.

M

Macke, Hans-Theo (Regulatorik 2011): Auswirkungen der veränderten Regulatorik auf das Firmenkundengeschäft der Banken, in: Zeitschrift für das gesamte Kreditwesen, 21/2011, S. 1106–1109.

Macroeconomic Assessment Group (Final 2010): Final Report – Assessing the macroeconomic impact of the transition to stronger capital and liquidity requirements, http://www.bis.org/publ/othp12.pdf, Abruf: 18.11.2018.

Maier, Steffen (Finanzinstitute 2012): Auswirkungen von Basel III auf Finanzmärkte, Finanzinstitute und Realwirtschaft, in: Risikomanager – Jahrbuch 2012/2013, hrsg. von Roland Franz Erben, Köln 2012, S. 42–49.

Mailly, Isabell (Liquidität 2014): Liquidität – LCR-Mindeststandard für Europa, https:// www.bafin.de/SharedDocs/Veroeffentlichungen/DE/Fachartikel/2014/fa_bj_1412_liquid itaet_lcr_mindeststandard_fuer_europa.html, Abruf: 18.11.2018.

Main Incubator (Finanzierung o. J.): Finanzierung, https://www.main-incubator.com/ finanzierung/, Abruf: 18.11.2018.

Malisch, Ralph (Nachhaltigkeit 2010): Nachhaltigkeit zwischen Ökologie und Ökonomie, in: Smart Investor, 11/2010, S. 28–29.

Mändle, Markus (Kreditgenossenschaft o. J.): Stichwort „Kreditgenossenschaft“, in: Gabler Wirtschaftslexikon online, http://wirtschaftslexikon.gabler.de/Archiv/777/kreditgenossen schaft-v11.html, Abruf: 18.11.2018.

Manger-Nestler, Cornelia (Sparkassen 2012): Stichwort „Sparkassen“, in: Gabler Banklexikon – Bank, Börse, Finanzierung, hrsg. von Ludwig Gramlich u. a., 14. Aufl., Wiesbaden 2012, S. 1283–1284.

Manns, Thorsten; Schulte-Mattler, Hermann (Aufsichtsfeuerwerk 2010): Aufsichtsfeuerwerk Basel III und CRD IV – Antwort der Bankenaufseher auf die Finanzmarktkrise, in: Zeitschrift für Wirtschafts- und Bankrecht, 34/2010, S. 1577–1584.

Marks, Bernard (System 2015): System ist immer noch fragil, in: Tagblatt online, http://www.tagblatt.ch/nachrichten/wirtschaft/System-ist-immer-noch-fragil;art149,4342 161, Abruf: 18.11.2018.

Marten, Eckhard (Banken 2016): Banken und Medien – der Kampf um Welten, in: Bank und Markt, 7/2016, S. 39–42.

Martin, Andreas (Konkurrent 2014): „Wir sind mit Niedrigzinsen besser zurechtgekommen als mancher Konkurrent“, in: Zeitschrift für das gesamte Kreditwesen, 4/2014, S. 173.

Massari, Philipp (Wettbewerbsrecht 2006): Das Wettbewerbsrecht der Banken – die Regulierung des Wettbewerbs der Banken durch Kartellrecht, Bankaufsichtsrecht und Lauterkeitsrecht, Berlin 2006.

Mattner, Andreas (Investitionsgut 2014): Immobilien als langfristiges Investitionsgut klassifizieren, in: Immobilien & Finanzierung, 13/2014, S. 424–425.

Matysik, Norbert (Geschäftsmodelle 2014): Aktuelle Herausforderungen für die Geschäftsmodelle, in: Aspekte moderner Bankenregulierung, hrsg. von Wilhelm Niehoff und Stefan Hirschmann, Köln 2014, S. 89–92.

Maurer, Maren; Wroge, Julia von der (Personalmanagement 2012): Personalmanagement im Kontext der demografischen Entwicklung, in: Bank und Markt, 5/2012, S. 35–37.

Mausbach, Carmen (Jahre 2016): Die fetten Jahre sind vorbei, in: Bankmagazin, 2+3/2016, S. 36–38.

Mayer, Roger C.; Davis, James H.; Schoorman, F. David (Trust 1995): An Integrative Model of Organizational Trust, in: The Academy of Management Review, 3/1995, S. 709–734.

Meck, Georg (Firma 2018): „Deutsche Bank ist die unfähigste Firma, in der ich je gearbeitet habe“, in: Frankfurter Allgemeine Zeitung online, http://www.faz.net/aktuell/wirtschaft/unternehmen/deutsche-bank-vorstandsmitglied-kritisiert-unfaehigkeit-ihres-arbeitgebers-15511040.html, Abruf: 18.11.2018.

Meenen, Lothar (Brexit-Wette 2016): Keine Brexit-Wette riskieren, in: der Treasurer, 4/2016, S. 18.

Meller, Florian (Liquiditätsvorschriften 2011): Vorteile aus dem kreditgenossenschaftlichen Geschäftsmodell bei der Einhaltung von Liquiditätsvorschriften (MaRisk), in: Zeitschrift für das gesamte Genossenschaftswesen, 4/2011, S. 261–276.

Meller, Florian (Bankgeschäft 2013): Banken als Intermediäre im traditionellen Bankgeschäft – Bedrohung durch Basel III?, in: Corporate Finance law, 2/2013, S. 92–100.

Memminger, Matthias; Huber, Jan-Alexander (Banks 2015): How banks can use strategy, structure and resilience to win the regulatory endgame – The new regulatory paradigm demands a strategic reassessment, not a compliance exercise, http://www.bain.com/Images/BAIN_BRIEF_%20How_banks_use_strategy_to_win_the_regulatory_endgame.pdf, Abruf: 18.11.2018.

Mervelskemper, Laura; Paul, Stephan (Unternehmenskultur 2016): Unternehmenskultur als Innovationstreiber? – Ein Einblick in die Praxis, in: Zeitschrift für das gesamte Kreditwesen, 15/2016, S. 746–751.

Meuche, Thomas (Kreditwürdigkeitsprüfung 1994): Ökologische Risiken in der Kreditwürdigkeitsprüfung, Frankfurt am Main 1994.

Meuche, Thomas (Hilfe 2012): Hilfe zur Selbsthilfe – Firmenkunden bei der Bewältigung demografischer Herausforderungen unterstützen, in: Bankinformation, 9/2012, S. 26–28.

Meybom, Peter (Ergebnisstruktur 2012): Beratungsqualität verbessert Ergebnisstruktur, in: Die Bank, 12/2012, S. 23–27.

Meybom, Peter (Gesamtbanksteuerung 2012): Kapitalplanungsprozess ist Bestandteil der Gesamtbanksteuerung – Kreditinstitute müssen steigende Kapitalressourcen effizient steuern, in: Betriebswirtschaftliche Blätter, 12/2012, S. 694–697.

Meybom, Peter (Bank 2015): Erfolgsfaktoren der modernen Bank, in: Die Bank, 1/2015, S. 22–27.

Meyer, Jens-Uwe (Innovationen 2016): Radikale Innovationen – Innovationsfähigkeit steigern, in: Bankinformation, 1/2016, S. 16–21.

Meyer, Klaus-Georg (Kundenerlebnis 2014): Digitales Kundenerlebnis im Private Banking – Kundenerwartung und Realisierung, in: Trends im Private Banking 2014, hrsg. von Klaus Fleischer, Köln 2014, S. 201–216.

Meyer, Ulfried (Sparkassenforum 2009): 42. Sparkassenforum des Sparkassen- und Giroverbandes für Schleswig-Holstein – Diskussionen um die Zukunft, in: Die Sparkassenzeitung, Nr. 47 vom 20.11.2009, S. 7.

Michel, Steffen (Recruiting 2016): Social Recruiting – neue Chancen für die Personalgewinnung, in: Zeitschrift für das gesamte Kreditwesen, 20/2016, S. 1004–1005.

Michler, Albrecht F. (Umlaufrendite o. J.): Stichwort „Umlaufrendite", in: Gabler Wirtschaftslexikon online, http://wirtschaftslexikon.gabler.de/Archiv/11083/umlaufrendite-v9.html, Abruf: 18.11.2018.

Mihm, Oliver (Vertriebswege-Mix 2012): Die Filiale im Vertriebswege-Mix der Zukunft, in: Bank und Markt, 12/2012, S. 40–43.

Mihm, Oliver (Multikanalmanagement 2013): Multikanalmanagement ist eine zentrale Herausforderung – Kunde muss sich wohlfühlen und die Sparkasse auch weiterhin als relevanten Partner für Finanzgeschäfte sehen, in: Börsenzeitung, Nr. 78 vom 24.04.2013, S. B10.

Mihm, Oliver; Frank, Björn (Filiale 2016): Zukunft der Filiale – wie digital will der Kunde es wirklich, in: Bank und Markt, 7/2016, S. 35–38.

Mitschele, Andreas (Blockchain o. J.): Stichwort „Blockchain", in: Gabler Wirtschaftslexikon online, https://wirtschaftslexikon.gabler.de/definition/blockchain-54161/version-277215, Abruf: 18.11.2018.

Möller, Antje (Vertrauen 2004): Ökonomische Analyse von Vertrauen in umweltorientierten Innovationskooperationen, http://www.ruhr-uni-bochum.de/vwb/paper/vwbrub03-04.pdf, Abruf: 18.11.2018.

Molterer, Wilhelm (Finanzierung 2014): Neue Wege bei der Finanzierung von Infrastrukturvorhaben in Europa – verstärktes Engagement der EIB, in: Zeitschrift für das gesamte Kreditwesen, 24/2014, S. 1232–1234.

Moorman, Christine; Deshpandé, Rohit; Zaltman, Gerald (Trust 1993): Factors Affecting Trust in Market Research Relationships, in: Journal of Marketing, 1/1993, S. 81–101.

Moorman, Christine; Zaltman, Gerald; Deshpandé, Rohit (Market 1992): Relationships between Providers and Users of Market Research – The Dynamics of Trust within and between Organizations, in: Journal of Marketing Research, 3/1992, S. 314–328.

Moormann, Jürgen; Frohmüller, Klaus Peter; Burger, Andreas (Finanzwirtschaft 2006): Produktivität in der Finanzwirtschaft – Deutschlands Banken – besser als ihr Ruf?, in: Die Bank – E.B.I.F.-Sonderausgabe, 2006, S. 40–44.

Morison, David E.; Firmstone, Julie (Trust 2000): The social function of trust and implications for e-commerce, in: International Journal of Advertising, 5/2000, S. 599–623.

Morschhäuser, Berthold (Solidarität 2011): Begrenzte Solidarität, in: Zeitschrift für das gesamte Kreditwesen, 13/2011, S. 632–633.

Morschhäuser, Berthold (Eurokrise 2012): Die Sparkassen in der Eurokrise, in: Zeitschrift für das gesamte Kreditwesen, 19/2012, S. 960–961.

Mugler, Andreas (Bankensystem 2014): Das deutsche Bankensystem im internationalen Vergleich – Vergleich der Bankensysteme Deutschlands, der USA, Japans und Großbritanniens, Hamburg 2014.

Mukherjee, Avinandan; Nath, Prithwiraj (Trust 2003): A Model of Trust in Online Relationship Banking, in: International Journal of Bank Marketing, 1/2003, S. 5–15.

Müller, Dominik (Banken 2011): Banken im Wandel des 21. Jahrhundert – Erfolgsrezept Multikanalvertrieb, Norderstedt 2011.

Müller, Georg (Basel III 2014): So refinanzieren sich Banken im Zeitalter von Basel III, in: Geldinstitute, 3/2014, S. 54–55, http://msggillardon.de/images/pdf/fachartikel/2014/Basel-III_gi_2014-03.pdf, Abruf: 18.11.2018.

Müller, Hans-Peter (Wertewandel 2012): Wertewandel, http://www.bpb.de/politik/grundfragen/deutsche-verhaeltnisse-eine-sozialkunde/138454/werte-milieus-und-lebensstile-wertewandel, Abruf: 18.11.2018.

Müller, Thomas (Finanzmarktregulierung 2012): Europäische Finanzmarktregulierung – Eine kritische Würdigung der neuen Liquiditätskennziffern, http://deutsches-institut-bankwirtschaft.de/MuellerFinanzmarktregulierungLiquiditaetskennziffern.pdf, Abruf: 18.11.2018.

Müller, Uwe (Kundenbindung 2008): Kundenbindung durch Videosysteme und Web 2.0, in: Innovationen und Konzepte für die Bank der Zukunft – Mit modernen Vertriebslösungen und optimierten Wertschöpfungsprozessen künftigen Herausforderungen begegnen, hrsg. von Dieter Spath, Wilhelm Bauer und Martin Engstler, Wiesbaden 2008, S. 139–146.

Müller-Wienbergen, Imke (Vertrauenswürdigkeit 2016): Unternehmensinvestitionen in die eigene Vertrauenswürdigkeit gegenüber Mitarbeitern – Illustriert am Bonussystem im vertrieblichen Retailbanking, Diss. HHL Leipzig, Leipzig 2016.

Mündel, Markus; Kräh, Hans-Jürgen (Kundenloyalität 2013): Reputationsmanagement stärkt die Kundenloyalität, in: Bank und Markt, 7/2013, S. 38–41.

Mura, Jürgen (Entwicklungslinien 1995): Entwicklungslinien der deutschen Sparkassengeschichte II, Stuttgart 1995.

N

Naegele, Gerhard (Finanzdienstleistungen 2007): Herausforderungen an Finanzdienstleistungen in einer alternden Gesellschaft, in: Auswirkungen der Bevölkerungsentwicklung auf Banken und Volkswirtschaft, hrsg. von Karl-Heinz Boos und Tilo Wendler, Berlin 2007, S. 75–83.

Nambiar, Suvek (ICICI 2008): ICICI Bank – Nicht mehr nur für Inder, in: Bank und Markt, 9/2008, S. 33–34.

Narowski, Claus (Vertrauen 1974): Vertrauen – Begriffsanalyse und Operationalisierungsversuch – Prolegomena zu einer empirischen psychologisch-pädagogischen Untersuchung der zwischenmenschlichen Einstellung: Vertrauen, Diss. Universität Tübingen, Tübingen 1974.

Natusch, Ingo (Digitalisierung 2016): Digitalisierung und die Zukunft von Corporate Finance, in: Corporate Finance, 1+2/2016, S. M1.

Natusch, Ingo; Thiel, Dirk (Strukturwandel 2014): Die Banken im digitalen Strukturwandel, in: Risikofaktor Social Web – Reputationsrisiken und -chancen managen, hrsg. von Achim Kinter und Ulrich Ott, Köln 2014, S. 27–40.

Naumer, Hans-Jörg (Negativrenditen 2015): Ertragsoptimierung im Kontext von Negativrenditen, in: Die Bank, 6/2015, S. 8–11.

Nees, Franz (Videoberatung 2014): Videoberatung oder persönliches Gespräch? – Private Banking im Spannungsfeld zwischen Technik und Vertrauen, in: Trends im Private Banking 2014, hrsg. von Klaus Fleischer, Köln 2014, S. 187–200.

Nees, Franz; Regier, Stefanie; Hurn, Dominic (Konzepte 2013): Neue Konzepte sind gefragt, in: Die Bank, 4/2013, S. 12–15.

Neisen, Martin; M'barki, Abdellah (CRR II 2017): CRD V and CRR II – Finalising Basel III and setting the stage for Basel IV, http://digital.pwc-tools.de/basel-iv/wp-content/uploads/sites/23/2016/11/Toolbox_CRDV_CRRII.pdf, Abruf: 18.11.2018.

Neisen, Martin; Schulte-Mattler, Herrmann (Zeiten 2018): Umfangreichste Änderungen aller Zeiten – Das Basel IV-Maßnahmenbündel ist geschnürt (Teil 2), in: Die Bank, 4/2018, S. 46–51.

Nemet, Marijan; Eggert, Kati (Berichtspflicht 2016): Berichtspflicht für Nachhaltigkeit – Chance für alle Unternehmen – Herausforderungen der CSR-Richtlinie, in: Finanzierung, Leasing, Factoring, 4/2016, S. 156–161.

Neske, Rainer (Bank 2007): Retail bei der Deutschen Bank – Im In- und Ausland auf Wachstumskurs, in: Bank und Markt, 1/2007, S. 20–22.

Netzel, Werner (Kompetenzen 2008): Unsere Kompetenzen aktiv einbringen, in: Die Sparkassenzeitung, Nr. 50 vom 12.12.2008, S. 3.

Neubauer, Walter F.; Rosemann, Bernhard (Macht 2006): Führung, Macht und Vertrauen in Organisationen, Stuttgart 2006.

Niebudek, Marcus (Banken 2016): Banken entdecken Robo-Beratung, in: Die Bank, 8/2016, S. 46–47.

Niemeyer, Frank (Kunst 2011): Die Kunst des Loyalitäts-Pricing, in: Die Bank, 6/2011, S. 52–56.

Nietert, Bernhard (Verschiebungen 2013): Verschiebungen in der Gesellschaft – die Region entscheidet, in: Bank und Markt, 6/2013, S. 28–31.

Noack, Tim; Cremers, Heinz; Mala, Julia (Bankenaufsicht 2014): Neue regulatorische Konzepte der Bankenaufsicht und ihre Auswirkungen auf die Gesamtbanksteuerung, http://www.frankfurt-school.de/clicnetclm/fileDownload.do?goid=000000617866AB4, Abruf: 18.11.2018.

Nooteboom, Bart (Trust 2005): Forms, Sources and Limits of Trust, in: Normative und institutionelle Grundfragen der Ökonomik – Reputation und Vertrauen, hrsg. von Martin Held, Gisela Kubon-Gilke und Richard Sturn, Marburg 2005, S. 35–58.

O

Oestmann, Marko (Bevölkerungsdynamik 2010): Bankertrag und Bevölkerungsdynamik – Demografischer Wandel – Ein Problem für deutsche Sparkassen?, http://www.hwwi.org/fileadmin/hwwi/Publikationen/hwwi-insights/ausgabe-2/pdfs/Insights2010-Bankertrag.pdf, Abruf: 18.11.2018.

Ohlhausen, Ralf (Fintechs 2016): Fintechs und Banken – Glaubenskrieg oder große Chance?, in: Bank und Markt, 4/2016, S. 36–37.

Olleschowitz, Werner (Personalarbeit 2013): Familienfreundliche Personalarbeit bei Schwäbisch Hall, in: Wechsel auf die Zukunft – Demografischer, gesellschaftlicher und technologischer Wandel – Worauf sich die Personalarbeit in Banken einstellen muss, hrsg. von Birgit Kießler, Rainer Dahms und Carsten Rogge-Strang, Köln 2013, S. 215–224.

Ollmann, Mathias; Pramann, Jan-André (FinTech 2016): FinTech in Deutschland – Eine Bestandsaufnahme – Die Interaktionsbeziehungen zwischen FinTech-Unternehmen und Finanzinstituten, in: Corporate Finance, 3/2016, S. 45–48.

Olma, Ulrike (Ertragseffizienz 2016): Ertragseffizienz deutlich erhöhen, in: Betriebswirtschaftliche Blätter vom 08.04.2016.

Omlor, Sebastian (Leitlinien 2018): Leitlinien für die Kreditwürdigkeitsprüfung bei Immobiliar-Verbraucherdarlehen, in: Neue Juristische Wochenschrift, 34/2018, S. 2445–2449.

Oppenheim, Robert; Lange-Hausstein, Christian (Advisor 2016): Robo Advisor – Anforderungen an die digitale Kapitalanlage und Vermögensverwaltung, in: Zeitschrift für Wirtschafts- und Bankrecht, 41/2016, S. 1966–1973.

Organomics; Felfe, Jörg (Bankenbranche 2012): Demographischer Wandel in der Bankenbranche – Basisbericht, http://www.organomics.de/wp-content/uploads/2015/11/Demogr._Wandel_Banken_Basisbericht_2012.pdf, Abruf: 18.11.2018.

Oswald, Andreas (Leitzins 2016): Leitzins erstmals auf Null Prozent gesenkt – Dax rutscht ins Minus, in: Der Tagesspiegel Online, http://www.tagesspiegel.de/wirtschaft/europaeische-zentralbank-ezb-leitzins-erstmals-auf-null-prozent-gesenkt-dax-rutscht-ins-minus/1078550.html, Abruf: 18.11.2018.

Ott, Ulrich; Forthmann, Jörg (Vertrauen 2013): Vertrauen gewinnt, in: Die Bank, 2/2013, S. 34–37.

Otto, Michael (Banking 2011): Erfolgsfaktoren im Private Banking – Vom Übeltäter zum Gewinner, in: Verkaufen nach der Krise – Vertriebliche Erfolgspotenziale der Zukunft nutzen – Strategien und Tipps aus Forschung, Beratung und Praxis, hrsg. von Lars Binckebanck, Wiesbaden 2011, S. 207–217.

Otto, Philipp (Grat 2010): Ein schmaler Grat, in: Zeitschrift für das gesamte Kreditwesen, 18/2010, S. 944–945.

Otto, Phillip (Verbund 2015): Ein Verbund sieht rot, in: Zeitschrift für das gesamte Kreditwesen, 14/2015, S. 680–681.

o. V. (Bevölkerungsrückgang o. J.): Bevölkerungsrückgang in vielen Regionen bis 2035, https://www.demografie-portal.de/SharedDocs/Informieren/DE/ZahlenFakten/Bevoelkerungswachstum_Kreise_Prognose.html, Abruf: 18.11.2018.

o. V. (Boni-Bänker o. J.): Boni-Bänker – 22 Millionen trotz Staatshilfe, http://daserste.ndr.de/panorama/aktuell/bonuszahlungen103.html, Abruf: 18.11.2018.

o. V. (Wandel o. J.): Demografischer Wandel in Deutschland – Sinkende Geburtenrate und Anstieg der Lebenserwartung, http://www.cecu.de/demografischer-wandel.html, Abruf: 18.11.2018.

o. V. (Geschichte o. J.): Geschichte der Commerzbank – 1970 bis 1989, https://www.commerzbank.de/de/hauptnavigation/konzern/geschichte/1970_bis_1989/1970_bis_1989.html, Abruf: 18.11.2018.

o. V. (Gewinnsteigerung 2008): Gewinnsteigerung trotz Engagement auf US-Hypothekenmarkt – Chinas Großbanken trotzen Krise, in: Die Sparkassenzeitung, Nr. 13 vom 28.03.2008, S. 5.

o. V. (Geschäftspolitik 2008): Nachhaltig ausgerichtete Geschäftspolitik gewährleistet Kundenvertrauen – Sparkassen nehmen Verantwortung zum Wohle der Regionen wahr, in: Die Sparkassenzeitung, Nr. 40 vom 02.10.2008, S. 16.

o. V. (Vergleich 2012): 24 Großsparkassen im Vergleich – Umwidmung von stillen in offene Vorsorgereserven, in: Zeitschrift für das gesamte Kreditwesen, 23/2012, S. 1232–1250.

o. V. (Rat 2012): Der gute Rat der Einflüsterer, in: Handelsblatt, Nr. 179 vom 14.09.2012, S. 30.

o. V. (Finanzprodukte 2012): Gütesiegel für nachhaltige Finanzprodukte gefordert, in: Handelsblatt online, http://www.handelsblatt.com/politik/deutschland/neue-standards-guetesiegel-fuer-nachhaltige-finanzprodukte-gefordert/7137178.html, Abruf: 18.11.2018.

o. V. (Kulturwandel 2012): Kulturwandel bei Deutscher Bank, in: Saarbrücker Zeitung, Nr. 213 vom 12.09.2012, S. A7.

o. V. (Deutschland 2013): Deutschland – Demografische Entwicklung, Vermögen und Probleme für die Kreditinstitute 2008–2060, in: Bank und Markt, 6/2013, S. 5.

o. V. (Fintechs 2014): Daten und Fakten zu Fintechs, in: Bank und Markt, 12/2014, S. 5.

o. V. (Deregulierung 2014): Im Strudel der Deregulierung, in: Böcklerimpuls, 2/2014, S. 4, http://www.boeckler.de/impuls_2014_02_gesamt.pdf, Abruf: 18.11.2018.

o. V. (HVB 2015): „Appathon" bei der HVB, in: Bank und Markt, 12/2015, S. 7–9.

o. V. (Bankassurance 2015): bankassurance + allfinanz – Bankvertrieb von Versicherungsprodukten ohne Digitalisierung auf dem Rückzug, in: Bank und Markt, 10/2015, S. 43–44.

o. V. (Fintechs 2015): Fintechs im Aufwind – Digitale Herausforderer setzen etablierte Finanzdienstleister unter Druck, in: Bilanz, Nr. 7 vom 03.07.2015, S. 7.

o. V. (Gestalter 2015): Gestalter und Feuerwehrmann, in: Die Sparkassenzeitung, Nr. 16 vom 17.04.2015, S. 4.

o. V. (Brundtland 2015): Stichwort „Brundtland Bericht", in: Lexikon der Nachhaltigkeit, https://www.nachhaltigkeit.info/artikel/brundtland_report_563.htm, Abruf: 18.11.2018.

o. V. (Systeme 2015): „Wir haben lausige Systeme", in: Frankfurter Allgemeine Zeitung online, http://www.faz.net/aktuell/wirtschaft/unternehmen/die-neue-strategie-des-deutsche-bank-chefs-john-cryan-13883044.html, Abruf: 18.11.2018.

o. V. (Banker 2016): Banker immer noch im Vertrauenstief, in: Bank und Markt, 5/2016, S. 8.

o. V. (Bank 2016): Deutsche Bank – Massive interne Unzufriedenheit + erstaunliche Erkenntnisse, http://finanzmarktwelt.de/deutsche-bank-2-36642/, Abruf: 18.11.2018.

o. V. (Scheindigitalisierung 2016): Die Scheindigitalisierung der Banken, http://www.absatzwirtschaft.de/die-scheindigitalisierung-der-banken-85097/, Abruf: 18.11.2018.

o. V. (Kapitallücken 2016): Europas Banken zeigen Kapitallücken, http://www.die-bank.de/news/europas-banken-zeigen-kapitalluecken-8082/, Abruf: 18.11.2018.

o. V. (Krisenherd 2016): Krisenherd 2 – Das Bankenbeben, in: €uro, 4/2016, S. 42–43.

o. V. (Analyse 2016): Namics Analyse – Scheindigitalisierung bei Banken – Ergebnisse der Onboarding-Untersuchung in Deutschland und der Schweiz, https://www.namics.com/news/2016/namics-analyse-scheindigitalisierung-bei-banken/, Abruf: 18.11.2018.

o. V. (Vertriebsdruck 2016): Prügelstrafe statt Vertriebsdruck, in: Bank und Markt, 7/2016, S. 9.

o. V. (Versicherungsvertrieb 2016): Versicherungsvertrieb – „Ropo" wird zum Standard, in: Bank und Markt, 11/2016, S. 40–41.

o. V. (Basel 2017): BSP pushes back full adoption of Basel leverage ratio to 2018, in: Financial Services Monitor Worldwide vom 03.01.2017.

o. V. (Bank 2017): Deutsche Bank entschuldigt sich, in: Bank und Markt, 2/2017, S. 9.

o. V. (Molltöne 2017): Verhaltene Molltöne, in: Zeitschrift für das gesamte Kreditwesen, 3/2017, S. 110.

o. V. (Innovationsmotor 2018): Innovationsmonitor 2017/2018 des AK Innovation, in: Bankinformation, 4/2018, S. 32–33.

P

Pachlatko, Markus (Vermögensverwaltung 2011): Regulierungsbedarf im Bereich der unabhängigen Vermögensverwaltung, Basel 2011.

Paul, Stephan (Zinsverordnung 2013): Die Aufhebung der Zinsverordnung 1967 – Das Kreditwesen kommt in der Marktwirtschaft an, in: Schlüsselereignisse der deutschen Bankengeschichte, hrsg. von Dieter Lindenlaub, Carsten Burhop und Joachim Scholtyseck, Stuttgart 2013, S. 375–386.

Paul, Stephan; Lange, Marc (Finanzmarktregulierungen 2016): Abschätzung der kumulierten Effekte von Finanzmarktregulierungen am Beispiel der deutschen Genossenschaftsbanken, https://www.ruhr-uni-bochum.de/fin-kred/downloads/ikf%20-%20Absch%C3%A4tzung%20der%20kumulierten%20Effekte%20von%20Finanzmarktregulierungen.pdf, Abruf: 18.11.2018.

Paul, Stephan; Stein, Stefan (Bankenregulierung 2013): Bankenregulierung am Scheideweg, in: ifo Schnelldienst, 16/2013, S. 25–30.

Paul, Stephan; Stein, Stefan (Finanzierungstrends 2015): Finanzierungstrends im Mittelstand, in: Mittelstand – Motor und Zukunft der deutschen Wirtschaft – Erfolgskonzepte für Management, Finanzierung und Organisation, hrsg. von Georg Fahrenschon, Arndt Günter Kirchhoff und Diethard B. Simmert, Wiesbaden 2015, S. 231–252.

Paulmeyer, Stefan (Commission 2016): European Commission proposes extensive CRR/CRD IV and BRRD reform package, http://www.lexology.com/library/detail.aspx?g=20fe7418-a944-4af1-8cbf-335f65363fe3, Abruf: 18.11.2018.

Pelzmann, Linda (Vertrauen 2005): Vertrauen in Geschäftsbeziehungen, in: Normative und institutionelle Grundfragen der Ökonomik – Reputation und Vertrauen, hrsg. von Martin Held, Gisela Kubon-Gilke und Richard Sturn, Marburg 2005, S. 207–229.

Periškić, Elma Sefer (Verschuldungsquote 2018): § 8 Verschuldungsquote, in: Handbuch Bankenaufsichtsrecht, hrsg. von Jens-Hinrich Binder, Alexander Glos und Jan Riepe, Köln 2018, S. 363–375.

Pertlwieser, Markus (Innovationsstrategie 2016): Innovationsstrategie im digitalen Zeitalter – das Beispiel einer Großbank, in: Zeitschrift für das gesamte Kreditwesen, 15/2016, S. 740–743.

Peterreins, Hannes; Märtin, Doris; Beetz, Maud (Vertrauen 2010): Fairness und Vertrauen in der Finanzberatung – Spielregeln für ein partnerschaftliches Miteinander von Kunden und Beratern, Wiesbaden 2010.

Peters, Anja; Niemeyer, Vanessa (Banking 2007): Filialkonzepte und Vertriebsqualifizierung im retail banking – Status quo und Trends, Regensburg 2007.

Pfister, Jürgen (Themenspektrum 2010): Themenspektrum der Volkswirte reicht von der Preisentwicklung über Rohstoffmärkte bis hin zur Länderrisikoanalyse – Kunden und das eigene Geschäft der Bank beraten, in: Die Sparkassenzeitung, Nr. 21 vom 28.05.2010, S. 15.

Pfisterer, Pascal (Regelungen 2016): Die neuen Regelungen der MiFID II zum Anlegerschutz – Analyse und Vergleich zur bestehenden Rechtslage, Wiesbaden 2016.

Pielken, Adrian (Vertrauen 2017): Vertrauen zwischen Banken und Krisenunternehmen in der Sanierung – Konzeptionelle Grundlagen und Ergebnisse einer empirischen Untersuchung nach Grounded Theory aus Sicht kreditgebender Banken, Wiesbaden 2017.

Pieper, Cornelius (Banken 2005): Banken im Umbruch – Strukturwandel im deutschen Bankensektor und regionalwirtschaftliche Implikationen, Berlin 2005.

Pilz, Gerald (Immobilienaktien 2007): Immobilienaktien und REITs – Investmentchancen für Anleger, München 2007.

Pollert, Achim; Kirchner, Bernd; Pollert, Constantin (Globalisierung 2016): Stichwort „Globalisierung“, in: Wirtschaft von A bis Z – Grundlagenwissen für Schule und Studium, Beruf und Alltag, 6. Aufl., Berlin 2016, S. 228.

Pollert, Achim; Kirchner, Bernd; Pollert, Constantin (Wirtschaftswunder 2016): Stichwort „Wirtschaftswunder“, in: Wirtschaft von A bis Z – Grundlagenwissen für Schule und Studium, Beruf und Alltag, 6. Aufl., Berlin 2016, S. 162.

Posch, Dieter (Zukunft 2012): Zukunft des Finanzplatzes Frankfurt aus Sicht der Landesregierung, in: Zeitschrift für das gesamte Kreditwesen, 5/2012, S. 208–211.

Pötzsch, Thorsten (Finanzmarktregulierung 2016): Aktuelle Schwerpunkte der Finanzmarktregulierung – national, europäisch, international, in: Zeitschrift für Wirtschafts- und Bankrecht, 1/2016, S. 11–14.

Praeg, Claus-Peter; Schmidt, Carsten (Trendstudie 2015): Trendstudie Bank & Zukunft 2015 – Aufbruch zu neuen Kundenerlebnissen und Services in der digitalen Ökonomie, Stuttgart 2015.

Praeg, Claus-Peter; Schmidt, Carsten (Trendstudie 2016): Trendstudie Bank & Zukunft 2016 – Neue Wege gehen, Stuttgart 2016.

Prangenberg, Arno; Müller, Matthias; Aldenhoff, Manuela (Shareholder 2005): Der Shareholder-Value-Ansatz, http://www.boeckler.de/pdf/p_ah_araete_09.pdf, Abruf: 18.11.2018.

Pratz, Andreas u. a. (Banking 2016): The 2016 Retail Banking Radar – The Retail Banking Champions Step Up Their Game, https://www.atkearney.com/documents/10192/8283115/2016+RBR-The+Retail+Banking+Champions+Step+Up+Their+Game.pdf/2b2c03cd-6609-4eae-8f72-6e7ab65fa988, Abruf: 18.11.2018.

Preithner, Monika (Megatrends 2015): Megatrends – Auswirkungen auf Immobilienwerte und Marktstrukturen, in: Immobilien & Finanzierung, 23/2015, S. 829–832.

PricewaterhouseCoopers (Überblick o. J.): Überblick CRR II und CRD V, http://digital.pwc-tools.de/basel-iv/ueberblick-crr-ii-und-crd-v/, Abruf: 18.11.2018.

PricewaterhouseCoopers (Changes 2016): PwC comments on EU's proposed changes to finalise Basel III and start implementing Basel IV, http://pwc.blogs.com/press_room/2016/11/pwc-comments-on-eus-proposed-changes-to-finalise-basel-iii-and-start-implementing-basel-iv.html, Abruf: 18.11.2018.

PricewaterhouseCoopers (Basel IV 2018): Basel IV – leverage ratio revised, https://www.pwc.co.uk/financial-services/assets/pdf/hot-topic-the-leverage-ratio.pdf, Abruf: 18.11.2018.

PricewaterhouseCoopers (Projekte 2018): Übersicht über wichtige aufsichtsrechtliche Projekte, https://www.pwc.ch/de/publications/2018/pwc_uebersicht_aufsichtsrechtliche_projekte_de1808.pdf, Abruf: 18.11.2018.

Pukropski, Ulrich u. a. (Auswirkungen 2013): Auswirkungen regulatorischer Anforderungen – Studie, https://www.kpmg.com/DE/de/Documents/auswirkungen-regulatorischer-anforderungen-2013.pdf, Abruf: 18.11.2018.

Purwin, Nils (FinTechs 2016): FinTechs verlieren den Windschatten der Banken, in: Die Bank, 5/2016, S. 54–56.

Q

Quitt, Birte; Schmoll, Anton (Filiale 2014): Die Filiale 2015+, in: Die Bank, 12/2014, S. 50–53.

Quitt, Birte; Schmoll, Anton (Innovationen 2014): Innovationen im Retailvertrieb, in: Die Bank, 6/2014, S. 36–43.

R

Raettig, Lutz (Bankenkrise 2009): „Neue Bankenkrise steht bevor“, in: Börsenzeitung, Nr. 163 vom 27.08.2009, S. 5.

Ramke, Thomas (Risikomanagement 2012): Schadenereignisse in Handelsbereichen und Risikomanagement – Vorkehrungen zur Vermeidung von Reputations- und Liquiditätsrisiken, in: Modernes Liquiditätsrisikomanagement in Kreditinstituten – So können die erhöhten Anforderungen sachgerecht und nutzbringend erfüllt werden, hrsg. von Stephan Schöning und Thomas Ramke, Köln 2012, S. 215–252.

Rapp, David (Kreditinstituten 2014): Zur Sanierungs- und Reorganisationsentscheidung von Kreditinstituten – Eine betriebswirtschaftliche Betrachtung ausgewählter Aspekte des Kreditinstitute-Reorganisationsgesetzes, Wiesbaden 2014.

Rauscher, Christian (Erfolgsfaktor 2015): Der entscheidende Erfolgsfaktor, in: Bankinformation, 2/2015, S. 52–57.

Rauscher, Marion (Kassageschäft 2012): Stichwort „Kassageschäft“, in: Gabler Banklexikon – Bank, Börse, Finanzierung, hrsg. von Ludwig Gramlich u. a., 14. Aufl., Wiesbaden 2012, S. 831.

Rehm, Hannes (Banken 2012): Banken und Ethik, in: Zeitschrift für das gesamte Kreditwesen, 10/2012, S. 474–479.

Rehm, Hannes (Bankenstruktur 2016): Perspektiven der künftigen Bankenstruktur, in: Zeitschrift für das gesamte Kreditwesen, 12/2016, S. 582–587.

Reich, Ralf; Mathur, Shobhit (Bank 2015): Die Zukunft der digitalen Bank, in: Aspekte eines Paradigmenwechsels – Banken im Spannungsfeld zwischen Markt und Regulatorik, hrsg. von Wilhelm Niehoff und Stefan Hirschmann, Köln 2015, S. 67–71.

Reiche, Lutz (Niedrigzinsen 2014): Niedrigzinsen treiben Deutsche in die Einkaufsmeilen, in: Manager Magazin online, http://www.manager-magazin.de/politik/konjunktur/kauf laune-der-deutschen-bleibt-im-hoehenflug-a-955694.html, Abruf: 18.11.2018.

Reiche, Lutz (Milliardenboni 2018): Milliardenboni – und wo bleibt die Dividende, Herr Cryan?, in: Manager Magazin online, http://www.manager-magazin.de/unternehmen /banken/deutsche-bank-john-cryan-verteidigt-milliarden-bonus-dividende-offen-a-11910 97.html, Abruf: 18.11.2018.

Reifenberger, Jürgen (Neoliberalismus 2015): Neoliberalismus, Krise und die Zukunft des demokratischen Sozialstaats – Diskurse, Strategien, Argumente, Fakten, Marburg 2015.

Reifner, Udo (Geld 2007): Geld nutzen – 20 Jahre Institut für Finanzdienstleistungen e. V., Baden-Baden 2007.

Reifschneider, Annika (Eigenkapitalmanagement 2014): Eigenkapitalmanagement in Kreditgenossenschaften unter besonderer Berücksichtigung der möglichen Auswirkungen von Basel III, in: Zeitschrift für das gesamte Genossenschaftswesen, 3/2014, S. 165–183.

Reimer, Sabine (Editorial 2016): Editorial, in: Bafin Journal, 1/2016, S. 16–19, http://www.bafin.de/SharedDocs/Downloads/DE/BaFinJournal/2016/bj_1601.pdf?__blob=pub licationFile&v=1, Abruf: 18.11.2018.

Reinke, Hans Joachim (Mut 2013): Mehr Mut, in: Bankinformation, 7/2013, S. 14–15.

Reiter, Ursula (Beraten 2016): Konform beraten, in: Bankinformation, 8/2016, S. 46–48.

Rensch, Peter (Vorbei 2011): Aus und vorbei, in: Bankmagazin, 5/2011, S. 1.

Richter, Frank (Einflussfaktoren 2014): Produktivität und ihre Einflussfaktoren – Eine empirische Analyse der Kreditgenossenschaften, in: Kredit und Kapital, 3/2014, S. 415–437.

Richter, Toni; Gischer, Horst (Banken 2014): Produktivitätsmessung von Banken – Die Cost Income Ratio – ein belastbares Performancemaß?, http://www.fww.ovgu.de/fww_media/femm/femm_2014/2014_08.pdf, Abruf: 18.11.2018.

Richtlinie 2013/36/EU (CRD IV-Richtlinie) des Europäischen Parlaments und des Rates vom 26. Juni 2013 über den Zugang zur Tätigkeit von Kreditinstituten und die Beaufsichtigung von Kreditinstituten und Wertpapierfirmen, zur Änderung der Richtlinie 2002/87/EG und zur Aufhebung der Richtlinien 2006/48/EG und 2006/49/EG, Amtsblatt der Europäischen Union vom 27.06.2013, Reihe L 176, S. 338–436, zuletzt geändert durch Art. 3 ÄndRL (EU) 2018/843 vom 30.05.2018, Amtsblatt der Europäischen Union vom 19.06.2018, Reihe L 156, S. 43.

Richtlinie 2015/2366/EU (PSD II-Richtlinie) des Europäischen Parlaments und des Rates vom 25. November 2015 über Zahlungsdienste im Binnenmarkt, zur Änderung der Richtlinien 2002/65/EG, 2009/110/EG und 2013/36/EU und der Verordnung (EU) Nr. 1093/2010 sowie zur Aufhebung der Richtlinie 2007/64/EG.

Rickens, Christian (Atem 2008): Mit langem Atem, in: Manager Magazin, Nr. 12 vom 21.11.2018, S. 128.

Riedel, Stefan; Zeindl, Marion (Klimawandel 2008): Klimawandel – Die Handlungsoptionen des Finanzmarktsektors, in: Zeitschrift für das gesamte Kreditwesen – Ausgabe Technik, 3/2008, S. 9–13.

Riekeberg, Marcus (Erfolgsfaktoren 2001): Erfolgsfaktoren bei Sparkassen – Kausalanalytische Untersuchung mittels linearer Strukturgleichungsmodelle, München 2001.

Riekeberg, Marcus; Wassermann, Michael (Beratungsprozesse 2016): Strukturierte Beratungsprozesse – Nutzen für Bank und Kunden, in: Bank und Markt, 11/2016, S. 29–34.

Ries, Manfred (Investment 2014): Grünes Investment – bitte nachhaltig, in: SteuerConsultant, 10/2014, S. 30–32.

Ring, Peter Smith (Trust 1996): Fragile and Resilient Trust and Their Roles in Economic Exchange, in: Business & Society, 2/1996, S. 148–175.

Ringwald, Annette (Wandel 2012): Einstellen auf demografischen Wandel, in: Betriebswirtschaftliche Blätter vom 29.08.2012.

Ripperger, Tanja (Ökonomik 2003): Ökonomik des Vertrauens – Analyse eines Organisationsprinzips, 2. Aufl., Tübingen 2003.

Roch, Michael (Regulatorik 2016): Regulatorik und Robo Advisory, in: Die Bank, 8/2016, S. 44–45.

Röckemann, Christian; Schiereck, Dirk (Digital 2015): Das Digital Banking Wheel, in: Die Bank, 8/2015, S. 53–56.

Röckemann, Christian; Till, Matthias (Outsourcing 2011): Outsourcing – eine valide Option?, in: Die Bank, 2/2011, S. 26–31.

Rogge-Strang, Carsten (Wandel 2016): Arbeitsumfelder im Wandel – mehr Chancen als Risiken, in: Bank und Markt, 2/2016, S. 14–18.

Rohr, Karl von (Geld 2010): Mehr als Geld und gute Worte, in: Die Bank, 1/2010, S. 70–74.

Roland Berger; VISA (Revolution 2015): Digitale Revolution im Retail-Banking – Chancen in der neuen Multikanal-Welt aus Kundensicht, https://www.rolandberger.com/publications/publication_pdf/roland_berger_tab_digitale_revolution_im_retail_banking_d_1.pdf, Abruf: 18.11.2018.

Rolfes, Bernd (Strukturbeitrag 2012): Stichwort „Strukturbeitrag“, in: Gabler Banklexikon – Bank, Börse, Finanzierung, hrsg. von Ludwig Gramlich u. a., 14. Aufl., Wiesbaden 2012, S. 1328.

Rosar, Maximilian; Queck, Sandra (Chancen 2007): Chancen und Risiken sind regional unterschiedlich verteilt – Wie reagieren Sparkassen auf den demographischen Wandel?, in: Betriebswirtschaftliche Blätter, 3/2007, S. 145.

Rose, Markus (Ratio 2014): Leverage Ratio – Einführung einer risikounabhängigen Verschuldungskennziffer im Rahmen von Basel III, in: Handbuch Solvabilität – Aufsichtliche Kapitalanforderungen an Kreditinstitute, hrsg. von Thorsten Gendrisch, Walter Gruber und Ronny Hahn, 2. Aufl., Stuttgart 2014, S. 379–394.

Rosen, Rüdiger von (Geldanlagen 2009): Nachhaltige Geldanlagen als Innovationstreiber, in: Corporate Social Responsibility auf dem Finanzmarkt – Nachhaltiges Investment, politische Strategien, ethische Grundlagen, hrsg. von Gotlind Ulshöfer und Gesine Bonnet, Wiesbaden 2009, S. 83–98.

Rosenhain, Thomas (Berater 2016): Kunden wollen Berater, in: Die Sparkassenzeitung, Nr. 29 vom 22.07.2016, S. 2.

Rotter, Julian B. (Trust 1967): A new scale for the measurement of interpersonal trust, in: Journal of Personality, 4/1967, S. 651–665.

Rousseau, Denise M. u. a. (Trust 1998): Not So Different After All: A Cross-discipline View of Trust, in: The Academy of Management Review, 3/1998, S. 393–404.

Rudolph, Bernd (Termingeschäft 2012): Stichwort „Termingeschäft“, in: Gabler Banklexikon – Bank, Börse, Finanzierung, hrsg. von Ludwig Gramlich u. a., 14. Aufl., Wiesbaden 2012, S. 1352–1353.

Rudolph, Bernd (Finanzkrise 2013): Die Finanzkrise 2007–09 – Schlüsselereignis für die zukünftige Entwicklung des Finanzsystems, in: Schlüsselereignisse der deutschen Bankengeschichte, hrsg. von Dieter Lindenlaub, Carsten Burhop und Joachim Scholtyseck, Stuttgart 2013, S. 478–502.

Ruf, Stefan; Herda, Nils (Mensch 2016): "Gefahrenübergang" von Mensch zu Maschine, in: Betriebswirtschaftliche Blätter vom 14.11.2016.

Ruter, Rudolf X.; Rosken, Anne (Aufsichtsrat 2011): Was ist ein ehrbarer Aufsichtsrat/Beirat?, in: Der Betrieb, 20/2011, S. 1123–1126.

Rüther, Markus; Nitsche, Ulrich (Banken-Image 2012): Banken-Image – Gottes Werk oder Teufels Beitrag?, in: Bank und Markt, 9/2012, S. 17–20.

S

Sáez, Marcos (Vertrauen 2012): Vertrauen in der Anlageberatung von Banken aus Sicht der ökonomischen Ethik, Diss. HHL Leipzig, Leipzig 2012.

Salm, Christian; Goodfellow, Christiane (Bankenaufsicht 2015): Bankenaufsicht – Liquiditätsanforderungen gemäß Basel III, in: Brennpunkt Risikomanagement und Regulierung, hrsg. von Wilhelm Niehoff und Stefan Hirschmann, Köln 2015, S. 87–113.

Salomon, Roland (Leverage 2017): Leverage Ratio (Verschuldungsquote), in: Meldewesen für Finanzinstitute – Was bringt die neue europäische Aufsicht, hrsg. von Christian Cech und Silvia Helmreich, Wiesbaden 2017, S. 139–150.

Sander, Henning (Digitalisierung 2016): Digitalisierung in der Bankenwelt – neue Anforderungen an Vorstand und Mitarbeiter, in: Zeitschrift für das gesamte Kreditwesen, 20/2016, S. 1008–1009.

Sarialtin, Mehmet (Basel III 2015): Eine Analyse zu den Auswirkungen von Basel III und Solvency II – Der Shareholder-Value-Ansatz am Wendepunkt, Wiesbaden 2015.

Sattler, Friederike (Banken 2010): Geschichte der Banken und Finanzmärkte, https://docupedia.de/zg/Geschichte_der_Banken_und_Finanzm%C3%A4rkte, Abruf: 18.11.2018.

Schader, Stephan M.; Vongries, Dirk (Genossenschaftsbank 2012): Genossenschaftsbank 2.0 – wettbewerbsfähig durch variable Kosten, in: Bank und Markt, 8/2012, S. 23–25.

Schaefers, Kevin (Investieren 2013): Nachhaltiges Investieren – ein wirtschaftsethisches Beratungskonzept, Diss. Universität Sankt Gallen, Bamberg 2013.

Schaefers, Kevin (Investments 2013): Was sind nachhaltige Investments? – Eine investmentethische Analyse, in: Socially Responsible Investments in Banken – Markt, Bedingungen, Praxiserfahrungen, hrsg. von Stefan Ziermann, Köln 2013, S. 47–71.

Schäfer, Daniel (Aufmischer 2016): Die Aufmischer, in: Handelsblatt, Nr. 16 vom 15.01.2016, S. 12.

Schäfer, Dorothea (Banken 2011): Banken – Leverage Ratio ist das bessere Risikomaß, in: DIW Wochenbericht, 46/2011, S. 11–18.

Schäfer, Henry (Investing 2001): Triple Bottom Line Investing – Ethik, Rendite und Risiko in der Kapitalanlage, in: Zeitschrift für das gesamte Kreditwesen, 13/2001, S. 740–744.

Schäfer, Henry (Gedanken 2014): Gedanken zu Geld in Zeiten gedankenlosen Geldumgangs, in: Zeitschrift für das gesamte Kreditwesen, 5/2014, S. 247–251.

Schäfer, Henry (Nachhaltigkeit 2016): Nachhaltigkeit als Innovationstreiber für das Bankgeschäft – Geschäftspolitische Optionen des wirkungsorientierten Investierens, in: Corporate Finance, 7+8/2016, S. 229–234.

Schäfer, Sebastian (Unterschied 2015): Das Angebot macht den Unterschied, in: Die Bank, 12/2015, S. 54–57.

Schäffler, Christian (Banken 2011): Steuerung der Liquiditätsbevorratung in Banken anhand eines quantitativen Transferpreismodells, Lohmar/Köln 2011.

Schäl, Ingo (Digitalisierung 2015): Genossenschaftsbanken investieren in Digitalisierung, in: Bankinformation, 2/2015, S. 14–19.

Schaltegger, Stefan u. a. (Nachhaltigkeitsmanagement 2007): Nachhaltigkeitsmanagement in Unternehmen – Von der Idee zur Praxis – Managementansätze zur Umsetzung von Corporate Social Responsibility und Corporate Sustainability, http://www.econsense.de/sites/all/files/nachhaltigkeitsmanagement_unternehmen.pdf, Abruf: 18.11.2018.

Schamberger, Ingo (Potentials 2006): Differenziertes Hochschulmarketing für High Potentials, Norderstedt 2006.

Scherer, Peter (Bankenaufsichtsrechtsreformen 2017): Basel und Brüssel arbeiten an massiven Bankenaufsichtsrechtsreformen, http://www.gsk.de/uploads/media/GSK_Update_Bankaufsichtsrechtsreformen_Basel_Bruessel.pdf, Abruf: 18.11.2018.

Schick, Gerhard; Kern, Florian (Finanzmarktregulierung 2015): Too complex to work? Finanzmarktregulierung aus einer politischen Perspektive in: Bankenrating – Normative Bankenordnung in der Finanzmarktkrise, hrsg. von Oliver Everling und Karl-Heinz Goedeckemeyer, 2. Aufl., Wiesbaden 2015, S. 499–516.

Schielke, Joachim E. (Renaissance 2010): Die Renaissance der Hausbank, in: Bank und Markt, 6/2010, S. 16–18.

Schiereck, Dirk (Anlageberatung 2013): Behavioral Finance und Anlageberatung, in: Praxis der modernen Anlageberatung, hrsg. von Rolf Tilmes, Ralph Jakob und Hans Nickel, Köln 2013, S. 239–258.

Schierenbeck, Henner (Versicherungslexikon 1994): Bank- und Versicherungslexikon, 2. Aufl., München 1994.

Schierenbeck, Henner (Entwicklungslinien 2007): Strategische Entwicklungslinien und Herausforderungen im Privatkundengeschäft der Banken, in: Strategische Herausforderungen für Banken und Versicherungen – Tagungsband zum 14. Basler Bankentag, 16. November 2006, Bern/Stuttgart/Wien 2007, S. 3–44.

Schillai, Matthias; Kempf, Jens-Peter (Basel III 2011): Basel III – Wandel im Asset Management für Kreditinstitute, in: Zeitschrift für das gesamte Kreditwesen, 16/2011, S. 815–816.

Schilli, Thomas; Wiedemann, Arndt (Vertrauen 2012): Vertrauen als Erfolgsfaktor, in: Die Bank, 5/2012, S. 40–44.

Schindler, Paul L.; Thomas, Cher C. (Trust 1993): The structure of interpersonal trust in the workplace, in: Psychological Reports, 2/1993, S. 563–573.

Schmeisser, Wilhelm u. a. (Unternehmensbewertung 2008): Einführung in die Unternehmensbewertung, München/Mering 2008.

Schmidt, Björn B. (Fintechs 2014): Fintechs – Neue Geschäftsmodelle für Banken, in: Die Bank, 9/2014, S. 75–77.

Schmidt, Danielle (Geldanlagen 2013): Regulatorische Rahmenbedingungen für nachhaltige Geldanlagen (in Deutschland), in: Socially Responsible Investments in Banken – Markt, Bedingungen, Praxiserfahrungen, hrsg. von Stefan Ziermann, Köln 2013, S. 117–141.

Schmidt, Hartmut (Börse 2013): Die Entstehung der Deutschen Terminbörse 1988 und der Deutschen Börse AG 1992 – Eine international erfolgreiche Neuordnung, in: Schlüsselereignisse der deutschen Bankengeschichte, hrsg. von Dieter Lindenlaub, Carsten Burhop und Joachim Scholtyseck, Stuttgart 2013, S. 414–440.

Schmidt, Karl Matthäus (Honorarberatung 2012): Honorarberatung – Plädoyer für ein neues Banksystem, in: Trends im Private Banking, hrsg. von Klaus Fleischer, Köln 2012, S. 115–126.

Schmidt, Karl Matthäus (Robo-Advising 2016): Robo-Advising in Deutschland noch in den Kinderschuhen, in: Bank und Markt, 10/2016, S. 25–27.

Schmidt, Paul-Günther (Bankenkrisen 2001): Ursachen systemischer Bankenkrisen – Erklärungsversuche, empirische Evidenz und wirtschaftspolitische Konsequenzen, in: ORDO – Jahrbuch für die Ordnung von Wirtschaft und Gesellschaft, hrsg. von Hans Otto Lenel u. a., Bd. 52, Stuttgart 2001, S. 239–282.

Schmitt, Christoph (Recht 2011): Umsetzung von Basel III in Europäisches Recht – Implikationen für die Mittelstandsfinanzierung (Update zu BB 2011, 105), in: Betriebs-Berater, 38/2011, S. 2347–2350.

Schmitz, Andreas (Verantwortung 2011): Banken in der Verantwortung, in: Die Bank, 6/2011, S. 32–37.

Schmitz, Armin (Vermögensverwalter 2015): Vermögensverwalter für jedermann – Digitaler Wandel setzt Bankberater unter Druck – Robo-Advisors sind im Kommen, in: Rendite, 10/2015, S. 12–14.

Schmölz, Anton Sebastian (Bankcontrolling 2001): Strategisches Bankcontrolling – Steuerung nationaler und internationaler Bankaktivitäten anhand der Strategietafel, Wiesbaden 2001.

Schneider, Bettina (Menschen 2016): Junge Menschen lösen sich allmählich vom Geld, in: Welt online, https://www.welt.de/kmpkt/article159837928/Junge-Menschen-loesen-sich-allmaehlich-vom-Geld.html, Abruf: 18.11.2018.

Schneider, Norbert F. (Pluralisierung 2012): Pluralisierung der Lebensformen – Mehr Vielfalt und kleinere Haushalte, http://www.bpb.de/politik/grundfragen/deutsche-verhaeltnisse-eine-sozialkunde/138033/pluralisierung-der-lebensformen, Abruf: 18.11.2018.

Schneider, Peter (Genossenschaftsbanken 2013): Sparkassen und Genossenschaftsbanken – zwischen Gemeinsamkeiten und Wettbewerb, in: Zeitschrift für das gesamte Kreditwesen, 9/2013, S. 476–478.

Schoen, Matthias (Vertrauen 2013): Vertrauen und Kreditentscheidungen – Eine empirische Analyse zum Einfluss von Vertrauen in Kreditbeziehungen zwischen öffentlichen Banken und kleinen und mittelständischen Unternehmen, Frankfurt am Main u. a. 2013.

Scholtes, Brigitte (Inflationsattacke 2016): Inflationsattacke mit allen Mitteln, http://www.deutschlandfunk.de/ezb-leitzinssenkung-inflationsattacke-mit-allen-mitteln.769.de.html?dram:article_id=348038, Abruf: 18.11.2018.

Scholz, Peter (FinTechs 2017): Droht Banken die feindliche Übernahme durch FinTechs? – Eine Bewertung der Wettbewerbssituation aus Sicht der Neuen Institutionenökonomik, in: Corporate Finance, 1+2/2017, S. 3–7.

Schönau, Patrick (Kundennutzen 2016): Priorität Kundennutzen, in: Bank und Markt, 8/2016, S. 50–55.

Schönauer, Inken; Scholz, Andreas (Kopfsache 2016): Das ist Kopfsache, in: International Bankers Forum, 4/2016, S. 18–23 https://www.db.com/newsroom_news/Interview_Kim_Hammond_Deutsch_Seiten_18-23_International_Bankers_Forum_0416.pdf, Abruf: 18.11.2018.

Schöning, Stephan (Bank Run o. J.): Stichwort „Bank Run“, in: Gabler Wirtschaftslexikon online, http://wirtschaftslexikon.gabler.de/Archiv/15470/bank-run-v8.html, Abruf: 18.11.2018.

Schöning, Stephan (Direktbank o. J.): Stichwort „Direktbank“, in: Gabler Wirtschaftslexikon online, http://wirtschaftslexikon.gabler.de/Archiv/3826/direktbank-v10.html, Abruf: 18.11.2018.

Schöning, Stephan (Kreditbanken o. J.): Stichwort „Kreditbanken“, in: Gabler Wirtschaftslexikon online, http://wirtschaftslexikon.gabler.de/Archiv/2714/kreditbanken-v9.html, Abruf: 18.11.2018.

Schöning, Stephan (Near Banks o. J.): Stichwort „Near Banks“, in: Gabler Wirtschaftslexikon online, http://wirtschaftslexikon.gabler.de/Archiv/9767/near-banks-v9.html, Abruf: 18.11.2018.

Schöning, Stephan (Non Banks o. J.): Stichwort „Non Banks“, in: Gabler Wirtschaftslexikon online, http://wirtschaftslexikon.gabler.de/Archiv/12190/non-banks-v8.html, Abruf: 18.11.2018.

Schöning, Stephan (Sparkassen o. J.): Stichwort „Sparkassen", in: Gabler Wirtschaftslexikon online, http://wirtschaftslexikon.gabler.de/Archiv/54761/sparkassen-v11.html, Abruf: 18.11.2018.

Schöning, Werner (Koopkurrenz 2015): Koopkurrenz in der Sozialwirtschaft – Zur sozialpolitischen Nutzung von Kooperation und Konkurrenz, Weinheim/Basel 2015.

Schottlaender, Rudolf (Theorie 1957): Theorie des Vertrauens, Berlin 1957.

Schraner, Johannes J. (Berater 2013): Kundenberater – Der Königsweg zum Berater, in: Schweizer Bank, 7/2013, S. 46.

Schraner, Johannes J. (Kundenberater 2013): Kundenberater – Mit Empathie zukunftsfähig, in: Schweizer Bank, 1/2013, S. 34.

Schubert, Thomas (Bankgeschäft 1995): Strategische Allianzen im internationalen Bankgeschäft, Wiesbaden 1995.

Schüller, Anne M. (Funken 2010): Es muss funken, in: Bankinformation, 9/2010, S. 68–71.

Schüller, Stephan (Regulierung 2014): Regulierung und Niedrigzinsphase – Konsequenzen für Privatbanken, in: Aspekte moderner Bankenregulierung, hrsg. von Wilhelm Niehoff und Stefan Hirschmann, Köln 2014, S. 115–122.

Schulmeister, Stephan (Finanzkapitalismus 2013): Realkapitalismus und Finanzkapitalismus – zwei „Spielanordnungen" und zwei Phasen des „langen Zyklus", in: Weiterentwicklung der Keynes'schen Theorie und empirische Analysen, hrsg. von Jürgen Kromphardt, Marburg 2013, S. 115–169.

Schulte, Jörn (Teilbetriebsergebnis 2012): Stichwort „Teilbetriebsergebnis", in: Gabler Banklexikon – Bank, Börse, Finanzierung, hrsg. von Ludwig Gramlich u. a., 14. Aufl., Wiesbaden 2012, S. 1346–1347.

Schulz, Marco (Handlungsoptionen 2016): Handlungsoptionen, in: Bankinformation, 9/2016, S. 28–31.

Schuppan, Norbert (Euro-Krise 2014): Die Euro-Krise – Ursachen, Verlauf, makroökonomische und europarechtliche Aspekte und Lösungen, München 2014.

Schütz, Achim; Fischer, Christian (Digitalisierung 2017): Alle reden von Digitalisierung – doch wie sieht die operative Umsetzung aus?, in: Finanzierung, Leasing, Factoring, 1/2017, S. 36–42.

Schwalbach, Joachim; Klink, Daniel (Kaufmann 2012): Der Ehrbare Kaufmann als individuelle Verantwortungskategorie der CSR-Forschung, in: Corporate Social Responsibility – Verantwortungsvolle Unternehmensführung in Theorie und Praxis, hrsg. von Andreas Schneider und René Schmidpeter, Heidelberg 2012, S. 219–240.

Schweer, Martin K. W. (Vertrauen 1998): Vertrauen, Landau 1998.

Schweinsberg, Klaus (Geleitwort 2016): Geleitwort, in: Nachhaltigkeit im Bankensektor – Konzepte, Rechtsfragen, Kulturwandel, hrsg. von Denise A. Bauer und Gunnar Schuster, Köln 2016, S. VII–VIII.

Schwer, Martin (Druck 2009): Druck von allen Seiten, in: Bankmagazin, 3/2009, S. 10–14.

Schwetzler, Bernhard (Basel III 2015): Basel III und Bankbewertung – Auswirkungen der verschärften Eigenkapitalanforderungen auf den Unternehmenswert, in: Corporate Finance, 12/2015, S. 458–467.

Scout24 Services (Finanzen o. J.): Finanzen und Versicherungen, https://www.financescout24.de/, Abruf: 18.11.2018.

Seel, Gennadij (Emissionsverhalten 2014): Das Emissionsverhalten von Pfandbriefbanken – Eine Analyse der Auswirkungen von Krisen und künftigen Regularien, Wiesbaden 2014.

Seidel, Philipp (Unternehmen 2011): Internationale Unternehmen, Gesellschaft und Verantwortung – Eine Kritik der Managementwissenschaft als Bezugsrahmen, Wiesbaden 2011.

Seifert, Markus (Liquiditätsrisiko-Rahmenvereinbarung 2012): Die neue Liquiditätsrisiko-Rahmenvereinbarung der BIS – Internationale Harmonisierung der Liquiditätsrisikoregulierung und -aufsicht, in: Modernes Liquiditätsrisikomanagement in Kreditinstituten – So können die erhöhten Anforderungen sachgerecht und nutzbringend erfüllt werden, hrsg. von Stephan Schöning und Thomas Ramke, Köln 2012, S. 305–364.

Sellner, Georg (Kunden 2010): Die Mehrheit der Kunden ist bereit, einen fairen Preis zu zahlen, in: Bank und Markt, 9/2010, S. 28–30.

Seuhs, Rudolf (Nachhaltigkeit 2013): Nachhaltigkeit – Ein Bank-Geheimnis? – Wie sich Banken konsequent nachhaltig positionieren können, in: Socially Responsible Investments in Banken – Markt, Bedingungen, Praxiserfahrungen, hrsg. von Stefan Ziermann, Köln 2013, S. 103–115.

Sfakianos, Stephanie; Bryson, Anthony (Anleihen 2016): Grünes Licht für grüne Anleihen, in: der Treasurer, 2/2016, S. 17.

Shambaugh, Jay C. (Crises 2012): The Euro's Three Crises, in: Brookings Papers on Economic Activity, 1/2012, S. 159–231.

Shapiro, Debra. L.; Sheppard, Blair H.; Cheraskin, Lisa (Handshake 1992): Business on a Handshake, in: Negotiation Journal, 4/1992, S. 365–377.

Shapiro, Susan P. (Trust 1987): The Social Control of Impersonal Trust, in: American Journal of Sociology, 3/1987, S. 623–658.

Siemann, Christian (Enterprise 2012): Enterprise 2.0, in: Arbeit und Arbeitsrecht, 11/2012, S. 656–659.

Sieweck, Jörg (Filialen 2015): Filialen – Anders und besser, in: Bankinformation, 2/2015, S. 22–27.

Simmert, Diethard B.; Wermuth, Dieter (Geldpolitik 2014): Die neue europäische Geldpolitik – eine kritische Analyse, in: Zeitschrift für das gesamte Kreditwesen, 10/2014, S. 493–498.

Simon, Hermann u. a. (Personalmarketing 1995): Effektives Personalmarketing – Strategien, Instrumente, Fallstudien, Wiesbaden 1995.

Singer, Maren; Hasebrook, Joachim Paul; Lau, Viktor (Zukunft 2015): Personal ohne Zukunft – Zukunft ohne Personal, https://bankinghub.de/banking/human-capital-change/personal-zukunft-herausforderung, Abruf: 18.11.2018.

Sinn, Walter; Schmundt, Wilhelm (Banken 2014): Deutschlands Banken 2014 – Jäger des verlorenen Schatzes, http://www.bain.de/Images/141021_Bain-Studie_Deutschlands%20Banken%202014_Final.pdf, Abruf: 18.11.2018.

Sinn, Walter; Schmundt, Wilhelm (Banken 2015): Deutschlands Banken 2015 – Die 25-Milliarden-Ergebnislücke, http://www.bain.de/Images/Deutschlands-Banken-2015_Bain-Studie_neu.pdf, Abruf: 18.11.2018.

Sinn, Walter; Schmundt, Wilhelm (Banken 2016): Deutschlands Banken 2016 – Die Stunde der Entscheider, http://www.bain.de/Images/Bain-Studie_Deutschlands_Banken_2016_DS_final.pdf, Abruf: 18.11.2018.

Sinn, Walter; Schmundt, Wilhelm (Banken 2017): Deutschlands Banken 2017 – Metamorphose im laufenden Betrieb, http://www.bain.de/Images/Bain-Studie_Deutschlands-Banken-2017_final.pdf, Abruf: 18.11.2018.

Sinn, Walter u a. (Bankkunden 2012): Was Bankkunden wirklich wollen, http://www.bain.de/Images/Studie_Banking_ES.pdf, Abruf: 18.11.2018.

Sixt, Elfriede (Schwarmökonomie 2014): Schwarmökonomie und Crowdfunding – Webbasierte Finanzierungssysteme im Rahmen realwirtschaftlicher Bedingungen, Wiesbaden 2014.

Söllner, Albrecht (Kundenbindung 2007): Kundenanalyse und Kundenbindung, in: Handwörterbuch der Betriebswirtschaft, hrsg. von Richard Köhler, Hans-Ulrich Küpper und Andreas Pfingsten, 6. Aufl., Stuttgart 2007, S. 1024–1036.

Sommerlatte, Tom; Fallou Sonius, David (Unternehmenskrisen 2016): Dynamik von Unternehmenskrisen: Eine empirische Untersuchung zur Reaktion von Kreditinstituten und Krisenunternehmen im Vorfeld des manifesten Krisenstadiums, Lohmar/Köln 2016.

Spada, Paolo (Aufbauhilfe 2015): Aufbauhilfe Ost, in: Die Bank, 10/2015, S. 66–67.

Späth, Julia F. (Vertrauen 2008): Interpersonelles Vertrauen in Organisationen – Eine empirische Untersuchung der Einflussfaktoren und Verhaltenswirkungen, Frankfurt am Main u. a. 2008.

Specht, Thilo (Kundenberater 2015): Facebook ist der beste Kundenberater, in: Bankinformation, 5/2015, S. 21–25.

Spellmann, Frank (Banken 2002): Gesamtrisiko-Messung von Banken und Unternehmen, Wiesbaden 2002.

Spiecker, Carola (Umweltschutz 2000): Produktionsintegrierter Umweltschutz – Chancen für Industrieunternehmen und Kreditinstitute, Wiesbaden 2000.

Spielvogel, Rita (Dialog 2016): Dialog mit Hirnschmalz, http://www.horizont.at/home/news/detail/dialog-mit-hirnschmalz.html, Abruf: 18.11.2018.

Stalla, Claudia (Multikanalstrategie 2015): Multikanalstrategie – Optimierung des Multikanalvertriebs in mittelständischen Finanzinstituten, in: Multi- und Omnichannel-Management in Banken und Sparkassen – Wege in eine erfolgreiche Zukunft, hrsg. von Harald Brock und Ingo Bieberstein, Wiesbaden 2015, S. 209–223.

Statista (Erwerbstätigen 2014): Anzahl der Erwerbstätigen pro Rentner in ausgewählten Ländern in den Jahren 2012 und 2050, https://de.statista.com/statistik/daten/studie/383412/umfrage/erwerbstaetige-pro-rentner-in-ausgewaehlten-laendern/, Abruf: 18.11.2018.

Statista (Bevölkerung 2016): Bevölkerung – Zahl der Einwohner in Deutschland nach Altersgruppen am 31. Dezember 2015 (in Millionen), https://de.statista.com/statistik/daten/studie/1365/umfrage/bevoelkerung-deutschlands-nach-altersgruppen/, Abruf: 18.11.2018.

Statista (Fintechs 2016): Haben Sie von den sogenannten Fintechs schon einmal etwas gehört?, https://de.statista.com/statistik/daten/studie/568253/umfrage/umfrage-zur-bekanntheit-des-begriffs-fintech-in-deutschland/, Abruf: 18.11.2018.

Statista (Prognose 2016): Prognose des Anteils der Bevölkerung ab 65 Jahren und ab 85 Jahren in Deutschland in den Jahren 2030 und 2060, https://de.statista.com/statistik/daten/studie/196598/umfrage/prognose-des-anteils-der-bevoelkerung-ab-65-jahren-in-deutschland/, Abruf: 18.11.2018.

Statista (Finanzdienstanbieter 2016): Welche der folgenden Angebote alternativer Finanzdienstanbieter (Fintechs) haben Sie bereits genutzt?, https://de.statista.com/statistik/daten/studie/568280/umfrage/umfrage-zur-bekanntheit-und-nutzung-von-fintech-services-in-deutschland/, Abruf: 18.11.2018.

Statista (Bankenbranche 2016): Wenn Ihr Vertrauen in die Bankenbranche gesunken ist, was sind die wichtigsten Gründe dafür?, https://de.statista.com/statistik/daten/studie/247998/umfrage/gruende-fuer-vertrauensverlust-gegenueber-der-deutschen-bankenbranche/, Abruf: 18.11.2018.

Statista (Internetnutzer 2018): Anteil der Internetnutzer in Deutschland in den Jahren 2001 bis 2017, https://de.statista.com/statistik/daten/studie/13070/umfrage/entwicklung-der-internetnutzung-in-deutschland-seit-2001/, Abruf: 18.11.2018.

Statista (Deutschland 2018): Anteil der Nutzer von Online-Banking in Deutschland in den Jahren von 1998 bis 2018, https://de.statista.com/statistik/daten/studie/3942/umfrage/anteil-der-nutzer-von-online-banking-in-deutschland-seit-1998/, Abruf: 18.11.2018.

Statista (Smartphone 2018): Anzahl der Smartphone-Nutzer in Deutschland in den Jahren 2009 bis 2018 (in Millionen), https://de.statista.com/statistik/daten/studie/198959/umfrage/anzahl-der-smartphonenutzer-in-deutschland-seit-2010/, Abruf: 18.11.2018.

Statista (Studierenden 2018): Anzahl der Studierenden an Hochschulen in Deutschland vom Wintersemester 2002/2003 bis 2017/2018, https://de.statista.com/statistik/daten/studie/221/umfrage/anzahl-der-studenten-an-deutschen-hochschulen/, Abruf: 18.11.2018.

Statista (Eigenkapitalrendite 2018): Eigenkapitalrendite nach Steuern der Deutschen Bank in den Jahren von 2006 bis 2017, https://de.statista.com/statistik/daten/studie/160384/umfrage/entwicklung-der-eigenkapitalrendite-der-deutsche-bank-ag/, Abruf: 18.11.2018.

Statista (Commerzbank 2018): Entwicklung der Eigenkapitalrendite auf das Konzernergebnis der Commerzbank in den Jahren von 2006 bis 2017, https://de.statista.com/statistik/daten/studie/160457/umfrage/entwicklung-der-eigenkapitalrendite-der-commerzbank/, Abruf: 18.11.2018.

Statista (Kundeneinlage 2018): Kundeneinlagen bei der GLS Bank von 2012 bis 2017, https://de.statista.com/statistik/daten/studie/426975/umfrage/kundeneinlagen-bei-der-gls-bank/, Abruf: 18.11.2018.

Statista (UmweltBank 2018): Kundeneinlagen bei der UmweltBank von 2010 bis 2017, https://de.statista.com/statistik/daten/studie/427896/umfrage/kundeneinlagen-bei-der-umweltbank/, Abruf: 18.11.2018.

Statistisches Bundesamt (Ergebnis o. J.): Ergebnis – 12411-0005 – Tabelle, https://www-genesis.destatis.de/genesis/online;jsessionid=85266E823C36FFD8A011165F99BD5E5A.tomcat_GO_1_2?operation=previous&levelindex=4&levelid=1488112695333&step=4, Abruf: 18.11.2018.

Statistisches Bundesamt (Menschen 2011): Ältere Menschen in Deutschland und der EU, https://www.destatis.de/DE/Publikationen/Thematisch/Bevoelkerung/Bevoelkerungsstand/BlickpunktAeltereMenschen1021221119004.pdf?__blob=publicationFile, Abruf: 18.11.2018.

Statistisches Bundesamt (Gesamtrechnung 2016): Volkswirtschaftliche Gesamtrechnungen – Private Konsumausgaben und Verfügbares Einkommen, https://www.destatis.de/DE/Publikationen/Thematisch/VolkswirtschaftlicheGesamtrechnungen/Inlandsprodukt/KonsumausgabenPDF_5811109.pdf?__blob=publicationFile, Abruf: 18.11.2018.

Statistisches Bundesamt (Bevölkerungsvorausberechnung 2018): 13. koordinierte Bevölkerungsvorausberechnung für Deutschland, https://service.destatis.de/bevoelkerungspyramide/#!y=2060, Abruf: 18.11.2018.

Statistisches Bundesamt (Bildung 2018): Bildung und Kultur – Allgemeinbildende Schulen – Schuljahr 2017/2018, https://www.destatis.de/DE/Publikationen/Thematisch/Bildung ForschungKultur/Schulen/AllgemeinbildendeSchulen2110100187004.pdf?__blob=publi cationFile, Abruf: 18.11.2018.

Statistisches Bundesamt (Kultur 2018): Bildung und Kultur – Studierende an Hochschulen – Vorbericht – Wintersemester 2017/2018, https://www.destatis.de/DE/Publikationen /Thematisch/BildungForschungKultur/Hochschulen/StudierendeHochschulenVorb21104 10188004.pdf?__blob=publicationFile, Abruf: 18.11.2018.

Staub, Nadine (Kreditgenossenschaft 2012): Stichwort „Kreditgenossenschaft“, in: Gabler Banklexikon – Bank, Börse, Finanzierung, hrsg. von Ludwig Gramlich u. a., 14. Aufl., Wiesbaden 2012, S. 881.

Staub, Nadine (Near-Banks 2012): Stichwort „Near-Banks“, in: Gabler Banklexikon – Bank, Börse, Finanzierung, hrsg. von Ludwig Gramlich u. a., 14. Aufl., Wiesbaden 2012, S. 1015.

Staub, Nadine (Non-Banks 2012):): Stichwort „Non-Banks“, in: Gabler Banklexikon – Bank, Börse, Finanzierung, hrsg. von Ludwig Gramlich u. a., 14. Aufl., Wiesbaden 2012, S. 1026.

Staub, Nadine (Privatbanken 2012): Stichwort „Privatbanken“, in: Gabler Banklexikon – Bank, Börse, Finanzierung, hrsg. von Ludwig Gramlich u. a., 14. Aufl., Wiesbaden 2012, S. 1120.

Staub, Nadine (Wandel 2012): Wirtschaftlicher Wandel und Mittelstand – Konjunkturelle und unternehmerische Herausforderungen meistern, Berlin 2012.

Staub, Nadine; Rolle, Andrea (Basel III 2010): Basel III, in: der Aufsichtsrat, 9/2010, S. 130.

Staub, Torsten Tristan (Vertrauen 2005): Vertrauen in Rechtssystemen und seine Bedeutung für Transaktionen, in: Normative und institutionelle Grundfragen der Ökonomik – Reputation und Vertrauen, hrsg. von Martin Held, Gisela Kubon-Gilke und Richard Sturn, Marburg 2005, S. 113–138.

Steinmann, Thorsten (Vertrauen 2013): Vertrauen in Banken – Eine empirische Untersuchung von Determinanten und Konsequenzen, Wiesbaden 2013.

Steinmüller, Werner (Zahlungsverkehr 2015): Strategische Schwerpunkte im Zahlungsverkehr setzen – welche Initiativen sind sinnvoll?, in: Zeitschrift für das gesamte Kreditwesen, 15/2015, S. 764–767.

Stenner, Frank; Wimmer, Konrad (Geschäftsmodelle 2018): Geschäftsmodelle auf dem Prüfstand – Beispiel Autobanken, in: Finanzierung, Leasing, Factoring, 3/2018, S. 124–129.

Stern, Thomas (Liquiditätsregulierung 2017): Liquiditätsregulierung – LCR, NSFR und AMM, in: Meldewesen für Finanzinstitute – Was bringt die neue europäische Aufsicht, hrsg. von Christian Cech und Silvia Helmreich, Wiesbaden 2017, S. 151–179.

Stocker, Ferry (Volkswirtschaftslehre 2014): Moderne Volkswirtschaftslehre – Logik der Marktwirtschaft, 7. Aufl., München 2014.

Stöcker, Otmar (Insolvenzrecht 2012): Insolvenzrecht – Asset Encumbrance und Pfandbriefe, in: Zeitschrift für das gesamte Kreditwesen, 24/2012, S. 1270–1272.

Stoklossa, Harald (Anforderungen 2013): Anforderungen an MaRisk-konforme Liquiditätstransferpreismodelle und Funds Transfer Pricing (FTP), in: Bankstrategie, Banksteuerung und Risikomanagement – Herausforderungen aus Basel III und CRD IV, hrsg. von Karsten Füser und Harald Stoklossa, Köln 2013, S. 103–132.

Storz, Cornelia (Vertrauen 2005): Personales Vertrauen als Restriktion? – Japan im internationalen Vergleich, in: Normative und institutionelle Grundfragen der Ökonomik – Reputation und Vertrauen, hrsg. von Martin Held, Gisela Kubon-Gilke und Richard Sturn, Marburg 2005, S. 231–255.

Stöß, Irina (Globalisierung 2007): Globalisierung als strategisches Erfolgskonzept – Eine theoretische und empirische Analyse der Banken im Wettbewerb, Wiesbaden 2007.

Striebinger, Claudia; Thomasberger, Wolfgang (Arbeitgeber 2014): Attraktiver Arbeitgeber, in: Bankinformation, 12/2014, S. 20–22.

Strohmayr, Werner (Zahlungsverkehr 1995): Sparkassenorganisation und Zahlungsverkehr von 1945 bis zur Gegenwart, in: Der Zahlungsverkehr der Sparkassenorganisation – historische Entwicklung und Zukunftsperspektiven, hrsg. von Jürgen Mura, Stuttgart 1995, S. 51–77.

Stützel, Wolfgang (Bankpolitik 1964): Bankpolitik heute und morgen, 2. Aufl., Frankfurt am Main 1964.

Suchanek, Andreas (Vertrauen 2012): Vertrauen als Grundlage nachhaltiger unternehmerischer Wertschöpfung, in: Corporate Social Responsibility – Verantwortungsvolle Unternehmensführung in Theorie und Praxis, hrsg. von Andreas Schneider und René Schmidpeter, Berlin/Heidelberg 2012, S. 55–66.

Suchanek, Andreas (Vertrauen 2015): Unternehmensethik – In Vertrauen investieren, Tübingen 2015.

Sulikova, Rozalia; Münstermann, Martin (Maßnahmen 2014): Vertrauensbildende Maßnahmen deutscher Großbanken – Was Großbanken tun, um den Vertrauensverlust der Finanzkrise zu überwinden, in: Der Betriebswirt, 4/2014, S. 16–21.

T

Tchikov, Magdalena (Social 2013): Corporate Social Responsibility und Kreditrisiko, in: Zeitschrift für das gesamte Kreditwesen, 21/2013, S. 1095–1098.

Terlau, Matthias (FinTech 2016): FinTech – die Zukunft des Zahlungsverkehrs im Lichte der zweiten Zahlungsdienste-RL, in: Der Betrieb, 9/2016, S. M5.

Terlau, Matthias; Walter, Daniel (PSD 2 2013): PSD 2 – Auswirkungen in der Praxis, in: Die Bank, 11/2013, S. 44–51.

Terliesner, Stefan (Schrumpfkur 2011): G 20 verordnen Schrumpfkur, in: Bankmagazin, 1/2011, S. 8–14.

Terliesner, Stefan (Zukunft 2016): Wie Institute ihre Zukunft sichern können, in: Bankmagazin, 2+3/2016, S. 12–18.

Thabe, Tim (Kundenbindung 2016): FinTech-Kooperationen fördern die Kundenbindung, in: Die Bank, 6/2016, S. 32–33.

Thelen-Pischke, Hiltrud (Liquiditätsmeldewesen 2015): Liquiditätsmeldewesen im Wandel – Teil 2: Finales Papier des Baseler Ausschusses zur Net Stable Funding Ratio, http://blogs.pwc.de/regulatory/basel-iii/liquiditaetsmeldewesen-im-wandel-teil-2-finales-papier-des-baseler-ausschusses-zur-net-stable-funding-ratio/1598/, Abruf: 18.11.2018.

Thelen-Pischke, Hiltrud (Kapitalanforderungen 2016): Aktuelle Kapitalpufferanforderungen sowie Berechnung der zusätzlichen Kapitalanforderungen im Zusammenhang mit dem SREP, http://blogs.pwc.de/regulatory/aktuelles/aktuelle-kapitalpufferanforderungen-sowie-berechnung-der-zusaetzlichen-kapitalanforderungen-im-zusammenhang-mit-dem-srep/1946/, Abruf: 18.11.2018.

Thelen-Pischke, Hiltrud (Entwürfe 2016): EU Kommission veröffentlicht Entwürfe zu CRD V, CRR II und BRRD – Teil 1: Finalisierung von Basel III, http://blogs.pwc.de/regulatory/aktuelles/eu-kommission-veroeffentlicht-entwuerfe-zu-crd-v-crr-ii-und-brrd-teil-1/2197/, Abruf: 18.11.2018.

Thelen-Pischke, Hiltrud; Sawahn, Wiebke (Agenda 2012): Regulatorische Agenda 2012 für Vorstände und Aufsichtsräte – Passen die Geschäftsmodelle noch?, in: Zeitschrift für das gesamte Kreditwesen, 2/2012, S. 64–67.

Thelen-Pischke, Hiltrud; Sawahn, Wiebke (Agenda 2016): Regulatorische Agenda 2016 für Vorstände und Aufsichtsorgane – gibt es schon Licht am Ende des Tunnels?, in: Zeitschrift für das gesamte Kreditwesen, 3/2016, S. 116–122.

Thewes, Frank u. a. (Rente 2014): Riskanter Run auf die Rente, in: Focus, Nr. 13 vom 24.03.2014, S. 22–26.

Thiel, Dirk; Koll, Stefan (Basel III 2011): Basel III – Chance oder Risiko für die Leasing-Branche?, in: Finanzierung, Leasing, Factoring, 4/2011, S. 161–166.

Thießen, Friedrich; Thron, Felix (Zinsen 2015): Das Sparverhalten privater Anleger bei niedrigen Zinsen in Theorie und Praxis, in: Zeitschrift für das gesamte Kreditwesen, 3/2015, S. 121–124.

Thiry, Daniel (Marktdisziplinierung 2009): Eine empirische Analyse der Marktdisziplinierung deutscher Sparkassen, Wiesbaden 2009.

Thomas, Christian (Liquiditätsrisiko 2015): Stresstests für das bankbetriebliche Liquiditätsrisiko – Analyse im Licht von Basel III und der europäischen Bankenunion, Wiesbaden 2015.

Thomes, Paul (Hause 2008): Da, wo Sie zu Hause sind – 150 Jahre Sparkasse Saarbrücken, Saarbrücken 2008.

Tichy, Roland (Vorwärts 2009): Vorwärts in die DDR, Wirtschaftswoche, Nr. 4 vom 19.01.2009, S. 5.

Tigges, Claus (Basel III 2014): Basel III und die Auswirkungen auf die deutsche Kreditwirtschaft, in: Trends im Firmenkundengeschäft in Kreditinstituten, hrsg. von Wolfgang L. Brunner, Köln 2014, S. 235–256.

Tolckmitt, Jens (Herausforderung 2016): Basel IV ist eine Herausforderung, in: Börsenzeitung, Nr. 135 vom 16.07.2016, S. B1.

Tolkmitt, Volker (Bankbetriebslehre 2007): Neue Bankbetriebslehre – Basiswissen zu Finanzprodukten und Finanzdienstleistungen, 2. Aufl., Wiesbaden 2007.

Trampe, Hans Peter (Finanzierung 2011): Finanzierung in der Wohnungswirtschaft – auch künftig zu „Minimargen" möglich?, in: Immobilien & Finanzierung, 9/2011, S. 290–291.

Trefz, Alexandra; Büttgen, Marion (Digitalisierung 2007): Digitalisierung von Dienstleistungen – Umsetzung und Potenziale im Bankensektor, Berlin 2007.

Trettl, Max u. a. (NSFR 2016): Next Stop NSFR, https://bankinghub.de/banking/steuerung/next-stop-nsfr, Abruf: 18.11.2018.

Triodos Bank (Startseite o. J.): Startseite, https://www.triodos.de/de/privatkunden/, Abruf: 18.11.2018.

Triodos Bank (Geschäftsbericht 2018): Geschäftsbericht 2017, http://www.geschaeftsbericht-triodos.de/de/2017/serviceseiten/downloads/files/geschaeftsbericht_triodos_gb17.pdf. Abruf: 18.11.2018.

Tröger, Nils H. (Bankensektor 2003): Mergers & Acquisitions im deutschen Bankensektor – Eine Analyse der Bestimmungsfaktoren, Wiesbaden 2003.

U

UBS (Finanzbericht 2006): Finanzbericht 2005, https://www.ubs.com/global/de/about_ubs/investor_relations/annualreporting/archive/_jcr_content/par/table.1195039051.file/dGFibGVUZXh0PS9jb250ZW50L2RhbS91YnMvZ2xvYmFsL2Fib3V0X3Vicy9pbnZlc3Rvcl9yZWxhdGlvbnMvOTY0NjlfZnIwNV9kX0ZJTkFMX3dlYi5wZGY=/96469_fr05_d_FINAL_web.pdf, Abruf: 18.11.2018.

UmweltBank (Startseite o. J): Startseite, https://www.umweltbank.de/, Abruf: 18.11.2018.

Union Investment (Presse-Information 2012): Presse-Information – Nachhaltige Geldanlagen – Privatanleger halten sich zurück, https://unternehmen.union-investment.de/startseite/newsroom/nachrichten/2012/nachhaltige-geldanlagen--privatanleger-halten-sich-zurueck/mainContent/link/PM_20120423_Nachhaltigkeit.pdf, Abruf: 18.11.2018.

Ursprung, Gerhard (Digitalbank 2017): Auf dem Weg zur Digitalbank, in: Bankinformation, 2/2017, S. 28–32.

V

Verordnung (EU) Nr. 575/2013 (CRR) des Europäischen Parlaments und des Rates vom 26. Juni 2013 über Aufsichtsanforderungen an Kreditinstitute und Wertpapierfirmen und zur Änderung der Verordnung (EU) Nr. 648/2012, in der Fassung vom 30. November 2013, Amtsblatt der Europäischen Union vom 30.11.2013, Reihe L 321, S. 6–342, zuletzt geändert durch Art. 1 ÄndVO (EU) 2017/2401 vom 12.12.2017, Amtsblatt der Europäischen Union vom 28.12.2017, Reihe L 347, S. 1.

Vetter, Hans-Jörg (Regulatorik 2012): Auswirkungen von Regulatorik auf Banken und Märkte, in: Zeitschrift für das gesamte Kreditwesen, 14/2012, S. 688–691.

Vogel, Michael (Mode 2014): Keine Mode, sondern Notwendigkeit, in: Bankinformation, 12/2014, S. 24–25.

Voigt, Kai-Ingo; Fischer, Matthias (Genossenschaftsbanken 2016): Genossenschaftsbanken im Umbruch – Einfluss der Finanzmarktregulierung auf das Geschäftsmodell der Kreditgenossenschaften, Berlin/Boston 2016.

Voigt, Kai-Ingo; Walther, Gerhard (Erfolgsfaktor 2016): Ökonomischer Erfolgsfaktor oder Lippenbekenntnis?, in: Bankinformation, 10/2016, S. 50–56.

Voland, Thomas (Verantwortung 2016): Soziale und ökologische Verantwortung von Unternehmen des Finanzsektors unter besonderer Berücksichtigung der Nachhaltigkeitsberichterstattung, in: Nachhaltigkeit im Bankensektor – Konzepte, Rechtsfragen, Kulturwandel, hrsg. von Denise A. Bauer und Gunnar Schuster, Köln 2016, S. 251–272.

Volksbank im Märkischen Kreis (Jahresbericht 2013): Jahresbericht 2013 – Herausforderung Demografie – Wandel für nachhaltige Zukunftssicherung, https://meine-bank-vor-ort.de/kzp/bankuploads/3312_Jahresbericht2013.pdf, Abruf: 18.11.2018.

W

Wagatha, Matthias (Strategiewechsel 2010): Mehrwert durch Strategiewechsel, in: Die Bank, 7/2010, S. 38–43.

Wagner, Andreas (Unternehmensethik 1999): Unternehmensethik in Banken, Wien 1999.

Wagner, Jan W. (Wandel 2013): Demografischer Wandel – Fluch oder Segen für Kreditanbieter?, in: Bank und Markt, 6/2013, S. 33–35.

Wagner, Oliver (Regulierung 2015): Auslandsbanken und die Auswirkungen der neuen Regulierung infolge der Finanzkrise, in: Bankenrating – Normative Bankenordnung in der Finanzmarktkrise, hrsg. von Oliver Everling und Karl-Heinz Goedeckemeyer, 2. Aufl., Wiesbaden 2015, S. 73–69.

Walker, Andreas M. (Generationen 2013): Denken in Generationen – Methodische Betrachtungen eines Zukunftsforschers zur nächsten Generation, in: Finanzdienstleister der nächsten Generation – Die neue digitale Macht der Kunden, hrsg. von Oliver Everling und Robert Lempka, Frankfurt am Main 2013, S. 3–14.

Walter, Arno (Fintech-Standorte 2016): Deutsche Fintech-Standorte – Kooperation statt Wettbewerb, in: Börsenzeitung, Nr. 184 vom 23.09.2016, S. 8.

Walter, Lars; Rohrbach, Thomas (Size 2016): One size fits all?, in: Die Bank, 9/2016, S. 16–19.

Waschbusch, Gerd (Jahresabschlußpolitik 1992): Die Handelsrechtliche Jahresabschlußpolitik der Universalaktienbanken – Ziele – Daten – Instrumente, Stuttgart 1992.

Waschbusch, Gerd (Risikovorsorge 1994): Die bankspezifische offene Risikovorsorge des § 340g HGB, in: Die Bank, 3/1994, S. 166–168.

Waschbusch, Gerd (Bankenaufsicht 2000): Bankenaufsicht – Die Überwachung der Kreditinstitute und Finanzdienstleistungsinstitute nach dem Gesetz über das Kreditwesen, München 2000.

Waschbusch, Gerd (Deleveraging 2012): Stichwort „Deleveraging“, in: Gabler Banklexikon – Bank, Börse, Finanzierung, hrsg. von Ludwig Gramlich u. a., 14. Aufl., Wiesbaden 2012, S. 352.

Waschbusch, Gerd (Kaufmann 2012): Stichwort „ehrbarer Kaufmann“, in: Gabler Banklexikon – Bank, Börse, Finanzierung, hrsg. von Ludwig Gramlich u. a., 14. Aufl., Wiesbaden 2012, S. 423.

Waschbusch, Gerd (Finanzkrise 2012): Stichwort „Finanzkrise“, in: Gabler Banklexikon – Bank, Börse, Finanzierung, hrsg. von Ludwig Gramlich u. a., 14. Aufl., Wiesbaden 2012, S. 546.

Waschbusch, Gerd (Geldanlage 2012): Stichwort „Geldanlage, nachhaltige“, in: Gabler Banklexikon – Bank, Börse, Finanzierung, hrsg. von Ludwig Gramlich u. a., 14. Aufl., Wiesbaden 2012, S. 597.

Waschbusch, Gerd (Gläubigerrun 2012): Stichwort „Gläubigerrun“, in: Gabler Banklexikon – Bank, Börse, Finanzierung, hrsg. von Ludwig Gramlich u. a., 14. Aufl., Wiesbaden 2012, S. 658.

Waschbusch, Gerd (Prudent-Banking 2012): Stichwort „Prudent-Banking“, in: Gabler Banklexikon – Bank, Börse, Finanzierung, hrsg. von Ludwig Gramlich u. a., 14. Aufl., Wiesbaden 2012, S. 1132.

Waschbusch, Gerd (Spekulationsblase 2012): Stichwort „Spekulationsblase“, in: Gabler Banklexikon – Bank, Börse, Finanzierung, hrsg. von Ludwig Gramlich u. a., 14. Aufl., Wiesbaden 2012, S. 1288.

Waschbusch, Gerd (Refinanzierung 2012): Stichwort „stabile Refinanzierung“, in: Gabler Banklexikon – Bank, Börse, Finanzierung, hrsg. von Ludwig Gramlich u. a., 14. Aufl., Wiesbaden 2012, S. 1295.

Waschbusch, Gerd (Zukunft 2013): Zukunft ohne Banken – Banken ohne Zukunft, in: Zeitschrift für das gesamte Kreditwesen, 2/2013, S. 86–89.

Waschbusch, Gerd; Blaß, Robin; Berg, Susen Claire (Bankfiliale 2016): Zukunft der Bankfiliale – Auslaufmodell oder Erlebniswelt?, in: Bank und Markt, 5/2016, S. 30–33.

Waschbusch, Gerd; Hastenteufel, Jessica; Reinstädtler, Gabriela (Schreckgespenster 2018): Fin-Techs – Schreckgespenster oder ernstzunehmende Konkurrenten?! (Teil I), in: der Steuerberater, 10/2018, S. 289–295.

Waschbusch, Gerd; Hastenteufel, Jessica; Reinstädtler, Gabriela (Konkurrenten 2018): Fin-Techs – Schreckgespenster oder ernstzunehmende Konkurrenten?! (Teil II), in: der Steuerberater, 11/2018, S. 328–332

Waschbusch, Gerd; Kakuk, Christian (Vorsorgereserven 2018): Latente Steuern und bankspezifische Vorsorgereserve – Ansatzwahlrecht oder -verbot?, in: Betriebswirtschaftliche Forschung und Praxis, 1/2018, S. 1–21.

Waschbusch, Gerd; Kakuk, Christian; Schuster, Hannes (Kleinanlegerschutzgesetz 2015): Das Kleinanlegerschutzgesetz – ein Fortschritt auf dem Weg zum Schutz privater Anleger?! (Teil 1), in: der Steuerberater, 7/2015, S. 234–241.

Waschbusch, Gerd; Knoll, Jessica (Bankmarketing 2012): Stichwort „Bankmarketing“, in: Gabler Banklexikon – Bank, Börse, Finanzierung, hrsg. von Ludwig Gramlich u. a., 14. Aufl., Wiesbaden 2012, S. 165–167.

Waschbusch, Gerd; Knoll, Jessica; Feigenbutz, Anna (Facebook 2013): Facebook & Co. – Social Media als zielgruppenspezifisches Marketing-Tool für Kreditinstitute, in: der Steuerberater, 9/2013, S. 326–333.

Waschbusch, Gerd; Knoll, Jessica; Herrmann, Elisabeth (Vertriebskanal 2011): Vertriebskanal Social Media – bisher keine Konkurrenz für die Filiale, in: Bank und Markt, 12/2011, S. 28–30.

Waschbusch, Gerd; Knoll, Jessica; Reinstädtler, Gabriela (Zukunft 2015): Den multimedialen Kanälen gehört die Zukunft, in: Bank und Markt, 5/2015, S. 32–36.

Waschbusch, Gerd; Knoll, Jessica; Stolz, Barbara (Sponsoringaktivitäten 2013): Sponsoringaktivitäten von Kreditinstituten – Selbstloses Engagement oder Selbstvermarktung, in: der Steuerberater, 10/2013, S. 367–373.

Waschbusch, Gerd; Knoll, Jessica; Weyers de Vasconcelos, Daniel (Reputationsrisiken 2013): Reputationsrisiken in der Bankbranche – Eine erstzunehmende Gefahr?!, in: der Steuerberater, 11/2013, S. 396–402.

Waschbusch, Gerd; Krämer, Gregor; Rolle, Andrea (Ratio 2011): Leverage Ratio – Konzeption einer risikogewichteten Höchstverschuldungsquote für Banken, in: Bankenaufsicht nach der Finanzmarktkrise, hrsg. von Simon G. Grieser und Manfred Heemann, Frankfurt am Main 2011, S. 143–169.

Waschbusch, Gerd; Reinstädtler, Gabriela; Ruffing, Marie Sophie (Ertragslage 2018): Aktuelle Ertragslage von Banken – Belastungsfaktoren und Wege aus der Ertragskrise, in: Zeitschrift für das gesamte Kreditwesen, 18/2018, S. 916–921.

Waschbusch, Gerd; Rolle, Andrea (Kredite 2013): Kredite an den Mittelstand – Aufsichtsrechtliche Besonderheiten und ihre Auswirkungen auf die Eigenkapitalunterlegung von Banken, in: Festschrift für Helmut Rüßmann, hrsg. von Jürgen Stamm, Saarbrücken 2013, S. 487–497.

Waschbusch, Gerd; Rolle, Andrea (Qualität 2014): Qualität und Quantität – Erhöhte Anforderungen an eine angemessene Eigenmittelausstattung der Banken nach dem CRD IV-Paket, in: Corporate Governance von Kreditinstituten – Anforderungen, Instrumente, Compliance, hrsg. von Karsten Paetzmann und Stephan Schöning, Berlin 2014, S. 81–98.

Waschbusch, Gerd; Rolle, Andrea (Bankenabgabe 2015): Die Bankenabgabe – ein Placebo zur Beruhigung des Steuerzahlers?, in: Freiheit, Gleichheit, Eigentum – Öffentliche Finanzen und Abgaben – Festschrift für Rudolf Wendt zum 70. Geburtstag, hrsg. von Heike Jochum u. a., Berlin 2015, S. 1033–1052.

Waschbusch, Gerd; Rolle, Andrea; Berg, Susen Claire (Niedrigzinsumfeld 2018): Herausforderungen für Banken durch das Niedrigzinsumfeld – Eine Analyse des Zinsüberschusses anhand der Marktzinsmethode, in: Österreichisches Bankarchiv, 6/2018, S. 418–428.

Waschbusch, Gerd; Rolle, Andrea; Biewer, Johannes (Zweckadäquanz 2017): Überlegungen zur Zweckadäquanz der aufsichtsrechtlichen Eigenmittelunterlegung im Kreditgewerbe, in: Betriebswirtschaftliche Forschung und Praxis, 2/2017, S. 206–227.

Waschbusch, Gerd; Schuster, Hannes; Berg, Susen Claire (Vertrauen 2018): Banken und Vertrauen – Eine Grundlagenuntersuchung zur Bedeutung des Vertrauens in der Ökonomie am Beispiel des Kreditgewerbes, Baden-Baden 2018.

Waschbusch, Gerd; Staub, Nadine; Luck, Pascal (Basel III 2012): Basel III – Gefährdung der Mittelstandfinanzierung?!, in: Corporate Finance law, 4/2012, S. 191–201.

Waschbusch, Gerd; Staub, Nadine; Rolle, Andrea (Finanzkrise 2010): Die Folgen der Finanzkrise für das Vertrauensverhältnis zwischen Kunde und Bank, in: Bankpraktiker, 9/2010, S. 308–310.

Waschbusch, Gerd; Staub, Nadine; Rolle, Andrea (Bank 2010): Vertraut der private Kunde noch seiner Bank?, in: Bank und Markt, 9/2010, S. 32–35.

Waschbusch, Gerd u. a. (Risikoprämie 2018): Risikoprämie und Eigenkapital – Zwecksetzung zur Abfederung erwarteter und unerwarteter Verluste aus dem Kreditgeschäft der Banken – Teil I, in: Wertpapier-Mitteilungen, 42/2018, S. 1961–1966.

Weber, Frank (Bankenregulierung 2015): Bankenregulierung – eine schwache Antwort auf die Vertrauenserosion, in: Bankenrating – Normative Bankenordnung in der Finanzmarktkrise, hrsg. von Oliver Everling und Karl-Heinz Goedeckemeyer, 2. Aufl., Wiesbaden 2015, S. 519–529.

Weber, Jan Philip (Preisübertreibungen 2014): Keine gefährlichen Preisübertreibungen, in: Zeitschrift für das gesamte Kreditwesen, 6/2014, S. 70–73.

Weber, Volker (Marktüberblick 2013): Allgemeiner Marktüberblick – Produkte, Angebot, Nachfrage, Wachstum, in: Socially Responsible Investments in Banken – Markt, Bedingungen, Praxiserfahrungen, hrsg. von Stefan Ziermann, Köln 2013, S. 15–27.

Weermann, Wolfgang (Finanzdienstleistungsfiliale 2001): Handbuch Finanzdienstleistungsfiliale, Stuttgart 2001.

Wegner, Frank (Retailbanken 2009): Neue Anforderungen an die strategischen Positionierungen deutscher Retailbanken – Analyse und Darstellung von Wettbewerbsstrategien, Hamburg 2009.

Weidmann, Otto (Strukturbeitrag o. J.): Stichwort „Strukturbeitrag“, in: Gabler Wirtschaftslexikon online, http://wirtschaftslexikon.gabler.de/Archiv/14005/strukturbeitrag-v7.html, Abruf: 18.11.2018.

Weigel, Wolfgang; Sierleja, Lukas (Kreditinstituten 2015): Besonderheiten bei der Rechnungslegung von Kreditinstituten und deren Auswirkungen auf die Bilanzanalyse und die Analyse von Kennzahlen, in: Bankenrating – Normative Bankenordnung in der Finanzmarktkrise, hrsg. von Oliver Everling und Karl-Heinz Goedeckemeyer, 2. Aufl., Wiesbaden 2015, S. 205–248.

Weiss, Ulrich (Strategien 1989): Strategien für 1992 aus der Sicht einer deutschen Großbank, in: Banken im Vorfeld des Europäischen Binnenmarktes, hrsg. von Günter Franke und Wulf von Schimmelmann, Wiesbaden 1989, S. 65–82.

Weissmann, Arnold; Wegerer, Stephan (Business 2015): Business Innovation – wie Unternehmen sich regelmäßig neu erfinden, in: Corporate Finance, 6/2015, S. 191–196.

Welsch, Rainer (Zukunft 2008): Der Bankarbeitsplatz der Zukunft – Integration und rollenbasierte Konzepte als Schlüssel zum Erfolg, in: Innovationen und Konzepte für die Bank der Zukunft – Mit modernen Vertriebslösungen und optimierten Wertschöpfungsprozessen künftigen Herausforderungen begegnen, hrsg. von Dieter Spath, Wilhelm Bauer und Martin Engstler, Wiesbaden 2008, S. 121–127.

Wendt, Carsten C.; Baston, Jörg (Besten 2013): Von den Besten profitieren, in: Die Bank, 12/2013, S. 74–79.

Werne, Jochen (Privatbank 2016): Die digitale Privatbank – das Beste aus zwei Welten, in: Bank und Markt, 8/2016, S. 33–36.

Wickel, Horst Peter (Glücklicher 2012): "Wir sind glücklicher", in: Die Sparkassenzeitung, Nr. 51 vom 21.12.2012, S. 2.

Wieandt, Axel (Banken 2015): Strategische Herausforderungen für Europas Banken, in: Die Bank, 3/2015, S. 28–32.

Wiebe, Frank; Köhler, Peter (Berechnung 2013): Eine Frage der Berechnung – US-Einlagensicherung kritisiert Kernkapitalquoten der Banken als trügerisch, in: Handelsblatt, Nr. 119 vom 25.06.2013, S. 28.

Wiedemann, Arnd (Erfolgsrisiko 2012): Stichwort „Erfolgsrisiko“, in: Gabler Banklexikon – Bank, Börse, Finanzierung, hrsg. von Ludwig Gramlich u. a., 14. Aufl., Wiesbaden 2012, S. 472.

Wiedemann, Arnd (Liquiditätsrisiko 2012): Stichwort „Liquiditätsrisiko“, in: Gabler Banklexikon – Bank, Börse, Finanzierung, hrsg. von Ludwig Gramlich u. a., 14. Aufl., Wiesbaden 2012, S. 935–936.

Wiedemeier, Ingo (Kreditrisikostrategie 2015): Aufsichtsrechtliche Einflussfaktoren auf die Kreditrisikostrategie, in: Bankenrating – Normative Bankenordnung in der Finanzmarktkrise, hrsg. von Oliver Everling und Karl-Heinz Goedeckemeyer, 2. Aufl., Wiesbaden 2015, S. 353–370.

Wieneke, Herbert (Mut 1999): Unternehmerischer Mut versus Vorsichtsprinzip, in: Betriebswirtschaftliche Blätter, 12/1999, S. 568–577.

Wiess, Bettina (Ratlosigkeit 2008): Ein Jahr der Ratlosigkeit, in: Die Sparkassenzeitung, Nr. 32 vom 08.08.2008, S. 3.

Wings, Heinz (Banken 1999): Digital Business in Banken – Informationstechnologie – Erfolgsfaktor für die strategische Positionierung, Wiesbaden 1999.

Wings, Heinz; Kleine, Jens (Banking 2015): Next Generationen Banking – Analysebericht, Stuttgart 2015.

Wintels, Stefan B.; Schulz, Wilhelm G. (Banking 2012): Wesentliche Trends im deutschen Corporate & Investment Banking, in: Zeitschrift für das gesamte Kreditwesen, 7/2012, S. 318–323.

Winter, Stephan; Schorlemer, Joachim von (Unternehmensfinanzierung 2012): Die Rolle der Auslandsbanken bei der Unternehmensfinanzierung, in: Zeitschrift für das gesamte Kreditwesen, 1/2012, S. 30–33.

Wöhler, Jens (Regulierung 2015): Auswirkungen der Regulierung auf Bank-Geschäftsmodelle, in: Bankenrating – Normative Bankenordnung in der Finanzmarktkrise, hrsg. von Oliver Everling und Karl-Heinz Goedeckemeyer, 2. Aufl., Wiesbaden 2015, S. 55–72.

Wolberg, Hans-Bernd (Wandel 2014): Aufgaben einer genossenschaftlichen Zentralbank im Wandel der Zeit, in: Zeitschrift für das gesamte Kreditwesen, 20/2014, S. 999–1001.

Wolf, Norbert (Banking 2012): Banking goes ethical, in: Trends im Private Banking, hrsg. von Klaus Fleischer, Köln 2012, S. 375–396.

Wollschläger, Joachim (Saar-Professor 2013): Saar-Professor will neue Bankenkultur, in: Saarbrücker Zeitung, Nr. 132 vom 15.06.2013, S. 8.

World Commission on Environment and Development (Future 1987): Our Common Future, http://www.un-documents.net/our-common-future.pdf, Abruf: 18.11.2018.

Wriede, Thomas (Banken 2010): Internationalisierung von Banken – Millionengrab oder Erfolgsstory? – Markteintrittsstrategien und Marktbearbeitung auf dem Prüfstand, Hamburg 2010.

Wüerst, Alexander (Nah 2016): Nah, persönlich, medial – integrierte Vertriebskanäle bei einer Großsparkasse, in: Zeitschrift für das gesamte Kreditwesen, 8/2016, S. 387–391.

Wunsch-Weber, Eva (Rahmenbedingungen 2014): Schwierige Rahmenbedingungen und mögliche Antworten, in: Bank und Markt, 11/2014, S. 16–17.

Z

Zand, Dale E. (Trust 1972): Trust and Managerial Problem Solving, in: Administrative Science Quarterly, 2/1972, S. 229–239.

Zanthier, Ulrich von (Geschäftsmodellen 2015): Analyse und Beurteilung von Geschäftsmodellen vor dem Hintergrund regulatorischer Anforderungen, in: Bankenrating – Normative Bankenordnung in der Finanzmarktkrise, hrsg. von Oliver Everling und Karl-Heinz Goedeckemeyer, 2. Aufl., Wiesbaden 2015, S. 39–54.

Zeitler, Franz-Christoph (Rules 2011): Die final rules – was bedeutet Basel III für die deutschen Kreditinstitute?, https://www.bundesbank.de/Redaktion/DE/Downloads/Presse/Reden/2011/2011_01_27_zeitler_basel_iii_bedeutung_fuer_kreditinstitute.pdf?__blob=publicationFile, Abruf: 18.11.2018.

Zeitler, Franz-Christoph (Finanzkrise 2012): Vergessene Ursachen der Banken und Finanzkrise (1), in: Zeitschrift für Wirtschafts- und Bankrecht, 15/2012, S. 673–678.

Zeitler, Franz-Christoph (Bankenunion 2014): Voraussetzungen für eine effektive Bankenunion, in: ifo Schnelldienst, 10/2014, S. 16–22.

Zenke, Harald D. (Projektfinanzierung 2012): Export- und Projektfinanzierung – Gesellschaftliche Trends aufspüren und begleiten, in: Zeitschrift für das gesamte Kreditwesen, 1/2012, S. 36–37.

Zentraler Kreditausschuss (Stellungnahme 2010): Stellungnahme des Zentralen Kreditausschusses zum Konsultationspapier des Baseler Ausschusses „International Framework for liquidity risk measurement, standards and monitoring“, https://bankenverband.de/media/files/ZKA-StN_Basel_16042010-dt.pdf, Abruf: 18.11.2018.

Ziebarth, Gerhard (Belastungen 2007): Demografische Belastungen für Wachstum und Wohlstand, in: Auswirkungen der Bevölkerungsentwicklung auf Banken und Volkswirtschaft, hrsg. von Karl-Heinz Boos und Tilo Wendler, Berlin 2007, S. 7–16.

Ziermann, Stefan (Transparenz 2013): Suche nach Transparenz und Orientierung, in: Socially Responsible Investments in Banken – Markt, Bedingungen, Praxiserfahrungen, hrsg. von Stefan Ziermann, Köln 2013, S. 157–158.

Ziermann, Stefan (Vorwort 2013): Vorwort, in: Socially Responsible Investments in Banken – Markt, Bedingungen, Praxiserfahrungen, hrsg. von Stefan Ziermann, Köln 2013, S. 3–6.

Ziesemer, Bernd (Frage 2016): Die Frage stellt sich doch, Herr Cryan! – DÉJÀ-VU – Auch wenn der Deutsche-Bank-Chef es nicht hören will: Die Kapitalerhöhung wird kommen. Aber wann? Das Timing entscheidet diesmal alles, in: Capital, 11/2016, S. 46.

Ziesenitz, Thomas-Andreas (Wohnimmobilienmarkt 2007): Zukunftsperspektiven für den Wohnimmobilienmarkt, in: Auswirkungen der Bevölkerungsentwicklung auf Banken und Volkswirtschaft, hrsg. von Karl-Heinz Boos und Tilo Wendler, Berlin 2007, S. 33–49.

Zimmermann, Horst (Staatsschuldenkrise 2012): Finanz-, Wirtschafts- und Staatsschuldenkrise – ihre Bedeutung für den öffentlichen Haushalt, in: Wirtschaftsdienst, 2/2012, S. 101–104.

Zimpel, Ralf (Basel III 2014): Geschäftsmodelle unter dem Einfluss von Basel III, in: Die Bank, 4/2014, S. 70–73.

Zirkler, Bernd; Hofmann, Jonathan; Schmolz, Sandra (Unternehmenspraxis 2015): Basel III in der Unternehmenspraxis, Wiesbaden 2015.

Zucker, Lynne G. (Trust 1986): Production of Trust – Institutional Sources of Economic Structure, 1840–1920, in: Research in organizational behavior, 1/1986, S. 53–111.